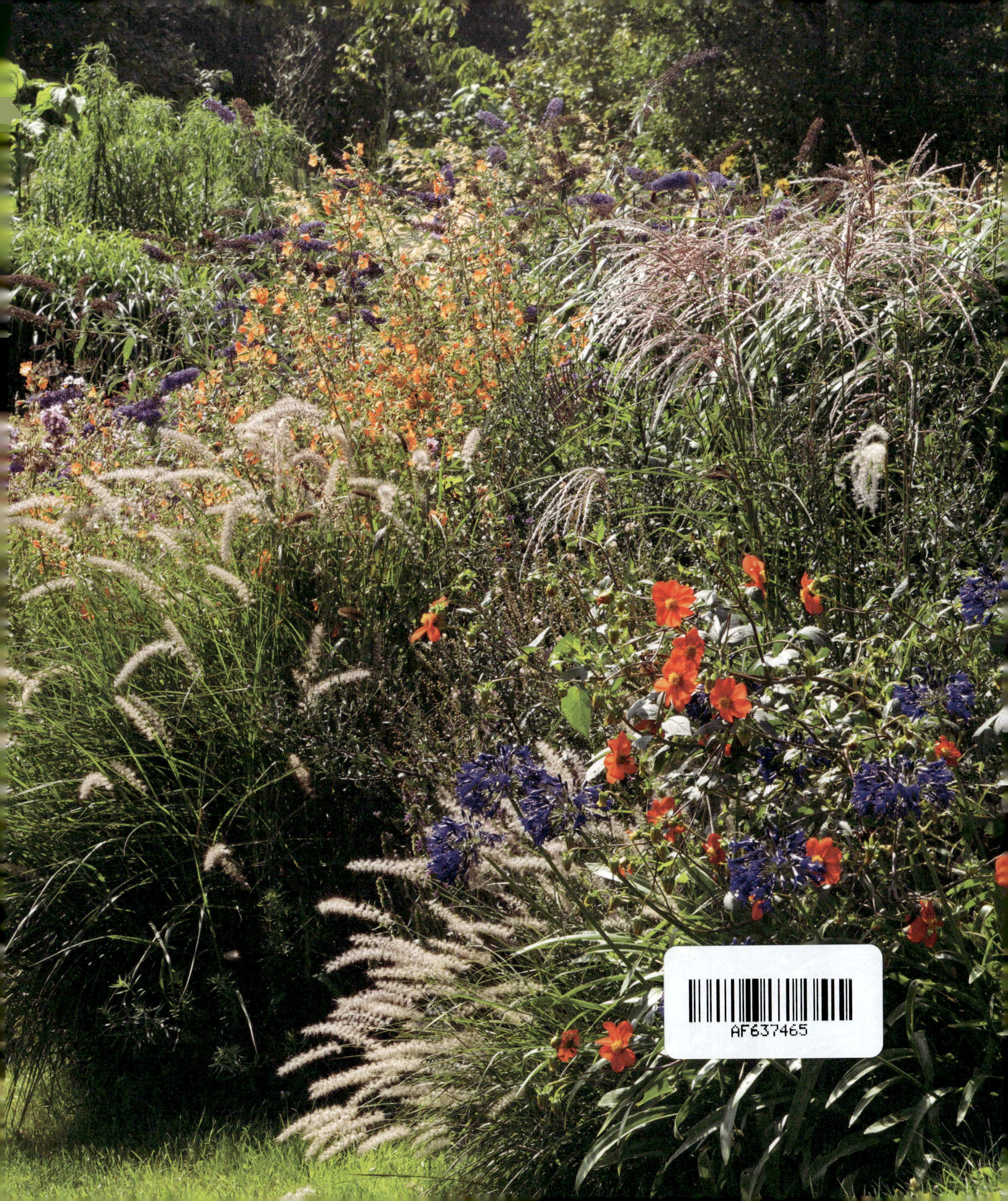

DIE GEHEIMEN GÄRTEN VON SUSSEX & KENT

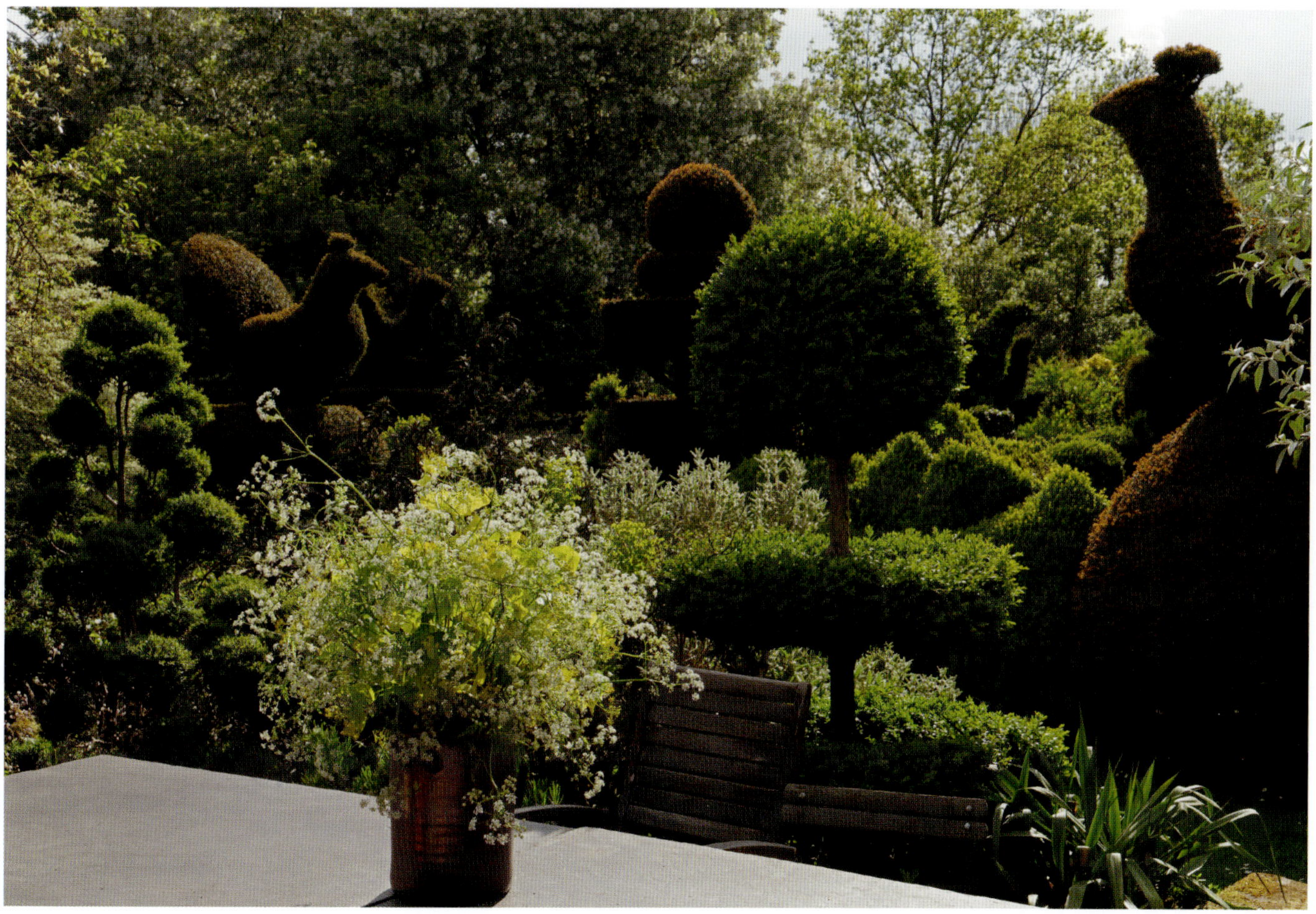

DIE GEHEIMEN GÄRTEN VON SUSSEX & KENT

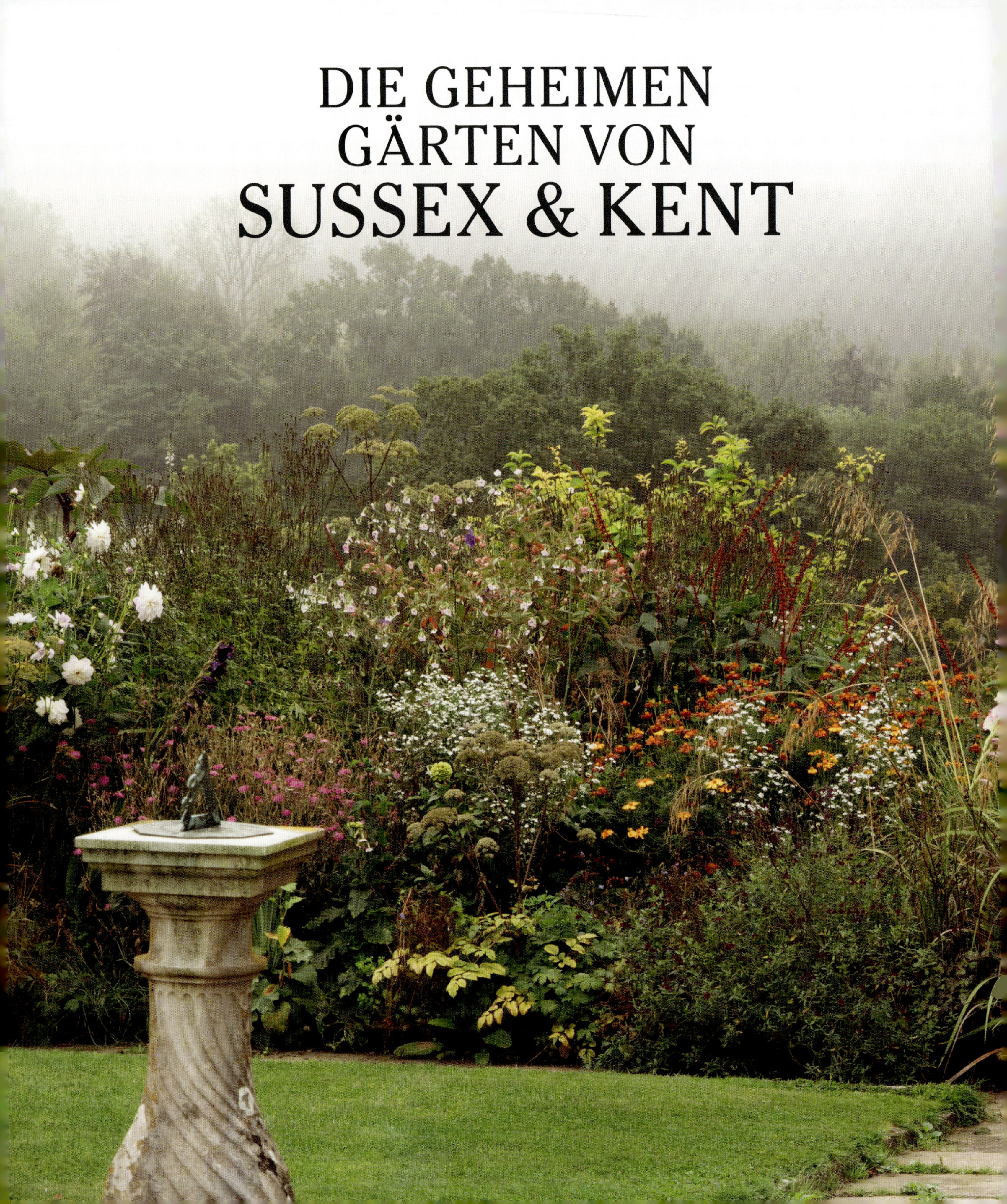

BARBARA SEGALL

Fotos von
CLIVE BOURSNELL

Vorwort von
FERGUS GARRETT

GERSTENBERG

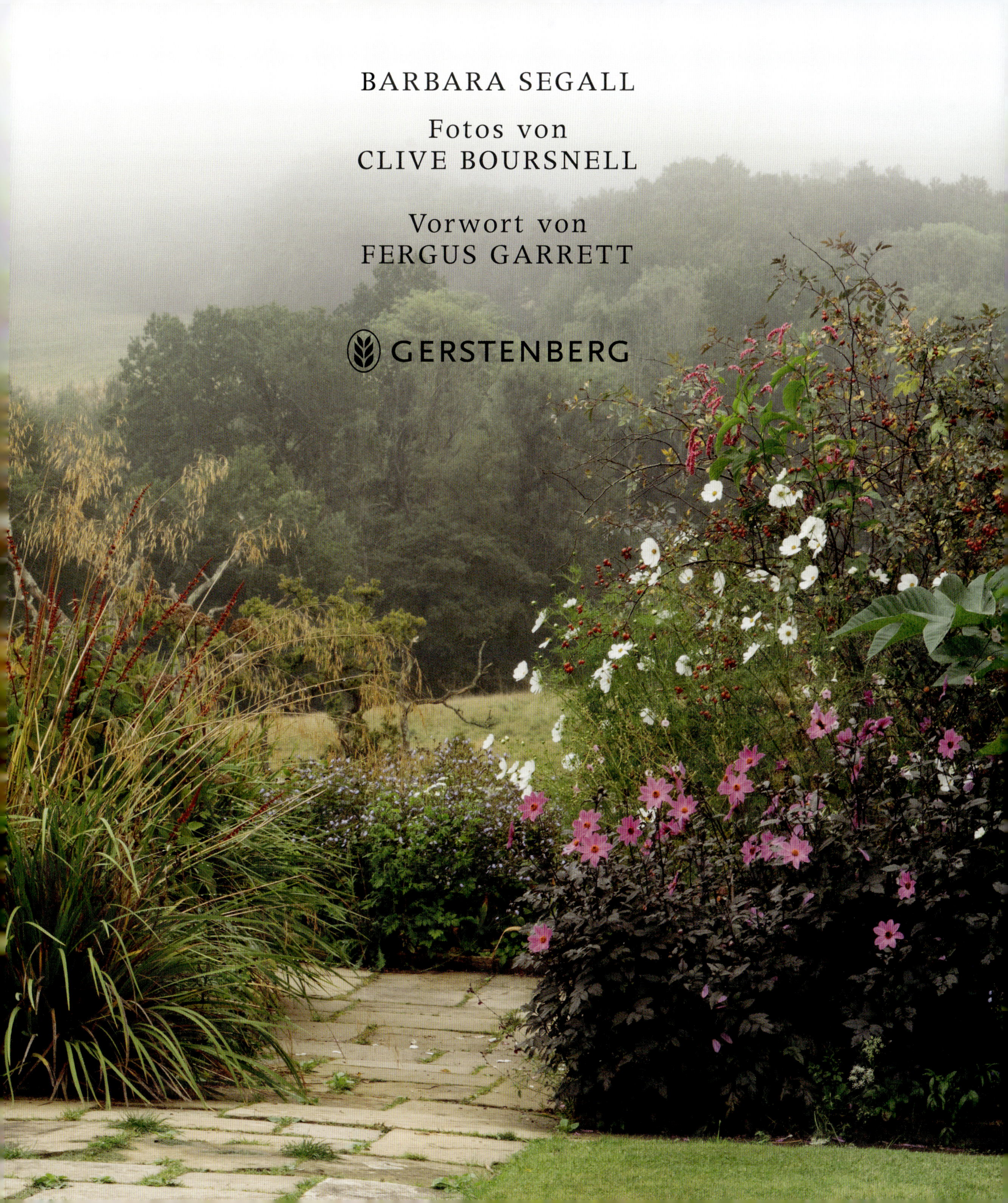

Inhalt

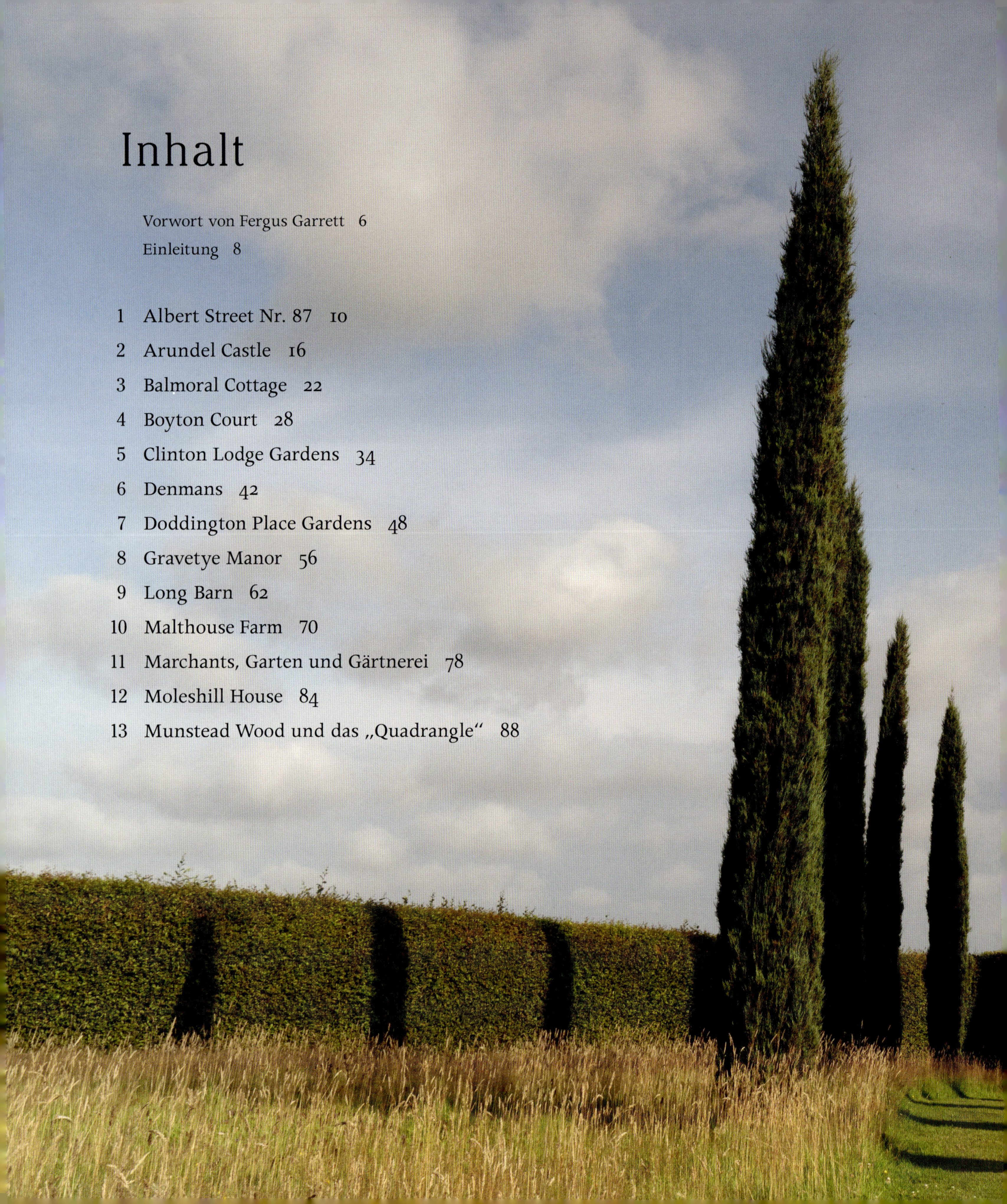

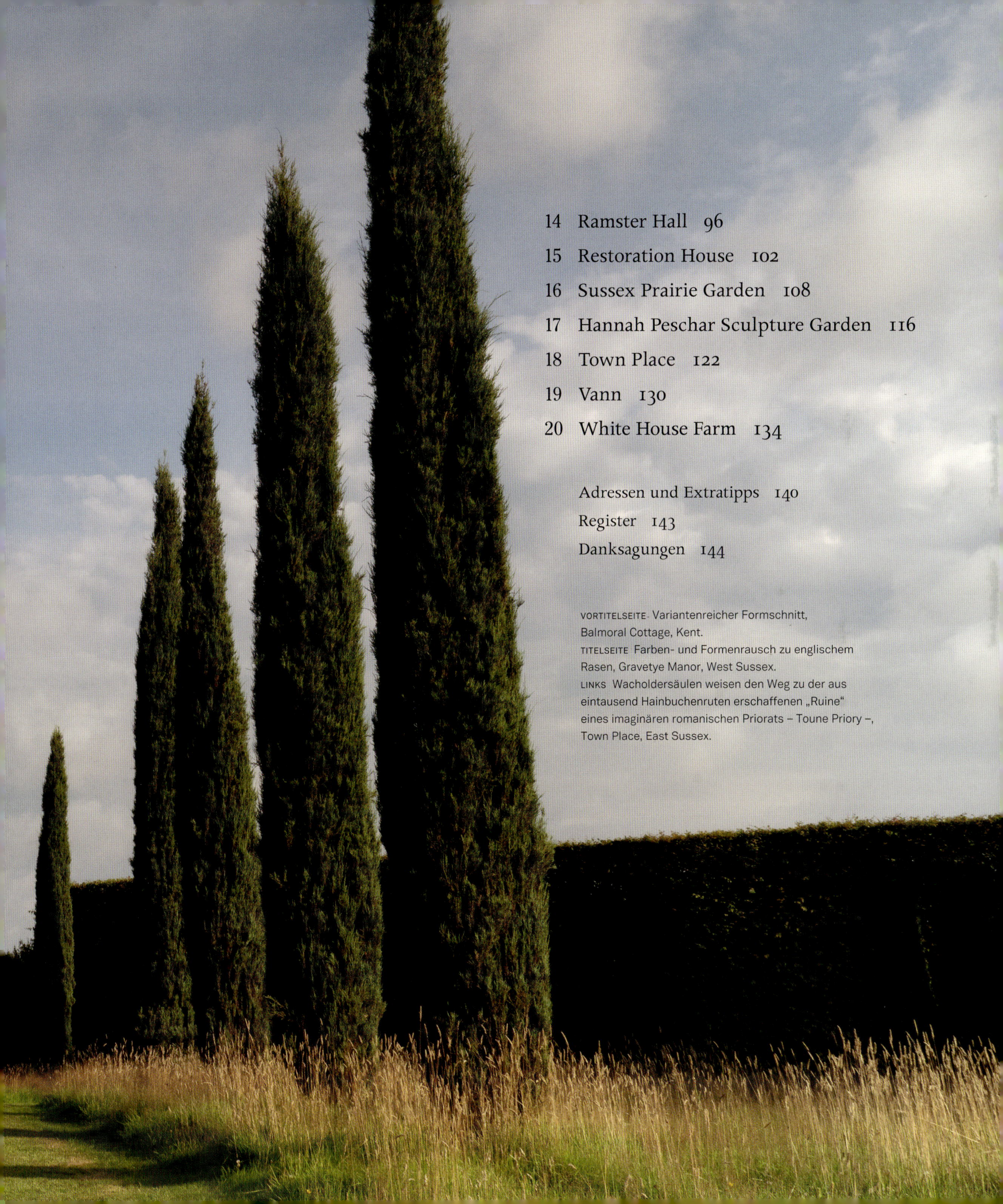

VORTITELSEITE Variantenreicher Formschnitt, Balmoral Cottage, Kent.
TITELSEITE Farben- und Formenrausch zu englischem Rasen, Gravetye Manor, West Sussex.
LINKS Wacholdersäulen weisen den Weg zu der aus eintausend Hainbuchenruten erschaffenen „Ruine“ eines imaginären romanischen Priorats – Toune Priory –, Town Place, East Sussex.

Vorwort

GÄRTEN SIND KOMPLEXE KUNSTWERKE, in denen wir die Natur fein abstimmen, um ein Bild zu malen. Dabei wirkt vieles auf sie ein. Manchmal erzählen sie von der Geschichte, davon, wie die Zeit vergeht, erinnern an die Menschen, die sie gestalteten. Sie versetzen ihre Besucher inmitten einer gedeihenden, sich wandelnden und lebendigen Umgebung in eine andere Zeit.

Gärten können von Architektur handeln, von historischer wie moderner. Oder sie verfolgen einen Zweck: verstecken ein Bild, um es dann zu enthüllen; reißen Auge und Herz hin; überraschen, beruhigen oder inspirieren. Manche Gärten entwickeln organisch ihre ganz eigene Präsenz, unkonventionell, doch kundig und einfühlsam geformt, fühlen sie sich in ihrer Haut wohl. Sie handeln auch vom Land, dem Boden, den Materialien und der Landschaft, in der sie liegen.

Surrey, Sussex und Kent haben ihre eigenen besonderen Bedingungen, seien es der Kalkboden der South Downs – einer gebleichten Landschaft mit allgegenwärtigen behauenen Flintsteinen in Mauern und Gebäuden –, der Kieselsandstein und die sanften Hügel von Kent oder der Lehm von Sussex im Mosaik aus kleinen Feldern, Hecken und Hainen des Low Weald. Jeder Ort hat seine eigene Atmosphäre. Die diversen Mikroklimate ermöglichen eine breite Pflanzenpalette. Die Ausblicke und geborgten Landschaften unterscheiden sich und damit auch die Gärten. Sie sprechen uns alle an, diese Ortsverbundenheit der Gärten, die Eigenarten und das Flair jeder Region, die jeweils ihre besonderen Reize haben.

Gärten erzählen auch von Menschen, denn obwohl der Boden und das Klima Einfluss darauf haben, was wir pflanzen und wie wir es pflanzen können, sind es Menschen, die einem Garten seine Seele geben. Menschen sind die treibende Kraft, die das Pferd der Natur reiten, die es antreiben und durch das sich ständig wandelnde Bild lenken, das so nur von dieser

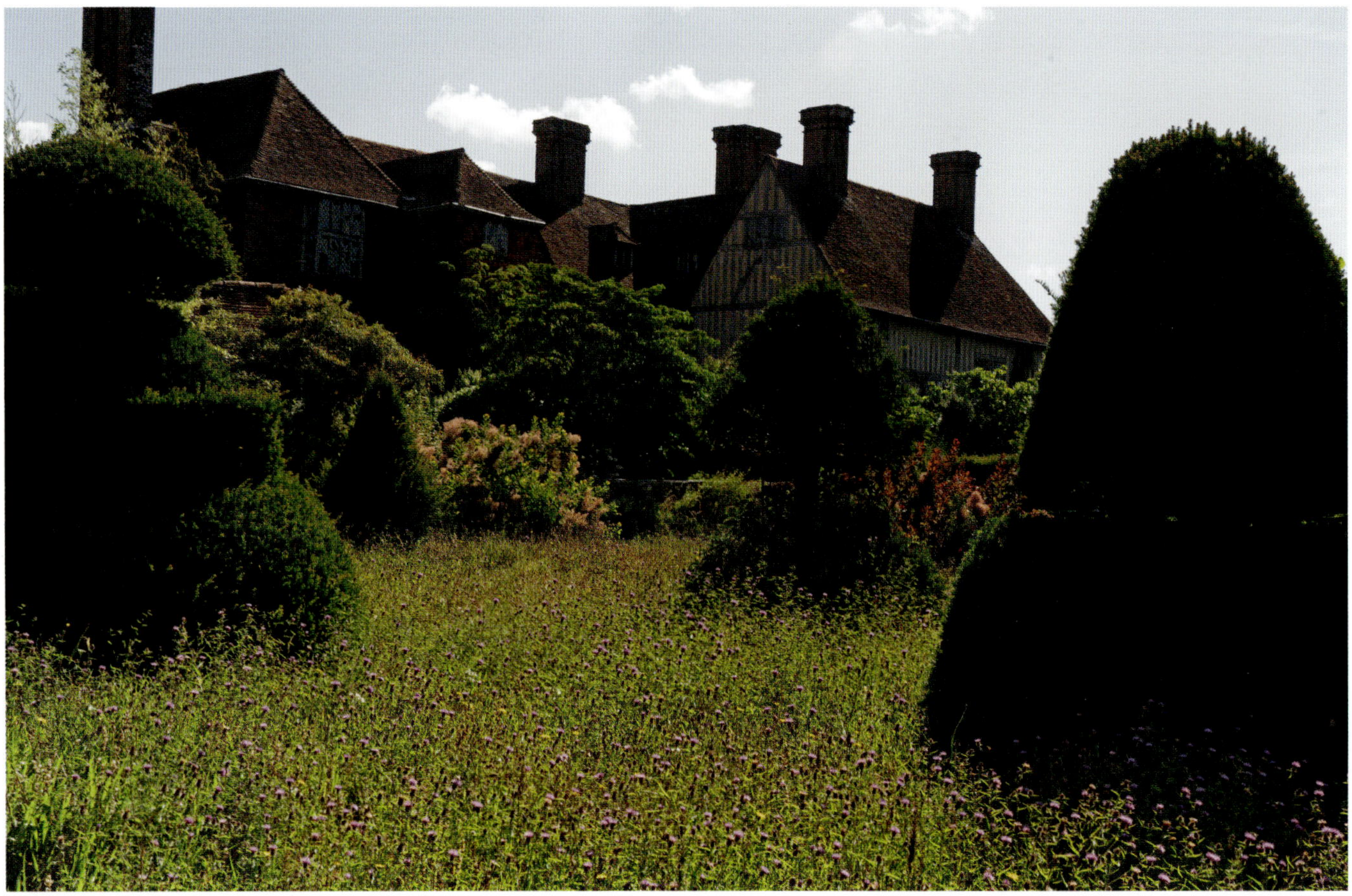

einen Person geschaffen werden kann. Manche Ergebnisse sind wild und dynamisch, andere statisch und architektonisch; manchmal sind die Farben kühl, manchmal kreischend und sich beißend. Manchmal spricht das Bild unsere innere Ästhetik nicht an – aber jedes Mal regt uns die Erfahrung zum Nachdenken an, provoziert, stimuliert, fasziniert.

Gärten handeln auch von Beziehungen. Great Dixter, wo ich die letzten 30 Jahre meines Gärtnerlebens verbracht habe, ist das Resultat der Verbindung von Edwin Lutyens, dem berühmten Arts-and-Crafts-Architekten, und Nathaniel Lloyd, seinem resoluten Auftraggeber. Gemeinsam schufen sie das perfekte Grundgerüst des Gartens, das bis heute zu sehen ist. Nathaniel Lloyds Frau Daisy füllte es neugierig, erst an der Seite ihres Manns, dann an der ihres jüngsten Kinds Christopher. Aus Christopher Lloyd wurde einer der bedeutendsten Gärtner aller Zeiten, er gärtnerte kühn und experimentierfreudig, spielte mit fröhlichen, grellen Farben, folgte keinem Trend, brach alle Regeln. Er tat dies im außergewöhnlichen Rahmen, den sein Vater und Lutyens angelegt hatten, mit den Ideen seiner Mutter im Hinterkopf.

Ich kam 1993 zu Christopher – er war mein Lehrer, ich sein Schüler. Und durch meine Beziehung zu ihm lebt Great Dixter weiter. Nicht museal konserviert, nicht konventionell, sondern mit seiner besonderen Energie, seinen Eigenheiten, voller Überraschungen, immer frisch und neu. Barbara Segall verfügt über Erfahrung und die bemerkenswerte Gabe, die Besonderheit eines Gartens hervorzuheben, ihre Beschreibungen und Clive Boursnells atmosphärische Fotos fangen jeden Garten, den sie besuchten, perfekt ein.

Fergus Garrett, Great Dixter, 2021

LINKE SEITE In Great Dixter verschmelzen Formalität und Ungezwungenheit: Gestutzte Eiben und Wildblumen bilden einen Kontrapunkt zu den Giebeln und Schornsteinen des Hauses.
UNTEN Fergus Garrett gärtnert seit drei Jahrzehnten in Great Dixter und führt das einzigartige Gartenexperiment seines Freundes und Lehrers Christopher Lloyd ideenreich fort.

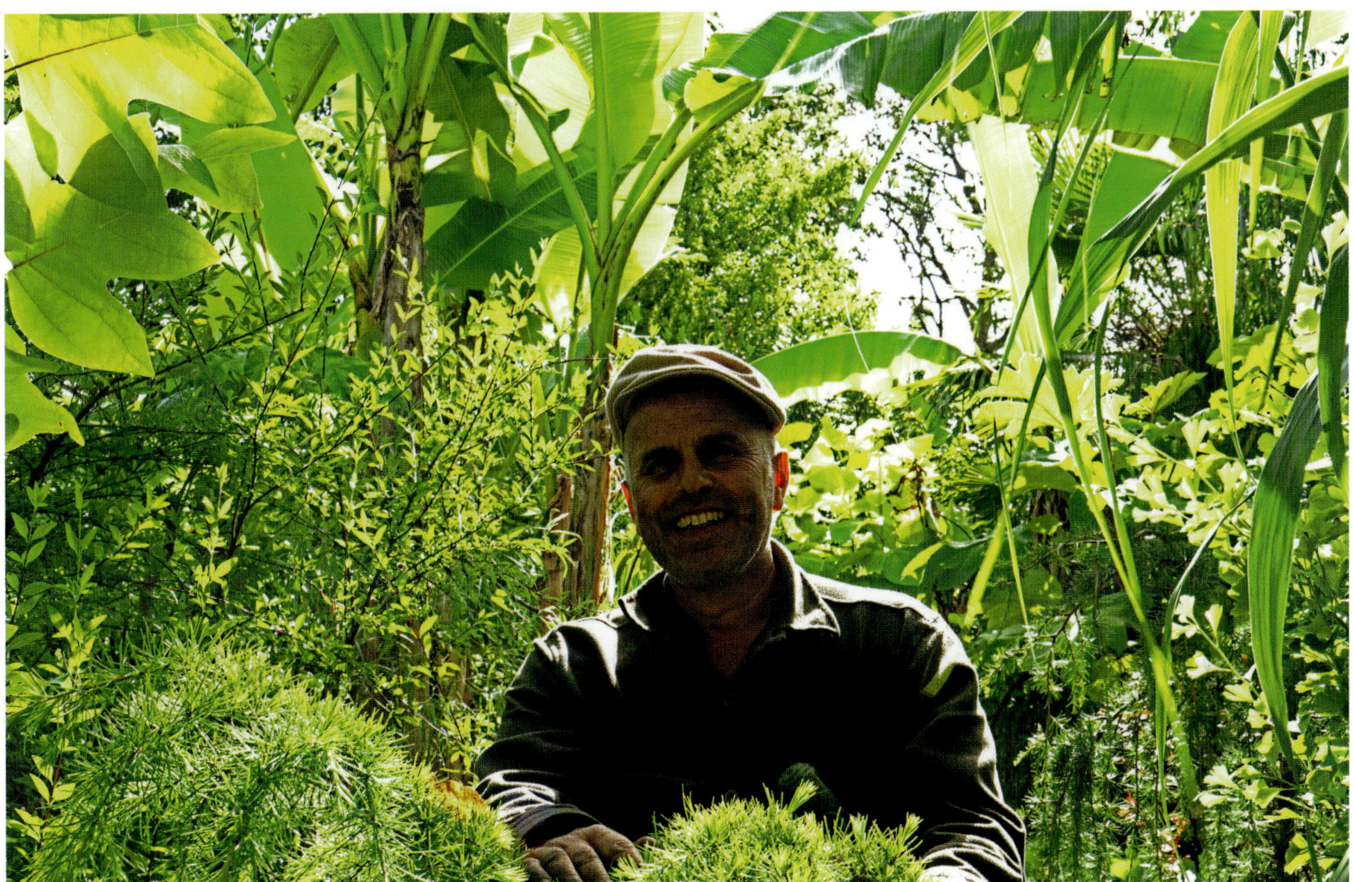

Einleitung

KENT, SURREY UND SUSSEX sind die Grafschaften, die England zum sprichwörtlichen Garten machen, und jede einzelne hätte ein weitaus umfangreicheres Buch als dieses füllen können. In diesen drei Grafschaften vereinigt sich eine reiche Geschichte und Gartenkultur mit hügeligen Landschaften, bewaldeten Tälern und mäandernden Flussläufen, und ihre Gärten gehören zu den betörendsten und interessantesten in Großbritannien.

Die Londoner strömen im Urlaub traditionell in den Südosten Englands, und hier findet man auch viele der altehrwürdigen Landsitze, Schlösser und Burgen – umgeben von ihren prunkvollen Gärten.

In vielen Kapiteln fallen die Namen von Gärtnern und „Influencern" wie Vita Sackville-West, Gertrude Jekyll, William Robinson, Christopher Lloyd und John Brookes. Wie herrlich hätte man mit ihnen über Gärten plaudern können! Es war schon aufregend genug, die Orte zu besuchen, an denen sie gelebt und gewirkt haben. Zu den unvergesslichsten, atemberaubendsten Gartenmomenten zählten meine Besuche in Vitas erstem Garten Long Barn in Kent, Gertrude Jekylls Munstead Wood in Surrey und William Robinsons Gravetye Manor in West Sussex. Doch jeder hier vorgestellte Garten bot ähnliche Momente.

Auf allen Stationen meiner Reise wurde über die Gärten von Sissinghurst und Great Dixter gesprochen, und ich bin Fergus Garrett, dem Direktor von Great Dixter, für sein Vorwort zu diesem Buch sehr dankbar. Doch beide sind zu berühmt, um sie unter die „geheimen" Gärten reihen zu können.

Hier werden in Dörfern, Kleinstädten und auf dem Land versteckte Gärten beschrieben, die sämtlich in Privatbesitz sind. Manche sind seit Generationen in einer Familie, andere wurden von neuen Besitzern umgestaltet. Manche öffnen nur für das „National Garden Scheme" (siehe Seite 140), andere sind monatelang zu besuchen.

Das Buch stellt 20 Gärten vor. Ich habe diese 20 – und noch mehr – besucht, mit ihren Besitzern und Gärtnern gesprochen und ihren ganz individuellen Charme erkundet.

In jedem einzelnen drückt sich die Kreativität und die Liebe der heutigen oder vormaligen Besitzer zu den Pflanzen und dem Ort aus. Mancher der größeren Gärten erfordert mehr als zwei Hände, und so werden in jedem Kapitel nicht nur die gärtnernden Besitzer, sondern auch die professionellen Gärtner und die Helfer ins „Porträt" mit einbezogen.

Nicht jeder Garten ist wirklich geheim oder unbekannt, doch jeder enthüllt seine charakteristischen Eigenheiten erst, wenn man ihn besucht. Treten Sie mit uns durchs Gartentor und gehen Sie auf Entdeckungstour. Ich hoffe, Sie werden es genießen, durch die Linse des Fotografen Clive Boursnell zu sehen, der Sie in jeden Winkel dieser opulenten Gärten im Südosten Englands locken will.

Barbara Segall, Suffolk, 2022

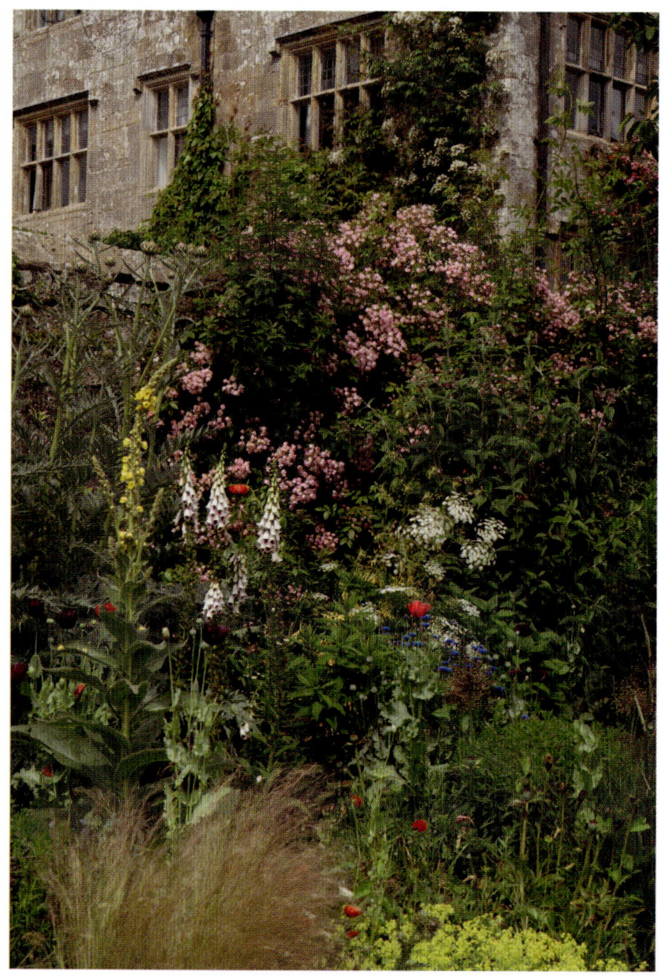

RECHTS Im Hochsommer streben die prächtigen Stauden in der Langen Rabatte an der Sandsteinmauer des Blumengartens von Gravetye Manor in Sussex blühend gen Himmel.
RECHTE SEITE, OBEN Long Barn in Sussex: Wo früher einmal ein Tennisplatz war, ist heute ein informeller romantischer Rosengarten.
RECHTE SEITE, UNTEN Die Große Blumenrabatte von Munstead Wood in Sussex ist 61 Meter lang und blüht in Farbwellen, die Gertrude Jekylls ausgeklügelten Pflanzplänen folgen.

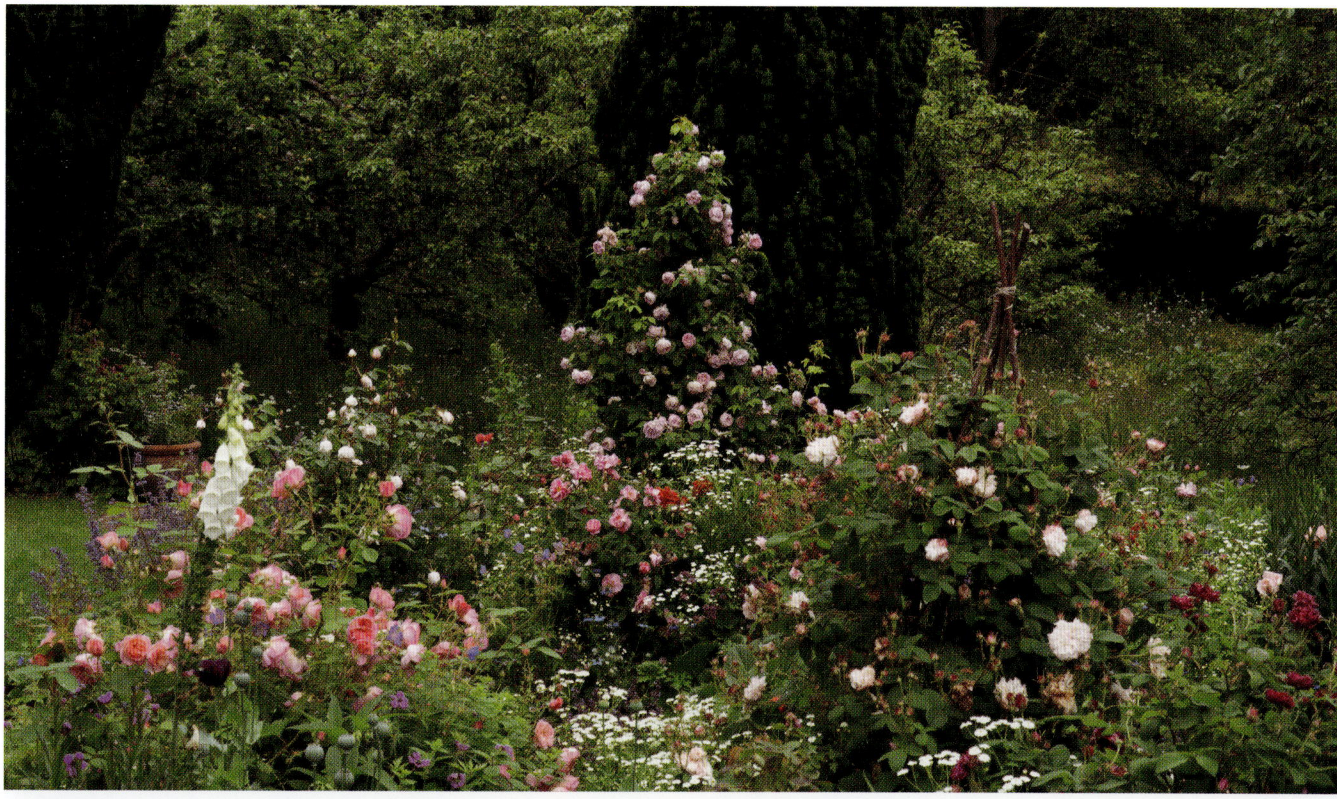

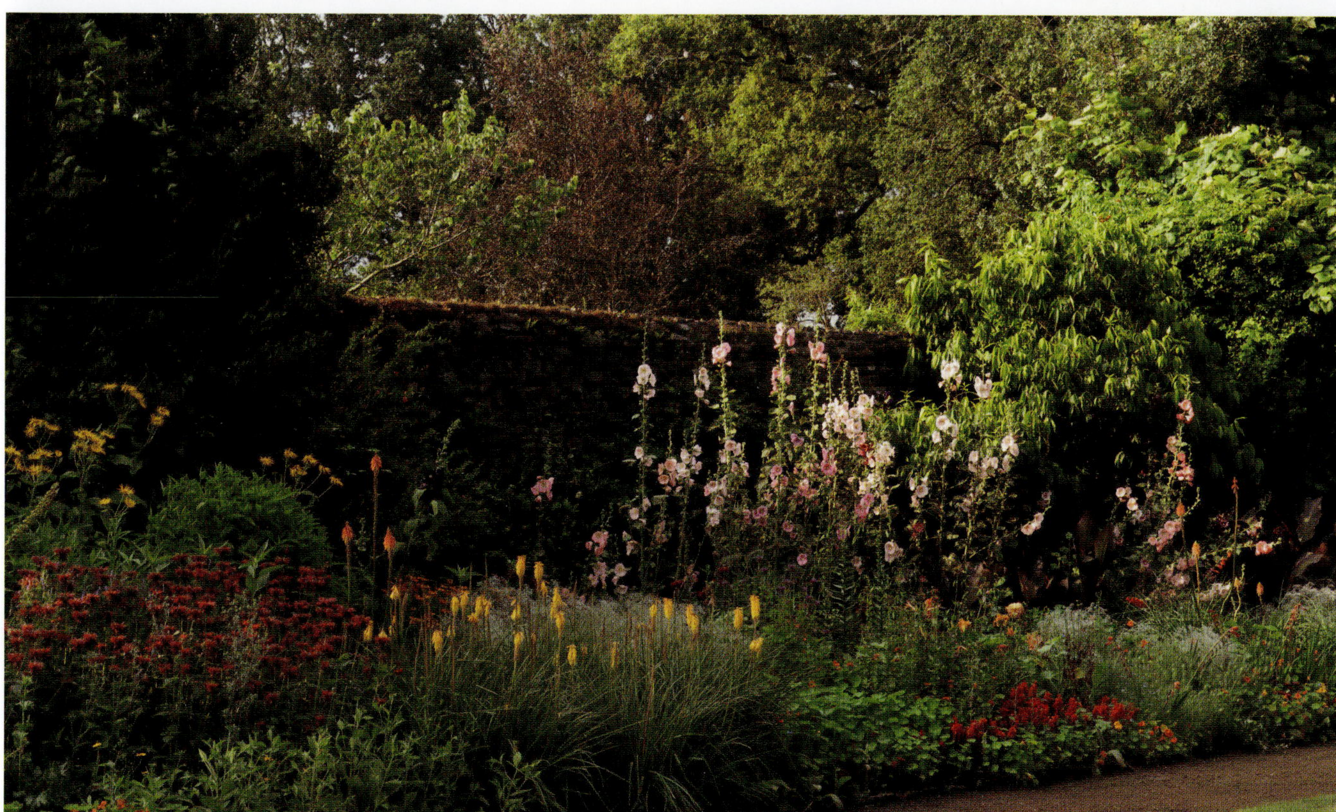

1

Albert Street Nr. 87

Whitstable, Kent

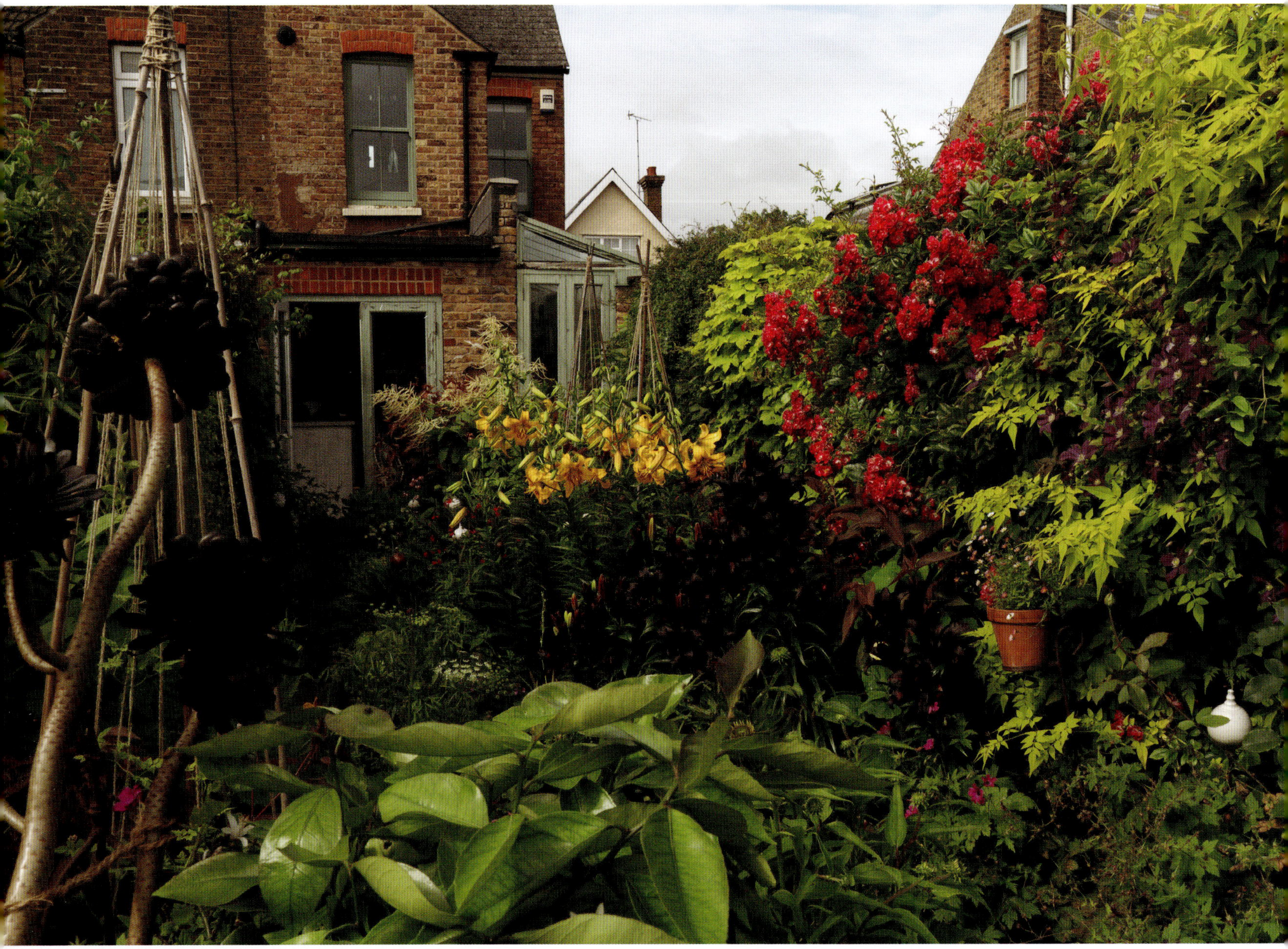

Der Garten von Nummer 87 ist von spaliergekrönten Holzzäunen umgeben und gerade einmal 14 mal 4 Meter groß (56 Quadratmeter) – und doch birgt er eine reiche Pflanzenpracht, die das ganze Jahr über Farben sprüht. Paul Carey und Phil Gomm gärtnern hier seit 2010, und sie verstehen es, ihren Garten effektvoll in Szene zu setzen und Monat für Monat das Beste aus seinen Pflanzen zu locken.

Als sie sich in London kennenlernten, hatte Paul, von Beruf Beamter, eine Wohnung mit Terrasse, und Phil, der bei der Royal Horticultural Society gelernt hatte, arbeitete als Gärtner in Lincolnshire. In Pauls Wohnung drängten sich Zimmerpflanzen und auf der Terrasse erinnerte manches an den farbenfrohen Garten seiner Großmutter in der Karibik.

Paul und Phil zogen mit Unmengen von Pflanzen nach Whitstable, die dringend aus ihren Töpfen befreit werden wollten. Doch zuerst musste der Garten von Grund auf verwandelt werden. „Es war ein klassischer Kiesgarten", erzählt Phil, „die Folie war brüchig geworden, und wir wussten, dass der Boden ausgelaugt war."

Vom Vorbesitzer erbten sie „Waisenpflanzen", wie Phil sie nennt, von jeder Sorte gab es nur eine. Sie behielten einen Apfelbaum, eine *Clematis montana*, eine Jungfernrebe *(Parthenocissus henryana)* und eine Mühlenbeckia, die alle Blicke und Kommentare auf sich zieht. Sie gruben den Kies und die Folie aus, bekämpften invasiven Bambus und füllten zwei Container mit Abfällen. „Das ist jetzt mehr als zehn Jahre her und wir haben mit einem Mix aus Muttererde und Kompost praktisch bei null angefangen. Als wir erstmal den kurvigen Ziegelweg von der Hintertür zum Gartentor verlegt und Spaliere an die Mauer und auf den Zaun gesetzt hatten, konnten wir endlich pflanzen."

Linke Seite Schaut man vom Garten aufs Haus, möchte man kaum glauben, dass sich durch das farbenfrohe Pflanzendickicht ein Gartenpfad schlängelt.

Unten Der Blick vom Haus Richtung Tor und Gewächshaus: dicht an dicht stehen *Echinacea*, Mexikanische Sonnenblumen, *Ammi majus*, *Rudbeckia* und Lilien, an Stangenwigwams ranken Einjährige wie Prachtwinden.

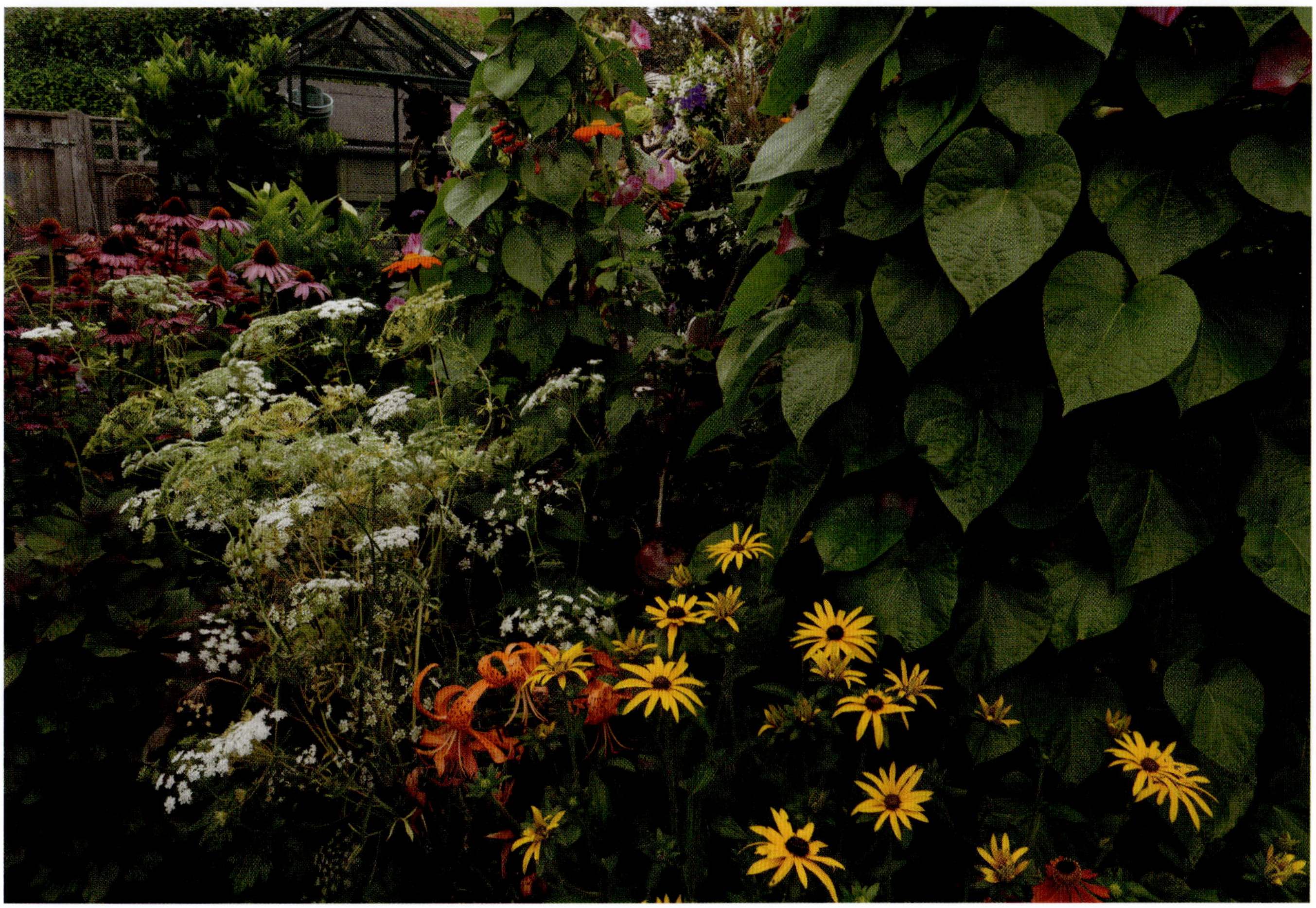

RECHTS Paul Carey (links) und Phil Gomm öffneten ihren Garten 2016 zum ersten Mal für Besucher und staunten, als 500 Neugierige kamen, um die üppige Pracht zu bewundern.
RECHTE SEITE Auch wenn der Garten klein ist, bleibt doch genug Platz für das Fahrrad und einen gemütlichen Sitzplatz mit Blick auf prunkende Farben, Kletterpflanzen wie Rosen und Clematis, die beide Zäune schmücken, und auf Stauden, einige säumen in Töpfen den mäandernden Ziegelweg.

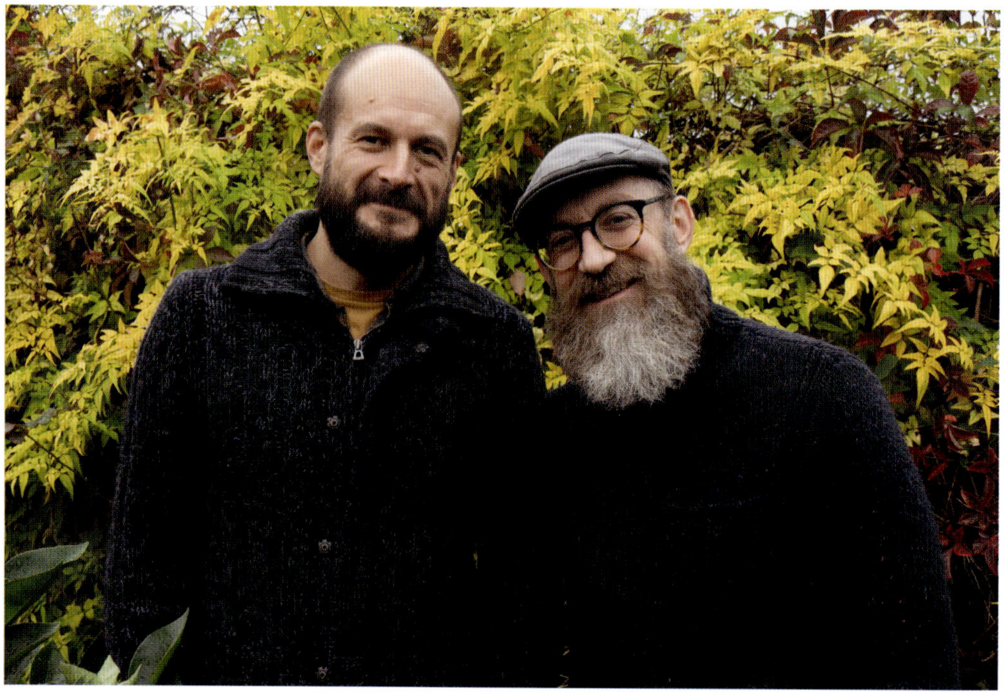

Eine tragende Rolle

Paul und Phil mögen glücklicherweise dieselbe Pflanzenpalette, denn nun hatten sie einen Garten, der an einem Ende sonnig und heiß ist und am anderen schattig. Zudem ist er schmal und bietet auf Bodenniveau nur eine begrenzte Pflanzfläche. „Wir mussten zwischen den unterschiedlichen Bereichen eine Verbindung schaffen und haben dazu Farben verwendet, und wir haben beschlossen, ‚die Wand hochzugehen', um mehr Fläche zu gewinnen." Der Garten hätte von den Zäunen erdrückt werden können, doch Phil und Paul kamen zu dem Schluss, dass sie nicht länger über die Nachteile klagen sollten. „Da die Zäune nun schon mal da waren, dachten wir uns, wir sollten sie für Pflanzen nutzen. Wir hätten sie streichen oder länger schief ansehen können, aber sie als Chance zu sehen, war eindeutig besser."

Nun ranken zu beiden Seiten des Gartens und an der Rückwand des Hauses zahlreiche Kletterpflanzen: etwa 20 Clematis, darunter die im Winter blühende *Clematis cirrhosa* und die ab Mai blühende *C. alpina*, Jasmin, Rosen (wegen ihrer Farben und ihres Dufts) und ein Goldhopfen. Die geerbte Mühlenbeckie wächst säulengleich bis auf die Höhe des Spaliers auf dem Zaun. „Wir arbeiten einfach mit allem, mit der Blütenfarbe, ihrer Form, der Blattform und der Textur. Wir mögen beide apartes Laub, deshalb haben wir Farne [wie *Dryopteris wallichiana*, *Osmunda regalis* und Hirschzungenfarn] und schattenliebende Pflanzen in dem buschigen Bereich am Haus."

Im Frühling gibt sich der Garten farblich noch dezent, zuerst recken sich tausend Schneeglöckchen, unzählige Lenzrosen und Elfenblumen ans Licht. Das Dunkelviolett von Pauls großer *Aeonium*-Sammlung zieht sich dann im Sommer heckengleich in verschiedenen Höhen als bestimmende Farbe durch den sonnigen Teil des Gartens.

Die Blütenkugeln des *Alliums* nehmen den visuellen Rhythmus auf, das braunviolett getüpfelte Laub von *Geranium phaeum* setzt ihn bodendeckend in den Beeten fort.

„Wir lieben die Abwechslung, und im Frühsommer mischen Lilien, wie dunkel braunrote *Lilium* ‚Night Flyer' und die riesigen bronzegefleckten gelben Blüten von *L. leichtlinii*, zusammen mit dunklen Sterndolden die Farben kräftig auf. Für eine kühle grün-gelbe Note auf Bodenniveau sorgt *Alchemilla mollis* [Frauenmantel]."

Buntes Streben

Hohe Stauden wie gelbe Sonnenhüte *(Rudbeckia)*, dunkelrote Montbretien, luftige Wiesenrauten und mit Kapuzinerkresse unterpflanzter Ehrenpreis drängeln sich neben Ziersalbei wie ‚Amistad'. Sie werden durch Wilde Möhren und Knorpelmöhren *(Ammi majus)* verwoben, die mit ihren weißen Dolden alles weichzeichnen und die glühenden Farben dämpfen.

Phil, der nicht nur eine gärtnerische Ausbildung, sondern auch Erfahrung in 3D-Design, Fotografie und Film hat, liebt Pflanzen, die sowohl weich wirken als auch hoch sind, wie

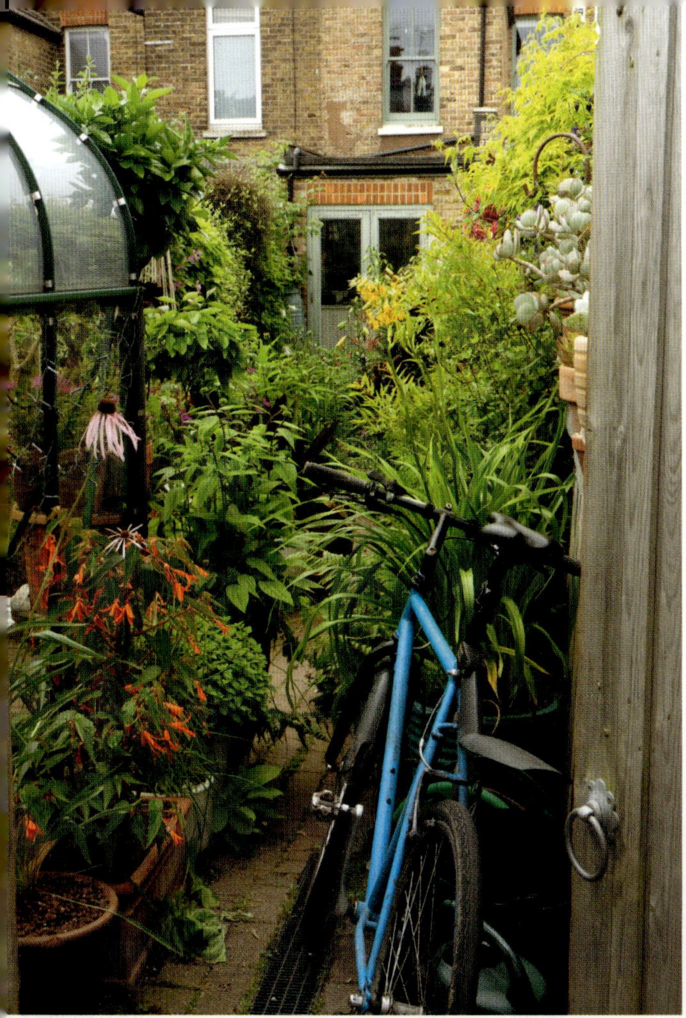
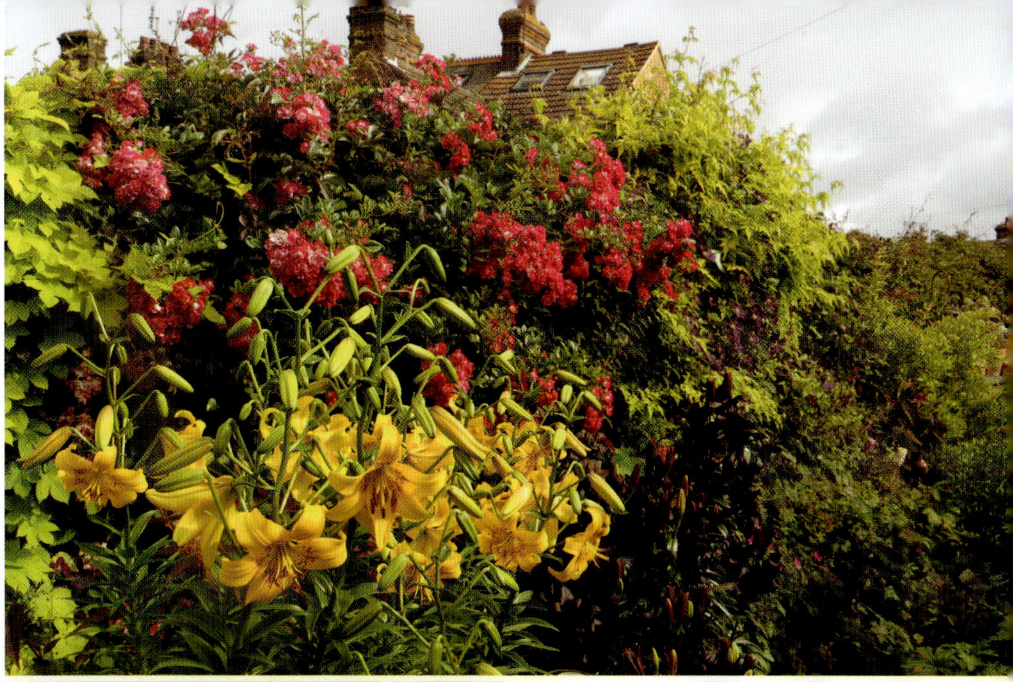
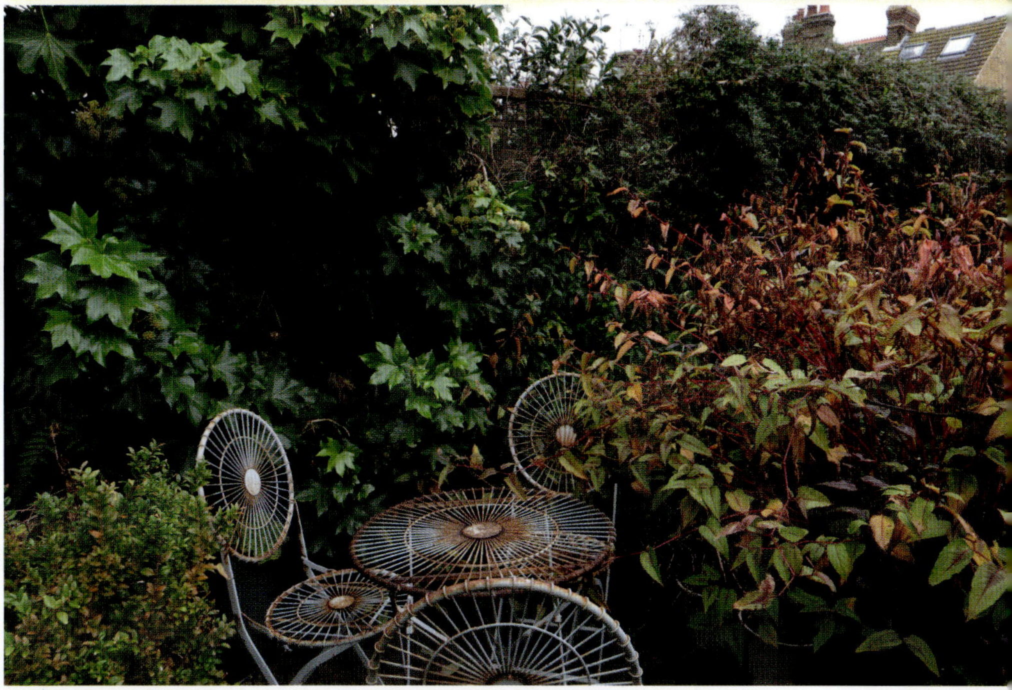
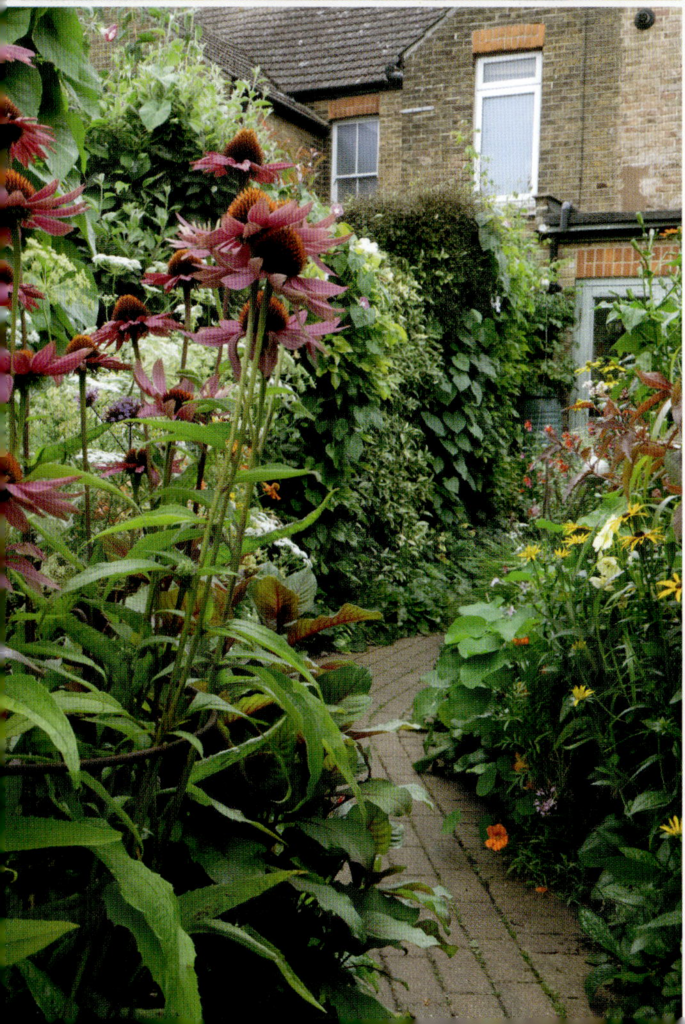
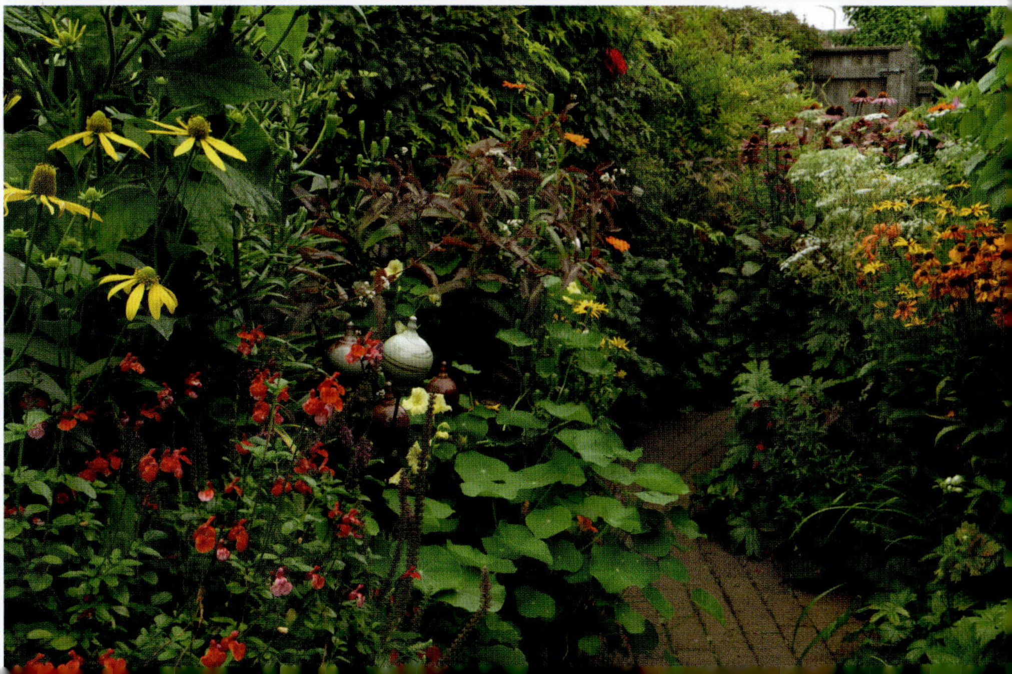

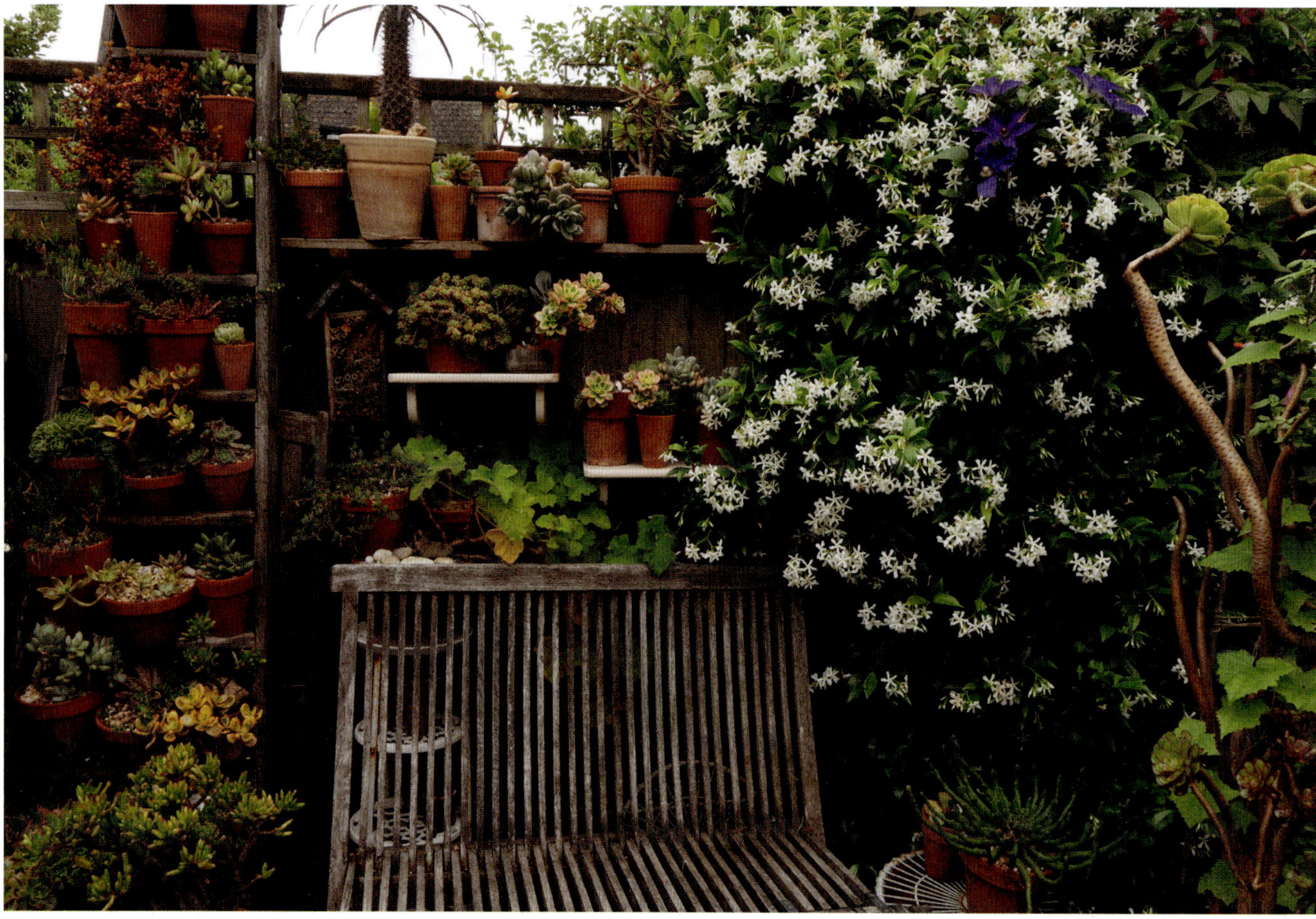

„Es ist eine Art Obsession … eine Pflanze, die wir zum ersten Mal sehen, wird höchstwahrscheinlich gekauft, selbst wenn wir keinen Platz für sie haben."

Gräser und Sonnenhüte *(Echinacea)*. „Ich mag ihre immersiven, ephemeren Eigenschaften, wie sie in der Luft schweben, Licht und Bewegung einfangen."

Im Sommer tragen kletternde Einjährige wie Sternwinde, blaue Prunkwinde und rankende Kapuzinerkresse ihre Farben bis an die höchsten Punkte von Hauswand und Zaun hinauf; wenn die Sonne untergeht, schimmern sie, von hinten angestrahlt, wie Buntglas. Die blauvioletten Blütenglocken von *Clematis* ‚Rooguchi' und die außen purpurroten, innen orangegelben von *C.* ‚My Angel' prangen im Hochsommer. Am Haus kletternd verströmt *Rosa* ‚Madame Alfred Carrière' ihren Duft.

Das Gerüst für diese aufwärtsstrebenden Pflanzen bilden Immergrüne wie *Hydrangea seemannii*, die ihre weißen Blütenkaskaden bisher noch nicht gezeigt hat. Zu den Kletterpflanzen, die ihres Laubes wegen ausgewählt wurden und die Gartenbegrenzungen erhellen, gehören Buntblättriger Strahlengriffel *(Actinidia kolomikta)*, Buntlaubiger Sternjasmin und goldgelb belaubte *Clematis* ‚Celebration'.

Blumenreiche Beete, Topfpflanzen, die saisonale Highlights setzen, und eine ausgediente Leiter, die auf jeder Stufe Sukkulenten-Schätze trägt, gehören zu dem Mix, den Phil und Paul auf ihrer kleinen, begrenzten Fläche geschaffen haben. So klein sie auch ist, bietet sie doch Raum für ein Mini-Gewächshaus, das im Winter empfindliche Pflanzen und im Sommer Sämlinge und Ableger schützt.

Für eine Skulptur ist nicht genug Platz, doch über den Garten verteilt stehen farbige Keramikkugeln auf Metallstäben, die als Pflanzenstützen und als das Auge lenkende Akzente dienen. Sie stammen von einem französischen Töpfer aus dem Dorf Aubeterre-sur-Dronne in der Charente.

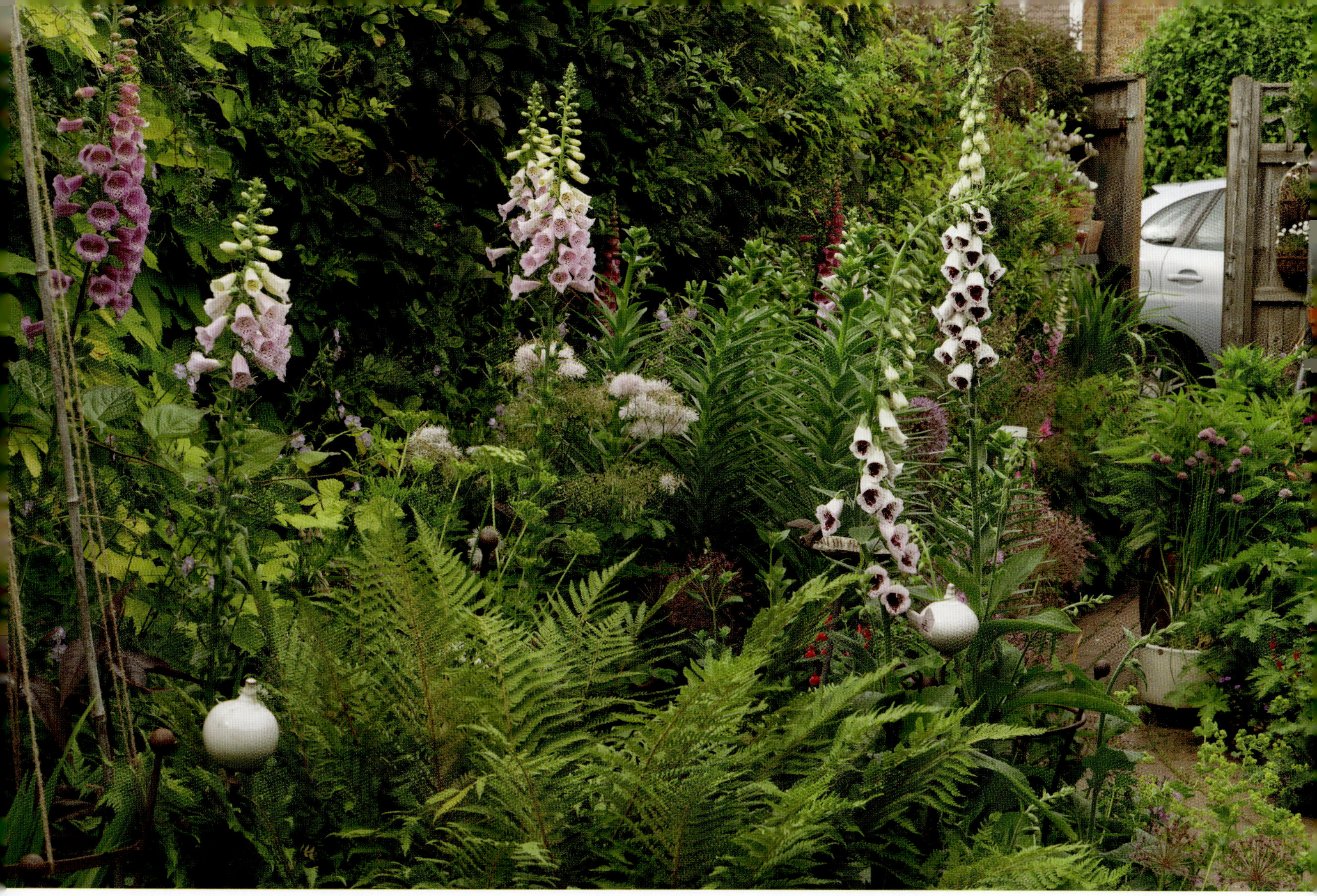

Auf die Pflege kommt es an

Der Garten ist ein Tierparadies, die einjährigen Pflanzen locken Bestäuber an, die gläsernen Trinkschalen auf Metallstäben, die eigentlich für die Vögel gedacht waren, werden an heißen Tagen von Bienen und anderen Insekten angesteuert.

Bei einem kleinen Garten dreht sich die Pflege vor allem darum, allzu kräftig gedeihende Pflanzen durch „Rüpelrupfen", wie Phil es nennt, zu kontrollieren. Phil und Paul sind ständig damit beschäftigt, Verblühtes und Laub auszuschneiden oder Schwächelndes zu entfernen.

„Manche älteren Stauden verlieren einfach ihre Vitalität, also graben wir Pflanzen wie Sterndolden und Japangras aus und teilen sie."

Es gibt viele Pflanzen, die Paul und Phil liebend gerne hätten, manchmal scheint es, als kauften sie in ihrer Phantasie für einen Garten ein, den sie gar nicht besitzen!

„Es ist eine Art Obsession. Wir sind wie Entdecker … eine Pflanze, die wir zum ersten Mal sehen, wird höchstwahrscheinlich gekauft, selbst wenn wir keinen Platz für sie haben."

2016 öffneten sie ihren Garten zum ersten Mal für das „National Garden Scheme" und waren völlig überrascht, wie viele Besucher an diesem einen Tag kamen – es waren rund 500. Paul empfing die Gäste am Gartentor, Phil hatte an der Hintertür des Hauses Dienst.

„Bevor wir den Garten öffneten, haben wir uns gefragt, was tun wir eigentlich? Und dann haben wir den ganzen Tag nicht miteinander geredet, weil wir uns ständig mit Besuchern unterhalten haben!" Abends waren sie sprachlos.

„Wir begriffen, dass die Leute unseren Garten mochten. Uns wurde auf einmal klar, dass wir eine Welt geschaffen hatten, die anderen gefiel … und dass wir eventuell echte Gärtner waren!"

LINKE SEITE Im Sommer tanken Sukkulenten auf Leitern und Regalbrettern Sonne, den Winter verbringen sie im kleinen, randvollen Gewächshaus am anderen Ende des Gartens.

OBEN In den Beeten zu beiden Seiten des Wegs drängen sich die Pflanzen munter, wer das sieht, begreift sofort, dass Farben und Stil keine Grenzen kennen.

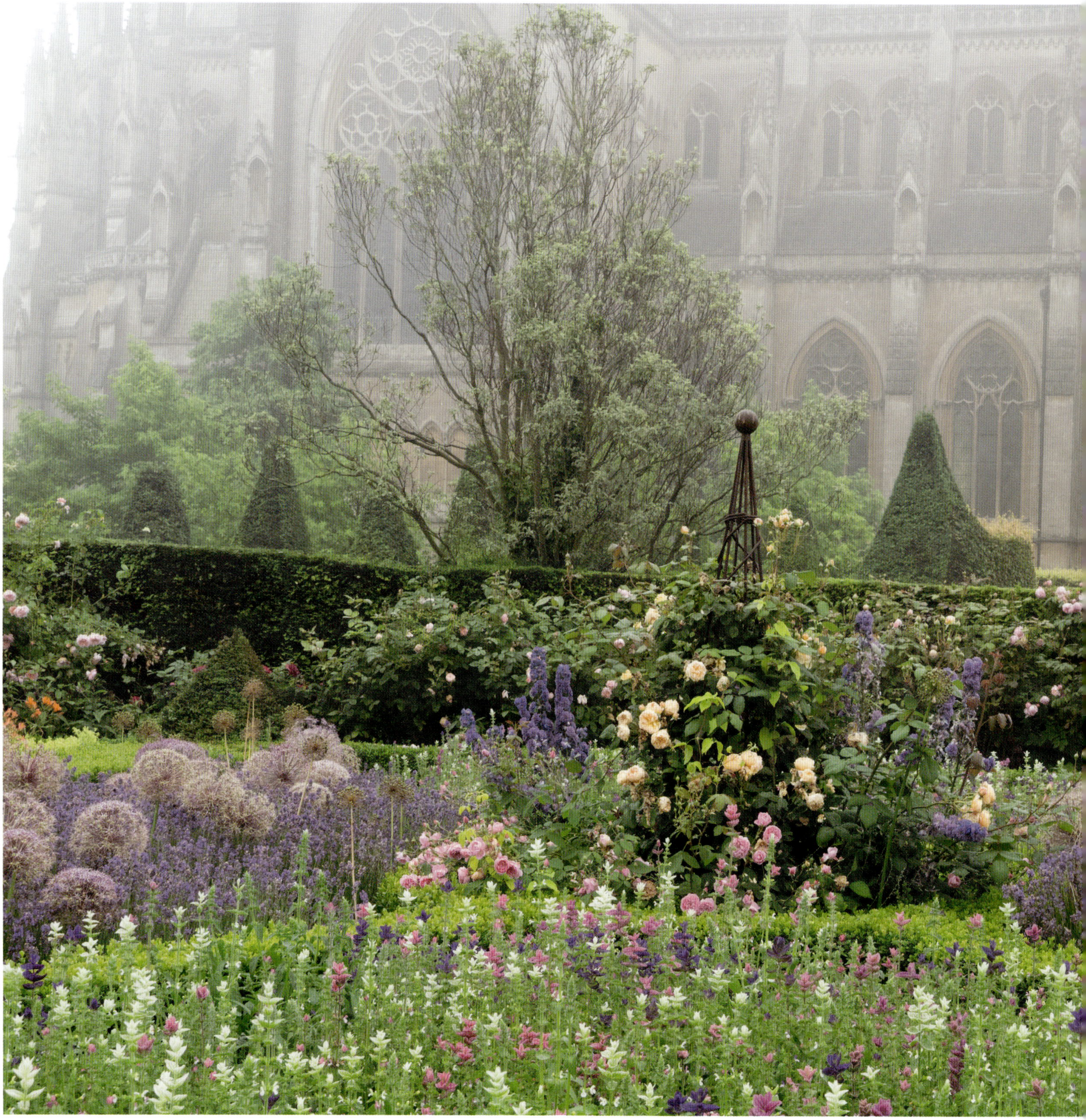

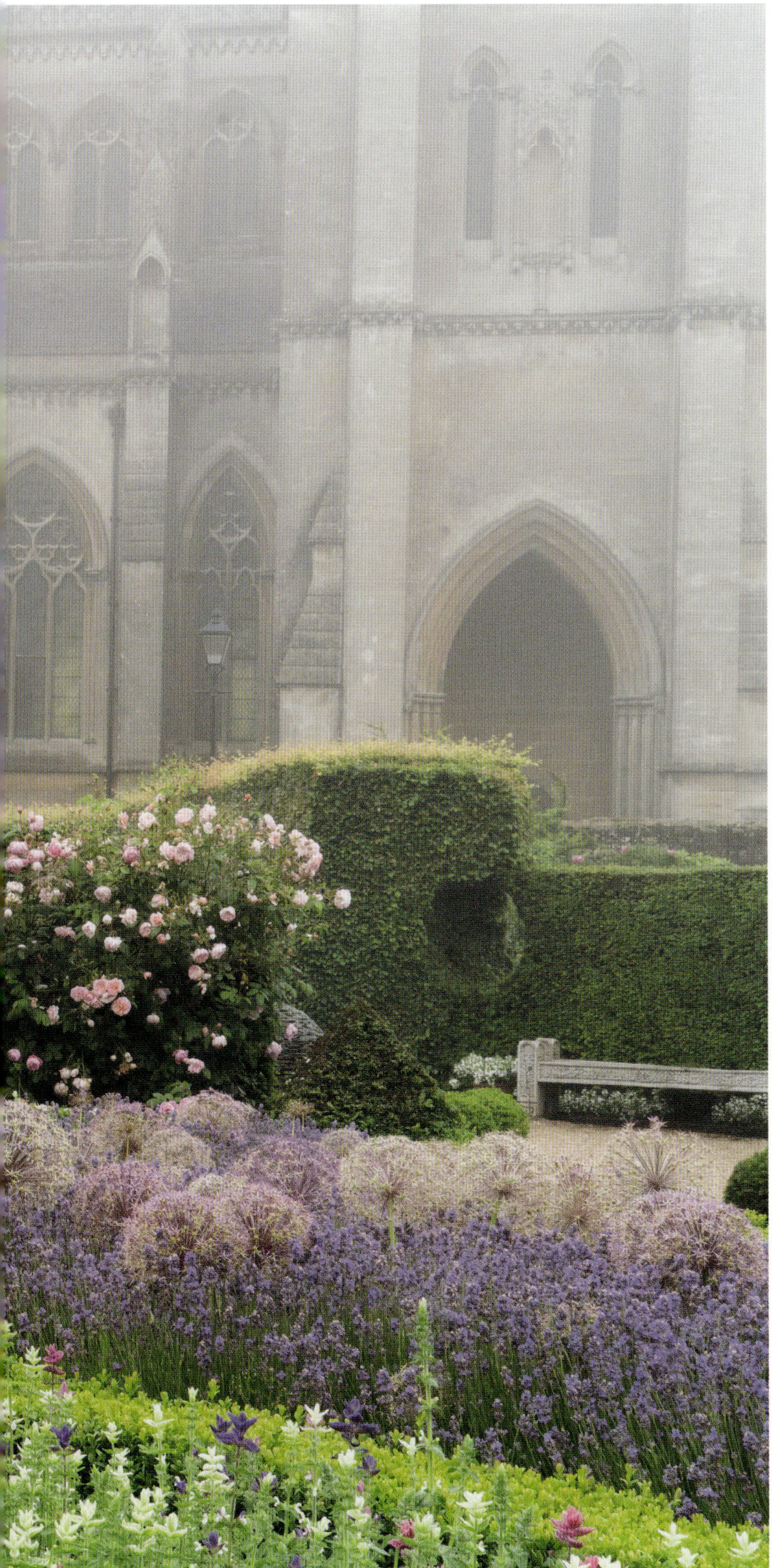

2

Arundel Castle

Arundel, West Sussex

Man könnte meinen, dass die ummauerten Gärten von Arundel Castle zwischen den Wehrmauern und -türmen und den Strebepfeilern der viktorianischen Kathedrale des Guten zu viel sind. Wie in aller Welt sollten sie auch mit dem Prunk dieser beiden architektonischen Giganten konkurrieren? Doch Dank der Phantasie ihrer Besitzer, des Herzogs und der Herzogin von Norfolk, und der Furchtlosigkeit des Chefgärtners und Landschaftsdesigners Martin Duncan setzen die Gärten ihrer Umgebung mit der Vielfalt ihrer Pflanzen und Gestaltung ihre eigene Pracht entgegen.

Arundel Castle ist seit dem 12. Jahrhundert der Stammsitz der Herzöge von Norfolk und seine 16 Hektar wurden über Generationen verändert und verschönert. In den letzten 20 Jahren ließen Edward, der 18. Herzog, und seine erste Frau Georgina ihre Vision von neuen Gärten mit verführerischer Bepflanzung wahr werden. Sie förderten begeistert alle Garten- und Landschaftsprojekte, die Martin Duncan in den über zehn Jahren seiner Tätigkeit in Arundel vorschlug.

Höfe, Fontänen und ein Kanal

2008 wurde der vom Herzogpaar erdachte, von Isabel und Julian Bannerman gemeinsam mit dem Architekten Russel Taylor gestaltete „Collector Earl's Garden" vom Prinzen von Wales formell eröffnet. Er wartet mit drei Höfen, zwei Terrassen, einem Kanal, Tempeln und Fontänen auf. Es ist der erste Garten, den die Besucher sehen, eine Hommage an Thomas Howard, den kunstsammelnden 14. Grafen (1585–1646), und in Anlehnung an den italienischen Garten seines Londoner Stadthauses (Arundel House) gestaltet. Die drei Höfe liegen auf der oberen Terrasse, das Wasser im Kanal ist, den Fluss Arun darstellend, blau gefärbt. Die übergroßen Urnen, die Obelisken, Bänke und zwei Pergolen sind aus Eiche gefertigt. Entlang des Kanals und um die Fontänen reihen sich große Terrakottakübel mit saisonaler Bepflanzung, die jährlich mit dem Tulpen-Festival einsetzt.

Im Morgendunst bieten die Fenster und Strebepfeiler der Kathedrale von Arundel eine dramatische geliehene Kulisse für das alljährliche *Allium*-Spektakel.

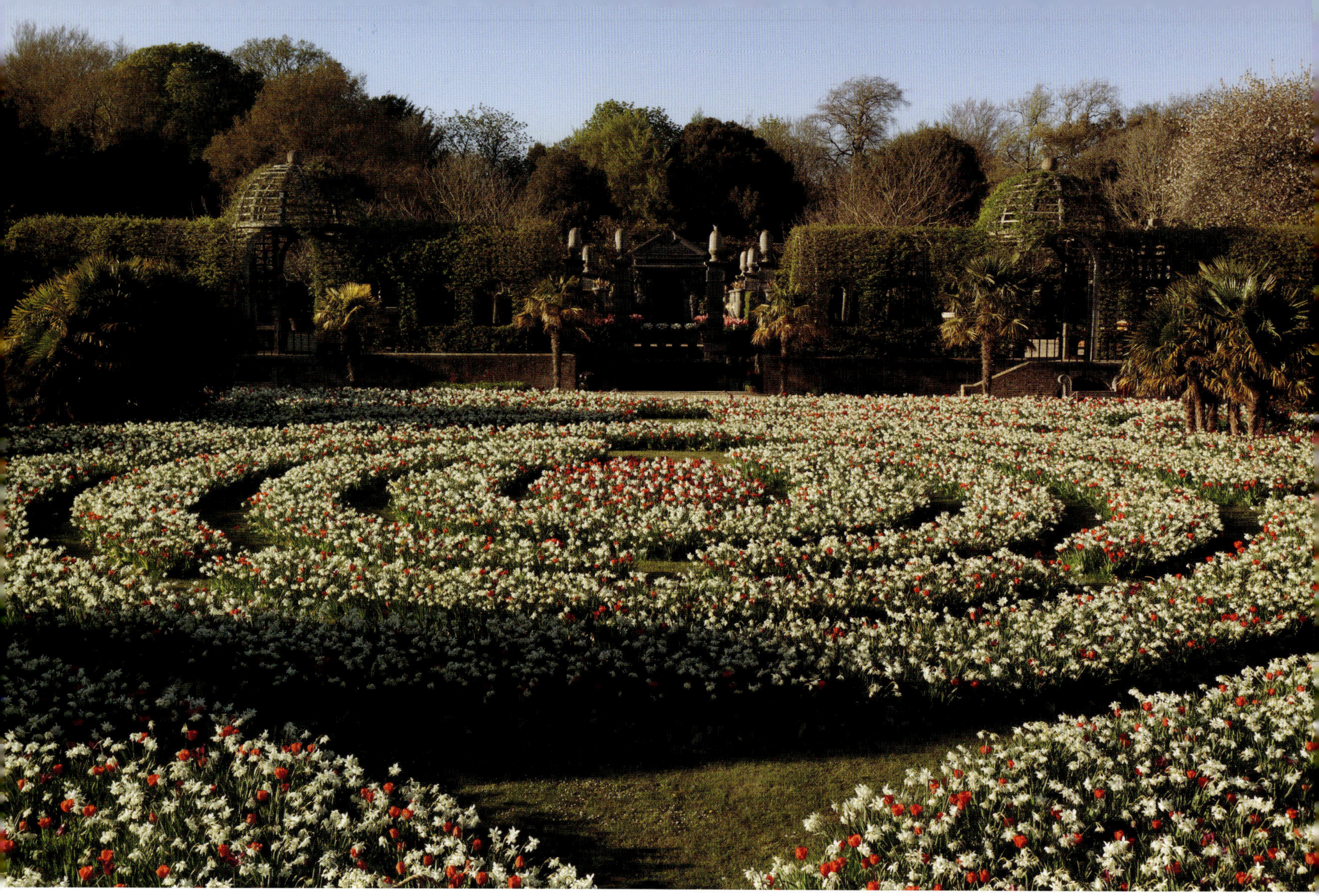

Dem biologischen Küchengarten galt 1997 als Erstem die Aufmerksamkeit der Herzogin. Sie gestaltete die Beete neu und ließ das viktorianische Gewächshaus, in dem früher Wein und Pfirsiche gezogen wurden, restaurieren. Heute wachsen in diesem Teil Obst, Gemüse und Kräuter, im neuen tropischen Gewächshaus reifen Papayas, Bananen und Guaven.

Martin kam 2009 mit einem eindrucksvollen Lebenslauf nach Arundel: Er begann mit Garten- und Ackerbau im südlichen Afrika, diente in der britischen Armee, studierte dann Landschaftsgärtnerei in Großbritannien und arbeitete anschließend in der ganzen Welt. In Bermuda war er als Gartensuperintendent für den botanischen Garten, die öffentlichen Parks und die Residenz des Gouverneurs zuständig. In Arundel kommt ihm zugute, dass er im großen Maßstab denken kann, denn jährlich werden tausende Pflanzen und Blumenzwiebeln geordert. Seine Pflanzengestaltung setzt saisonale Highlights, schafft aber auch das ganze Jahr über eine interessante und blühende Gartenlandschaft, die, so aufsehenerregend, ja dramatisch sie auch ist, doch ein Gefühl der Intimität vermittelt.

OBEN Abertausende Tulpen, wie ‚Apeldoorn' und ‚Kingsblood', vermischt mit unzähligen *Narcissus* ‚Thalia' verwandeln das Graslabyrinth in einen Frühlingsblickfang.

RECHTE SEITE, OBEN UND MITTE Im „Collector Earl's Garden": Große Terrakottatöpfe mit Tulpen säumen den effektvollen Kanal und den Wasserfall; die übergroßen Säulen und die Loggia wurden von Isabel und Julian Bannerman entworfen.

RECHTE SEITE, UNTEN Die auf dem Strahl der Fontäne tanzende goldene Krone bietet ein Schauspiel, das jeden verzaubert.

Gartenschauspiele

Martin und sein Team von sieben Gärtnern und fünf Freiwilligen pflegen das alles akribisch, sie vermehren, teilen, pflanzen, wässern und entfernen Verblühtes, selbst der Kies wird täglich geharkt. Vom Kanal und den beiden anderen Höfen blickt man über die untere Terrasse auf „Oberons Schloss". Darin verbirgt sich eine muschelverkleidete Grotte mit einer Fontäne, die regelmäßig ein prächtiges Gartenschauspiel lie-

„Es muss einen ‚Wow'-Faktor geben, sonst gingen die Pflanzen angesichts der imposanten Architektur und Geschichte des Orts unter."

MARTIN DUNCAN, CHEFGÄRTNER

fert: Dann tanzt auf dem Wasserstrahl eine goldene Krone – eine hydraulische Magie, die jeden verzaubert.

Und das Schauspiel hat noch kein Ende. 2010/11 schufen die Bannermans auf dem makellosen Rasen zwischen der oberen und der unteren Terrasse ein Graslabyrinth. Vier Jahre später schlug Martin vor, es in das erste Tulpenlabyrinth der Welt zu verwandeln, und so wurden 15 000 rote Tulipa ‚Apeldoorn' gesetzt. Im Frühjahr 2016 hatte das Labyrinth seinen ersten großen Auftritt. 2021 kamen 14 000 weitere rote Tulpen hinzu, ‚Apeldoorn' und ‚Kingsblood'. Ihr Lodern wurde auch durch die Ergänzung von 18 000 weißen Narcissus ‚Thalia' nicht gedämpft. Wenn im Sommer das Laub verwelkt und das Labyrinth gemäht ist, wird die Rasenfläche zum Zuschauerraum für die jährliche Shakespeare-Aufführung.

Innerhalb und außerhalb der Mauern von Arundel Castle scheinen die blauen Kerzen der *Camassia* und die Kugeln von purpurrotem, weißem und dunkellila *Allium* – ‚Purple Rain', ‚Purple Sensation', *schubertii*, ‚Mohican' und ‚Summer Drummer' – wie Flüsse durch die Gärten zu strömen. Die 36 000 Zierlauche erhöhen die Gesamtzahl der in Arundel gepflanzten Zwiebeln auf über 1,2 Millionen.

Die englischen Staudenrabatten waren die ersten, die Martins bestimmte und doch sanfte Hand zu spüren bekamen. Er riss die niedrigen Buchshecken heraus und ließ ausschweifende Stauden, wie Frauenmantel, Katzenminze und Storchschnabel, bis auf die Kieswege wallen. Die Eiben, die als rückwärtige Hecke und in Stützstreben hervorspringend die einzelnen Kompartimente begrenzen, durften ihre strenge Geradlinigkeit aufgeben und kurvig werden. Nun ziehen sie das Auge an und scheinen darauf zu bestehen, dass man tiefer und tiefer in die Farbwellen von Rosen und Stauden eintaucht.

Der Stumpfgarten

2012 gestaltete Martin den Schnittblumengarten um und setzte eine Buchshecke, die wie eine gebundene Fliege geformt die saisonalen Blumen im Zaum hält. Im Frühling sind es Tulpen, Zierlauche und andere Zwiebelpflanzen, im Spätsommer Dahlien, wie die großblütige ‚Babylon'.

Nebenan liegt der 2013 geschaffene Stumpfgarten, die meisten der verwendeten Eiben, Esskastanien und Eichen

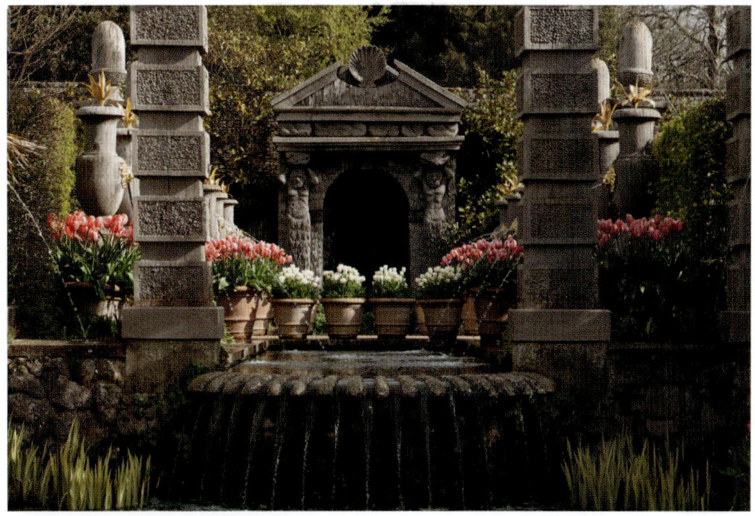

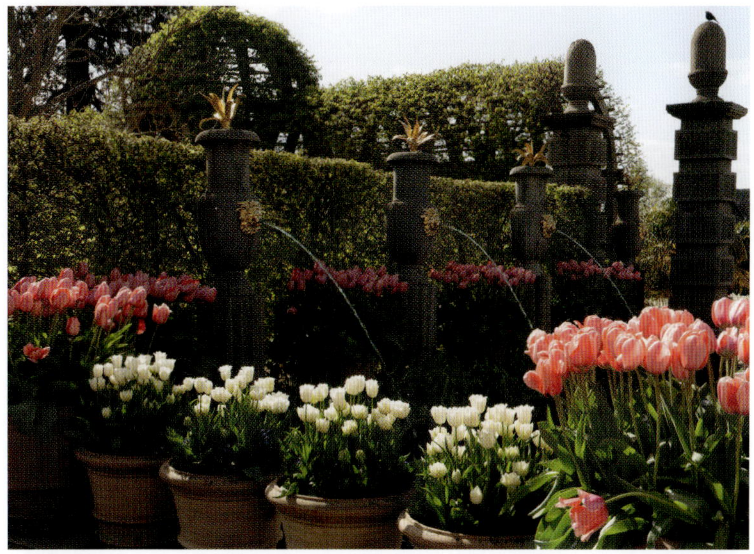

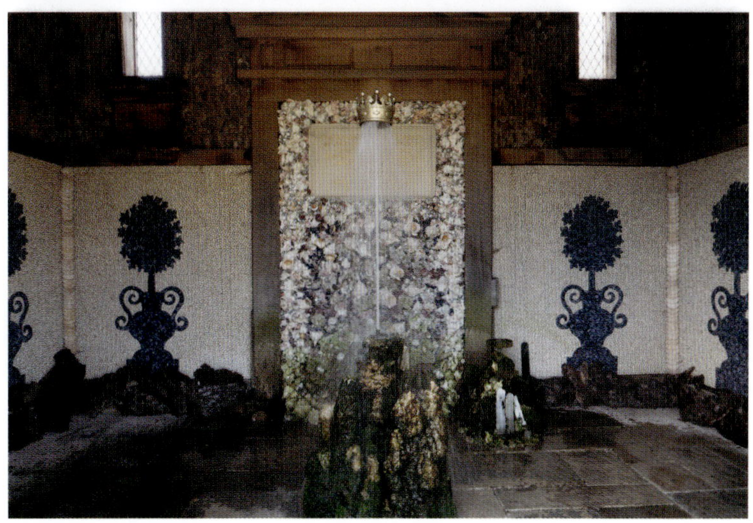

RECHTS Das Garten-Team von Arundel Castle (von links nach rechts): Joe Bedding, Izzy McKinley, Daniella Porter Wendt, Rose Philpot, Martin Duncan (Chefgärtner und Landschaftsdesigner), Stuart Whitson, Nathan Treadwell, Stuart Scutt (ohne Hut), Stuart Hilton.
RECHTE SEITE Eibenhecken, Spalieräpfel und Eichenstümpfe scheinen den aufstrebenden Formen der historischen Architektur von Kathedrale und Burg zu folgen. Im Frühling rauscht einer Woge von Tulpen und Narzissen auf die starken Wehrmauern zu.

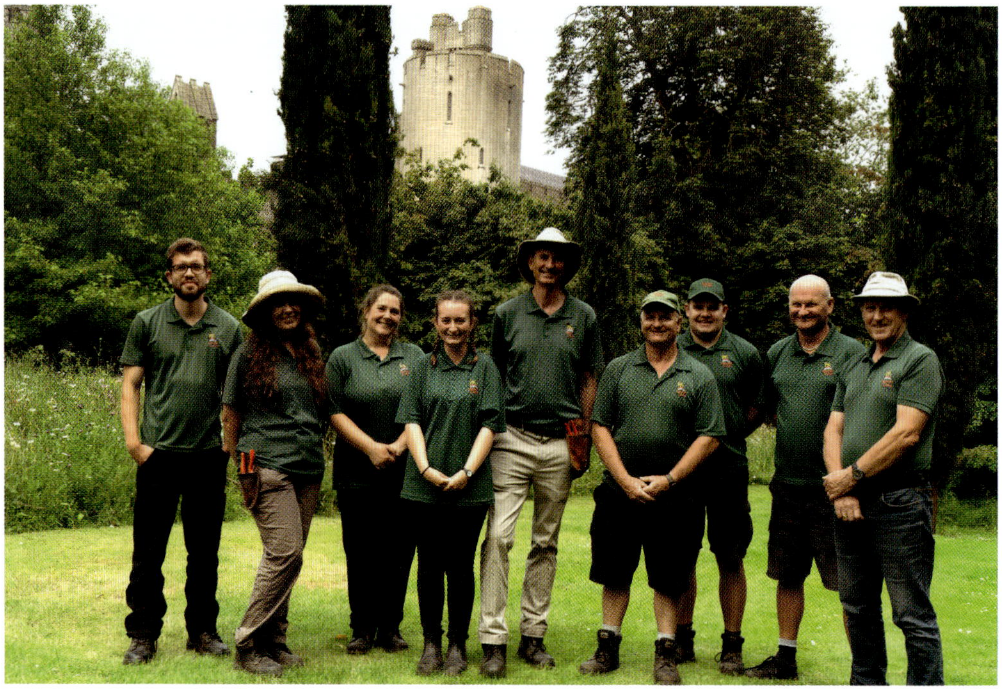

waren dem Orkan des Jahres 1987 zum Opfer gefallen. Eibenschösslinge versetzte das Team in einen Bereich außerhalb der Gartenmauern, den „Amerikanischen Grund". Die Stümpfe wurden zu Hügeln aufgetürmt, auf die Martin, um den Höheneffekt zu unterstreichen, aufragende Stauden wie Wolfsmilch und gelbe Lupinen setzte, außerdem Lenzrosen, Farne, großblättrige Funkien, Krötenlilien, Trichterschwertel und silbrig behaarte Lungenkräuter. Dazu kamen kleine Tulpen, niedriger Zierlauch, wilde Erdbeeren und Steinbrech.

Auch an die Tropischen Rabatten zu beiden Seiten der unteren Labyrinth-Terrasse im „Collector Earl's Garden" legten Martin und sein Team Hand an. Sie entfernten die eisernen Einfassungen und stachen die Rasenkanten in Wellen. 2018 legten sie vier violinförmige Beete an, in denen nun Bananenstauden neben winterharten Geleepalmen *(Butia capitata)* und mehrstämmigen Chinesischen Hanfpalmen *(Trachycarpus fortunei)* stehen. Ihre Größe und ihr Laub unterstreichen das titanische, exotisch entrückte Flair.

Die Bereiche außerhalb der Burgmauern legt Martin so natürlich wie möglich an, ohne die Verbindung zu den Gärten zu kappen. In Massen gepflanzte Narzissen, Tulpen, Zierlauche und Prärielilien *(Camassia)*, Wildblumenstreifen und seltenes Mähen kamen der Tierwelt zugute. Das Wesentliche, so Martin, sei es, im großen Stil zu denken. Gäbe es keinen „Wow"-Faktor, wirkten die Pflanzen angesichts der imposanten Architektur und Geschichte des Orts verloren.

„An erster Stelle steht die Zusammenarbeit mit dem Herzog und der Herzogin, ihr Vertrauen erlaubt mir, große Veränderungen vorzuschlagen und umzusetzen. Ich genieße die gesamte Bandbreite der Gartenelemente. Für mich ist es selbstverständlich, aus den inneren Gärten in die wildere, informellere Landschaft zu gehen. Und außerhalb der Gartenmauern gibt es das ganze Jahr über etwas zu sehen."

Imposante Obelisken

Im Rosengarten, den die Herzogin plante, blühen zwanzig Sorten vor der Burgkulisse. Man gelangt durch einen von der Ramblerrose ‚Adélaïde d'Orléans' umhüllten Laubengang mit gotischen Formen hinein. Das gotische Motiv setzt sich in den Bänken und den imposanten Obelisken mit vergoldeten Spitzen, an denen ebenfalls Rosen ranken, fort.

Das letzte, 2018 begonnene Projekt liegt am weitesten von den ummauerten Gärten entfernt: Es wurden drei historische Fischteiche, aus denen sich einst die Burgküche bediente, ein strohgedecktes Rundhaus, Holzstege und- brücken restauriert. Um das naturalistische Bild fortzusetzen, wurden 1500 Wasserpflanzen in die Teiche und an die Ränder sowie Prärielilien in die Grasflächen gesetzt.

Manche historische Sehenswürdigkeit scheint in der Vergangenheit gefangen, doch hier haben die Norfolks mit der fähigen Unterstützung von Martin Duncan und seinem Team gezeigt, dass Arundels Geschichte zukunftsweisend ist.

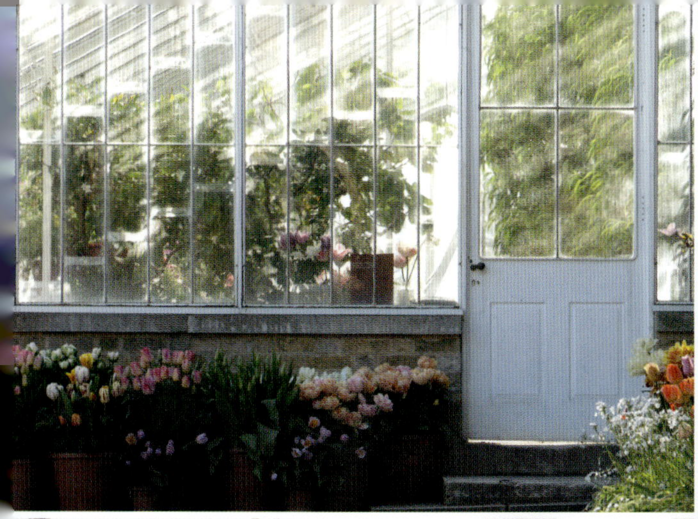
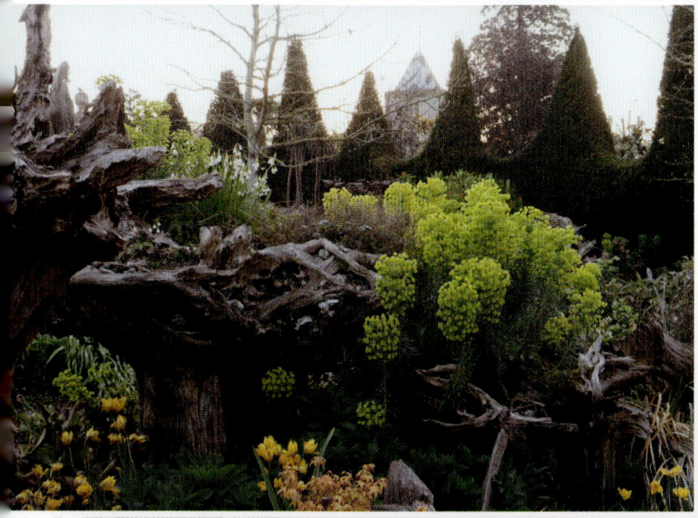
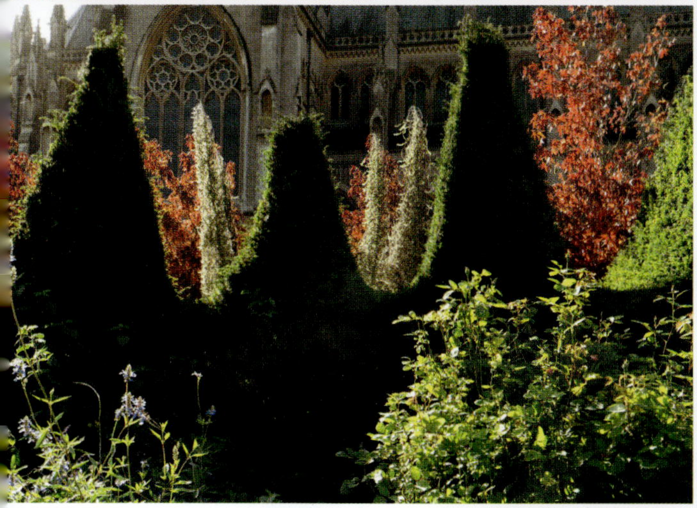
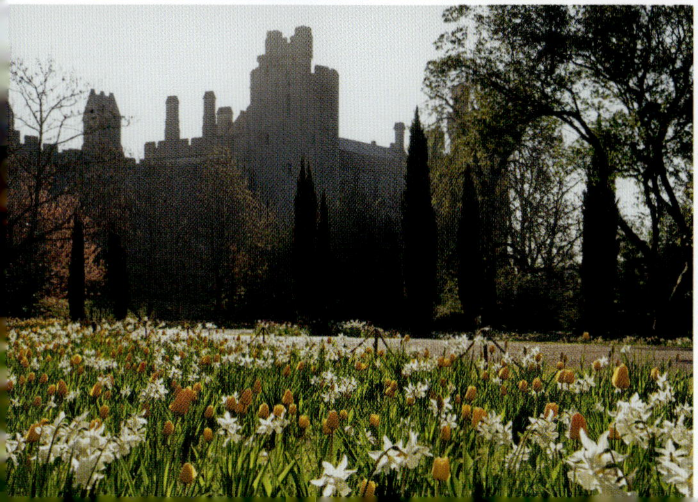
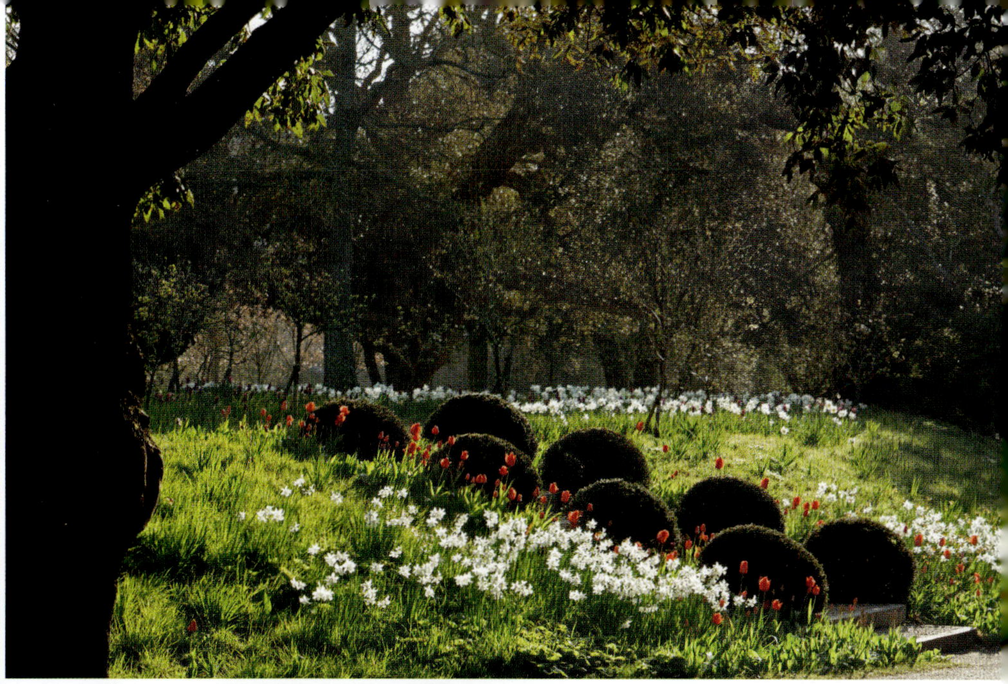
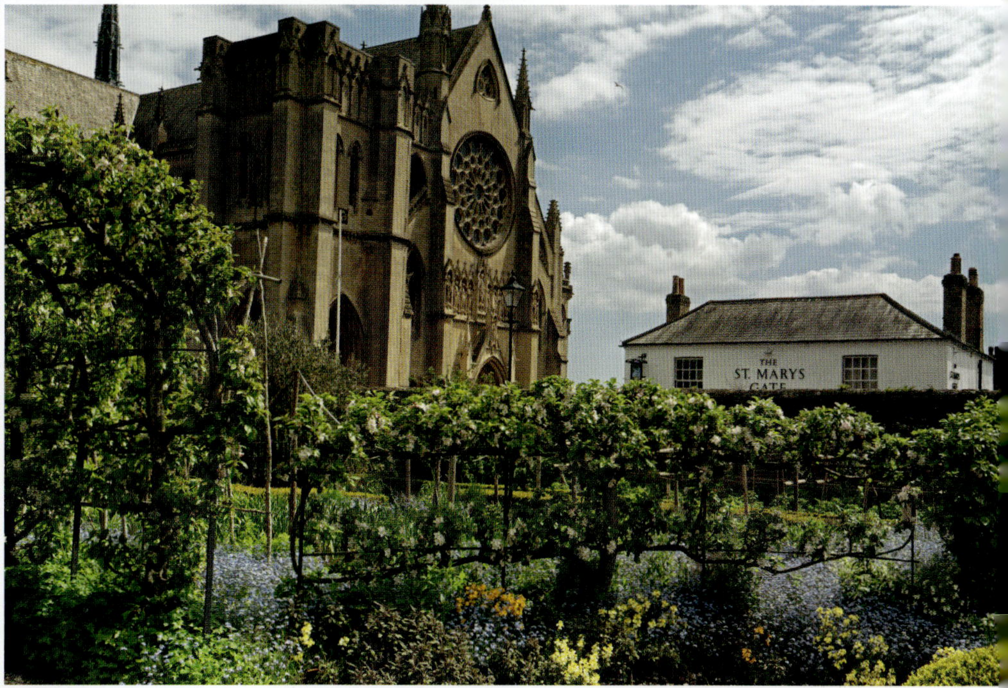
THE
ST. MARYS
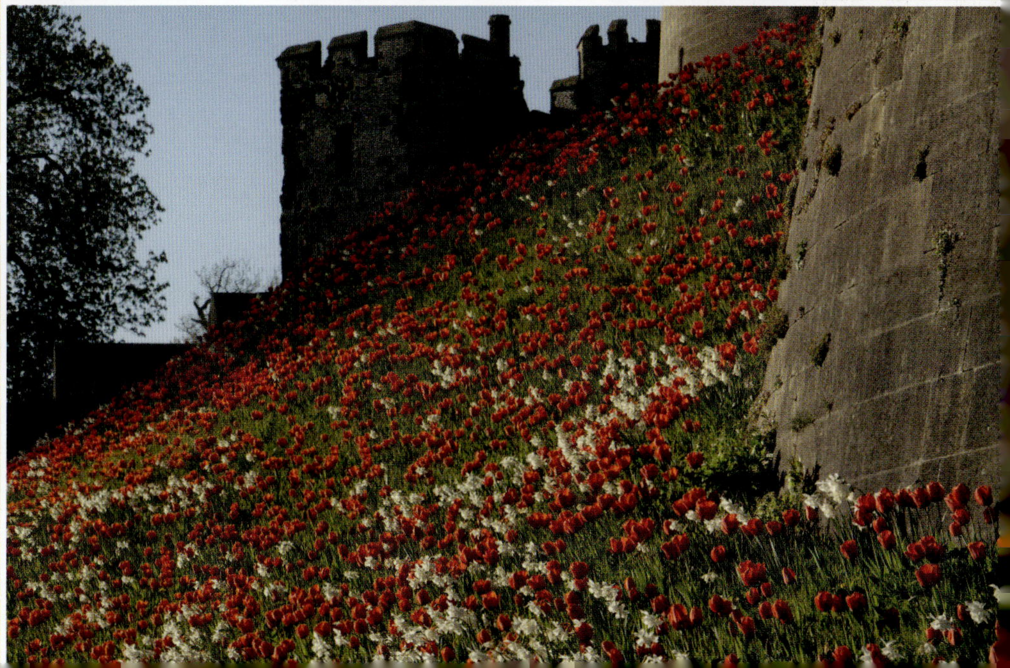

3

Balmoral Cottage

Benenden, Kent

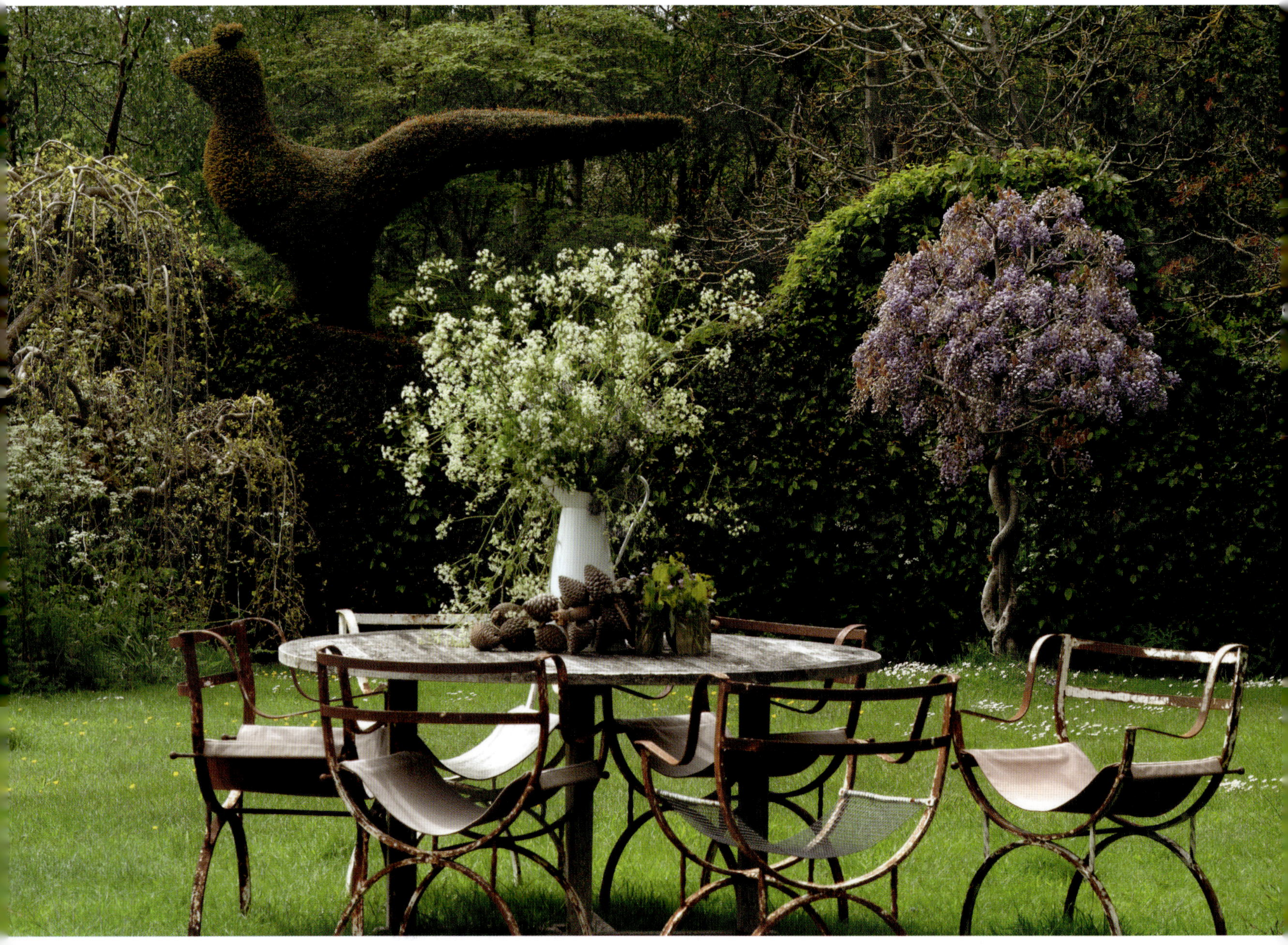

HABEN WIR UNS nicht alle schon vorgestellt, wie es wäre, am Ende einer schmalen Straße ein Tor zu entdecken, es zu öffnen und die Zukunft vor uns ausgebreitet zu sehen ...? Genauso war es, als Charlotte und Donald Molesworth 1983 Balmoral Cottage fanden und kauften.

Donald arbeitete, praktisch um die Ecke, als Gärtner in *The Grange,* dem Anwesen des Pflanzenjägers Collingwood „Cherry" Ingram (1880–1981). Ingram hatte in ihrer Heimat vom Aussterben bedrohte Kirschen nach Japan zurückgebracht und so die jährliche Kirschblüte *(Sakura)* gerettet.

LINKS Die Funde aus Hecken und Garten in und vor der alten Kanne werden von einer wohlgestalten Pfauenhenne beäugt, einer der vielen Formschnittfiguren auf den Hecken. Die luftigen Dolden des Wiesen-Kerbels auf dem Tisch passen perfekt zum Blütenschopf des Blauregens auf seinem geflochtenen Hochstamm.

UNTEN Die Buchshecken, die den Weg zum Gartentor säumen, pflanzten Charlotte und Donald Molesworth gleich nach dem Einzug in Balmoral Cottage.

Charlotte war damals seit acht Jahren Kunstlehrerin in Benenden. Ihre Spaziergänge durchs Dorf führten sie oft über das ungepflasterte Sträßchen zu dem winzigen Haus, das den besten Blick auf den Sonnenuntergang bot. Es war das Gärtner-Cottage von The Grange und verdankte seinen Namen wohl einem Besuch Königin Victorias in Benenden.

Die Molesworths hatten von Anfang an Tiere, die das Gartenleben von Balmoral Cottage mit ihnen teilten, im Laufe der Jahre waren es Bienen, Rettungshunde, Esel (insgesamt neun), Schafe, Hennen und ein Hahn.

Sie wussten, dass sie Unmengen von Pflanzen brauchen würden, und da sie sparsam und einfallsreich waren, holten sie sich viele aus den Gärten ihrer Eltern. Aus Donalds Familie kamen Waldlilien, Hunds-Zahnlilien und Osterglocken, die sich selbst vermehrten und am Rand des Sträßchens ausbreiteten. Der Garten von Charlottes Mutter barst förmlich vor altmodischen Rosen, Cottagegarten-Pflanzen und Formschnittgehölzen, und so waren gefüllte weiße Primeln und mehrere tausend Buchs-Stecklinge ihr Beitrag.

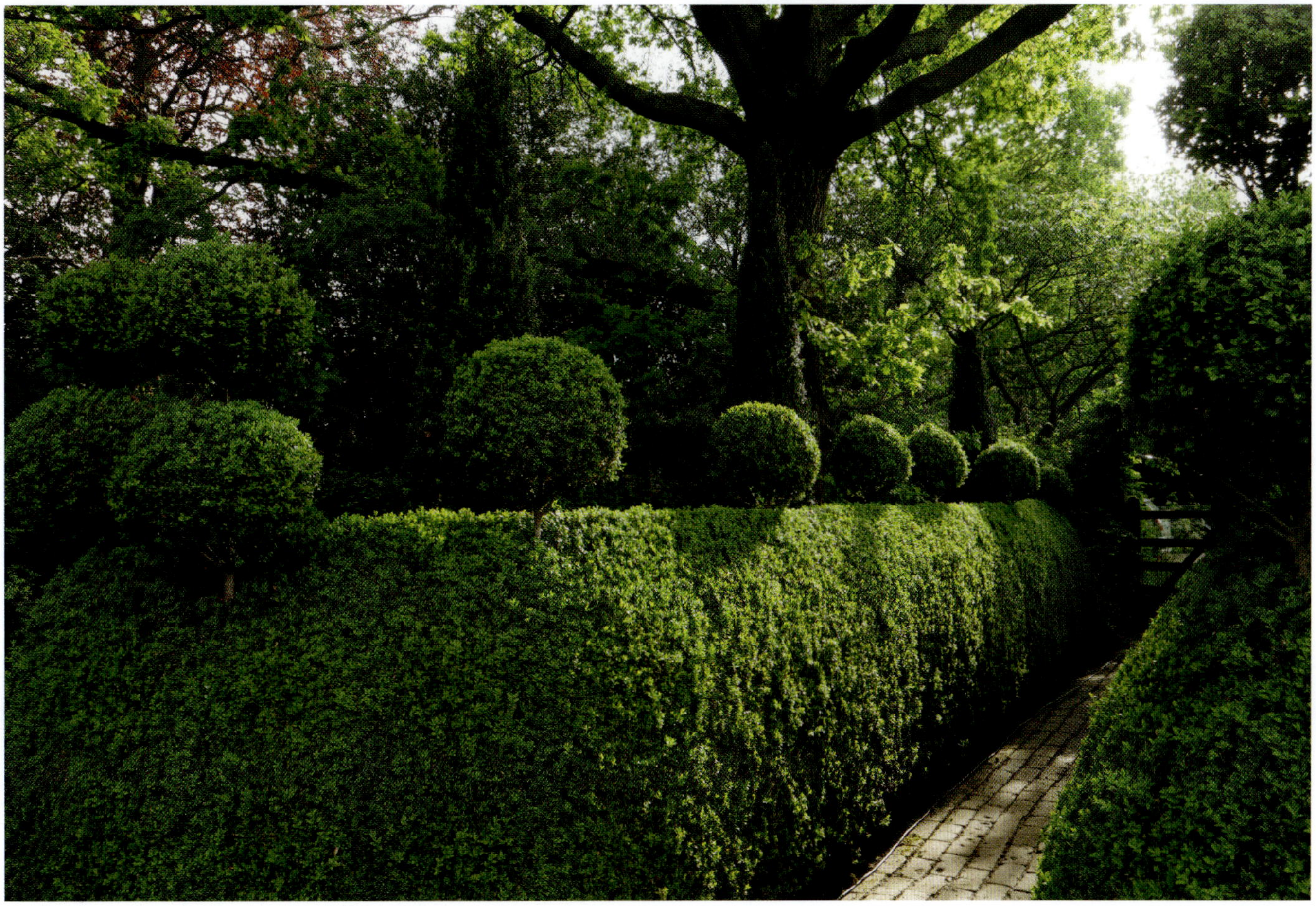

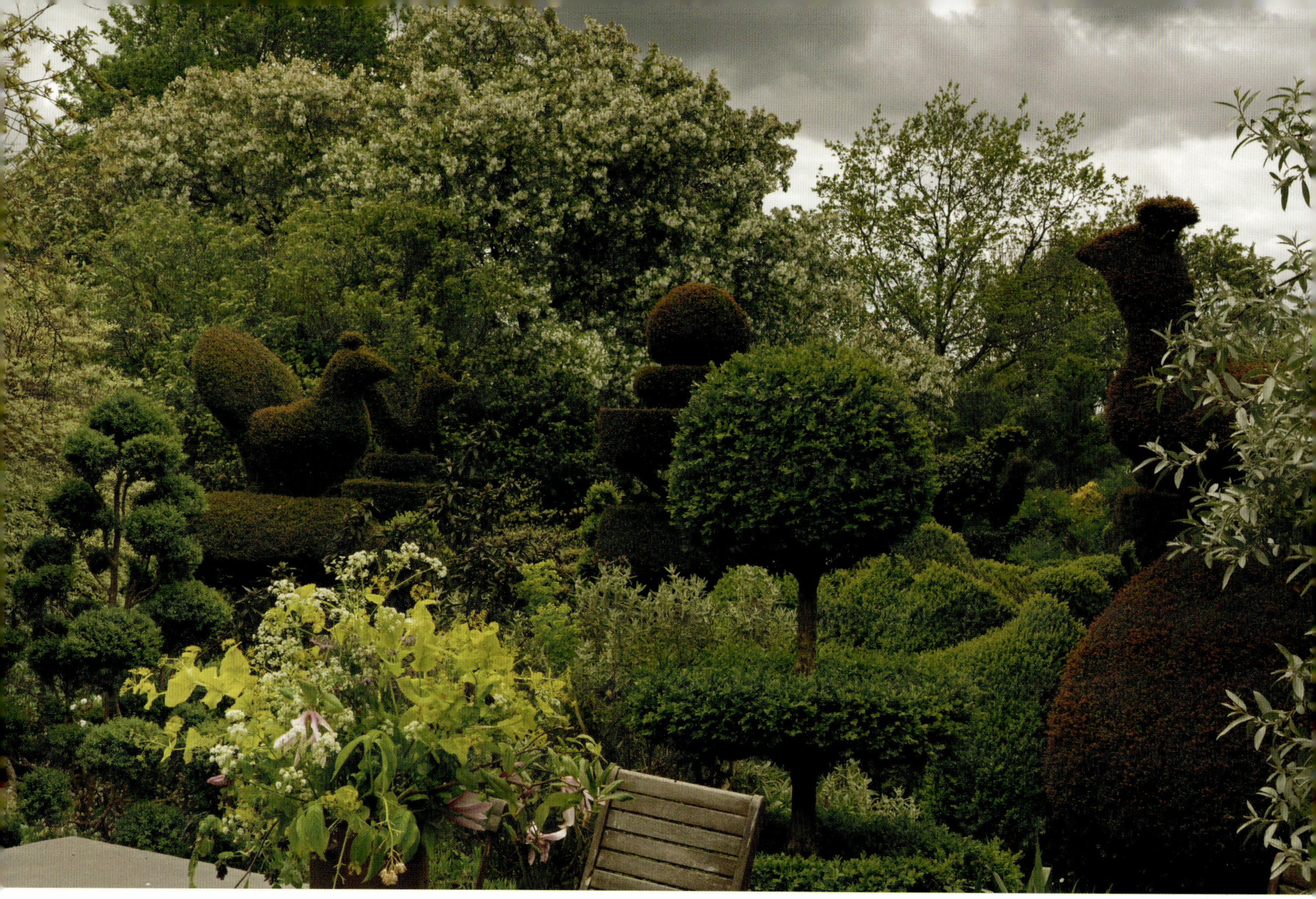

„Zum Anlegen des Gartens und seiner Elemente hatten wir kaum Geld, aber die freie Wahl – wir stöbern liebend gerne Sachen auf und recyceln sie dann, die meisten Pflanzen ziehen wir uns kostenlos aus Ablegern oder Samen. Wir haben beide Adleraugen und halten ständig Ausschau nach Secondhand oder weggeworfenem Zeug. Als wir anfingen, waren Bergehöfe billig, und wir vermeiden es, so gut es geht, Neues zu kaufen … das ist unsere Art, Mutter Erde zu helfen."

Formschnittsüchtig

Die Pflanzen, die nun den 0,6 Hektar großen Garten dominieren und Charlotte zur Formschnittkönnerin machten, wuchsen aus Unmengen immergrüner Steck- und Sämlinge von Buchs und Eiben, die die beiden sich von Charlottes Mutter, ihrer Tante Joyce und Freunden zur Hochzeit wünschten.

Die Liebe zum Formschnitt, die Charlotte von ihrer Mutter hat, wurde so groß, dass sie und Donald zu den ersten Mitgliedern der Europäischen Buchsbaum- und Formschnittgesellschaft gehörten, die Elizabeth Braimbridge 1996 gründete. In deren Baumschule Langley Boxwood kaufte Charlotte einige Sorten und Stecklinge zu moderaten Preisen.

„Als ich ein Kind war, sah man in vielen Gärten Formschnittgehölze, kein Wunder, dass ich auch welche wollte, aber nun, nach Jahrzehnten, wachsen sie mir über den Kopf."

Sie zogen die Eiben- und Buchsstecklinge in Anzuchtbeeten. Waren die Pflanzen buschig und 30–45 Zentimeter hoch, kamen sie an den ihnen vorbestimmten Platz.

Die meisten der erbeuteten und geschenkten Schösslinge und Stecklinge wurden mit Ilex und Hainbuchen in langen Reihen zu gemischten Wellenhecken gepflanzt, die den Garten heute in intime Räume teilen. Die Buchsbäume wurden auch dazu genutzt, als Hecken den langen Weg zum Teich zu säumen und die Gartenräume von den Rasenflächen abzugrenzen.

„Ich wurde süchtig. Formschnitt ist relativ arbeitsparend, Eiben müssen nur einmal im Jahr geschnitten werden, im Herbst oder Winter, und den Buchs schneide ich nur alle zwei Jahre. Er sieht immer gut aus (nur im Sommer wirkt er eine Zeit lang etwas puschelig) und verleiht dem Garten Höhe und Struktur."

„Wir vermeiden … Neues zu kaufen … das ist unsere Art, Mutter Erde zu helfen."

Auf scharfe Scheren kommt es an

Da Charlotte ihre Pflanzen schon als Winzlinge kannte, konnte sie verfolgen, wie jede einzelne sich entwickelte und das Zweiggerüst verändern. Auch reine Eibenhecken, die einmal Formschnittfiguren tragen sollten, pflanzte sie. Charlotte verfolgte ihr Gedeihen genau und schnitt die Haupttriebe der Eiben erst, wenn es Zeit war, sie in die gewünschte Form zu bringen. Das Verweben und Flechten der Zweige war wie bei anderen Heckenpflanzen eine unerlässliche Technik.

„Die Pflanzen wurden immer wieder an andere Stellen versetzt, während wir am Layout des Gartens feilten – bis sie zu schwer waren, um sie zu bewegen. Als die Hecken hoch genug waren, habe ich sie in Wellen und Rundungen getrimmt. Das verlieh ihnen eine fließende Ungezwungenheit." Heute schweben über den Wellen und Zacken der charaktervollen Hecken Formschnittvögel.

Zum Stutzen der Hecken und Formen der Vögel, Etageren und Spiralen, die aus ihnen herauszuwachsen scheinen, empfiehlt Charlotte Stöcke und Schnur, sichere Leitern und gute scharfe Garten- und Astscheren. Sie besitzt drei unterschiedlich hohe Dreibeinleitern und Gartenscheren von höchster Qualität.

„Meine japanische Gartenschere ist natürlich immer geschärft und so gut ausbalanciert, dass sie mein verlängerter Arm zu sein scheint. Mir wird das Schneiden nie zu viel: Ich beäuge ständig Pflanzen – hier und in fremden Gärten."

Beim Heckenschnitt und Rasenmähen fällt viel Grüngut an, da wundert es nicht, dass im Garten mehrere Komposthaufen verteilt sind.

„Sie sind das pulsierende Herz des Gartens, sie müffeln oft und sind, obwohl wir sie lieben, nicht sonderlich hübsch, aber wir haben ausreichend Platz. Wir kompostieren alles. Der Schnitt von Buchs und Rosen, Grünabfall, der von Krankheiten

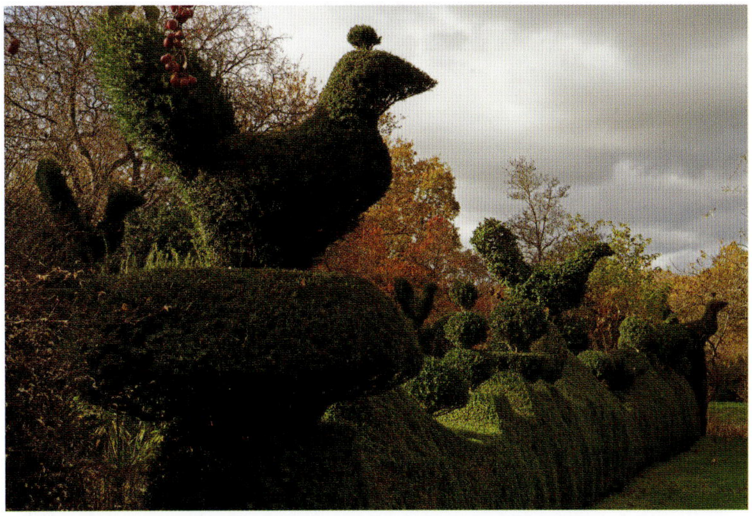

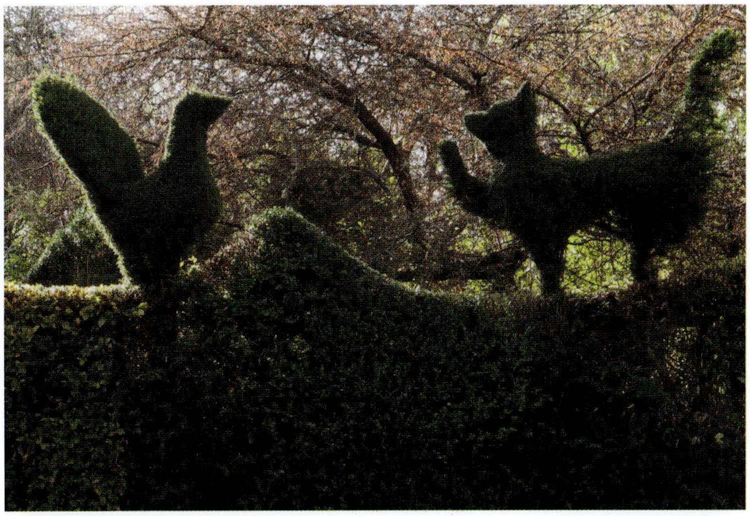

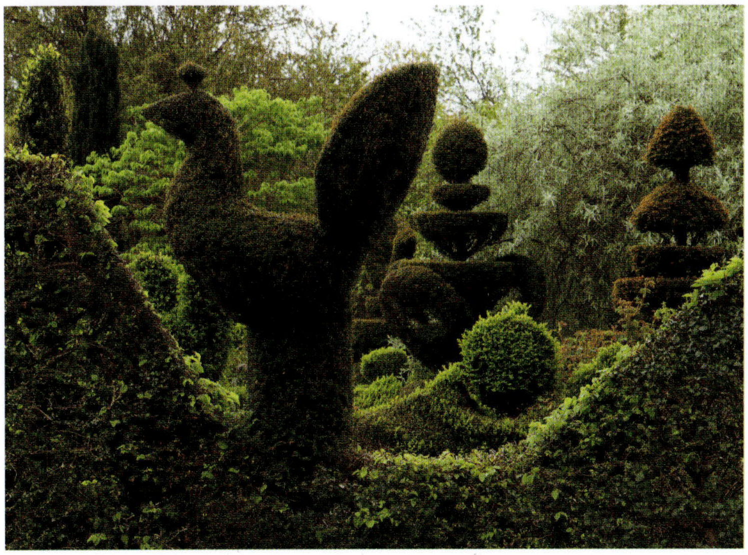

LINKS Die Bäume an der Gartengrenze bilden einen sanften Rahmen für den strengen Formschnitt und die getrimmten Hecken.
RECHTS OBEN Eine Seite der Buchshecken-Allee mit Formschnittvögeln entlang des langen Wegs zum Teich.
RECHTS, MITTE Rendezvous von Katze und Vogel im Grünen. Charlotte beobachtet genau, wie die Zweige einer Pflanze wachsen, dann schneidet sie und formt sie geduldig zu einer Figur.
RECHTS UNTEN Zu geometrischen Formen, Etageren, Vögeln und anderen Tieren gestutzte Gehölze schaffen für die Betrachter eine magische, fast surreale Gartenerfahrung.

RECHTS Donald und Charlotte Molesworth gärtnern seit 1983 auf den 0,6 Hektar von Balmoral Cottage. In ihrem bemerkenswerten formalen und doch schrulligen Formschnittgarten trifft Kantigkeit auf sanfte Stauden. RECHTE SEITE Laub und Blüten der Zierbäume und Stauden setzen saisonale Kontrapunkte zu den akkurat getrimmten Formen und Hecken und auch zu den von Charlotte arrangierten „Stillleben" auf den Gartentischen. Die Molesworths sammeln auch Sukkulenten, die den Sommer im Freien genießen.

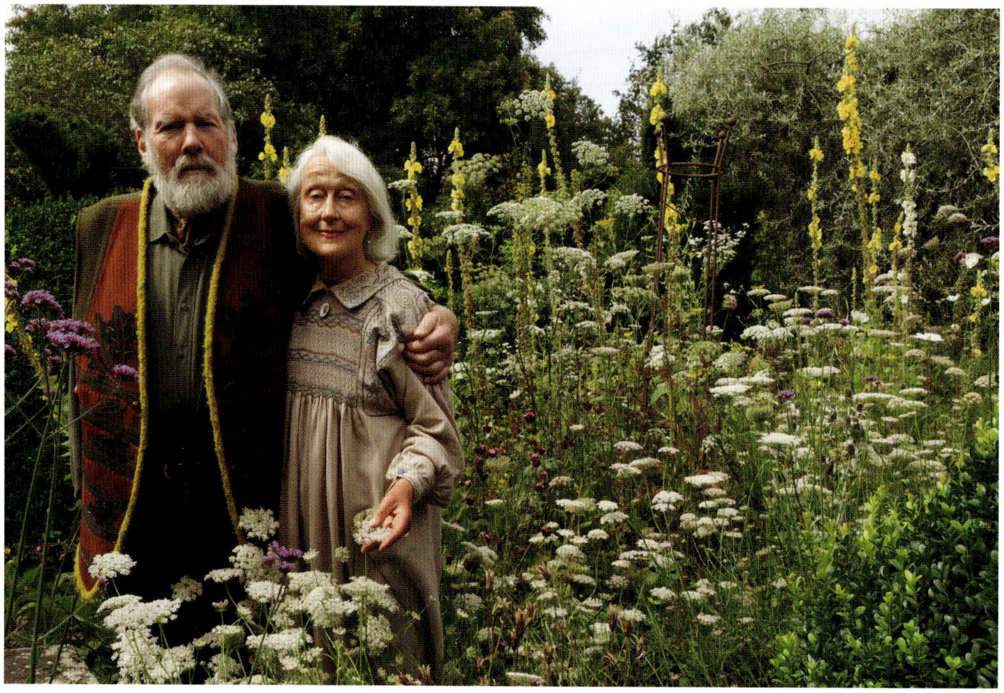

befallen sein könnte oder sehr holzig ist, kommt auf langlagernde Haufen, die zu Habitaten für allerlei Tiere werden. Der Kompost von diesen Haufen hat eine Textur wie Torf. Wir nutzen dieses ‚schwarze Gold' als Anzuchterde und Mulch."

Gleich zu Anfang hatte ein Freund den Molesworths geholfen, am Ende des Gartens einen Teich auszuheben, der sich ebenfalls zu einer Oase der Tierwelt entwickelt hat.

Informelle Kontraste

Zwischen Hecken und Formschnittgehölzen füllen informelle Kombinationen von Zwiebelblühern, Sträuchern und Stauden die Räume. Moosrosen in sanften Tönen mischen sich unter Akanthus, weißen Fingerhut, Storchschnäbel, Zierlauche, viele Doldenblütler, Fetthennen, Ziergräser, Beifuß und Honiggebende Wolfsmilch. Der Garten schwelgt in grünem und silbrigem Laub, die Staudenblüten folgen keinem bestimmtem Farbthema. „Die Farben sollen sich nur nicht beißen", meint Charlotte.

Weil die Moleworths ihre geschenkten Stecklinge gut hegten, sind diese inzwischen ausgewachsene Bäume und Gartenzierden. Ein Tee-Apfel, *Malus hupehensis* (dessen Mutterbaum, so glaubt Charlotte, Collingwood Ingram aus China mitbrachte), Holunder wie *Sambucus nigra* ‚Pulverulenta' mit weiß gepunkteten Blättern, Traubenholunder *(S. racemosa)* ‚Tenuifolia' oder der Säulen-Holunder *(S. nigra)* ‚Fastigiata' und Weißdorne wie *Crataegus schraderiana* und *C. tanacetifolia* erfreuen Gartenbesitzer wie Tierwelt gleichermaßen.

Einjährige Pflanzen findet man nur im Schnittblumengarten und im Garten von „The Potting Shed", Collingwood Ingrams einstigem Schuppen, in dem man nun übernachten kann. Hier blühen u. a. Knorpelmöhren *(Ammi majus)*, Ziertabak, weiße Cosmeen und Fingerhüte.

Hinter „The Potting Shed" steht das winzige Scheunenatelier, in dem Charlotte zeichnet und malt, aber „der Garten ist so arbeitsintensiv, dass mir hierfür kaum Zeit bleibt."

Ungeheure Energie

Wenn sie nicht im Atelier ist, findet man Charlotte irgendwo im Garten, Folientunnel oder Küchengarten. „Wir bauen bis zu zwei Drittel unseres Gemüse- und Obstbedarfs selbst an. Für den Winter trocknen und frieren wir ein, Salat aus dem Folientunnel gibt es fast das ganze Jahr über."

Charlotte hat eine ungeheure Energie – allerdings hat der Garten, den sie geschaffen haben, „keinen Rückwärtsgang … wir haben nie darüber nachgedacht, wie man ihn in einen pflegeleichten, altersgerechten Garten verwandeln könnte."

Wenn sie einmal Zeit haben, genießen sie es, zu zweit oder mit Freunden und Familie an dem Schiefertisch zu sitzen, den sie aus einem abbruchreifen Gewächshaus gerettet haben. Mit Vasen oder Schalen voller Blumen, Laub und Obst aus dem Garten geschmückt lädt er im Freien das ganze Jahr über zum Essen ein. Ihre Sukkulenten- und Geraniensammlungen genießen den Sommer vor der Scheune.

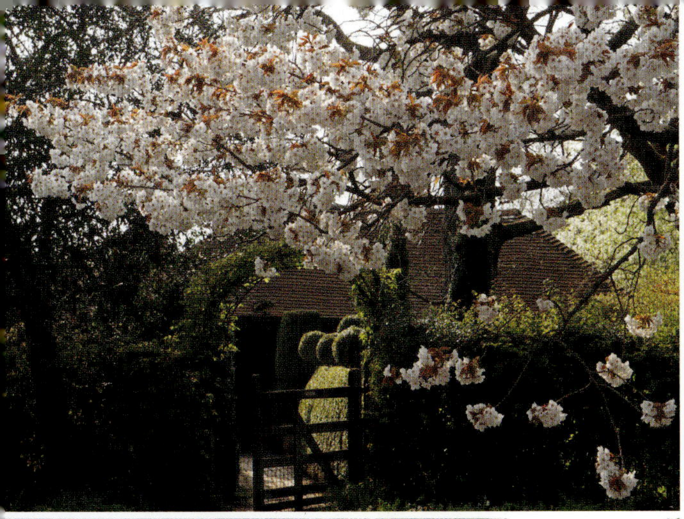
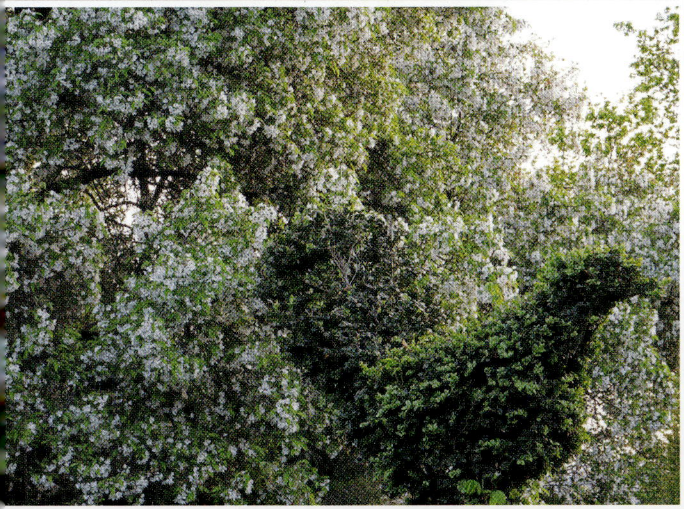
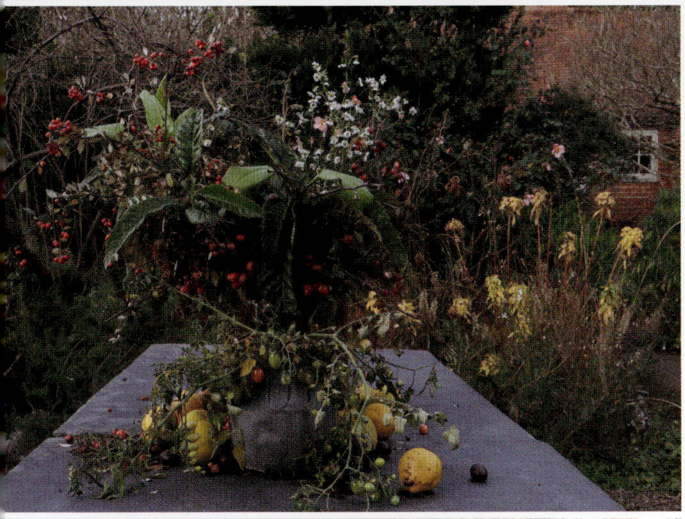
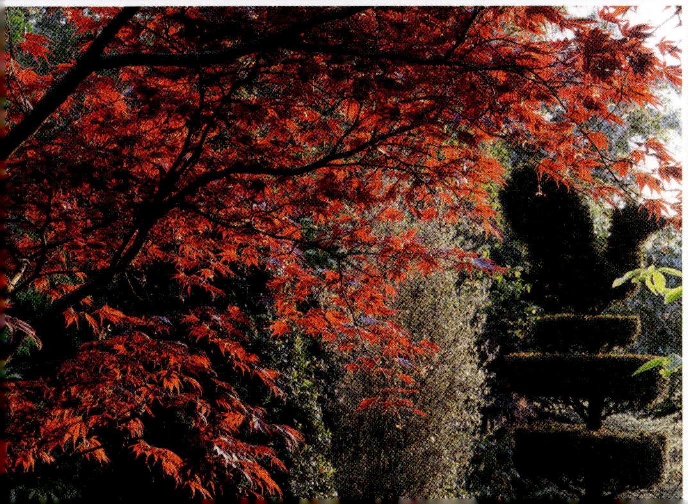
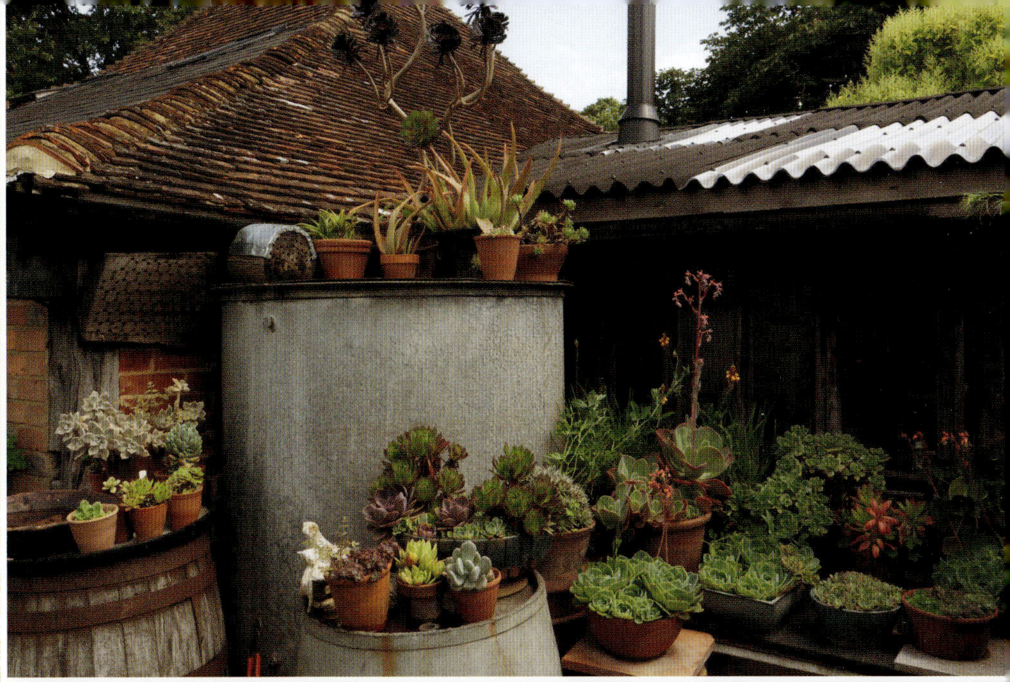
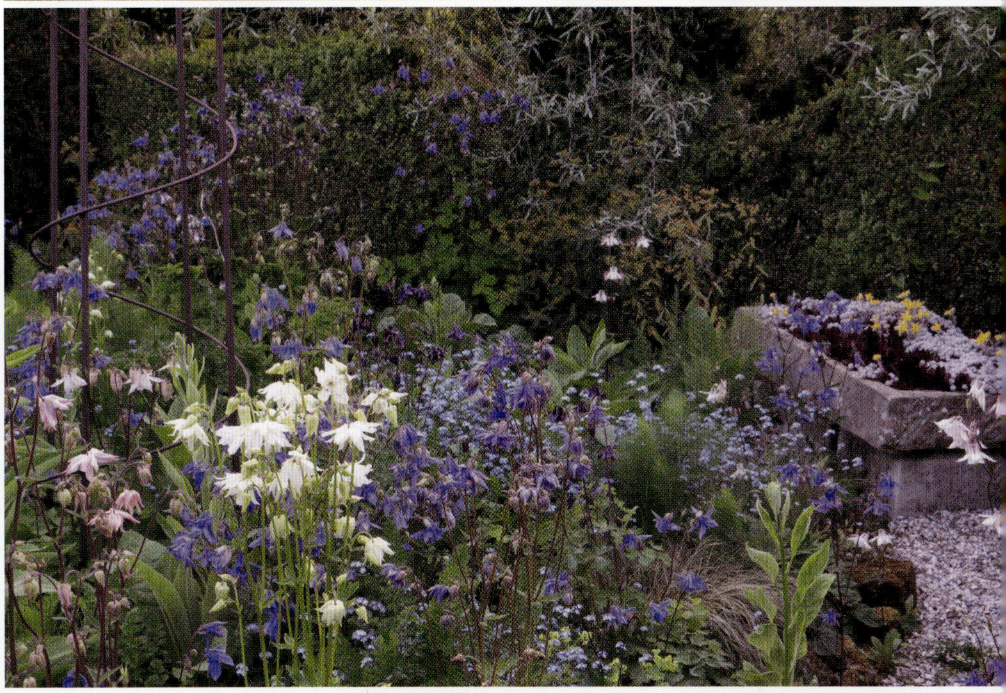
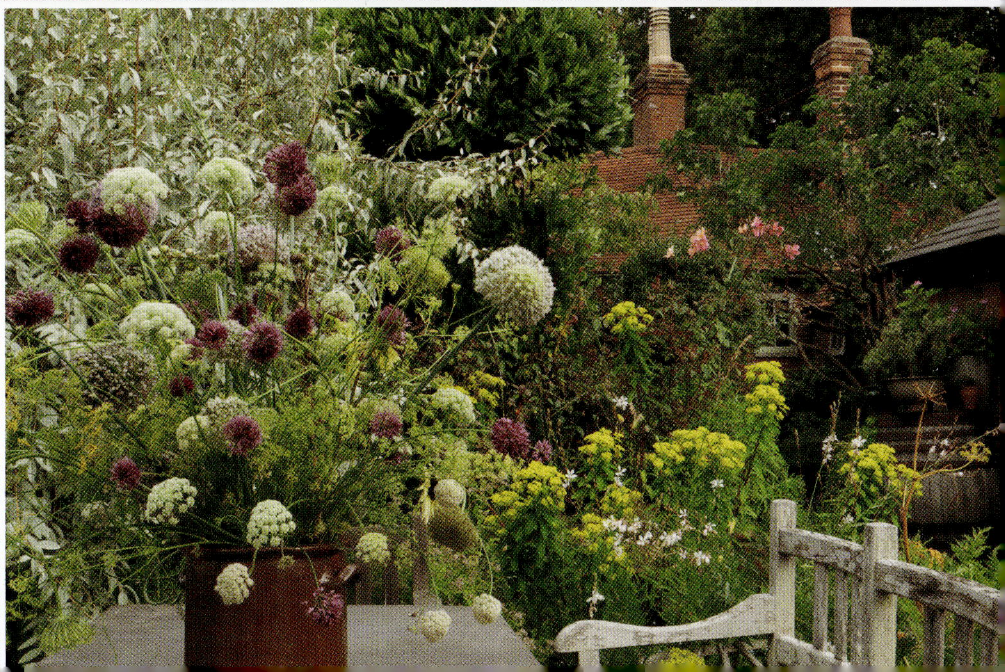

4

Boyton Court

Maidstone, Kent

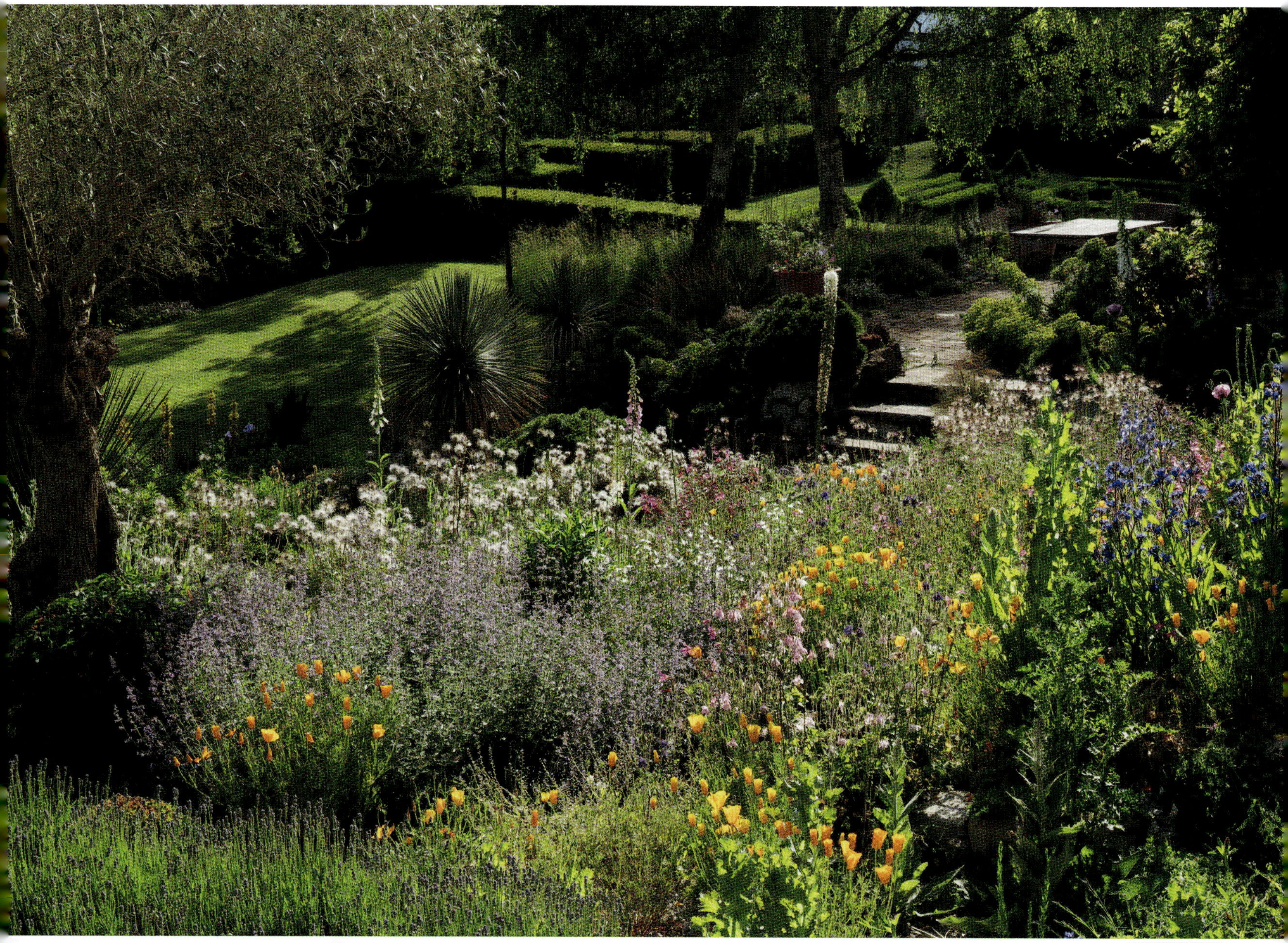

VIELE GÄRTNER ziehen mit ein paar ausgewählten Lieblingspflanzen um. Als Adrian Cooper 2011 umzog, nahm er mehrere Sammlungen mit, tausende von Pflanzen, die ihn faszinieren, seit er acht Jahre alt war. Er und seine Frau Samantha (Sam) Cooper hatten Glück, sie konnten sich für den Umzug von London nach Kent einige Monate Zeit nehmen.

Der terrassierte, knapp über 1,2 Hektar große Garten, mit Oliventerrassen, Lavendel-Böschung, Arboretum und stillem Teich, fällt vom Haus sanft nach Süden ab. Man blickt über den Low Weald zur etwa 56 Kilometer entfernten Kanalküste. Der höchste Punkt liegt 58 Meter über dem Meeresspiegel, die Küstenwärme reicht nicht bis in den Garten, doch der Frost verzieht sich schlicht hangabwärts. Der Boden, eine steinige Lehmschicht über Kieselsandstein, hat einen ph-Wert von 7,5, der den meisten Pflanzengruppen behagt.

Im Grunde ist Boyton Court ein Trockengarten, doch er hat natürliche Quellen, die von einem formalen erhöhten Becken – der *acequia* (so genannt, weil es den spanischen Bewässerungssystemen ähnelt) – über einen formalen Seerosenteich und einen mäandernden Bach in den See über dem Arboretum am unteren Gartenende fließen. Die früheren Besitzer hatten am „National Garden Scheme" teilgenommen und am Haus Buchs-Parterre, einen Zierteich und üppige Blumenbeete geschaffen, die Adrian und Sam behielten. Die bislang unberührten Flächen boten Adrian die Chance, spezielle Habitate anzulegen, mit Widerstandsfähigkeit, Wald- und Wiesenpflanzungen zu experimentieren und größtmögliche Biodiversität zu erzielen.

LINKE SEITE Im Sommer drängeln sich Kalifornischer Mohn, Fingerhüte und Katzenminze im sonnigen Schottergarten unterhalb des Alpinenhauses, in dem Adrians älteste Pflanzen wachsen.
UNTEN Auf den oberen Terrassen haben die früheren Besitzer einen formalen Parterre-Garten geschaffen, den Adrian und Samantha Cooper beließen, wie er war.

Alpine Liebe

Adrian zog schon als kleiner Junge Löwenmäuler. Als er zwölf Jahre alt war, verliebte er sich in alpine Pflanzen. „Wir sind

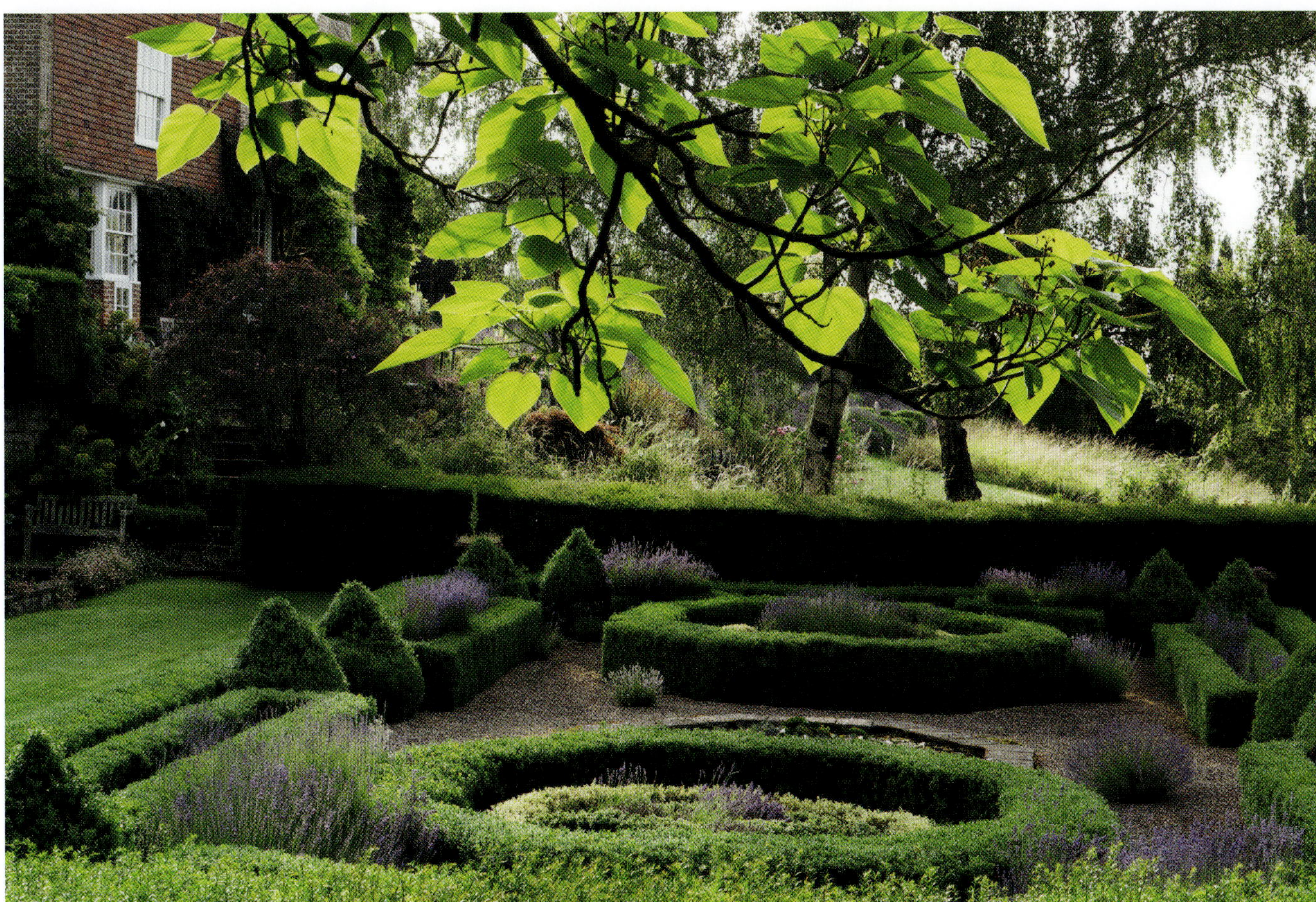

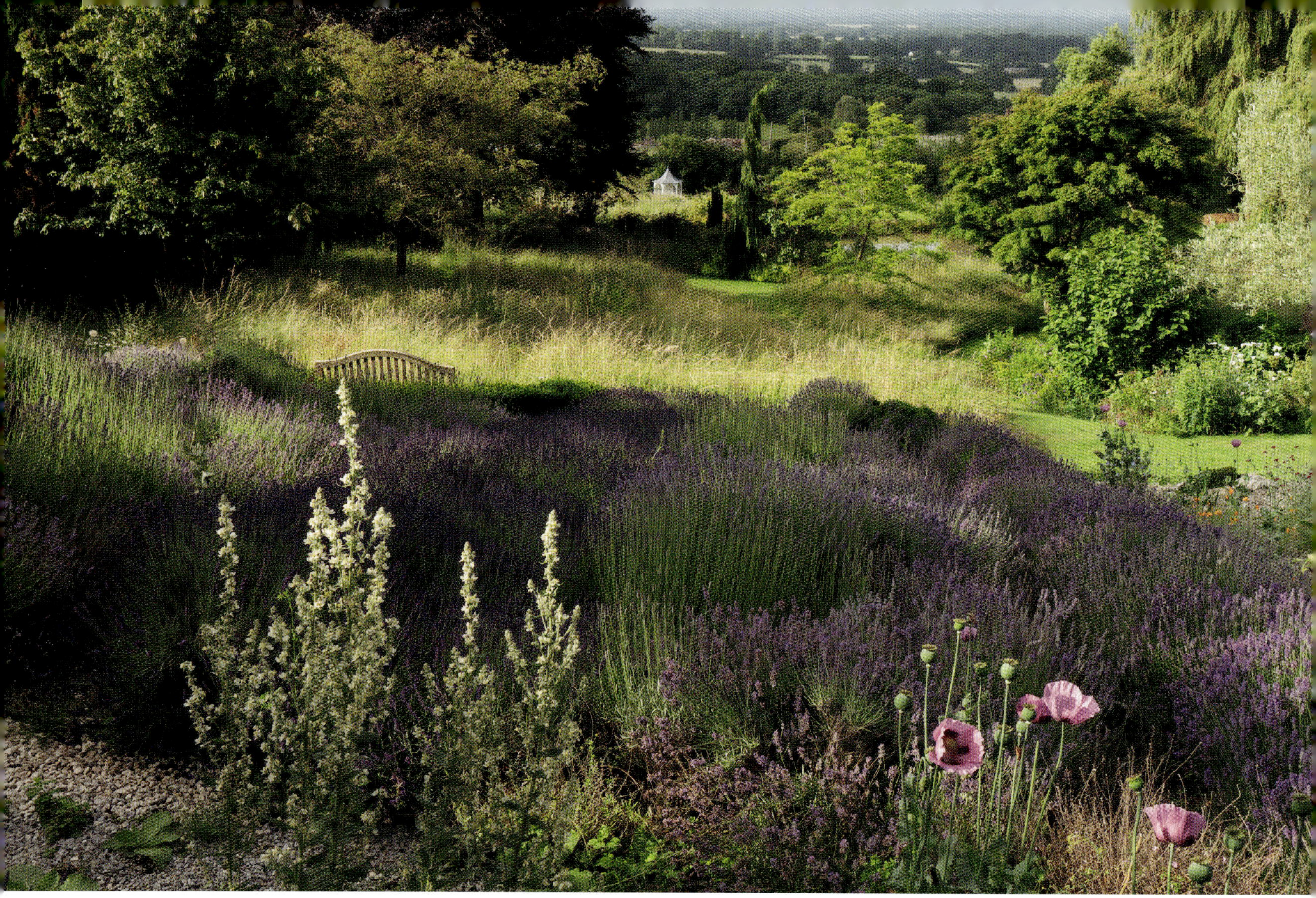

„Mir ist schon früh klar geworden, dass die Natur nichts umgräbt, also war die No-dig-Methode die einzig vernünftige.“

an einem Frühlingssamstag zu Will Ingwersens berühmter Gärtnerei gefahren, es war ein unvergesslicher Tag, und im selben Jahr bin ich der ‚Alpine Garden Society‘ beigetreten.“ In Boyton Court hat er etwa 3000 Pflanzen aus den von ihm bevorzugten Gruppen – Tendenz steigend.

„Der Natur bin ich im Garten meines Großvaters in Surrey begegnet, wo ich viel Zeit verbracht habe, aber dann hat der Job meines Vaters uns für ein paar Jahre nach Botswana geführt. Dort habe ich die Natur lieben gelernt und die Geologie für mich entdeckt. Später hat mein Geochemie-Studium mein Leben verändert, seither gehe ich wissenschaftlich an meine Pflanzenexperimente heran.“ Bei aller Pflanzenliebe zog er es aber vor, Arbeit und Passion zu trennen.

Die meisten von Adrians Pflanzen sind wilde Arten, viele gedeihen nur im Gewächshaus, und doch hat er einen Garten geschaffen, der diese Glashauskultur mit Kreuzungen und Gartensorten zu einem magischen Ganzen verbindet.

„Mir ist schon früh klar geworden, dass die Natur nichts umgräbt, also war die No-dig-Methode die einzig vernünftige – dabei wusste ich damals noch nichts über Mykorrhizapilze und ihren Nutzen, der durchs Umgraben torpediert wird!“

Gärten unter Glas

Adrian baute drei Gewächshäuser, eins für alpine Pflanzen, eins für Zwiebelgewächse und eins für Trockenpflanzen. Sein Wissen über Gestein und Böden ermöglichte ihm, darin die jeweils optimalen Landschaften und Konditionen zu schaffen.

„Ich denke, die meisten Pflanzen wachsen besser, wenn ihre Wurzeln Platz haben, und ich will, dass sie möglichst natürlich aussehen. Außerdem erleichtert es die Pflege!“

Einige von Adrians ältesten Pflanzen wachsen im Alpinenhaus über den Oliventerrassen. Tritt man aus ihm heraus, steht

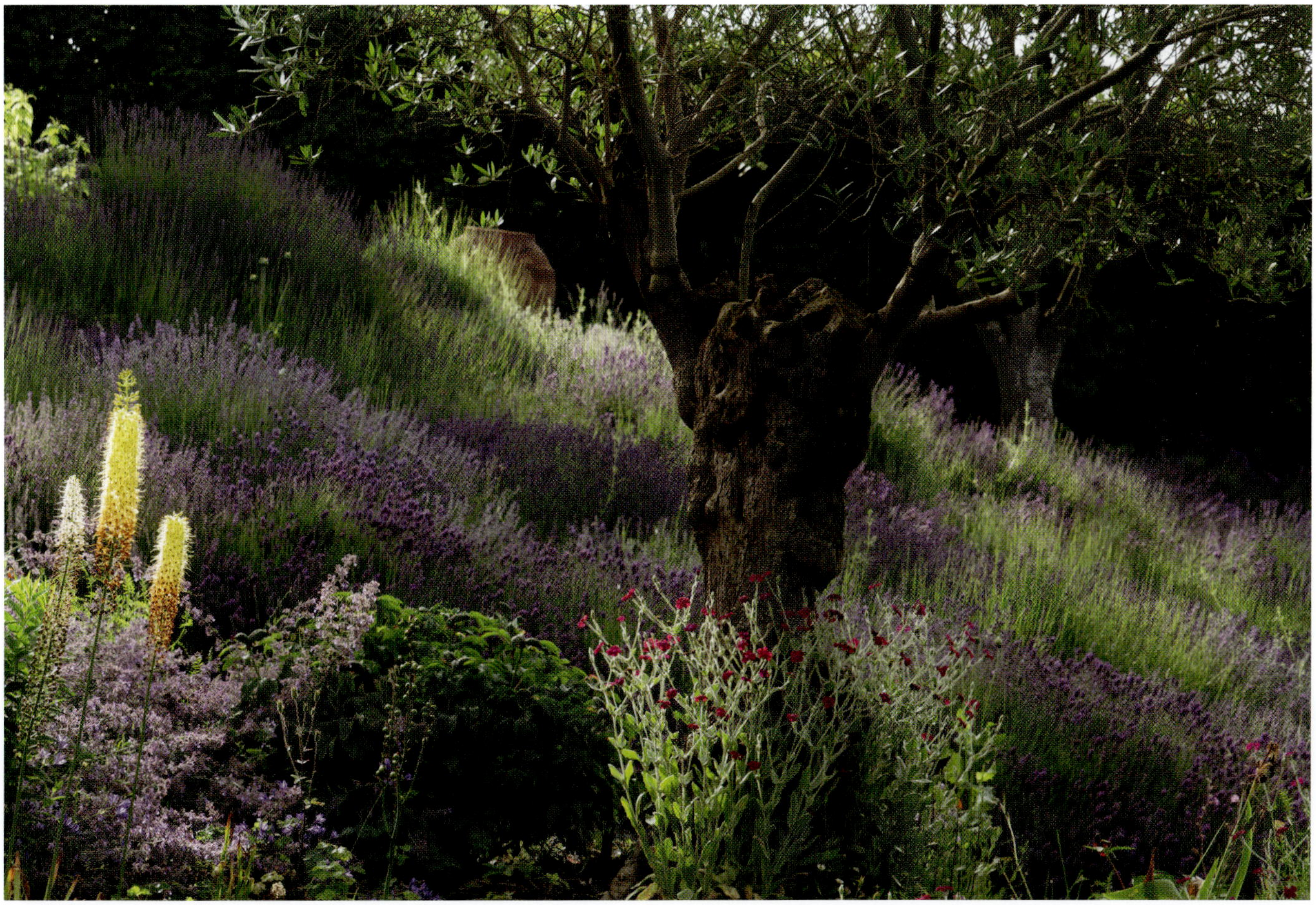

man auf dem Schotter zwischen den Olivenbäumen und fühlt sich sofort an einen steinigen Hang am Mittelmeer versetzt. Direkt darunter steht Adrians Lieblingsbank, mit Blick auf die nach Jahreszeiten wechselnden Blütenfarben und das rege Insektenleben.

„Es ist ein so dynamisches Areal, mit Wellen von Farben und Formen, von niedrigen Frühlingskrokussen, Iris, Kuhschellen, Gladiolen, Alpen-Akelei bis zu hohen Mannstreu und Königskerzen im Sommer und alpinen Pflanzen in den Mauern."

Die alten Olivenbäume tragen erheblich zum mediterranen Flair bei. Die Terrassen grub ein Bauer mit dem Bulldozer aus dem ursprünglichen Grashang. Adrian baute die Steinmauern, trug den Mutterboden ab und schüttete feinen Kies auf. Die Pflanzen, die er dann setzte, sind hier inzwischen heimisch geworden und wirken, wie gewollt, ganz natürlich.

Eine Lavendel-Böschung verstärkt und unterstreicht den mediterranen Aspekt. Die früheren Besitzer hatten verschiedene Lavendelarten in dichten Reihen gepflanzt, die nun den Hang hinab zu rollen scheinen. Damit der Lavendel locker wächst, wird er jährlich zurückgeschnitten. Über der Lavendel-Böschung liegt eine von mehreren Flächen, auf denen Sam ihrer Passion frönt und Gemüse anbaut.

Der Natur ihren Lauf lassen

So künstlich erschaffen seine Gewächshauslandschaften sind, so natürlich und immer wilder sollen die Terrassen werden. Auf mehreren Flächen experimentiert Adrian mit Widerstandsfähigkeit und Habitaten, so hat er etwa auf einem Rasenhang 3000 Zwiebelblüher gesetzt, u. a. Blausterne, Krokusse und *Tuli-*

LINKE SEITE Gestaltete und geliehene Landschaft: Der sanft abfallende Hang lenkt den Blick vom Haus über unterschiedlich bepflanzte Areale wie die Lavendel-Böschung und den Wiesen-Garten zum See und zum Gartenhaus am anderen Ende des Gartens und bindet zudem die Umgebung mit ein.

OBEN Lavendel in verschiedenen Blautönen sonnen sich an der Lavendel-Böschung. Mit den Olivenbäumen verleihen sie diesem Teil des Gartens seine mediterrane Atmosphäre.

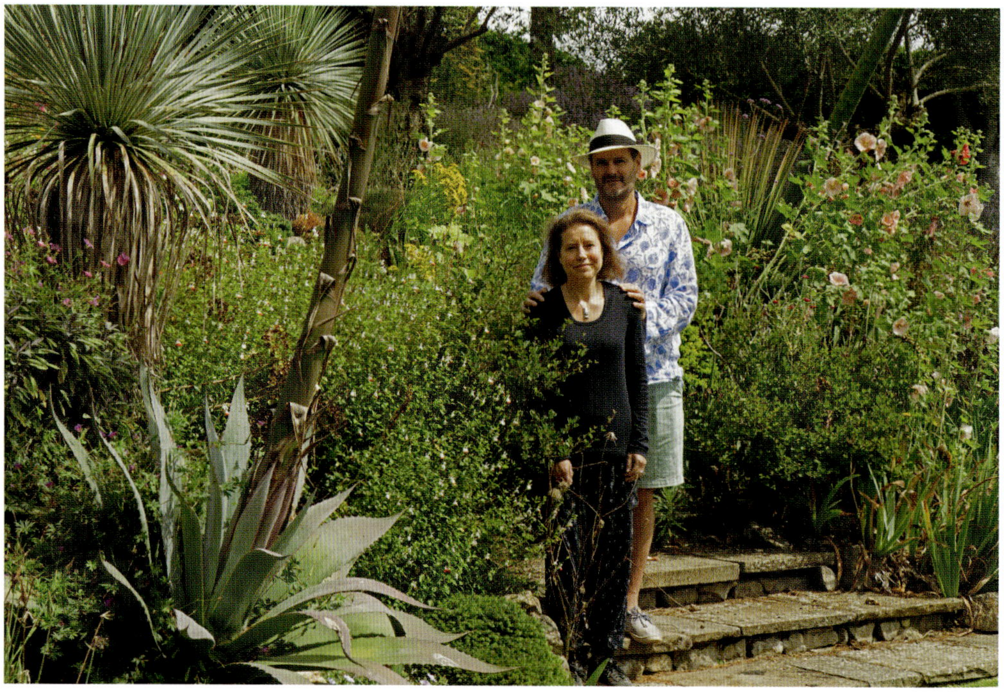

RECHTS Samantha und Adrian Cooper zogen 2011 mit tausenden Pflanzen nach Boyton Court um.
GEGENÜBER Adrian liebt sie alle: alpine Pflanzen, Agaven, Palmfarne, Gräser, Stauden und Zwiebelblüher. Er experimentiert ständig, um herauszufinden, wie Pflanzen auf bestimmte Habitate reagieren und ob sie winterhart sind.

pa sprengeri, eine türkische Wildtulpenart. Er hofft darauf, dass sie sich im Gras neben anderen im Frühling und Sommer blühenden Wildblumen und Orchideen einbürgern.

Der Hang unter dem Trockenpflanzenhaus verwandelt sich in einen wilden Trockengarten. „Ich habe große Steine gruppiert und 30 Tonnen Schotter über den Hang verteilt." Danach setzte er ausgewählte Zwiebelblüher und andere Pflanzen, streute zusätzlich Samen aus … und wartete, was passierte. Die ersten, die im Frühling hervorkommen, sind die Zwiebelblüher, darunter Arten aus den Steppen Zentralasiens: Wildtulpen, Iris und Zierlauche. Später bestimmen ein- und mehrjährige Pflanzen sowie Gräser die Bühne. Auch die nun zehnjährigen Agaven fühlen sich an diesem Sonnenhang sehr wohl – nur in nassen Wintern geht die eine oder andere ein.

Im Hochsommer prunken zwischen Wilden Möhren, Cosmeen und Verbenen Fackellilien und Nelken auf. „Die Kartäusernelken *(Dianthus carthusianorum)* wollten nicht da wachsen, wo ich sie haben wollte, sie haben sich selbst einen Platz gesucht und machen sich jetzt prächtig."

Immer verändert sich etwas, in einem Jahr dominieren die Cosmeen, im anderen die Verbenen. „Ich will eine schön wirkende Ausgewogenheit und entferne nur Pflanzen, die andere nicht hochkommen lassen. Im Moment liebe ich die Nelken."

Im Herbst mäht Adrian Ein- und Mehrjährige mit der Sense und hüllt einige Palm- und Baumfarne in einen Winterschutz, aber sonst lässt er der Natur weitestgehend ihren Lauf.

Arboretum und See

Unterhalb des Zwiebelgewächshauses beschatten Birken und Weiden den Bachlauf am sanften Hang. Adrian hat große Steine und Baumstämme an die Ränder gelegt, Baumfarne, Kandelaber-Primeln und Farne gepflanzt. Wertvolle Exemplare schützt er mit Körben in fröhlichen Farben vor Eichhörnchen und Dachsen.

„Mit dem Bachlauf habe ich eine Umgebung für meine Frauenschuhe, Rippenfarne und andere Raritäten geschaffen. Er hat ein herrliches Mikroklima!" Am Ende des Gartens hat Adrian auf 0,5 Hektar guten Ackerbodens ein Arboretum gepflanzt. Die Bäume zeichnen sich durch Seltenheit, aparte Laubfarben oder Rinden aus, und viele werden den Klimawandel vertragen. Hier wachsen u. a. die chinesische Hainbuche *(Carpinus omeiensis)*, Tatarischer Steppenahorn *(Acer tataricum)*, die Franklinie *(Franklinia alatamaha)*, die 1765 entdeckt wurde und in freier Natur längst ausgestorben ist, und *Meliosma veitchiorum*.

Vom Arboretum und vom See „muss man ganz schön weit laufen, um sich einen Drink oder ein Buch zu holen, also bot es sich an, hier ein Gartenhaus zu bauen!" Zur Pflege von Hecken, Parterre und Rasen holt Adrian sich Hilfe. „Das *meiste* Unkraut jäte ich selbst. Dies soll mein Garten sein, und man muss sehr spezielle Kenntnisse haben, um ihn zu pflanzen und zu hegen – und das ist es, worauf es mir wirklich ankommt."

Der Garten von Boyton Court ist der Garten eines experimentierfreudigen Pflanzenkenners und -liebhabers, er birst förmlich vor aufregenden und seltenen Pflanzen.

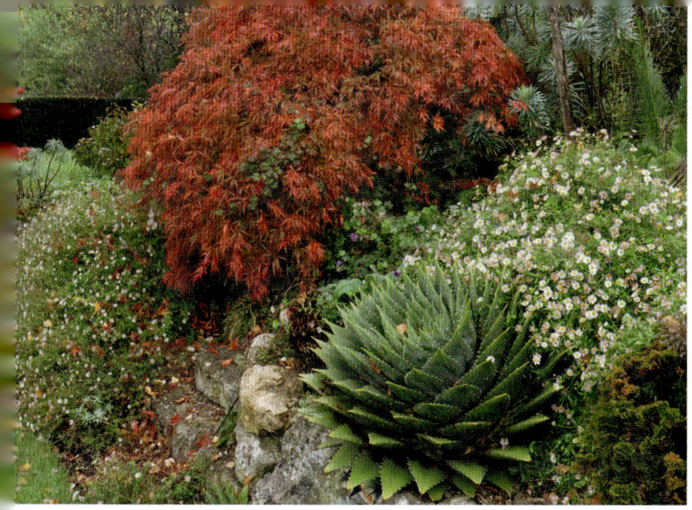
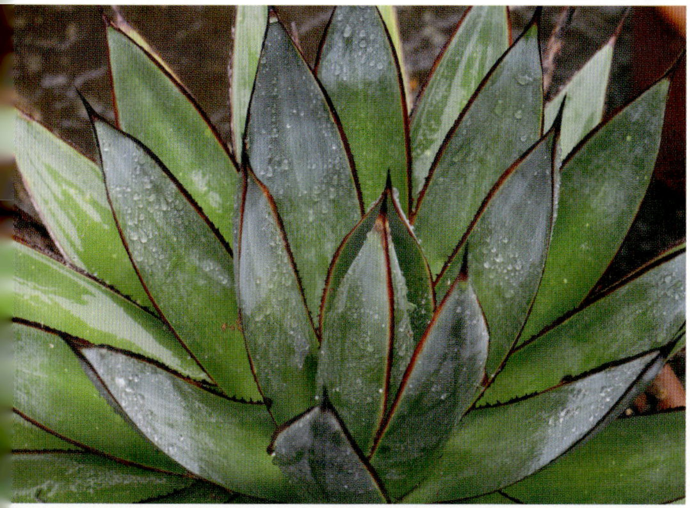
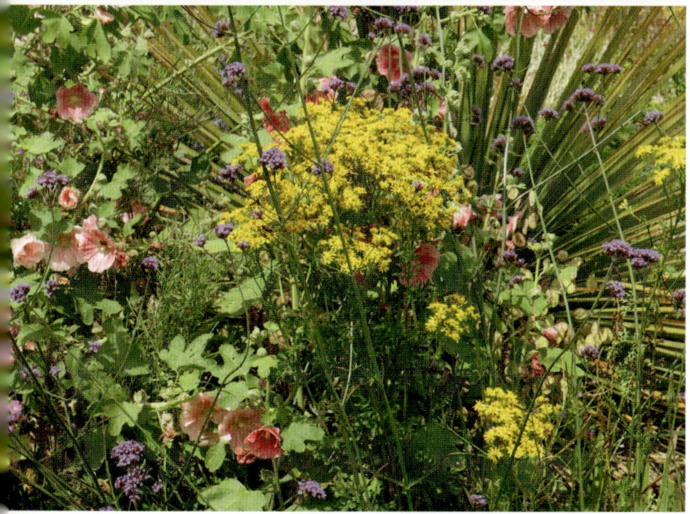
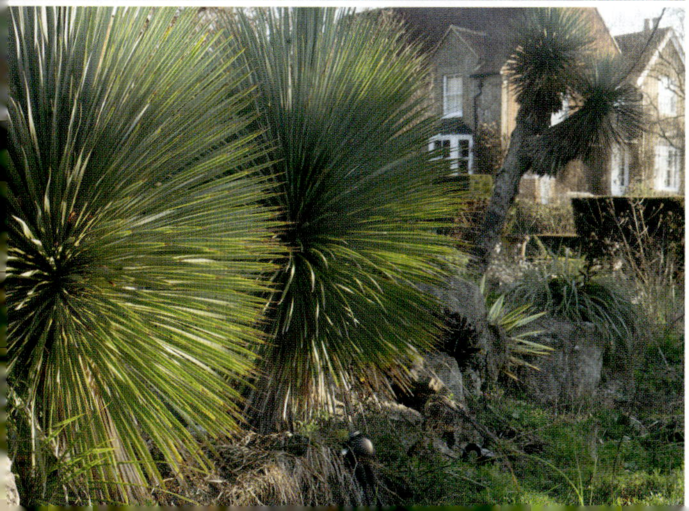
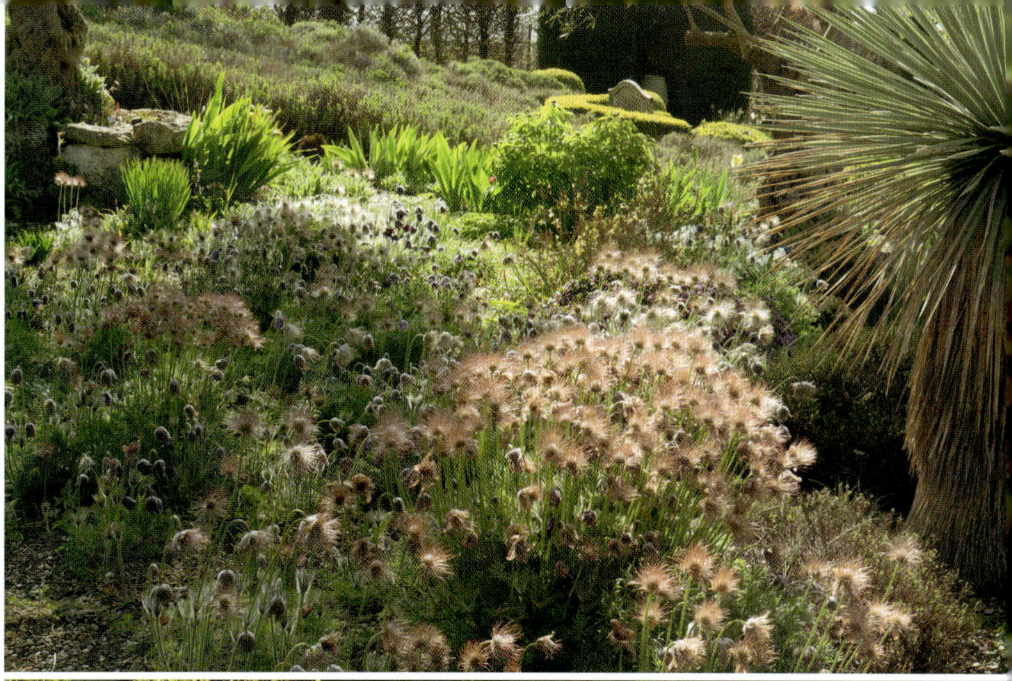
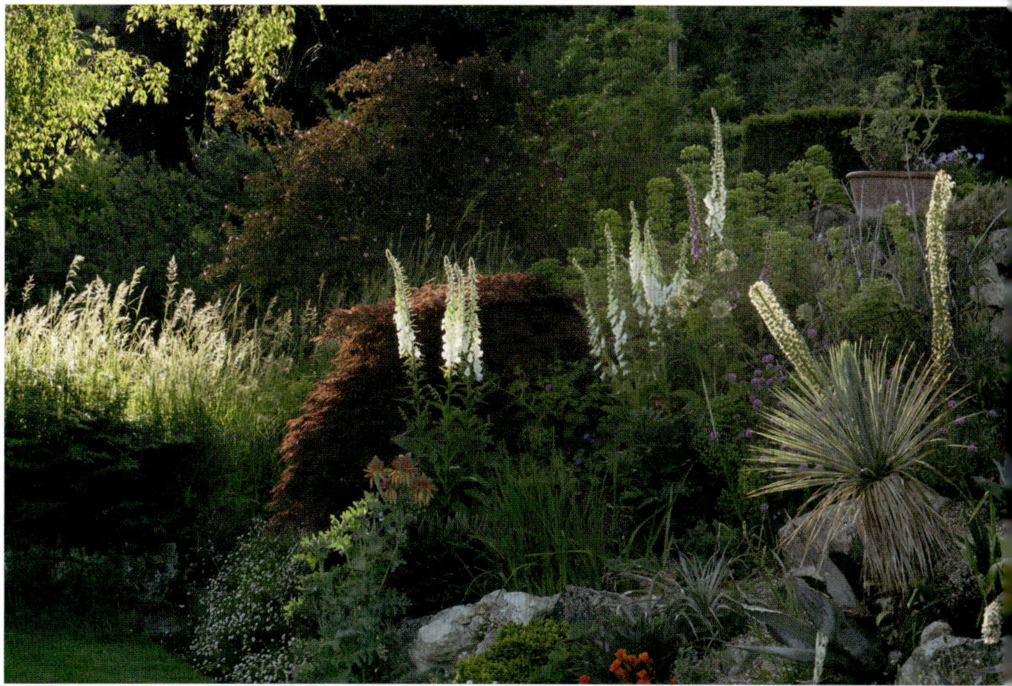
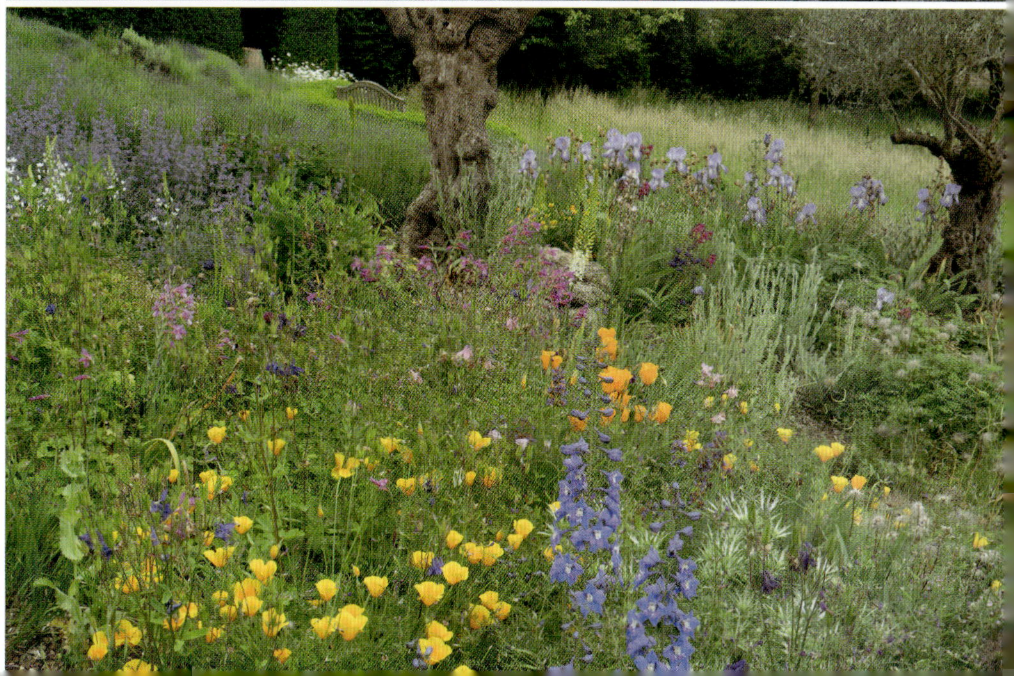

5

Clinton Lodge Gardens

Fletching, East Sussex

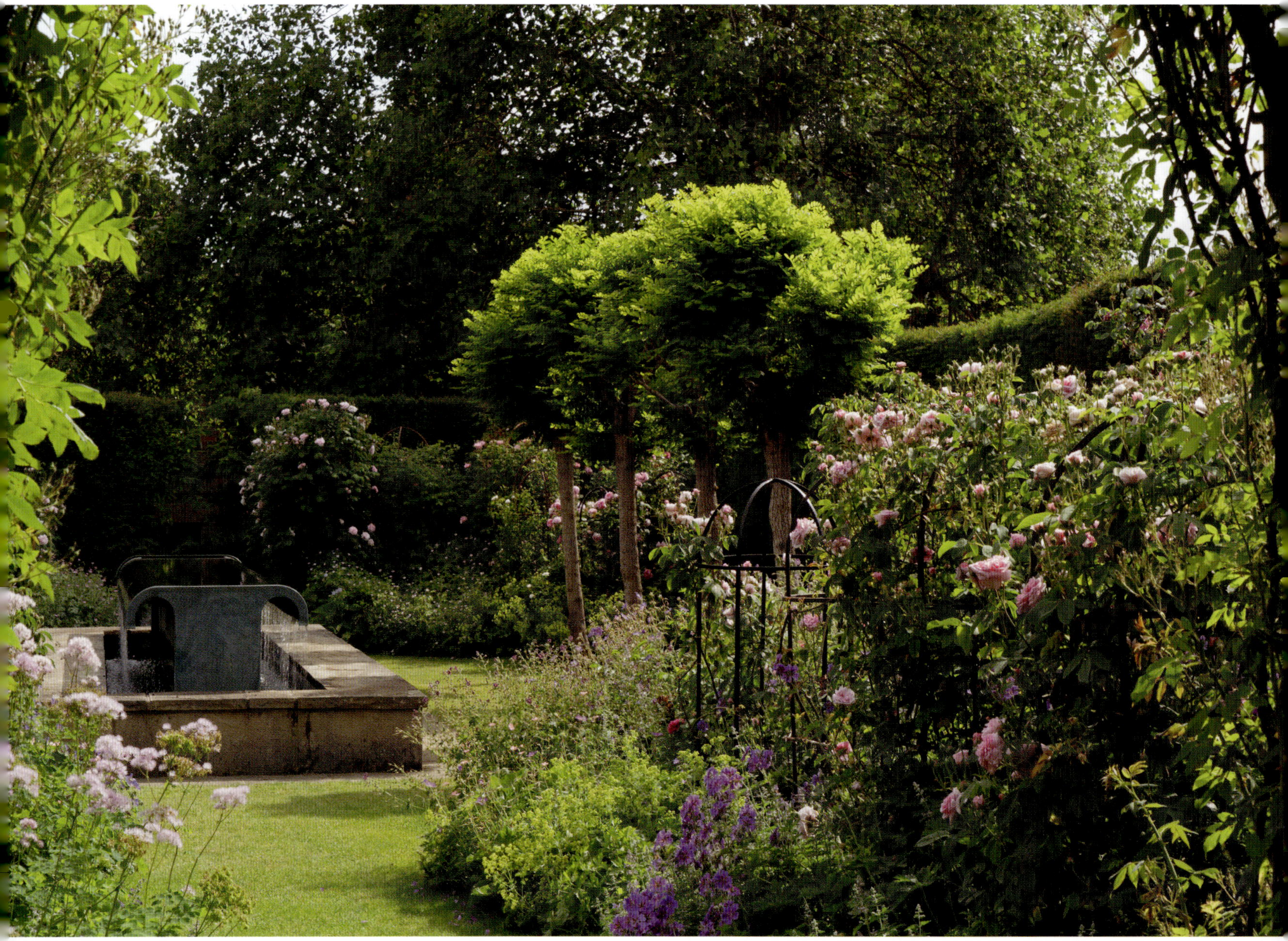

Lady Noel Collum gärtnert auf den 2,4 Hektar Land von Clinton Lodge, seit sie 1972 mit ihrem verstorbenen Mann Sir Hugh Collum und ihren zwei Kindern hierherzog.

„Als ich ein Kind war, hatten wir keinen Garten, aber ich wusste, sollte ich je einen haben, dann würde er wohltuend und friedlich sein. Was mir damals an Clinton Lodge besonders gefiel, war die Aussicht, und ich wollte ihre Beziehung zum georgianischen Teil des Hauses hervorheben."

In all den Jahren bekam Noel Collum von dem befreundeten Gartengestalter Julian Treyer-Evans Rat und praktische Hilfe. „Julian und ich haben uns ausgetauscht, ich hatte eine vage Idee, und er hat sie umgesetzt."

Seit über 25 Jahren verlässt sie sich auch auf die Kenntnisse und die Gestaltungskunst ihres Chefgärtners Gavin Whitton und hat noch weitere langjährige Helfer.

„Alles ist nach und nach entstanden und natürlich hat sich in den vergangenen fünf Jahrzehnten einiges verändert. Der Orkan von 1987 hat mir freie Bahn für die Umsetzung vieler Ideen geliefert."

Klare Schlichtheit

In den ersten Jahren veränderte die Kunsthistorikerin nur wenig, doch sie wusste instinktiv, was sie wollte, und recherchierte ausgiebig in Werken von Gartengestaltern.

„Russell Pages *The Education of a Gardener* habe ich wenigstens fünfmal gelesen und dank meiner Arbeit für das Auktionshaus Christie's war ich von Porträts mit idealisierten oder überzogenen Gartenansichten inspiriert. Mein Garten sollte die verschiedenen Baustile des Hauses reflektieren."

LINKE SEITE 2010 entwarf der Bildhauer William Pye eine Wasserskulptur für den Rosengarten, den Noel Collum daraufhin in „The Pye Garden" umbenannte. Um die Wasserskulptur zur Geltung zu bringen, ersetzte Pye die Rosen an den Längsseiten durch wuschelköpfige Akazien.
UNTEN Von der *Tavoleau* genannten tischartigen Skulptur rinnt das Wasser in einem schimmernden Vorhang herab. Die Rosensorten aus dem 19. Jahrhundert, wie die karminrote ‚Charles de Mills' und die rosa ‚Chapeau de Napoleon', duften intensiv auf Nasenhöhe.

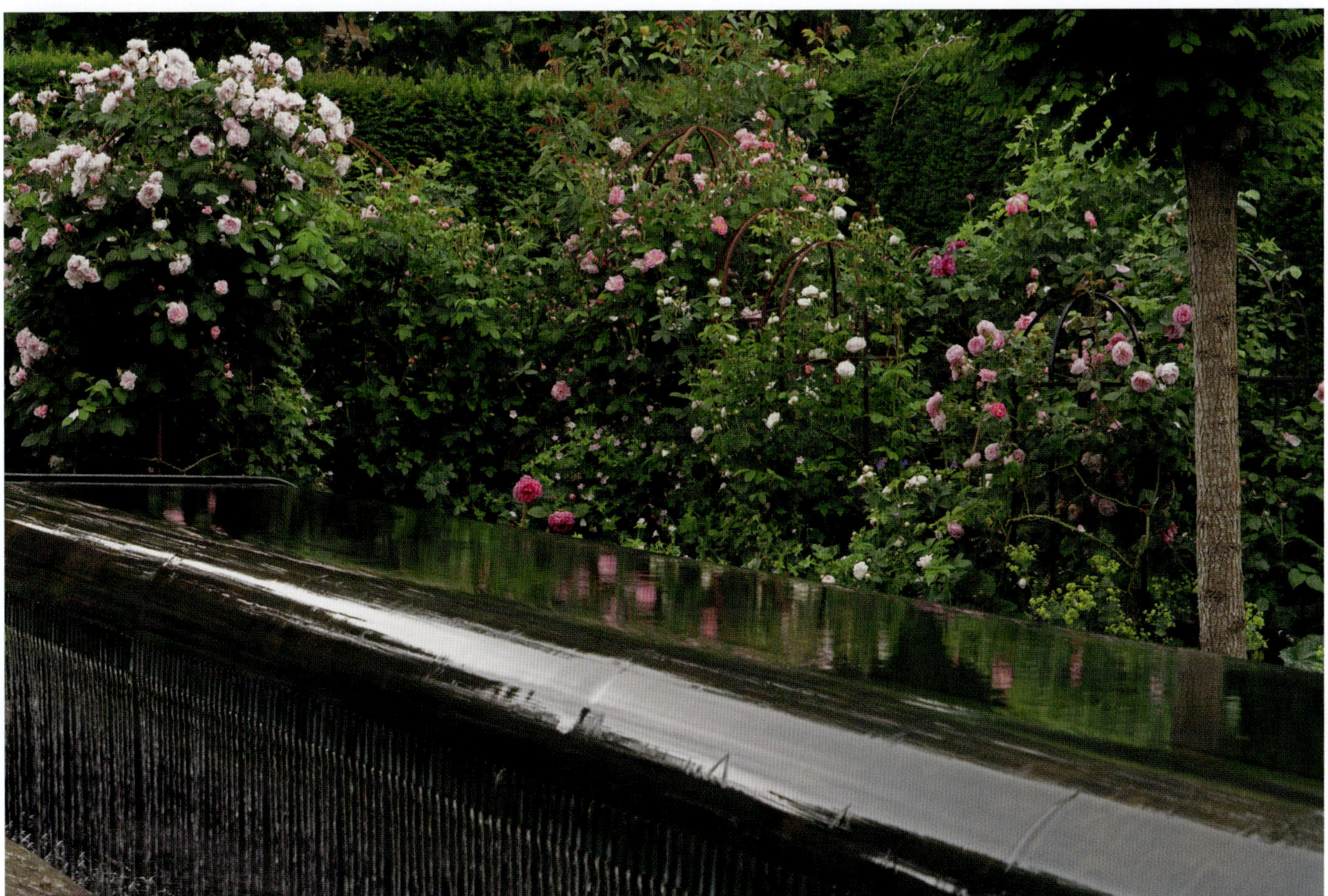

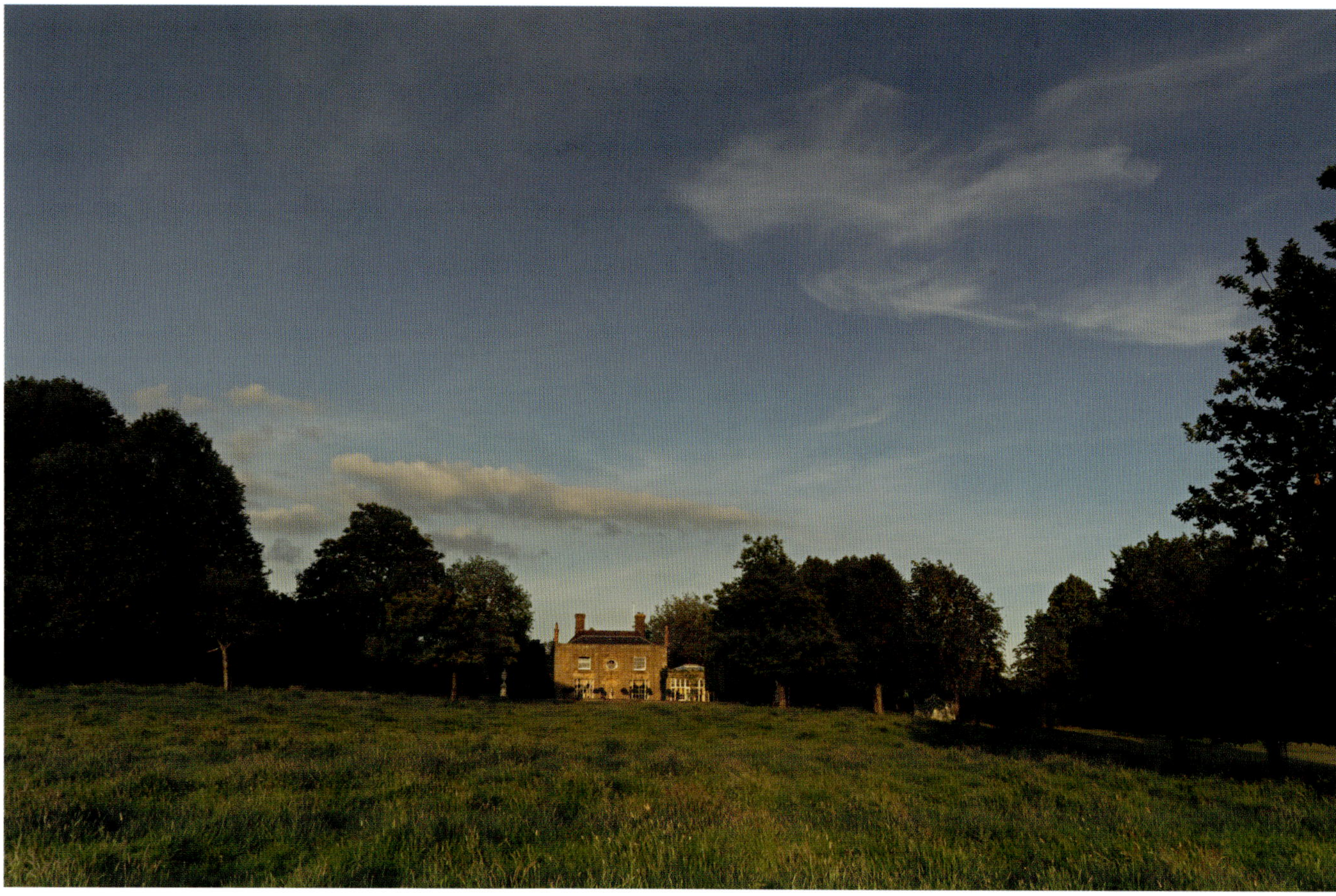

„Mein Garten sollte die verschiedenen Baustile des Hauses reflektieren."

Klare Schlichtheit ist das Schlüsselwort: Die ausgewogenen Proportionen der georgianischen Architektur betonte sie durch ein weites, von Bäumen gesäumtes Rasentrapez, das Haus und Landschaft verbindet. Die rechts und links des Rasens gereihten Hainbuchen wurden in formale Kastenformen getrimmt und bekamen eine Kulisse aus Eibenhecken. Unter den Bäumen wurden Unmengen von Schneeglöckchen ausgewildert.

Die Hainbuchen lenken den Blick über den Ha-Ha hinaus auf die sich anschließende Parklandschaft, in der im Sommer Kühe weiden und im Winter Damwild äst. Auf Treyer-Evans' Rat hin, wurden hier die Bäume in sanften Bögen gepflanzt. Er schlug auch vor, gut 800 Meter vom Haus entfernt einen künstlichen Hügel aufzuschütten, um darauf eine Folly, einen Blickfang oder eine Säule zu errichten. Die Collums entschieden sich für eine Säule (vielleicht des Klangs wegen, ihr Name wird genauso ausgesprochen wie das englische Wort für „Säule" – *column)*. In einigem Abstand wurden Stieleichen gepflanzt, die inzwischen gestutzt sind, damit die Säule von Ferne betrachtet auf einem grünen Kissen zu schweben scheint.

Noel Collum ist glücklich über die beschauliche Ruhe, die von der Rasenfläche, den Hainbuchenreihen und der Parklandschaft hinter dem Ha-Ha ausgeht, alles scheint unter Kontrolle zu sein und wirkt doch nicht gezwungen.

Vor Blicken geschützt

Noel Collums formale Gärten – u. a. der Kräutergarten, der „Bankettsaal"-Garten, der Rosengarten, der Schnittblumengarten und ein Wilder Garten – grenzen nördlich an Haus und Rasen an. Getrimmte Eiben- oder Buchenhecken schützen sie vor Wind, Wetter und Blicken. Im Süden liegt ein kleiner, mit rosa Hakenlilien unterpflanzter Obstgarten.

Ruhige Gänge führen die Betrachter ohne Ablenkung von einem Gartenraum zum anderen. Manche sind von Hecken gesäumt, andere verlaufen unter pflanzenbehangenen Metallbögen und Pergolen. Dazu sind fünf lange Blickachsen zu entdecken.

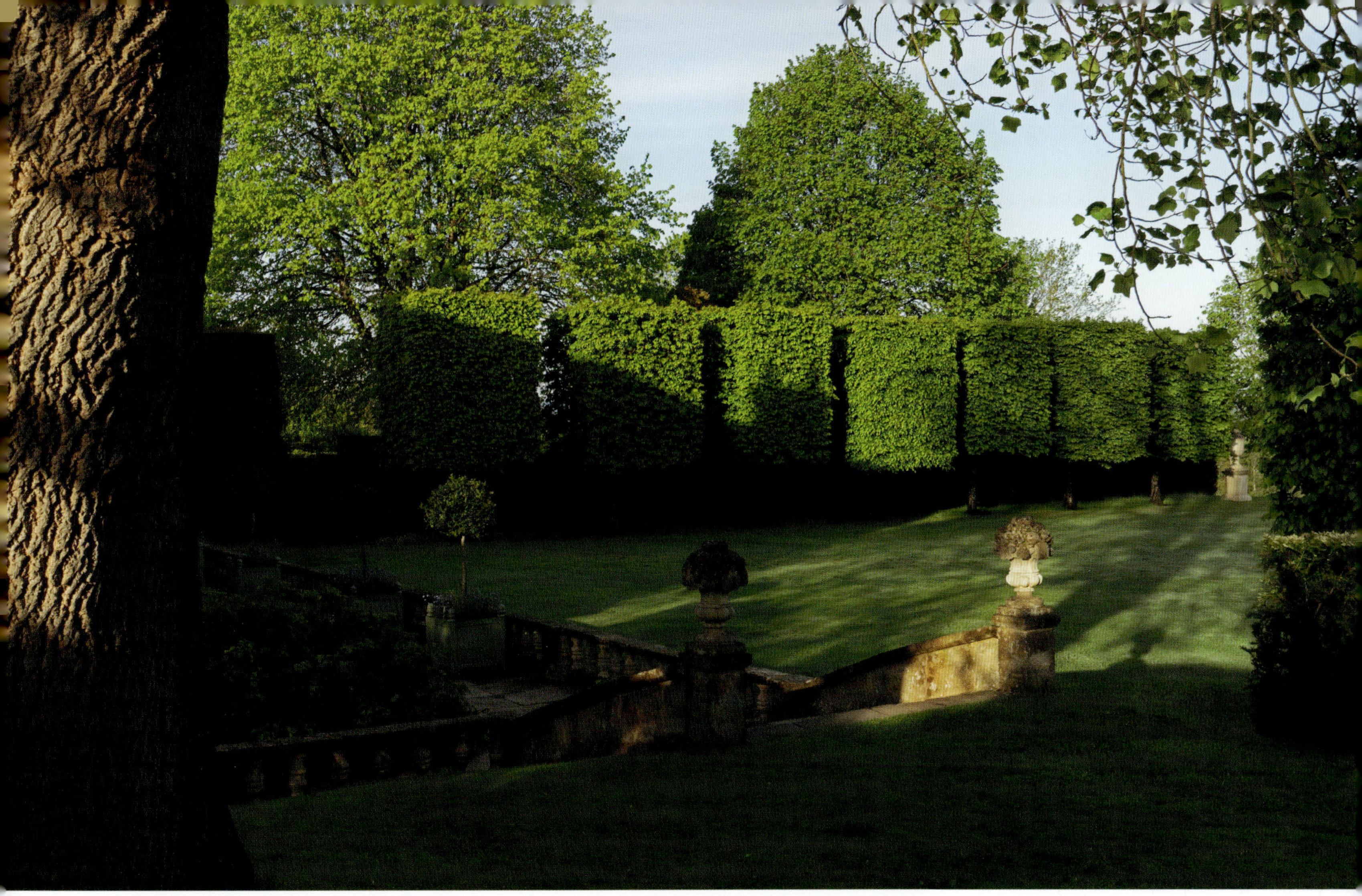

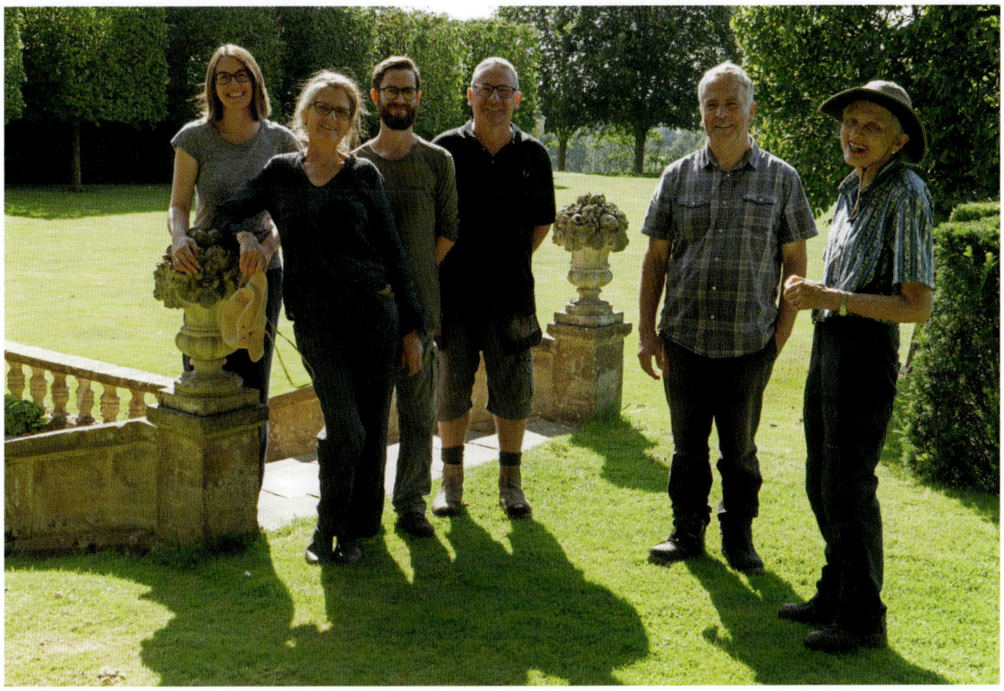

LINKE SEITE Von der Säule im Park hat man einen herrlichen Blick auf die spätgeorgianische Fassade von Clinton Lodge.
OBEN Der Rasen und die streng gestutzten Hainbuchen lassen die Ausgewogenheit der Architektur zur Geltung kommen – kein buntes Blumenbeet soll das Auge ablenken.
LINKS Die Gärtner der Clinton Lodge Gardens (von links nach rechts): Rebecca McDougall, Margaret Oelofse, Henry Rattray, Justin Walters, Gavin Whitton (Chefgärtner) und Lady Collum.

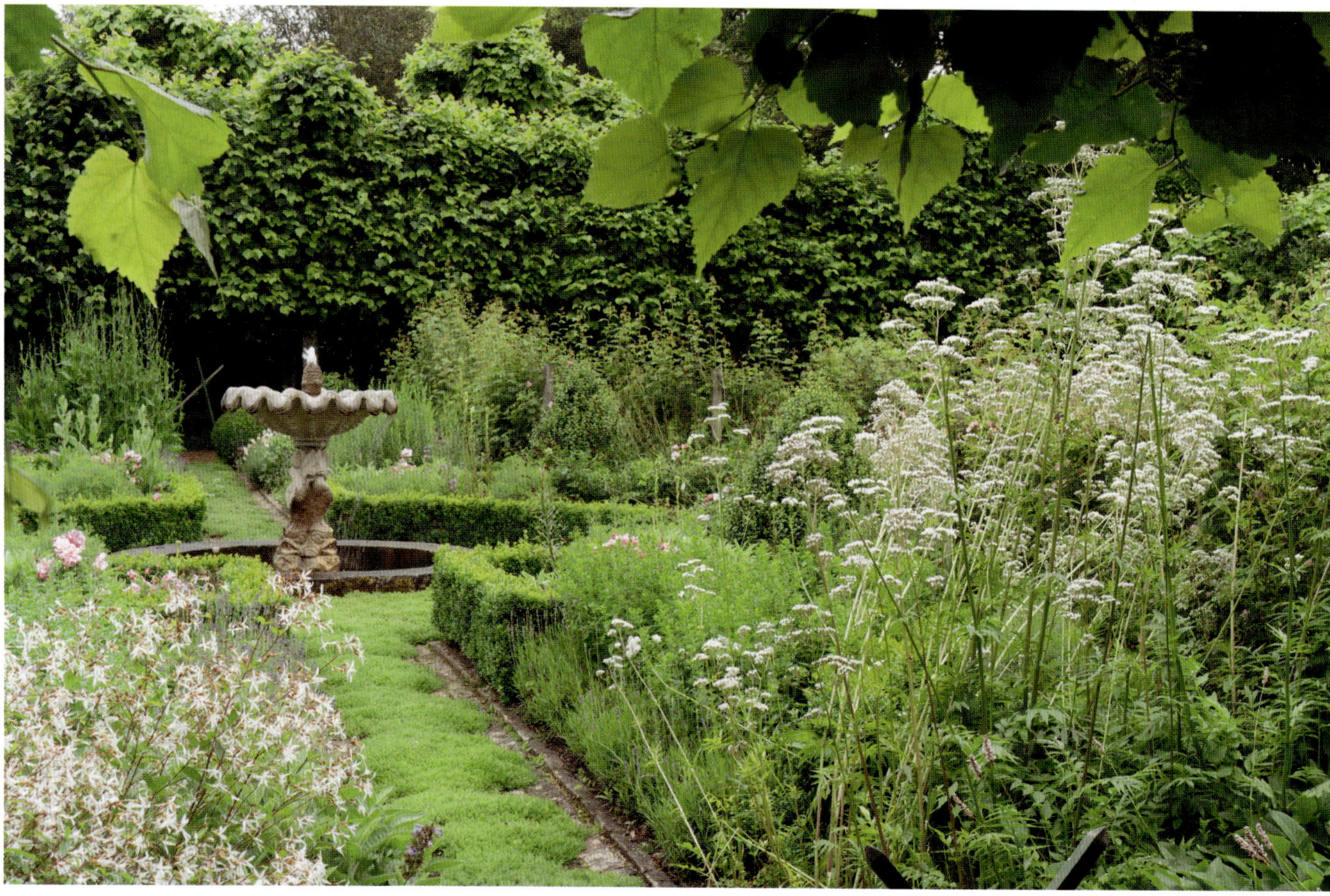

Der von Hecken umgebene Kräutergarten ist im Stil des 17. Jahrhunderts gehalten: Er ist als traditioneller Knotengarten angelegt, mit Wandelgängen aus Lindenspalieren und gestutzten Buchshecken als Beetumrandungen und Knoten. Die Pflanzen, die hier wachsen – wie etwa die Weinrose *(Rosa rubiginosa)*, die wegen ihrer Hagebutten gezogen wird –, verwendete man damals in der Küche oder in der Heilkunde.

Auf die duftenden Kamillenwege und die Rasenbänke ist Noel Collum besonders stolz. Alle Bänke sind auf eine besonders schöne Blickachse ausgerichtet und für zwei Personen gedacht, die Seite an Seite genießen.

Beruhigende Effekte

Zu den ersten Veränderungen, die sie vornahm, gehörte eine zweite Rabatte als Gegengewicht zur schon vorhandenen gemischten Rabatte. „Im 19. Jahrhundert hätte man hier eine Doppelrabatte angelegt, und ich dachte mir, eine zweite vor der neugepflanzten Eibenhecke wäre ästhetisch ansprechend."

Sie füllte die Beete mit Pflanzen, die vom Frühling bis in den Herbst in den Farben Blau und Weiß blühen, um die ruhige Atmosphäre zu schaffen, die sie so schätzt: Hier stehen u. a. blauer Phlox und Agapanthus, Riesenschleierkraut, Sterndolden, *Clematis heracleifolia*, Kandelaber-Ehrenpreis, Pfeifensträucher, Ziersalbei und weiße japanische Anemonen.

Die Rabatten führen in den stillen „Cloister Walk", einen kreuzgangähnlichen Laubengang, der mit den Blütentrauben von weißen Glyzinen aufwartet. An den Seiten ranken weiße Clematis, zu ihren Füßen blühen weiße Sterndolden, Lilien, Lenzrosen und Funkien. Von hier erhascht man einen Blick in den Wilden Garten, der im Frühling mit weißen *Narcissus poeticus*, im Sommer mit Margariten und Butterblumen prunkt.

Im Rosengarten ersetzte Noel Collum die einst dominierenden Teehybriden durch historische Sorten, die höher wachsen und ihren Wohlgeruch auf Nasenhöhe verströmen. An der metallenen Bogenlaube am Eingang rankt die Ramblerrose ‚The Garland', deren duftende cremeweißen Blütentrauben im Herbst eine Fülle kleiner Hagebutten hervorbringen.

2010 wurde der Rosengarten in „The Pye Garden" umbenannt, denn Noel Collum hatte den Bildhauer William Pye, dessen Arbeiten sie in einem Garten in Wiltshire bewundert hatte, gebeten, eine Wasserskulptur für sie zu entwerfen. Pyes *Tavoleau* aus patinierter Bronze gleicht einem Tisch mit einer

OBEN Der Kräutergarten mit seinen Kamillenwegen und Rasenbänken wurde als traditioneller Knotengarten angelegt.

RECHTE SEITE Die formalen Gärten, wie der relativ neue „Bankettsaal"-Garten, der „Pye Garden" und der Brunnengarten, liegen hinter Hecken verborgen. Auch die Verbindungswege sind von Grün gesäumt.

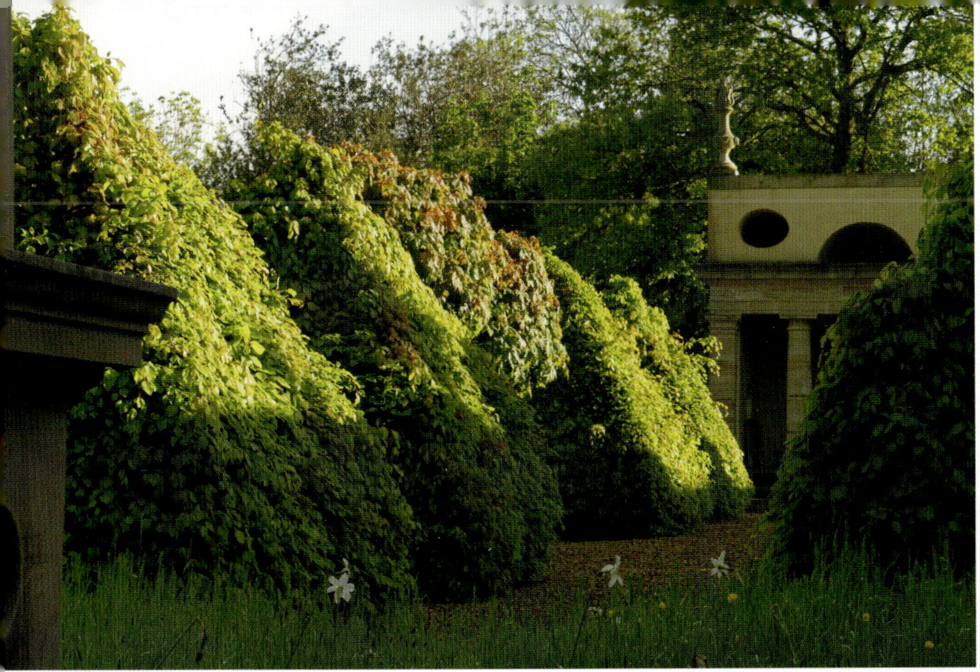

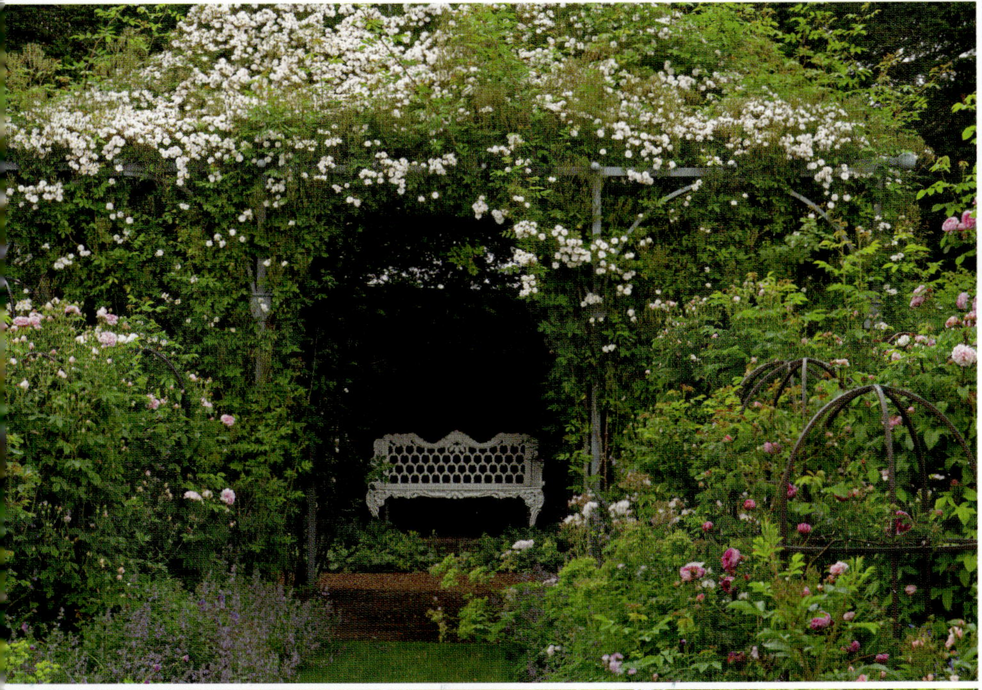

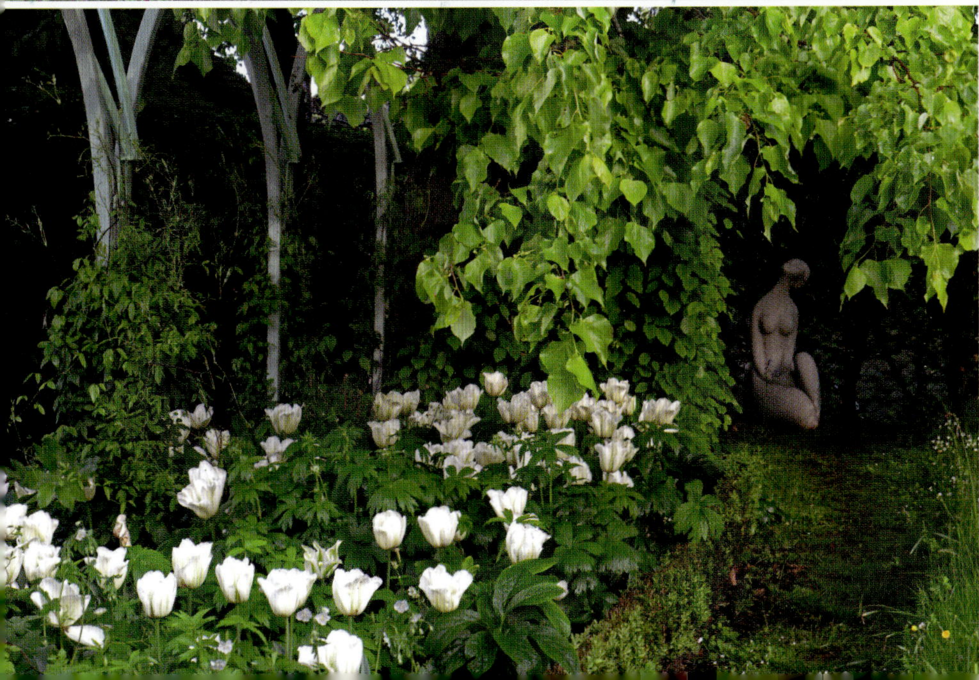

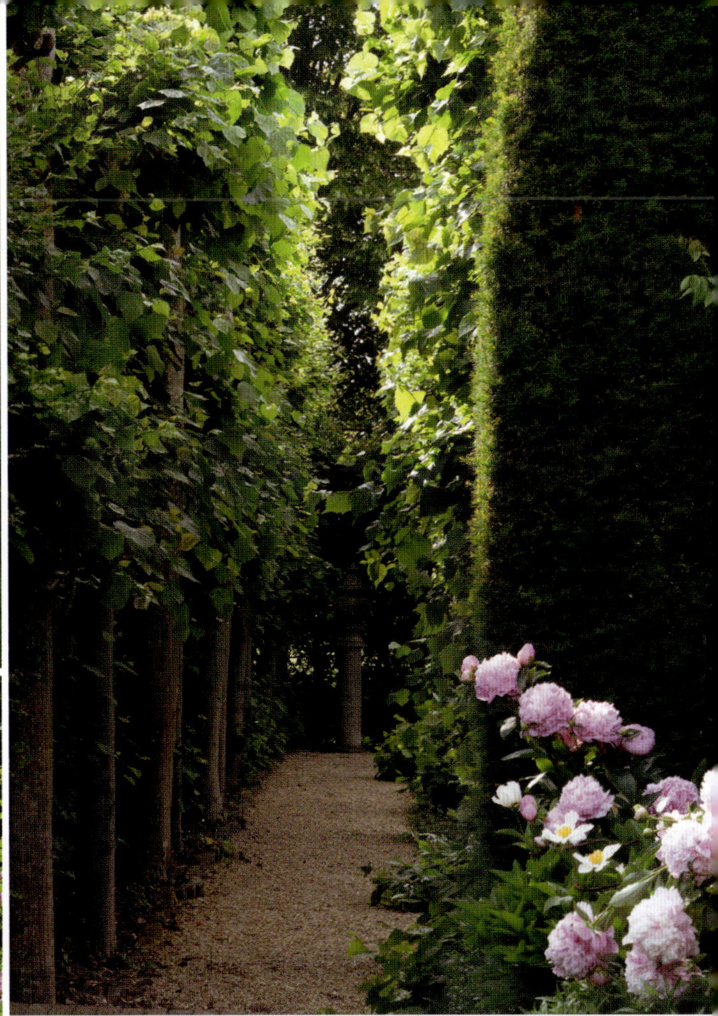

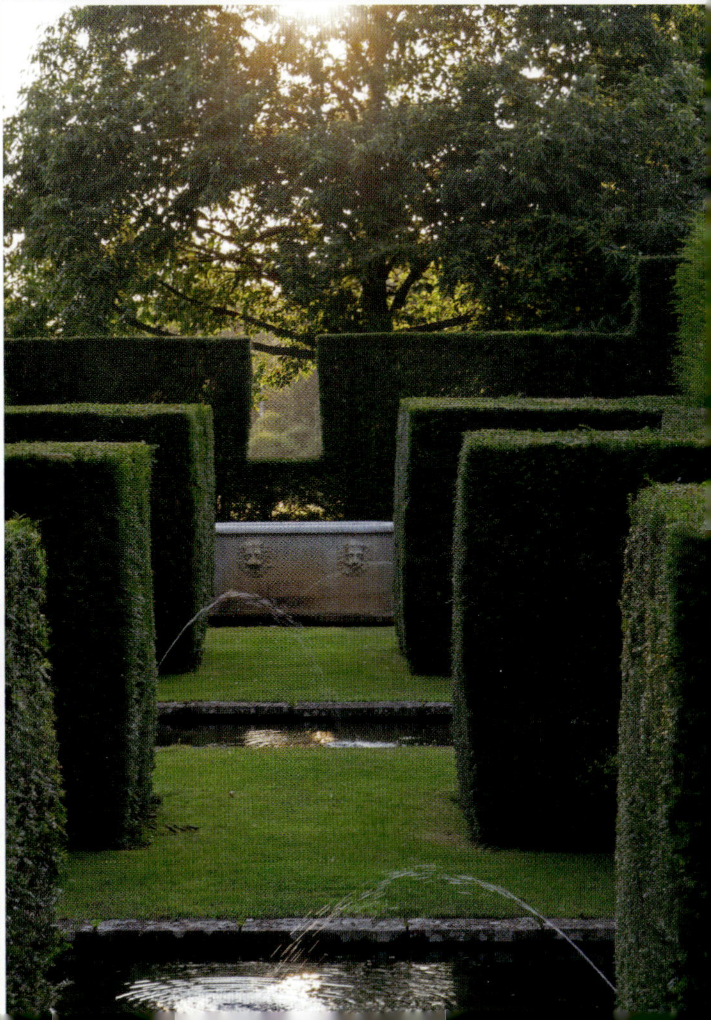

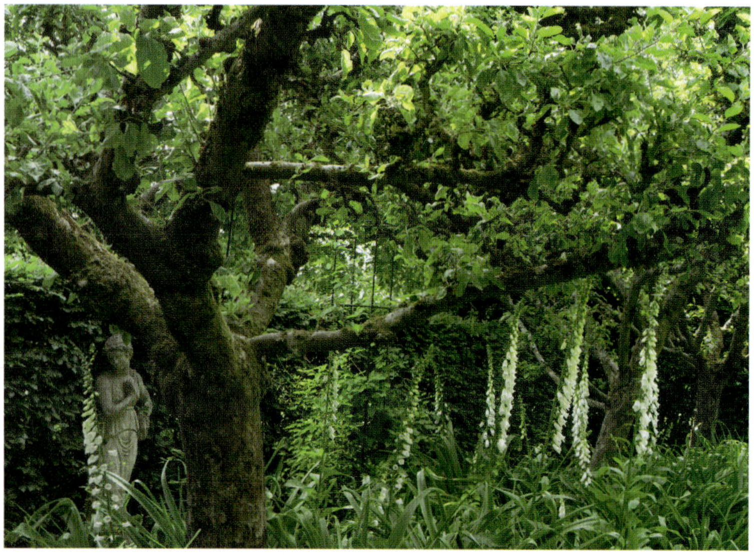

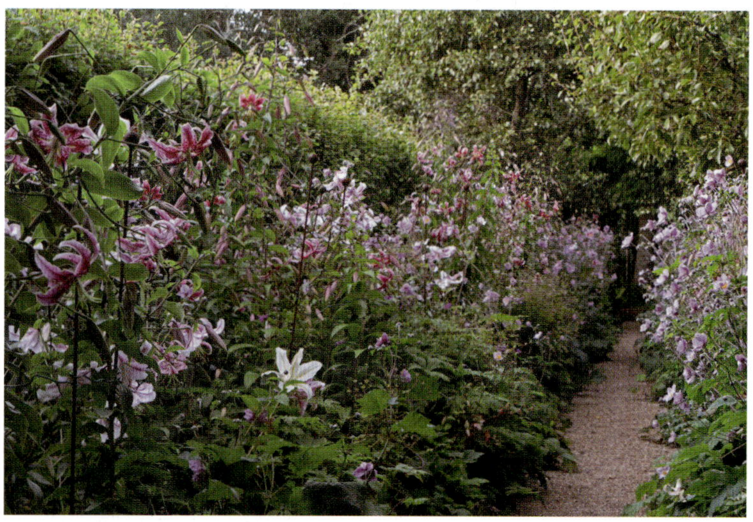

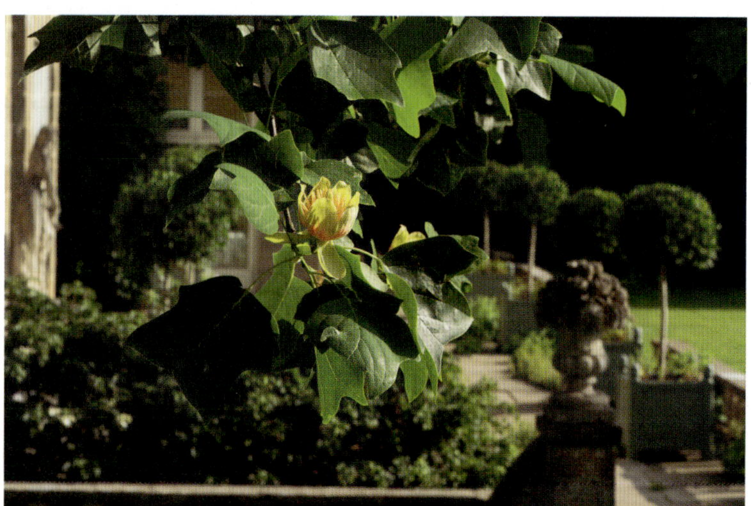

Wasseroberfläche, in der sich Himmel, Wolken und Rosen spiegeln. Wenn das Wasser vom „Tisch" herunterfließt, teilt es sich in dünne Strahle und fällt als schimmernder Vorhang. Um das *Tavoleau* optimal zur Geltung kommen zu lassen, tauschte Pye die Rosenbeete zu beiden Seiten durch zwei Reihen von dezent wuschelköpfigen Akazien aus.

Wohltuend angepasst

Im Garten am Swimmingpool ließ Noel Collum ein modernes Flair zu. Den Pool fand sie vor, als sie in Clinton Lodge einzog: „Ich musste einen Nachteil in einen Vorteil verwandeln. Ein Swimmingpool aus dem 20. Jahrhundert passt einfach nicht zu einem Haus, das im 17. und 18. Jahrhundert erbaut wurde. Er hatte eine breite Betonumrandung, verbarg sich aber glücklicherweise hinter starken hohen Mauern."

Von großem Vorteil war die Aussicht auf gesunde tägliche Schwimmrunden. Sie ließ die Umrandung entfernen und den blauen Boden des Pools durch einen steinfarbenen ersetzen. Am Umkleidehäuschen rankt nun weiß und wohlduftend die Ramblerrose ‚Thalia'. Entlang der Mauern setzen vom Hoch- bis in den Spätsommer Sträucher und Stauden wie Rispenhortensien und Schmucklilien das blau-weiße Farbthema fort. Das Betonrechteck des Pools mildern Apfelbäume, die girlandengleich über Metallbögen gezogen wurden.

Die Besucher liebten den Gemüsegarten, bei dem sich Noel Collum von Rosemary Vereys Potager in Barnsley House inspirieren ließ. „Aber es war einfach zu viel Gemüse, deshalb habe ich einen Schnittblumengarten daraus gemacht. Ich brauche fürs Haus viele große Blumensträuße, um die Räume behaglicher zu machen."

Seit 40 Jahren öffnet Clinton Lodge seine Gartenräume, romantischen Wege und die Parklandschaft im Rahmen des „National Garden Scheme". Und obwohl in den vergangenen Jahrzehnten zahllose Besucher kamen, bleibt der Garten für Noel Collum ein stiller, wohltuender – ein sehr persönlicher Ort, der von wohlduftender Schlichtheit geprägt ist.

LINKS OBEN Im Obstgarten ragen hinter den dicht mit Hakenlilien unterpflanzten Apfelbäumen weiße Fingerhüte auf.
LINKS, MITTE Der Birnen-Gang gehört zu den grünen Korridoren zwischen den Gartenräumen. Er ist mit Zwiebelblühern für den Frühling, sowie Lilien und japanischen Anemonen für den Sommer unterpflanzt.
LINKS UNTEN Für vertikale Akzente sorgt u. a. der Tulpenbaum *(Liriodendron tulipifera)*, der zudem eine aparte Sommerblüte zeigt.
RECHTE SEITE, OBEN Blick durch die mit weißen Glyzinen und *Clematis alba* ‚Luxurians' geschmückten Arkaden des „Cloister Walk" in den Wilden Garten mit einem Frühlingsteppich aus weißen Narzissen und Tulpen.
RECHTE SEITE, UNTEN Die über Metallbögen geformten Apfelarkaden mildern die Betonhärte des modernen Swimmingpools.

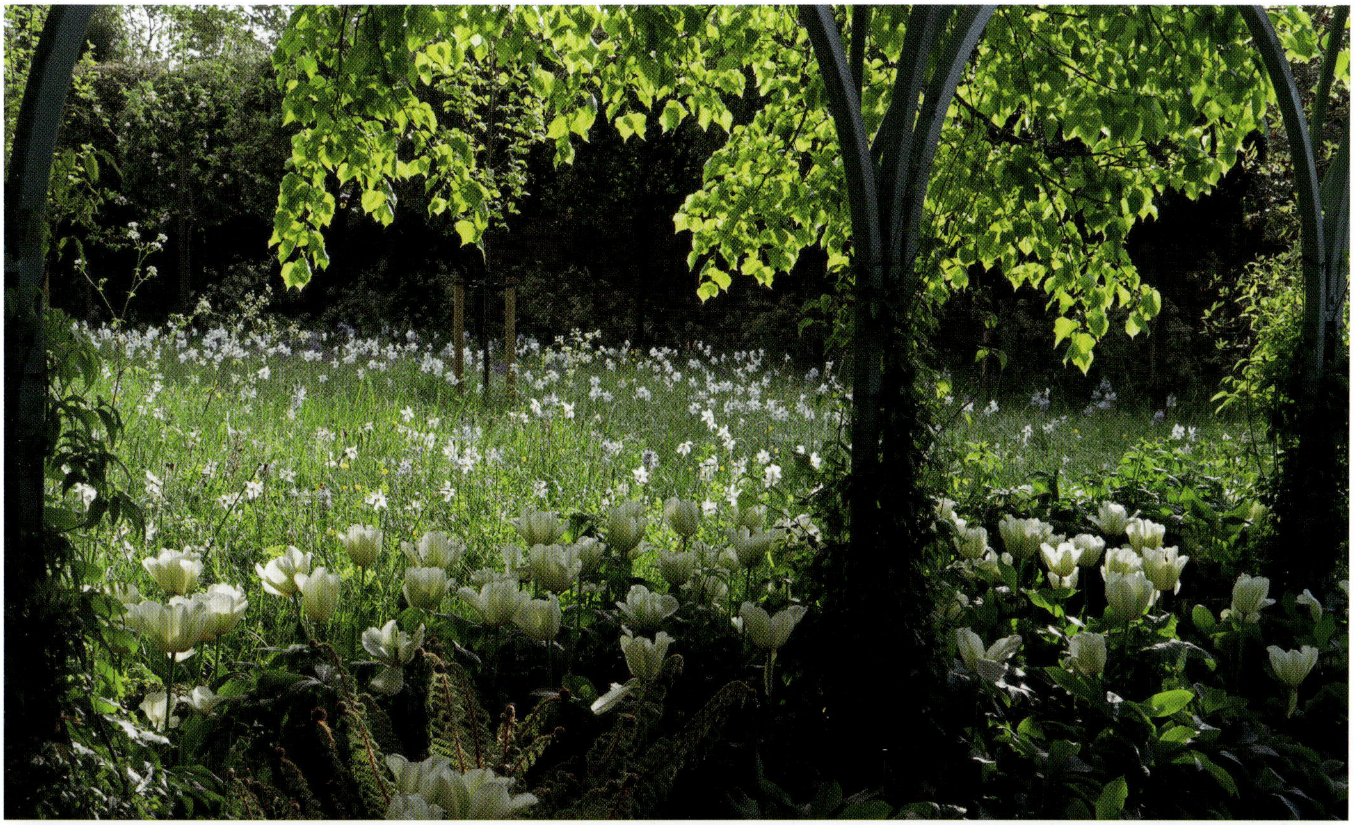

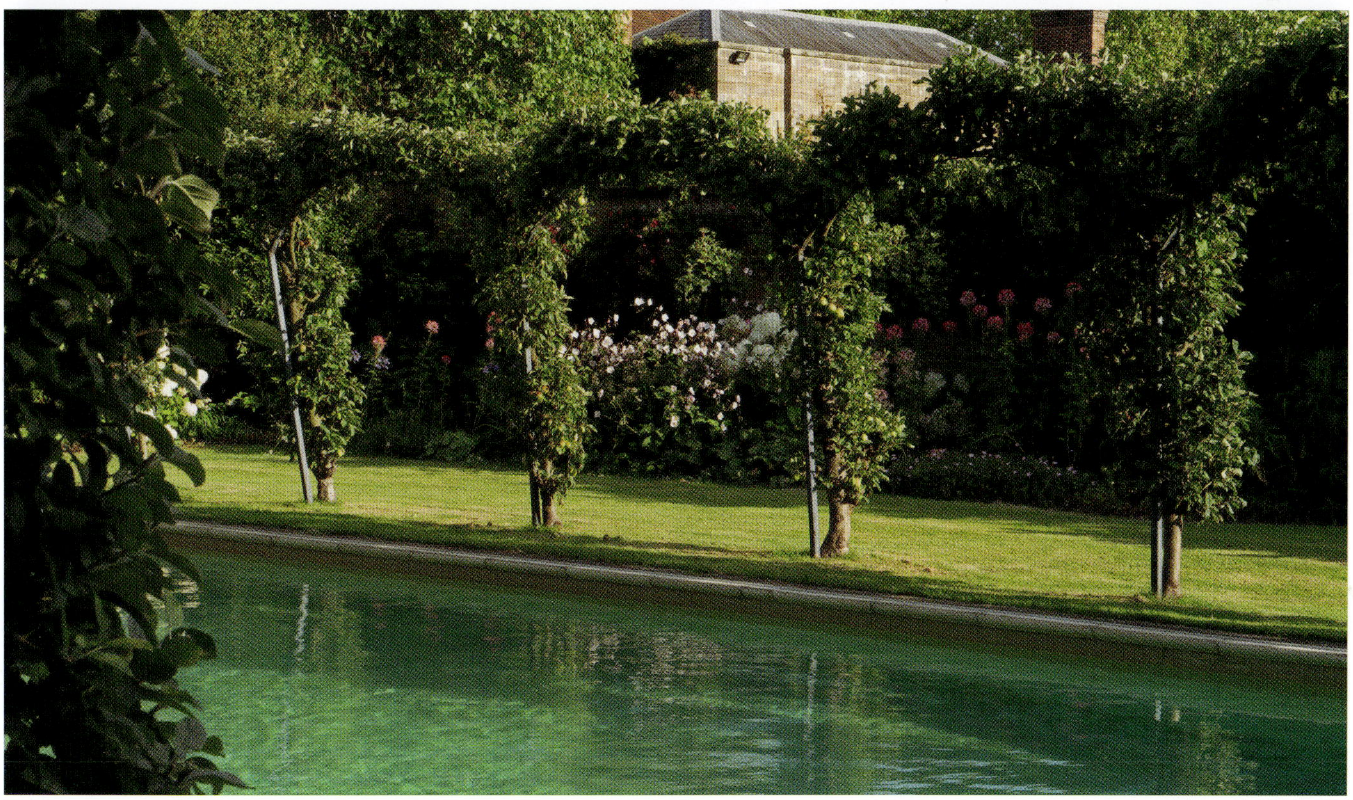

6

Denmans

Fontwell, West Sussex

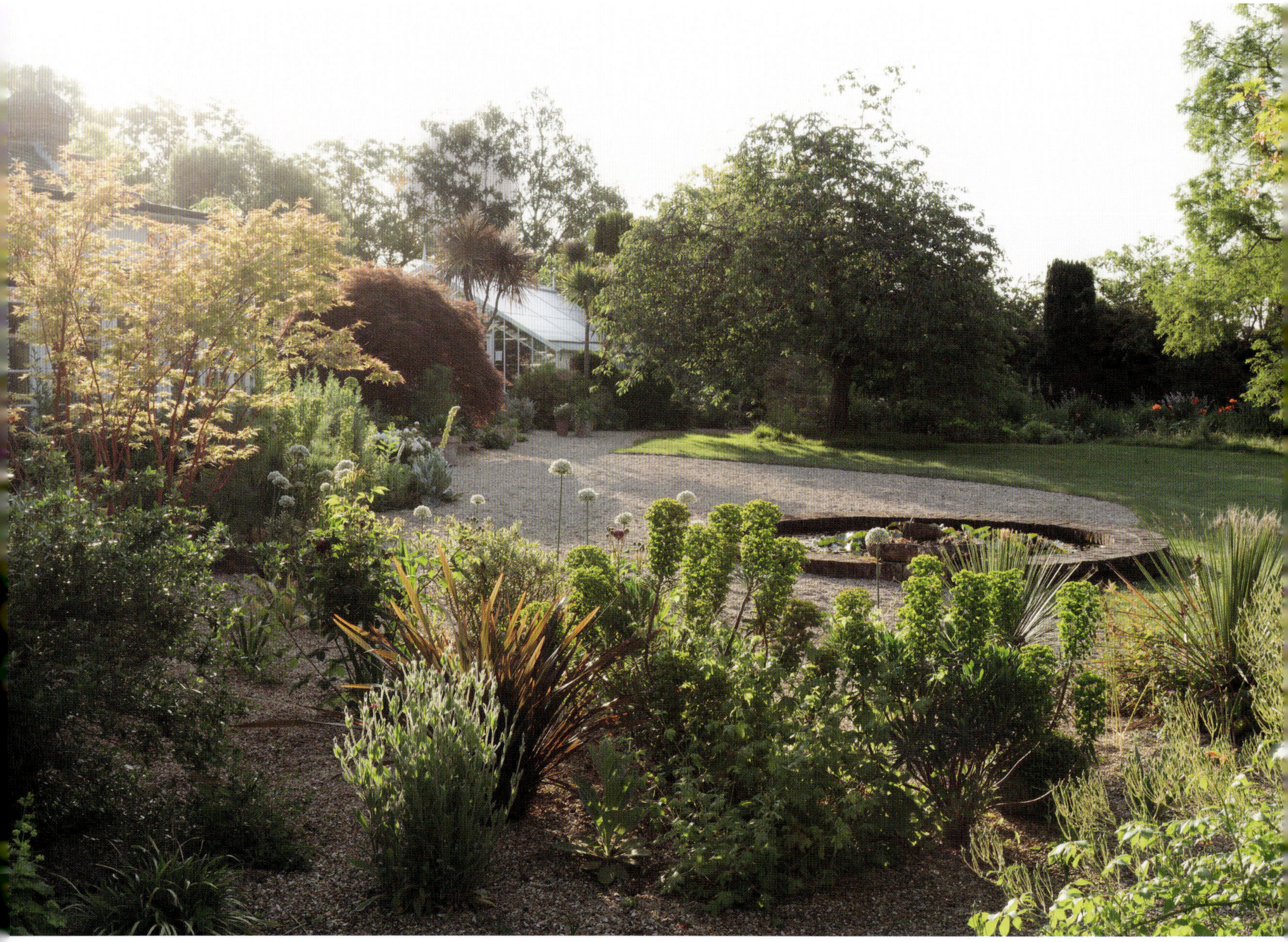

So mancher Garten ist das Resultat der Zusammenarbeit mehrerer Schöpfer aus verschiedenen Generationen. Die Übergabe von Denmans, von der Erschafferin des ersten unbändigen und innovativen Gartens an den zweiten Kreativen, vollzog sich über Jahre. Seit 2017 sind die heutige Besitzerin, die amerikanische Gartengestalterin Gwendolyn van Paasschen, und ihr Team damit beschäftigt, das zu restaurieren und fortzuführen, was Joyce Robinson (1903–1996) und John Brookes (1933–2018) geschaffen haben.

LINKE SEITE Der Runde Teich vor Joyce Robinsons Cottage wurde 1982 angelegt. 2018 entfernte John Brookes haufenweise wuchernde Sträucher, Bäume, Unkraut und Schutt und säte Rasen rund um den Teich. Heute wird dieser von Kies und Rasen umflossen, und das Gärtnerteam hat alte Fotos und Listen nach Pflanzen durchforstet, die schon 1983 hier wuchsen.

UNTEN John Brookes arbeitete mit Texturen, Formen und Höhen der Pflanzen, um ausgeprägte Strukturen in den Beeten zu schaffen. Hier schimmern Lampenputzergras und Chinaschilf vor einem von Joyce Robinson gepflanzten Urweltmammutbaum im Gegenlicht.

„Es waren ‚zwei hitzige und starrköpfige Genies', die sich in den folgenden 16 Jahren gegenseitig anspornten und erduldeten."

Der damals recht heruntergewirtschaftete Hof Denmans war 1947 in den Besitz von Hugh und Joyce Robinson gekommen. Anfangs baute Joyce Robinson (oder „Mrs J. R.") mit ihrem Mann Obst und Gemüse an, das sie mit dem Nachtzug zum Londoner Markt Covent Garden transportierten.

Joyce Robinson war eine bemerkenswerte Gärtnerin, sie sammelte und vermehrte ausgefallene Pflanzen und zog viele auch aus Samen. Es wäre ihr wohl nie eingefallen, bei einer Gärtnerei oder im Gartenmarkt einzukaufen und sich Gestaltungstipps geben zu lassen. Ihre ingeniöse Gartenschöpfung wurde lange nicht angemessen gewürdigt, doch genau sie war es, die den international bekannten Gartendesigner John Brookes nach Denmans lockte.

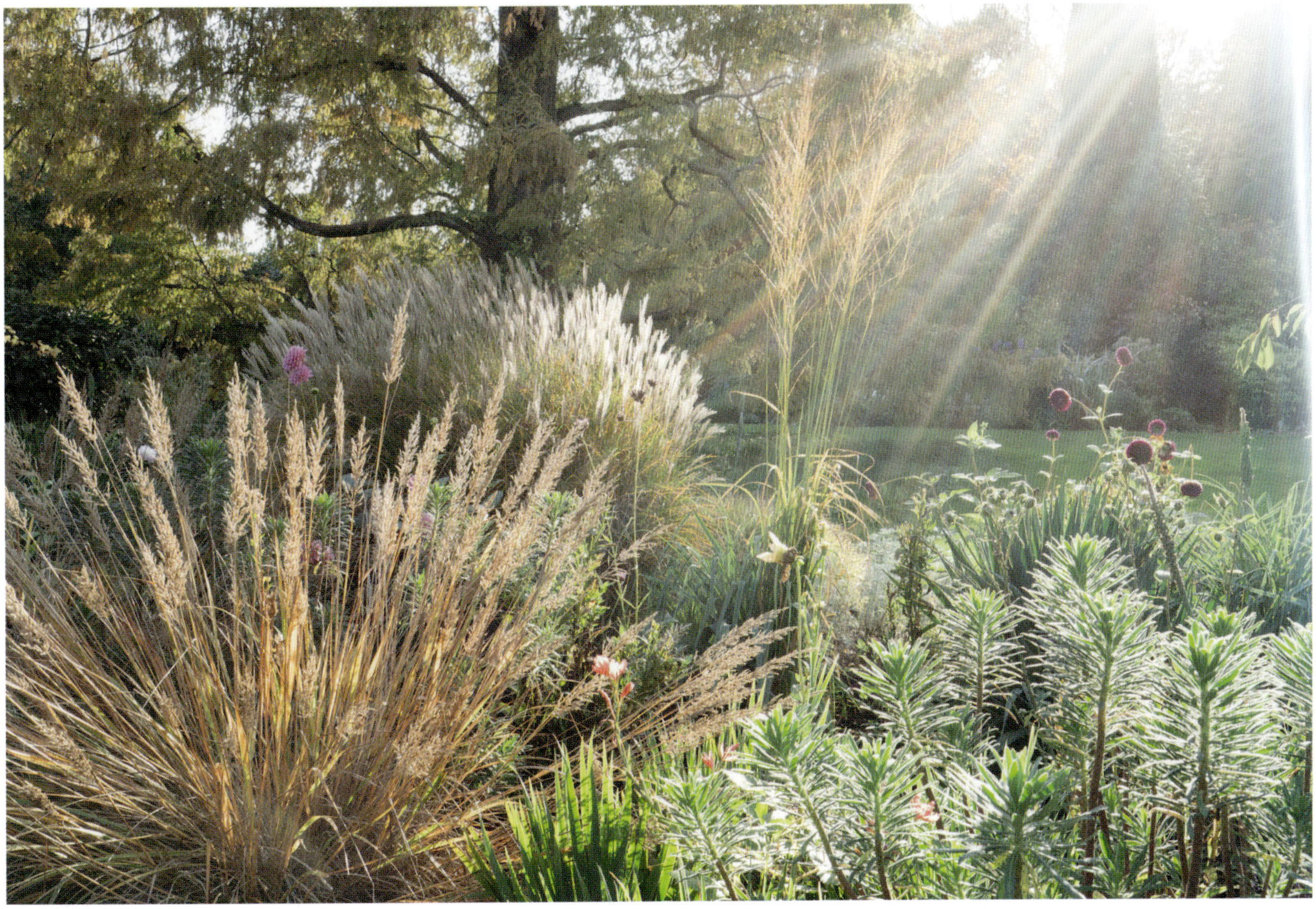

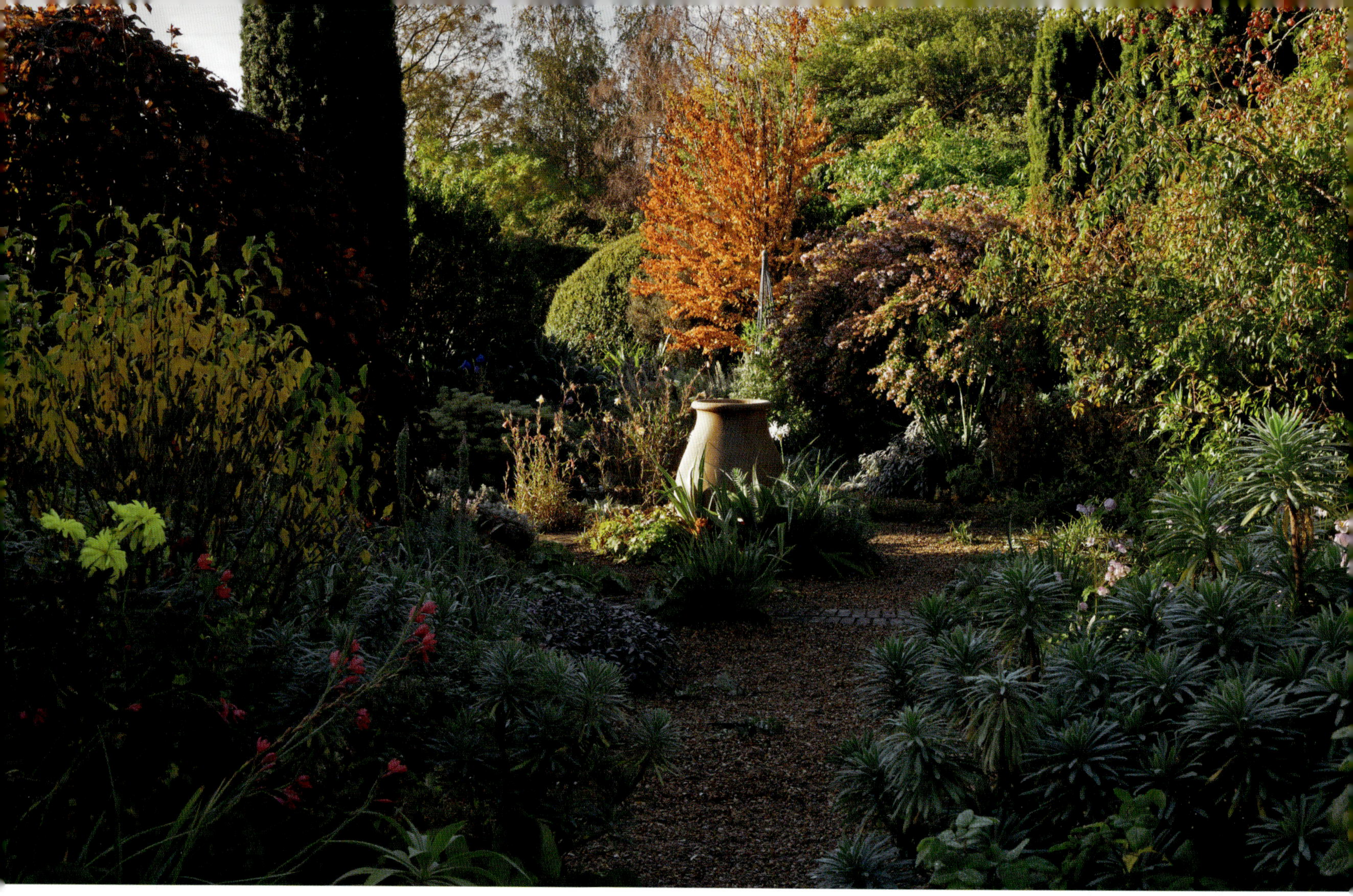

Von Delos inspiriert

1969 wurde ein Griechenlandurlaub zum Aha-Erlebnis, denn auf der Insel Delos bestaunte sie die artenreiche Flora, die auf den steinigen und kiesigen Böden gedieh.

Gleich nach ihrer Rückkehr begann sie im ummauerten Garten, in dem sie Gemüse angebaut hatte, mit ihrem ersten Kiesgarten zu experimentieren. Sie wollte keinen traditionellen Garten, der viel Pflege erforderte, und sie wollte „trockenen Fußes" herumgehen, also schien Kies die perfekte Lösung zu sein. Sie wählte vom Meer rundgewaschene Kiesel aus dem Hafen des nahen Littlehampton, denn der scharfkantige, maschinell zerkleinerte aus dem Steinbruch gefiel ihr nicht.

Sie suchte Pflanzen aus, die natürlich wirkten und zu sanften, wogenden Gruppen wuchsen. Die meisten waren Selbstaussäer, die, falls sie allzu raumgreifend wurden, schnell entfernt werden konnten. Die Mauern hüllte Mrs J. R. in Kletterpflanzen und Rosen.

1972 machte sie sich an die Ausdünnung des Nuss-Gangs an der Westseite des Gartens. Sie nahm Sträucher und Stauden heraus und verteilte Kies auf den nun freien Flächen, damit man zwischen den verbleibenden Pflanzen herumspazieren konnte.

Liebe auf den ersten Blick

1973 besuchte John Brookes mit einigen seiner Schüler Denmans. Gwendolyn erzählt, dass er sich sofort in die Originalität des Gartens und Mrs Robinsons Pflanzstil verliebte. Ihm gefiel auch, dass sie Kies verwendete, ein Material, mit dem er selbst schon in den 1960er Jahren moderne, vornehme Stadtgärten gestaltet hatte, die er als funktionale „Zimmer im Freien" behandelte.

Der Garten, schwärmte er, „ist ganz bei sich und gibt nicht vor, etwas anderes zu sein". Er liebte die gelassene Stille, die auch heutige Besucher noch spüren. Pflanzen interessierten ihn nur als architektonische Elemente, und daher ist es bemerkenswert, dass die Art und Weise, wie Joyce Robinson Pflanzen einsetzte, den größten Eindruck auf ihn machte.

Sein Vorschlag, eine Gartendesignschule in Denmans zu eröffnen, stieß auf wenig Gegenliebe, und so ging er nach Teheran und baute dort die „Inchbald School for Interior Design" auf. Nach dem Sturz des Schahs und der Machtübernahme der Mullahs verließ er den Iran und recherchierte in Indien für sein Buch *Gardens of Paradise* [Paradiesgärten].

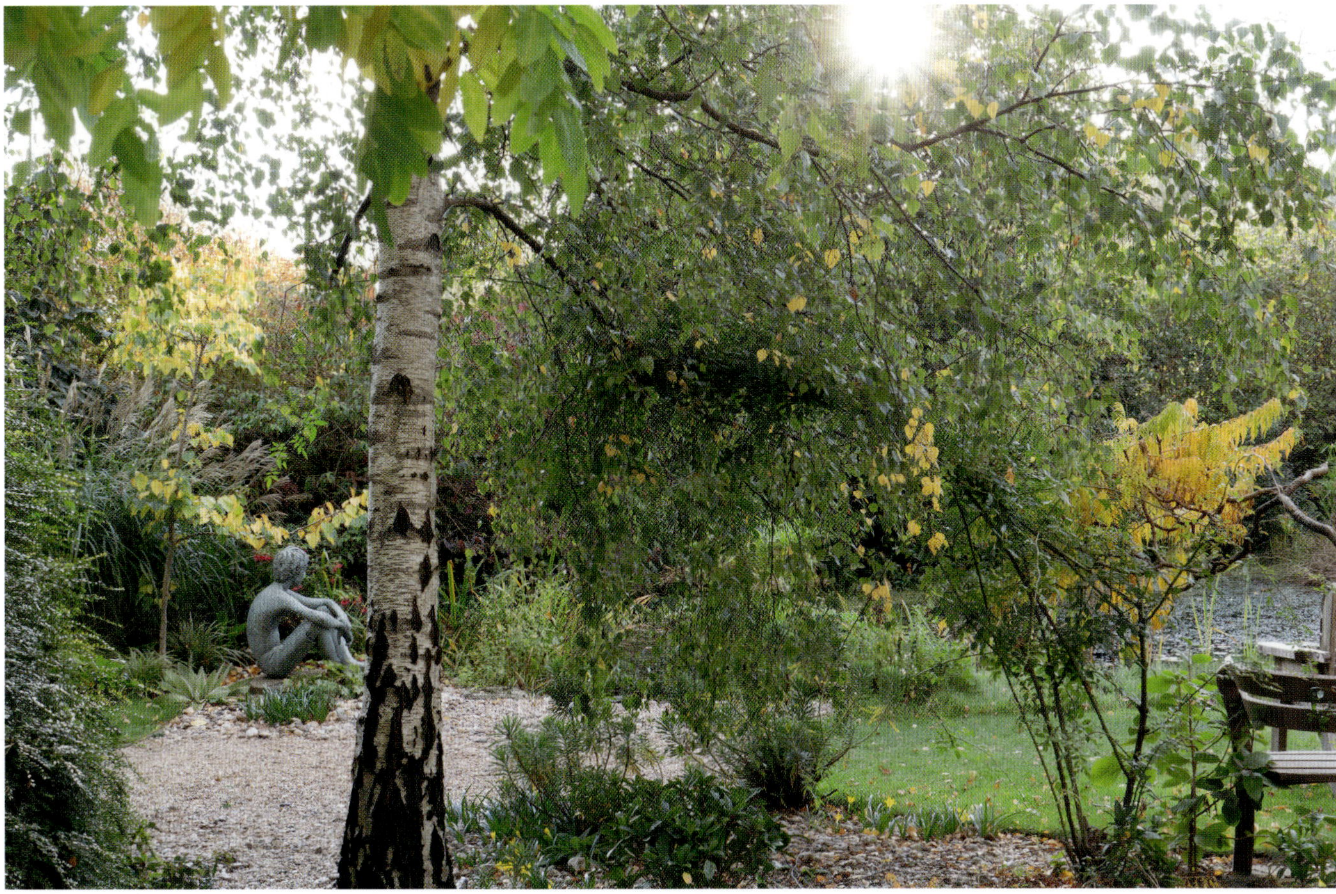

Flüsse aus Kies

1977 ließ sich Joyce Robinson von Flüssen in West Sussex inspirieren, die nur im Winter Wasser führen und im Sommer trockenfallen. Die 73-Jährige schwang sich auf den Traktor und grub an einem sanft abfallenden, 0,4 Hektar großen Hang zwei geschwungene Trockenbette, die zu einem ebenfalls trockenen „Wasserloch" führten, und füllte alles mit rundgewaschenen großen und kleinen Steinen. Die Bettränder betonte sie naturalistisch mit Felsbrocken, strauchigen Weiden und Gräsern. Als Brookes den Garten 1979 wieder besuchte, bewunderte er ihre Kreativität aufs Neue. Gwendolyn nennt das, was Joyce Robinson geschaffen hat, „mehr Landkunst als Gartenbaukunst".

Mrs J. R. erkannte, dass sie Denmans nicht mehr allein unterhalten konnte, und ließ Brookes im ausgebauten Stallgebäude, das er „Clock House" nannte, wohnen und dort die „Clock House School of Garden Design" eröffnen. Sie vereinbarten, dass er vier Jahre Zeit haben sollte, den Garten nach und nach zu übernehmen. Gwendolyn beschreibt die beiden als „zwei hitzige und starrköpfige Genies", die sich in den folgenden 16 Jahren gegenseitig anspornten und erduldeten.

In dieser Zeit legte Brookes am Clock House einen eigenen Garten an, mit von Piet Mondrian inspirierten geraden Linien und rechteckigen Flächen, die er mit mediterranen Pflanzen füllte. In Mrs Robinsons Garten gab er vielen Beeten neue Konturen, tastete aber ihren Pflanzstil nicht an, da er seine ausgeprägteren, kantigeren Formen milderte.

1984 überredete er Mrs Robinson, ihn gemeinsam mit dem Wassergarten-Designer Anthony Archer-Wills einen Teich gestalten zu lassen, in den die Kies-Flüsse „münden" konnten. In Teichnähe wurde eine Statue von Marian Smith aufgestellt, *Der Träumer* gehört zu den Blickfängen, die Brookes im Garten verteilte.

LINKE SEITE Gewundene Kieswege, Ziegelstein-Kreise, Urne und Säuleneibe gehören zu den typischen Gestaltungselementen von John Brookes. Zu Würfeln und Kugeln gestutzter Buchs betont die vom brasilianischen Landschaftsarchitekten Roberto Burle-Marx inspirierten Wellen und Bögen. OBEN Marian Smiths Skulptur *Der Träumer* sitzt als Blickfang in der Nähe des Teichs, den John Brookes am Ende der von Joyce Robinson geschaffenen „Kiesflüsse" aushob.

RECHTS Karen Quinn, Graham Best, Mike Palmer und Gwendolyn van Paasschen mit Puggy, dem geliebten Mops von John Brookes.
RECHTE SEITE John Brookes arbeitete mit saisonalen Farben – im ungemähten Gras blüht Zierlauch, in den Beeten leuchten Narzissen; Stauden und Rosen prunken; auch Laub, Fruchtstände und Düfte sollen Aufmerksamkeit erregen und fesseln. Am Clock House wallen in seinem eigenen Garten mediterrane Pflanzen über gerade Linien.

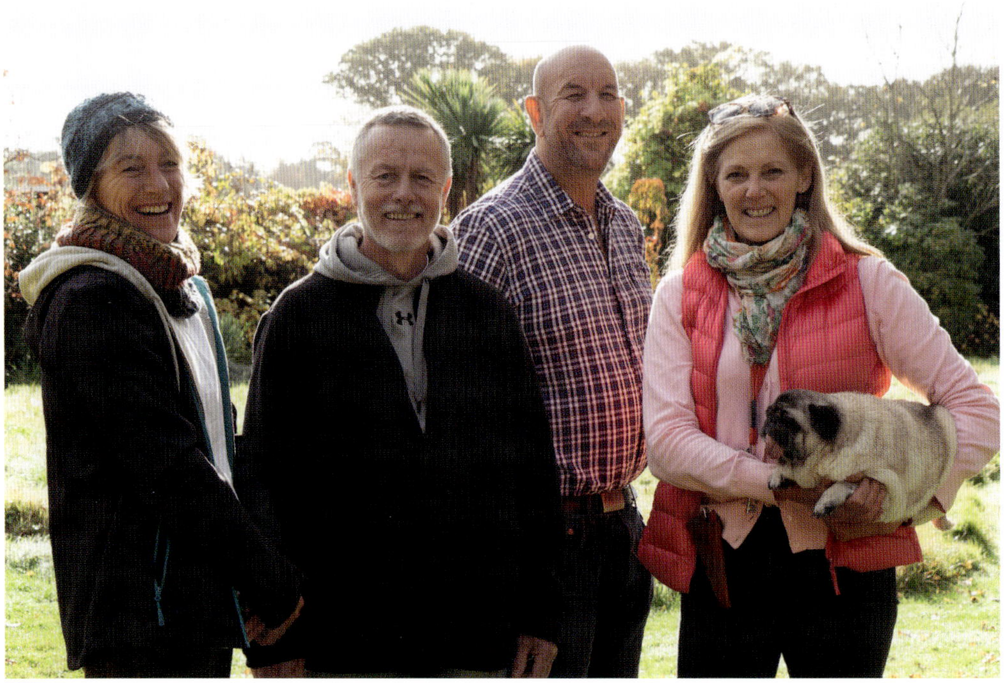

Auftritt Gwendolyn

Gwendolyn van Paasschen besuchte 1993 und 1994 John Brookes Meisterkurse im Botanischen Garten von New York. Kurz darauf gab ein Freund ihr den Auftrag zur Gestaltung seines über 200 Hektar großen Anwesens. „Die Tinte auf meinem Diplom war kaum getrocknet, also habe ich meinen Freund davon überzeugt, John Brookes mit ins Boot zu holen. John kam im Winter 1998 während eines Schneesturms in New York an, an diesem ersten Wochenende begannen nicht nur die Planungen für das Projekt, sondern auch unsere Freundschaft."

Nach Mrs Robinsons Tod hatte Brookes 1996 zusammen mit seinem Geschäftspartner den Garten von ihren Erben erworben. In den folgenden 22 Jahren arbeitete er daran, seine Designpläne mit ihrem naturalistischen Pflanzstil zu verschmelzen – oder ihr „wunderbares Durcheinander" (wie sie es nannte) in ein „kontrolliertes Durcheinander" zu verwandeln. Er erweiterte die Kiesflächen und betonte, inspiriert vom brasilianischen Landschaftsarchitekten Roberto Burle-Marx, die Kurven von Beeten und Rasenflächen.

Gwendolyn kam 1999 zum ersten Mal nach Denmans und sah, was sich hinter dem Begriff „architektonisches Pflanzen" verbarg. John Brookes setzte mit Vorliebe hochragende Pflanzen wie Kardys, Keulenlilien, Königskerzen und Säuleneiben ein, um die Linien und Kurven seiner Designs zu betonen. Seine Elemente waren sowohl Kontrast als auch Ergänzung des naturalistischen Pflanzstils von Mrs Robinson.

Bedauerlicherweise führte ein langwieriger Rechtsstreit mit seinem Geschäftspartner zu einer unfreiwilligen Vernachlässigung des Gartens. Gwendolyn unterstützte John Brookes, bis er 2017 in Denmans wieder walten konnte.

Erneuern und Restaurieren

Gwendolyn, Denmans neue Besitzerin und Vorsitzende der eben gegründeten „John Brookes-Denmans Foundation", machte sich sofort an die Restaurierung der Gebäude, während Brookes und Chefgärtner Graham Best mit Feuereifer ausgezehrte und wuchernde Pflanzen ausrissen.

Als John Brookes 2018 starb, erholte sich der Garten bereits gut. Auch seine Zukunft ist gesichert: 2020 erklärte ihn die „National Heritage List for England" als schützenswerten Nachkriegsgarten zum Nationalerbe, 2021 wurde Denmans Partnergarten der Royal Horticultural Society.

John Brookes hinterließ keine expliziten Anweisungen, und so lassen sich Gwendolyn und ihr Team, zu dem Geschäftsführer Mike Palmer und Graham Best gehören, bei der Erneuerung, Restaurierung und Wiederbelebung des Gartens von dem Motto leiten: „Tue nichts, das nicht rückgängig zu machen ist."

Sie sind stolz auf die 50-jährige Geschichte des Kiesgartens und wollen die zukunftsweisende Arbeit mit Weiterbildungs- und Gartenkursen fortsetzen, um auch kommende Generationen anzuregen.

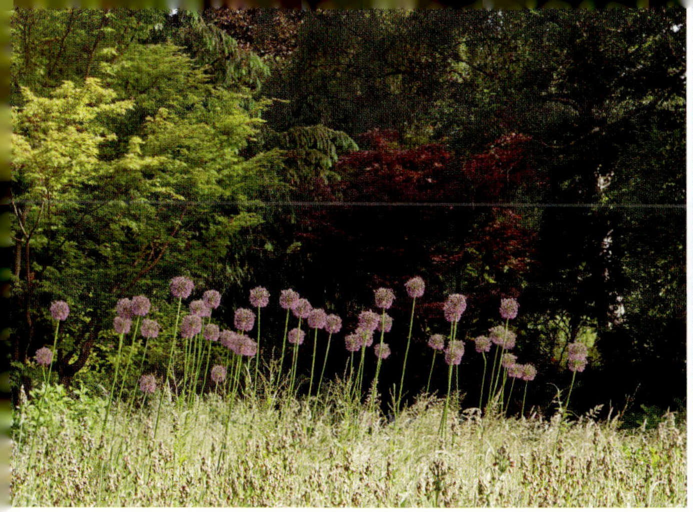
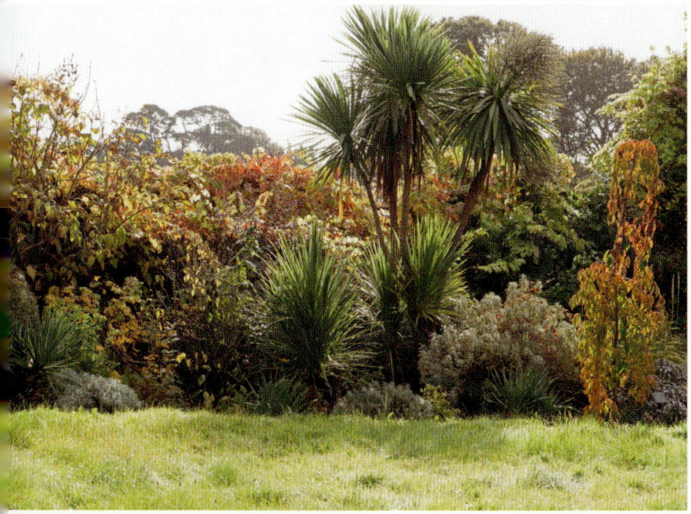
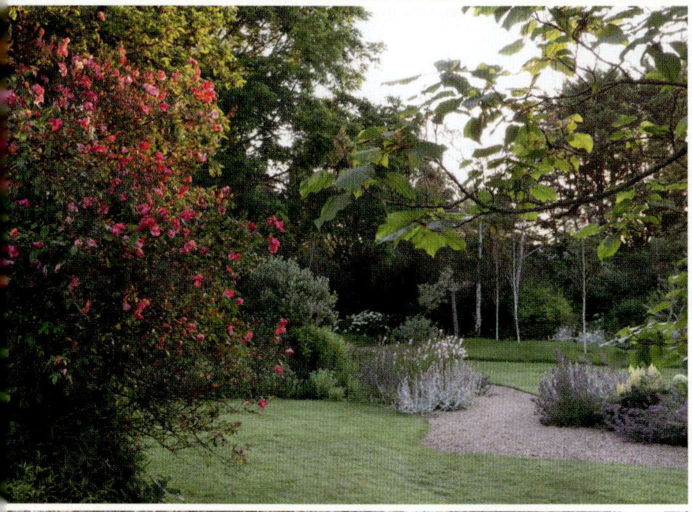
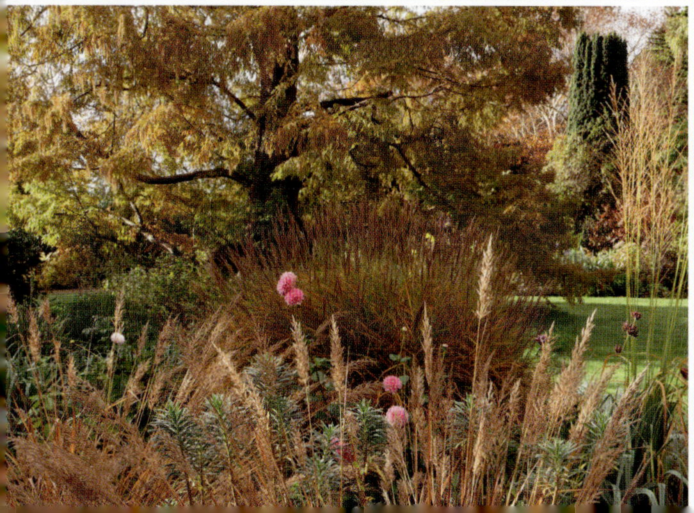
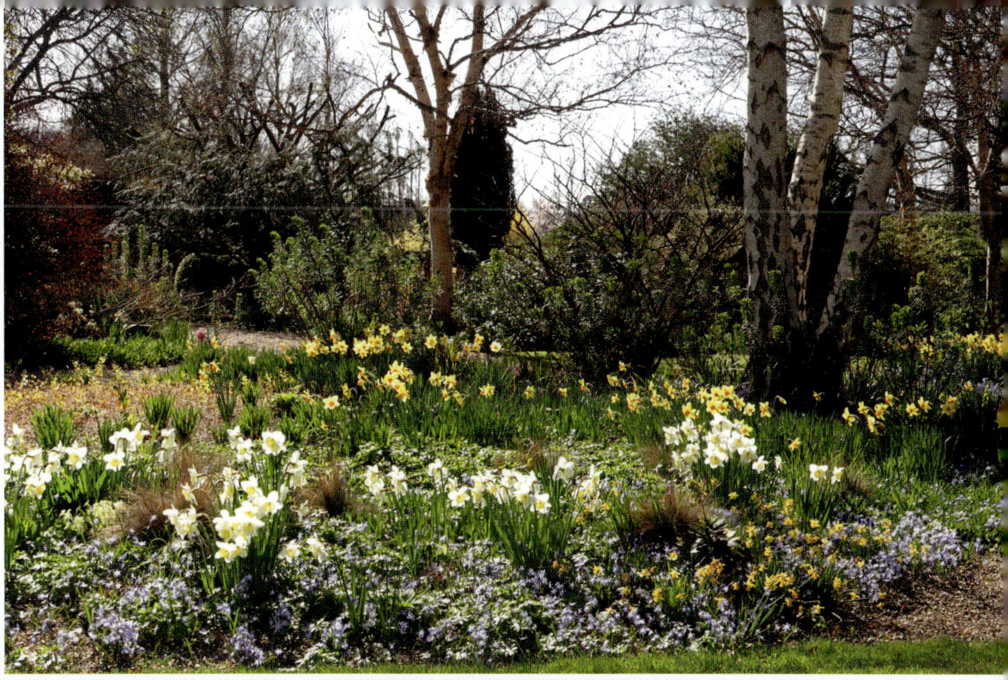
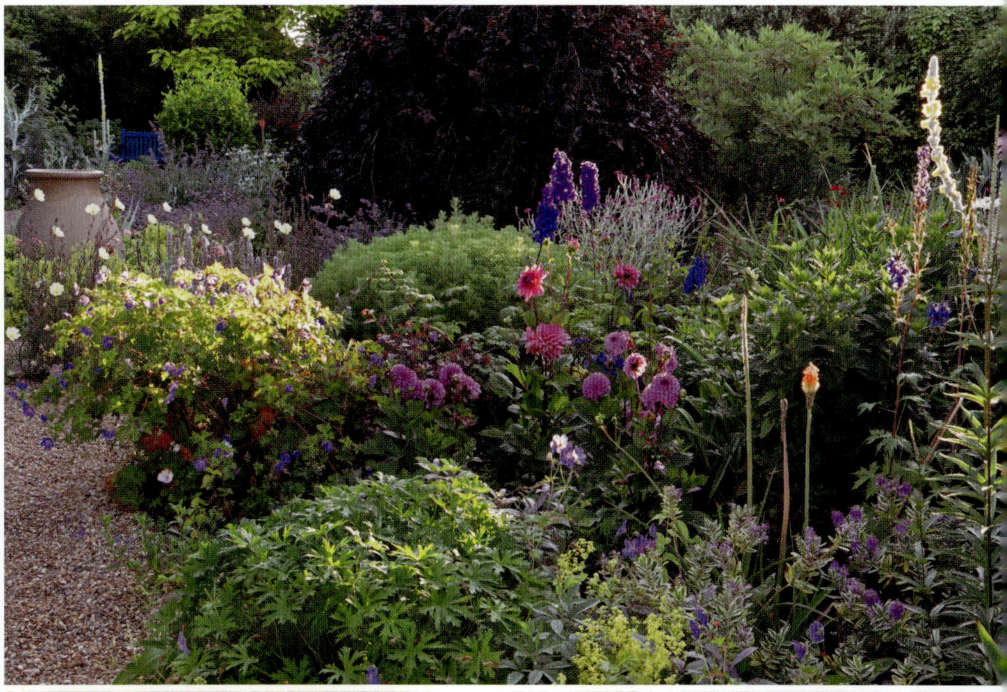
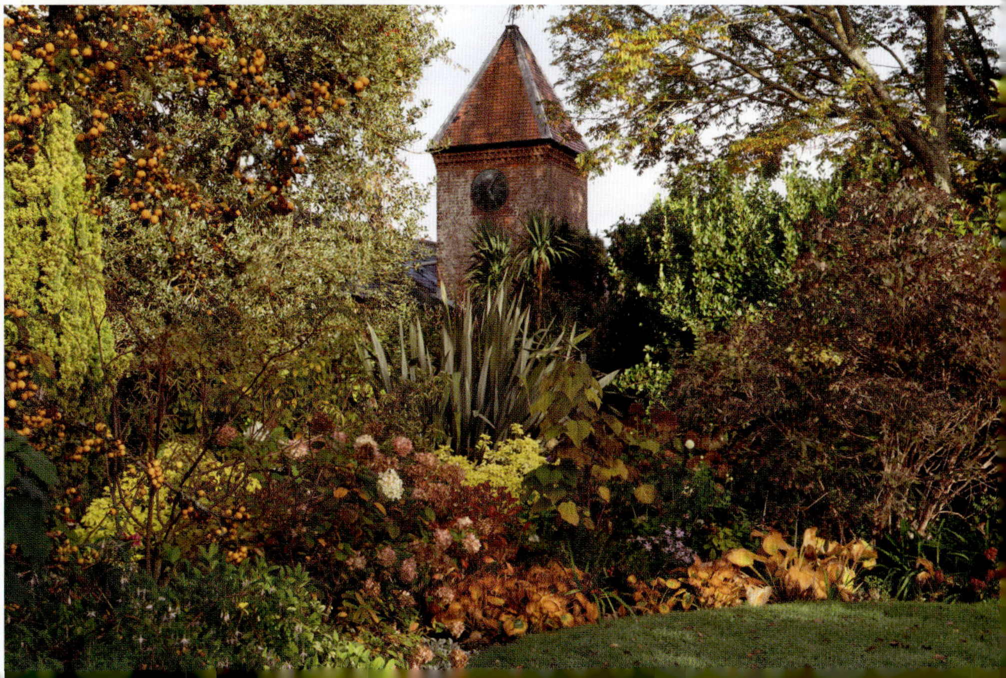

7

Doddington Place Gardens

Sittingbourne, Kent

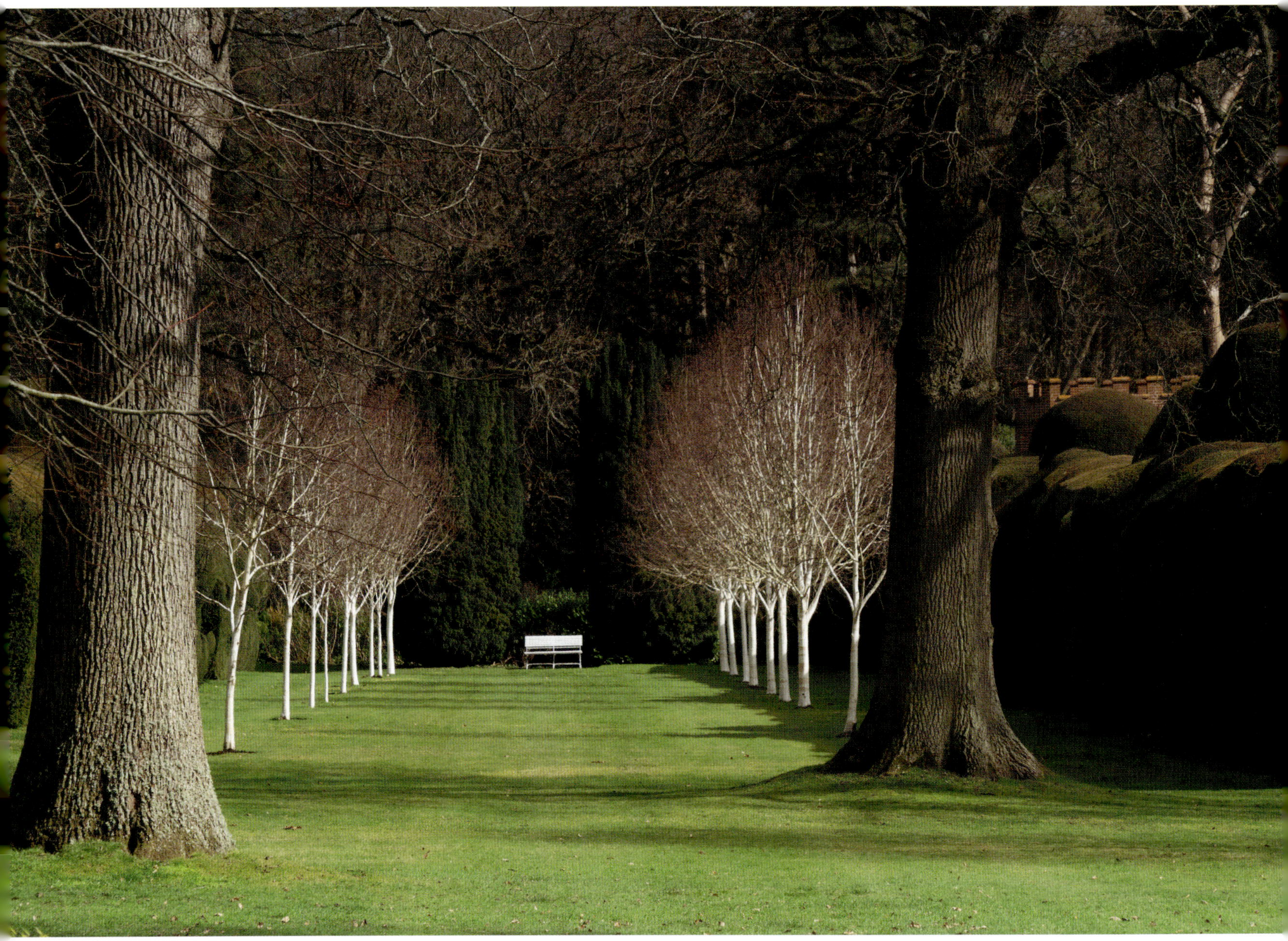

DODDINGTON PRÄSENTIERT SICH mit vielen vertrauten Gartenelementen wie einem Wald-, einem Felsen- und einem formalen Senkgarten, Formschnittgehölzen und Teichen – hier aber ist jedes mit einem besonderen Kniff gemacht.

Doddington Place wurde 1870 für Sir John Croft erbaut, einem Spross der Portwein- und Sherry-Dynastie. 1873/74 legte Markham Nesfield, einer der bekanntesten Gartengestalter seiner Zeit, eine Terrasse an der Südseite des Hauses an. Die niedrigen Mauern und die Balustrade stehen noch immer, sein Pflanzplan aber wurde nie umgesetzt.

Schon kurz nach seiner Einführung in Europa im Jahr 1853 war der kalifornische Riesenmammutbaum *(Sequoiadendron giganteum)* zu einem Statussymbol geworden. Aus dieser Zeit stammt der imposante Mammutbaum-Weg, der heute mit tausenden Schneeglöckchen unterpflanzt ist.

Kaum hat man das Pförtnercottage mit seinen hübschen Blumenbeeten passiert, fühlt man sich in ein ländliches Idyll versetzt wie in einen gemütlichen, gutmöblierten Raum. Lärm und Verkehr hat man hinter sich gelassen und taucht nun in eine Welt der Gartenbaukunst ein, die flirrende einjährige Blumen, himmelhohe Bäume und bauschige Eibenhecken vereint.

Mit seinen 4 Hektar ist der Garten nicht so groß, dass man ihn nicht an einem Tag erkunden könnte – doch man sollte sich Zeit nehmen und ihn auf sich wirken lassen. Als die Familien Jeffreys und Oldfield Haus und Land 1906 gemeinschaftlich erwarben, geschah das nur der schönen Aussichten wegen, so erzählte es jedenfalls Maude Jeffreys, geb. Oldfield.

1909 beauftragte sie den Londoner Gartenarchitekten John Dyke Coleridge mit der Erweiterung der Anlage, und er schuf den Senkgarten mit italienisierenden Anklängen südöstlich des Hauses sowie den Felsengarten.

LINKE SEITE Zwei große Eichen bewachen die Allee der schimmernden Himalaya-Birken ‚Grayswood Ghost' am Teich-Weg. Ihre Stämme werden jedes Frühjahr abgebürstet und dann mit Wasser, Schwamm und einem Spritzer Spülmittel abgewaschen.

UNTEN Der Weg zur Folly, die Richard Oldfield im Gedenken an seine verstorbene erste Frau und seinen Sohn entwarf.

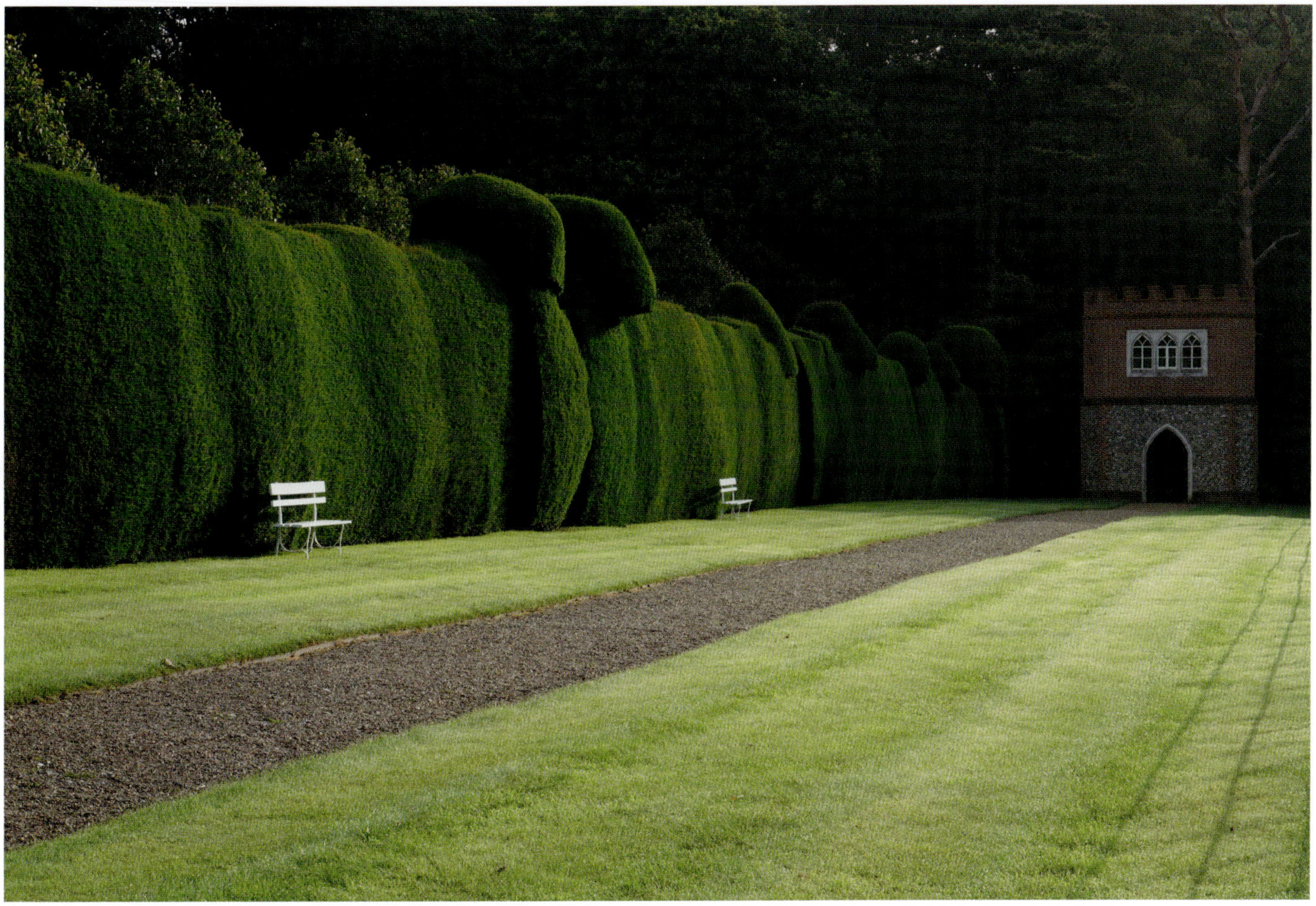

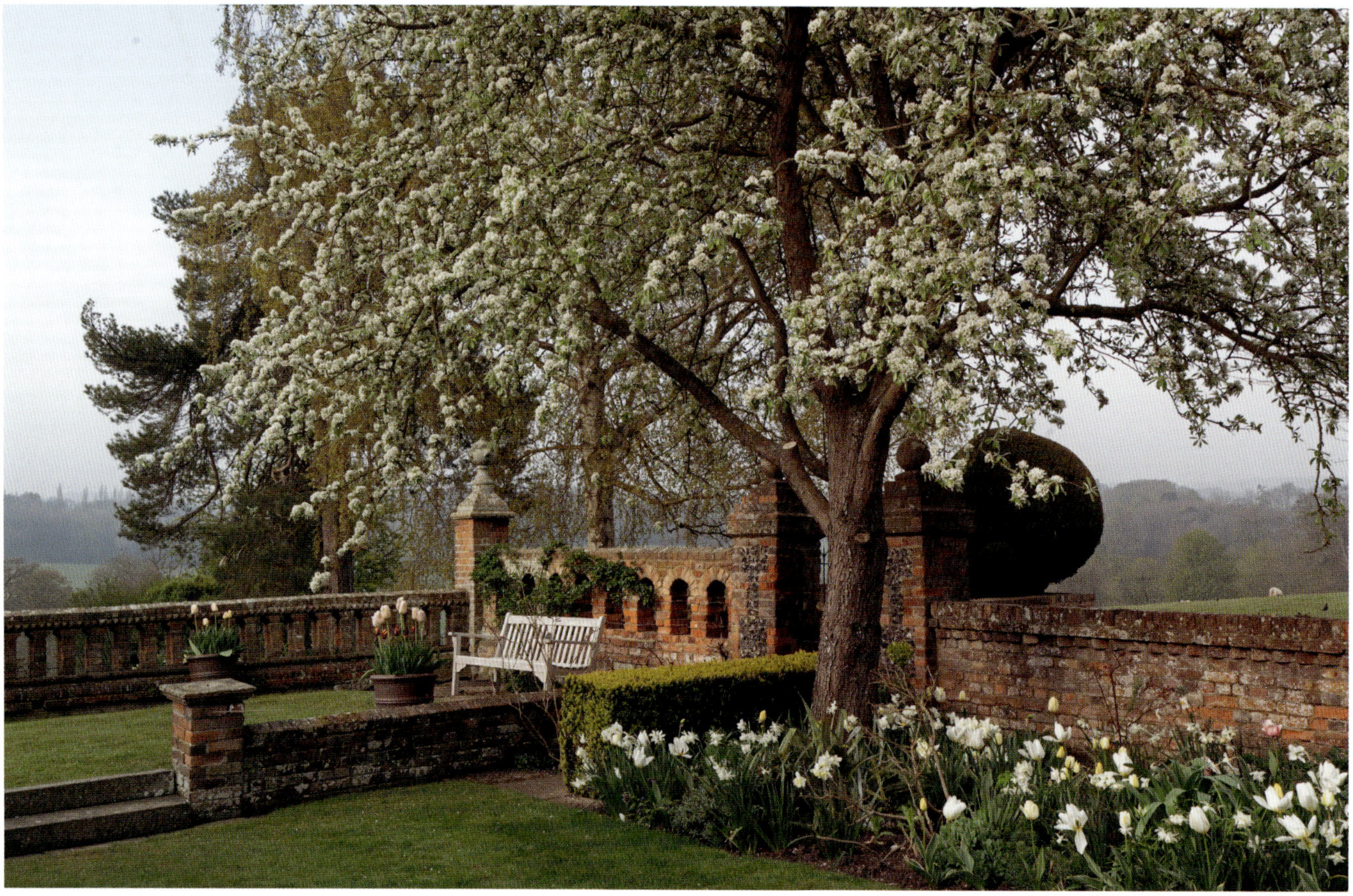

Der Waldgarten

Maudes Neffe John Oldfield, der nächste Besitzer, entdeckte in den 1960er Jahren neben der für die Gegend typischen Kreideschicht auf dem Grundstück auch mehrere Morgen mit saurem Lehmboden. So unterpflanzte er ein existierendes Waldstück mit säureliebenden Kamelien, Azaleen, Rhododendren und Ahornen. Später kamen Taschentuchbäume *(Davidia involucrata)*, Amerikanischer Blumenhartriegel (*Cornus* ‚Eddie's White Wonder') und der Japanische Storaxbaum *(Styrax japonicus)* hinzu.

Der Orkan von 1987 lichtete den Wald um wenigstens 60 Bäume, danach gedieh der säureliebende Unterwuchs üppiger und es konnten Duftende Sommermagnolie *(Magnolia wilsonii)*, Lorbeerrose (auch Berglorbeer, *Kalmia latifolia)* und Kanadische Felsenbirne *(Amelanchier canadensis)* gepflanzt werden. Im Frühling jubilieren die Vögel, und entlang der diagonal angelegten Wege scheinen vielfarbige Blätter, Knospen, Blüten und Zweige vom Boden bis auf Schulterhöhe zu tanzen.

Im viktorianischen, denkmalgeschützten Herrenhaus leben heute Richard Oldfield und seine Frau, die Autorin Amicia de Moubray. Sie setzen die Familientradition fort, hegen und pflegen die Gärten sowie den 32 Hektar großen Park und bringen mit neuen Projekten frischen Wind hinein.

„Wir haben in relativ kurzer Zeit ziemlich viel verändert und aufgefrischt. Außerdem haben wir 2007 nach dem Tod von Richards Tante die getrennten Wohneinheiten des Hauses wieder vereint und einen privaten Garten angelegt", erzählt Amicia.

Der Garten im Frühling

Während des Lockdowns 2020 beschlossen die Gärtner, Pflastersteine, die schon eine Weile ungenutzt herumgelegen hatten, wie eine Trockensteinmauer zu schichten und eine Bank zu bauen. Im Frühling sitzt man auf ihr inmitten von dicht gepflanzten Zwiebelblühern und Stauden, darunter Knotenblumen und Lungenkräuter.

Eines der frühen Projekte von Richard war die von ihm entworfene Folly zum Andenken an seine erste Frau Alexandra, die 1995 starb. Nun erinnert das Bauwerk am Ende eines friedvollen Wegs auch an seinen 2017 verstorbenen Sohn.

OBEN Die Südterrasse über dem Senkgarten mit ihren niedrigen Mauern und der Balustrade entwarf Markham Nesfield (1841–1874).
GEGENÜBER Frühlingsglanz in Doddington: unzählige Schneeglöckchen zu Füßen der Riesenmammutbäume; Narzissen, die wie Teppiche in Beeten, im Waldgarten und unter Tulpen gemischt im hohen Gras oder in Töpfen sprießen; blühende Zier- und Obstbäume, dicht an dicht stehende Lenzrosen *(Helleborus)*.

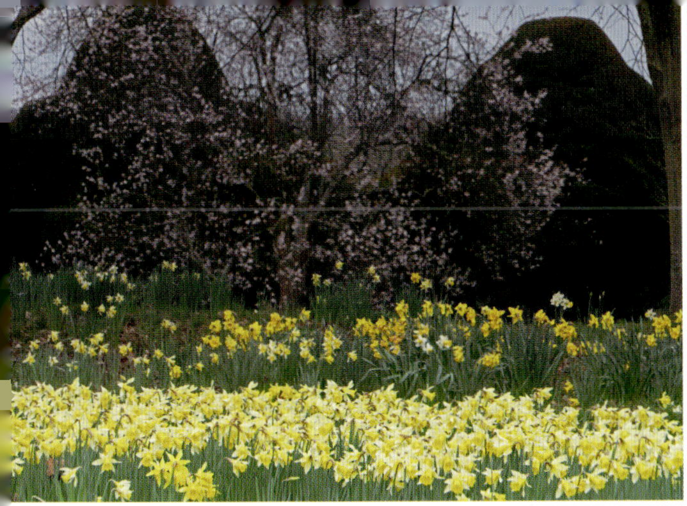
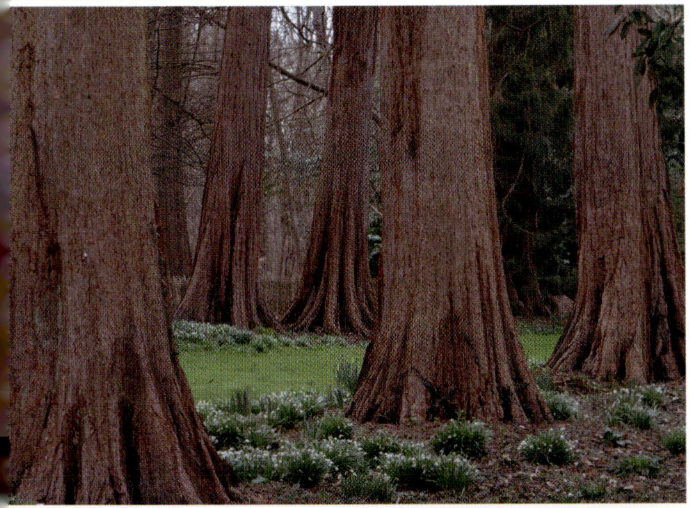
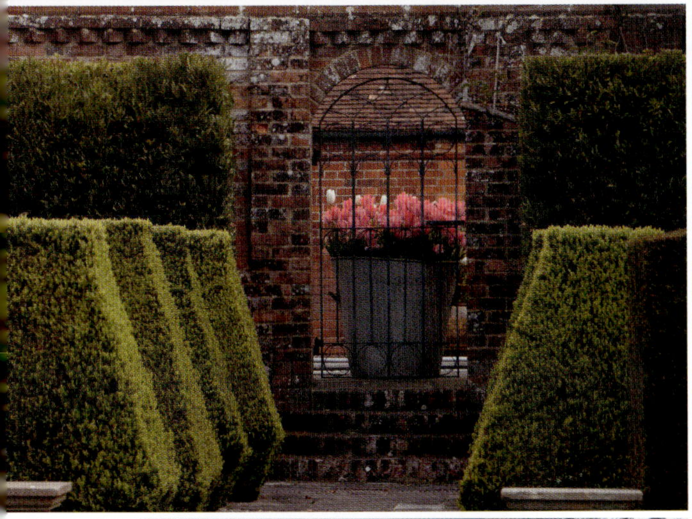
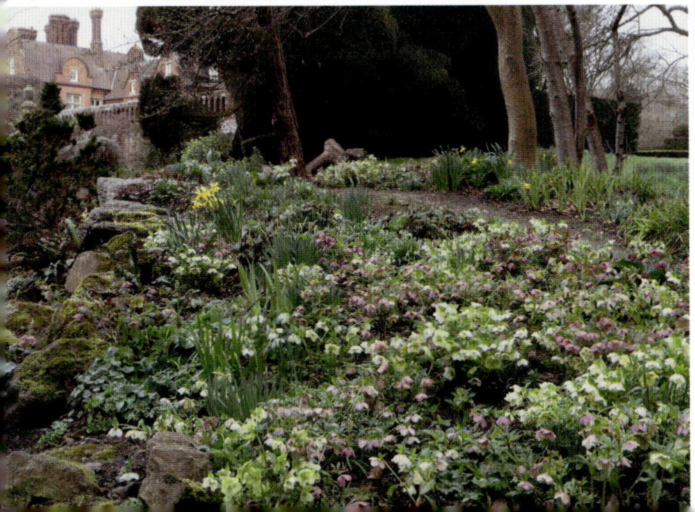
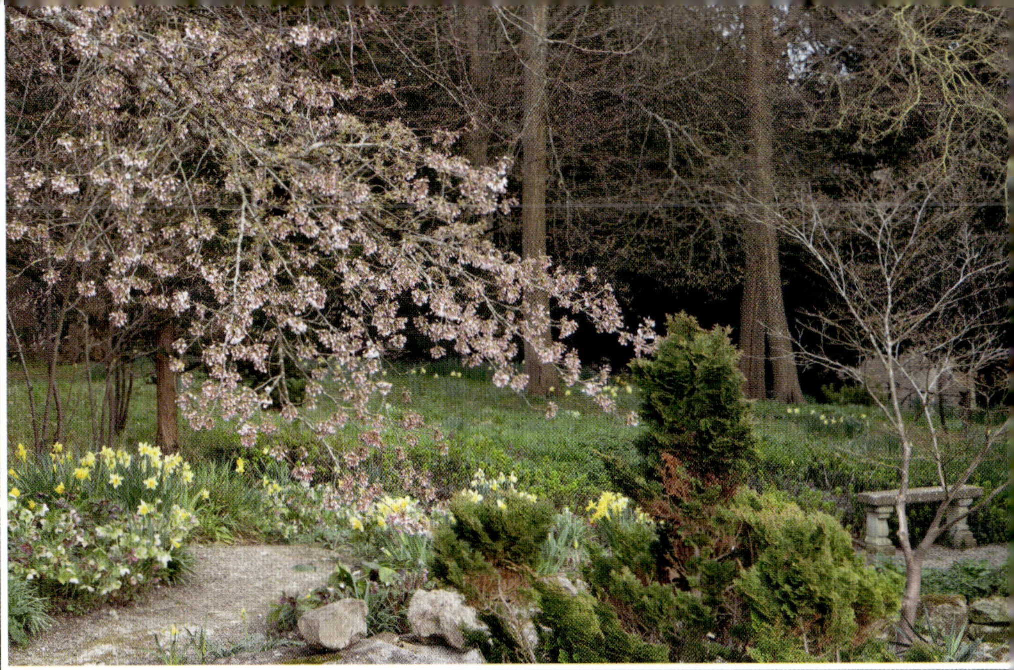
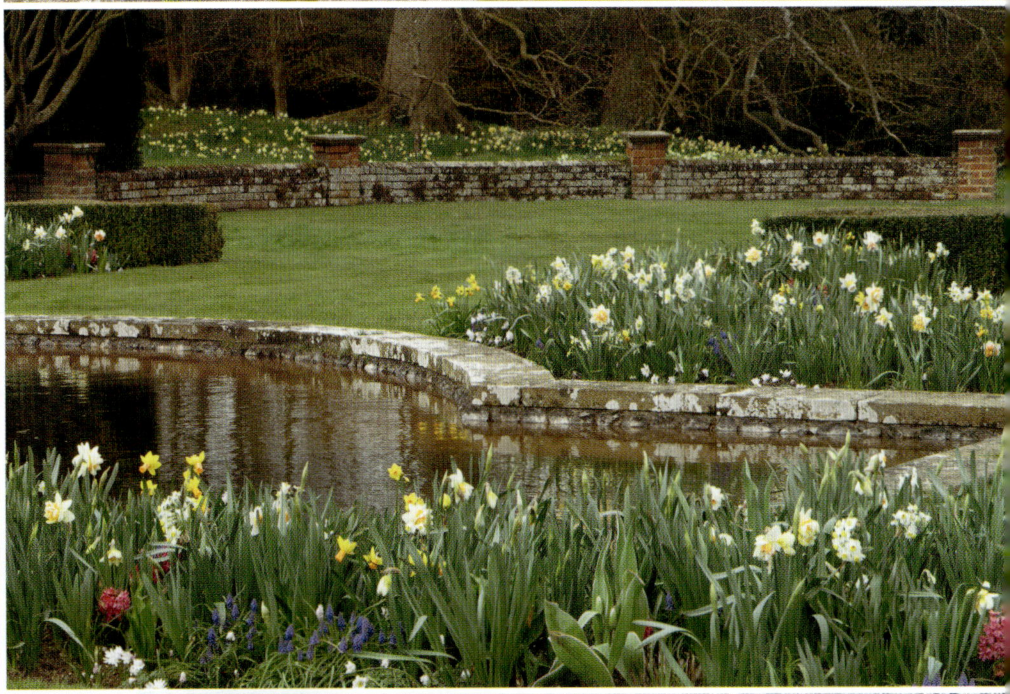
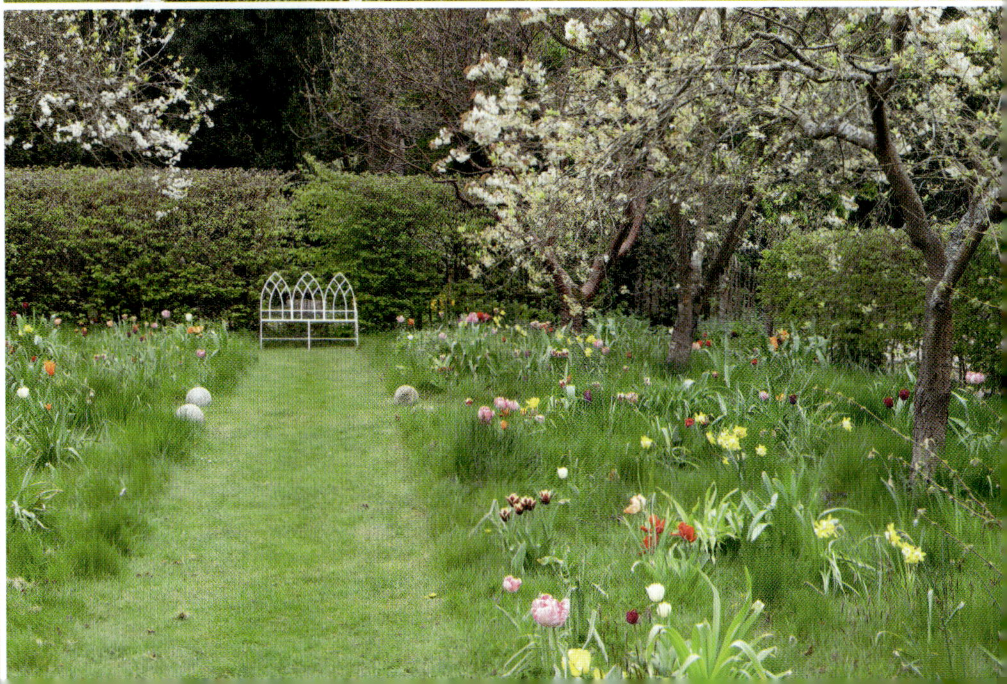

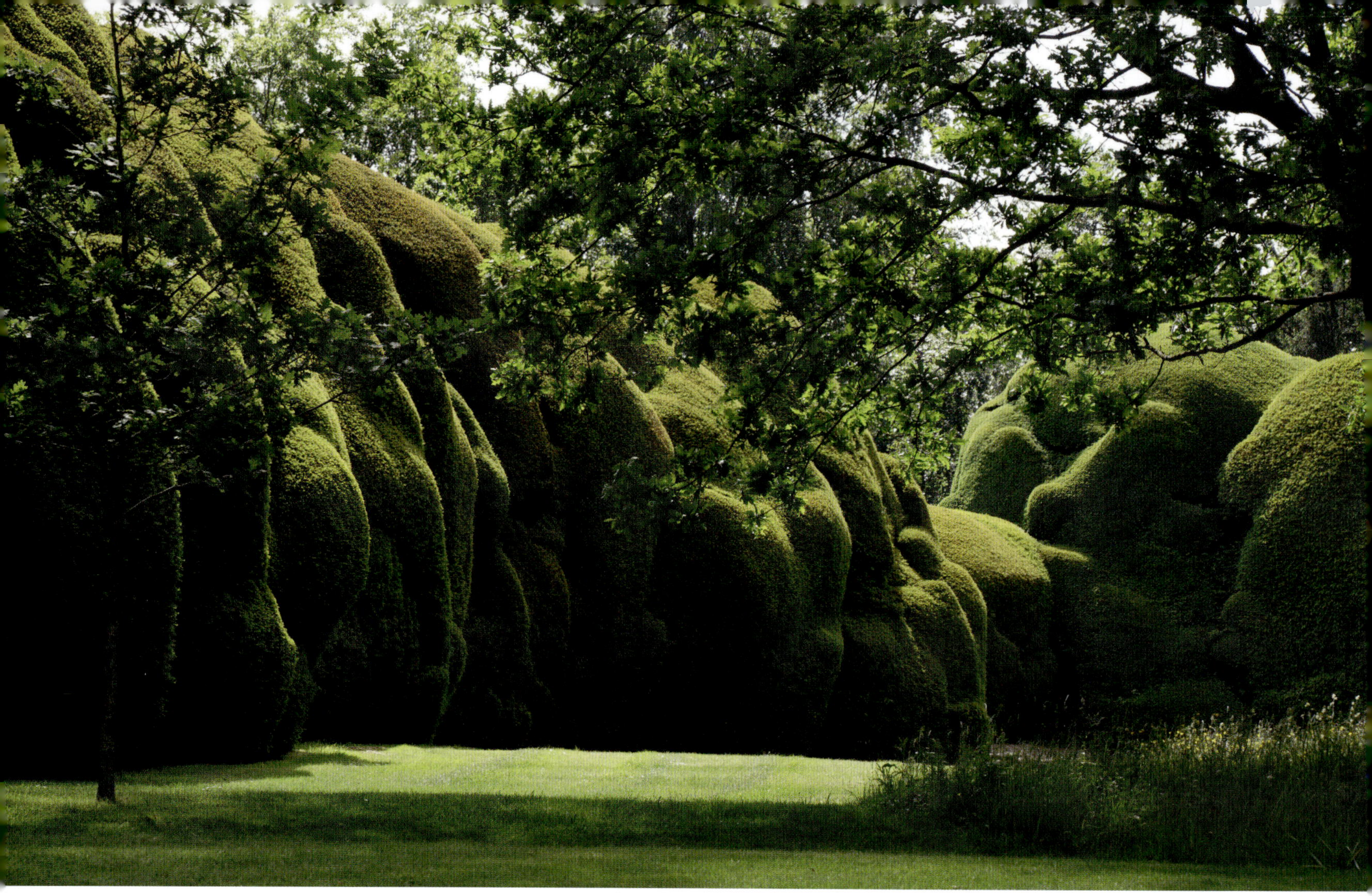

OBEN Eine der eindrucksvollen Eibenhecken, die wohl unmittelbar vor dem Ersten Weltkrieg gepflanzt wurden.
RECHTS (von links nach rechts) David Breakell, Louise Meyern, Robert Breakall, Lucy Adams (Chefgärtnerin), Amicia and Richard Oldfield.
RECHTE SEITE, OBEN Der edwardianische Felsengarten wurde 2007/08 restauriert.
RECHTE SEITE, MITTE Im Park hinter dem Ha-Ha halten Schafe das Gras kurz.
RECHTE SEITE, UNTEN Eine Ecke des Gartens, nicht weit vom Teich- und vom Folly-Weg, präsentiert sich im Spätsommer mit einem wohltuenden Texturen-Mix.

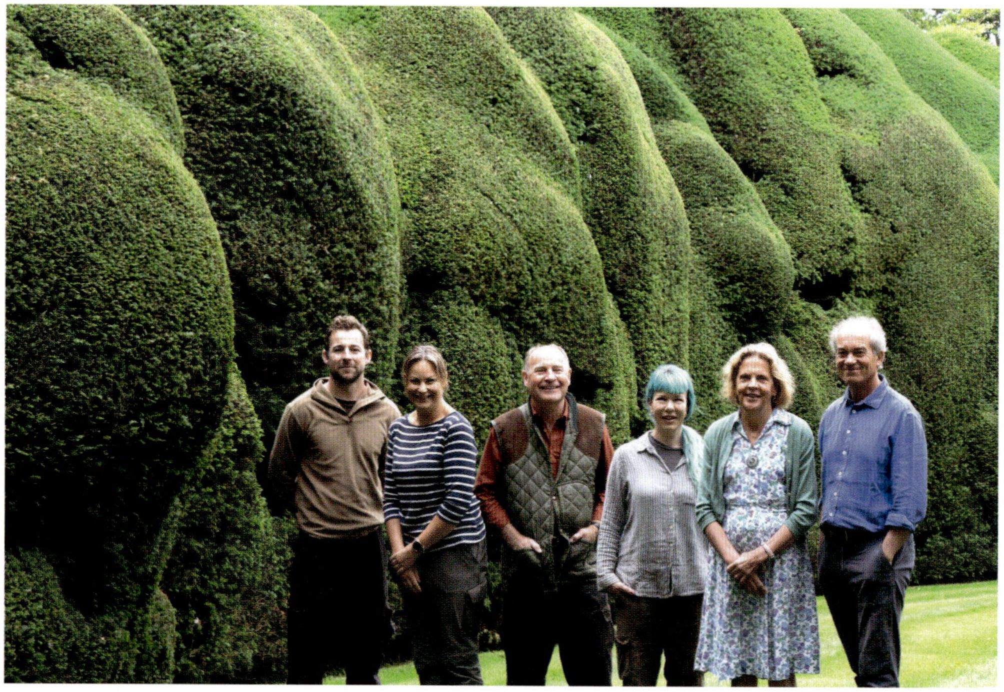

„Die Beete werden voller und voller, kaum sehen wir eine Lücke, füllen wir sie."

Parallel zu diesem Weg liegen der mit Narzissen, Magnolien und Schachbrettblumen auftrumpfende Frühlings-Garten, der Teich-Weg, eine Allee aus weiß schimmernden Himalaya-Birken (*Betula utilis* subsp. *Jacquemontii* ‚Grayswood Ghost'), und ein akkurat getrimmter Kreis aus Buchsbaum, der die Sonnenuhr umschließt. Im Garten reflektieren diverse Teiche und Wasserbecken Himmel, Wolken und Pflanzen auf hinreißende Weise, doch die verspiegelte Säule der im Jahr 2000 von David Harber geschaffenen „Millennium Column Sundial" übertrifft sie alle.

„Richard interessiert sich vor allem für die Bäume, das große Gesamtbild und die Sichtachsen", erzählt Amicia. „Ich richte meinen Blick eher zu Boden, auf die Farben, Formen und Texturen der Stauden, aber ich liebe auch den Waldgarten."

2007/08 wurde der edwardianische Felsengarten rundum erneuert, denn er war völlig überwuchert, und viele der Steinwege waren uneben und unsicher geworden. „Uns blieb nur, den Felsengarten entweder aufzugeben oder ihn im großen Stil zu verändern", erklärt Amicia.

Sie holten Matt Jackson, dessen Hobby das Klettern ist und der schon den Steinbruch-Garten von Scotney Castle restauriert hatte, als Chefgärtner nach Doddington Place. Er ließ tonnenweise Steine kommen, restaurierte Wege, Wasserfall, Teiche sowie das gesamte Gerüst des Felsengartens, bevor er neue Erde darauf verteilte.

Neue Konzepte, neue Farben

Amicia lebte früher in London und hatte keinen Garten, doch die 4 Hektar in Doddington schreckten sie nicht. „Als ich ein Kind war, sind meine Eltern mit mir in Waldgärten gefahren, zum Beispiel nach Leonardslee, deshalb mochte ich Rhododendren und Azaleen." Sie ließ sich im Nachbardorf von Janet Bryant ins Gärtnern einführen und belegte dann einen Gartengestaltungskurs an der Londoner „English Garden School".

2010/11 bat Amicia die Gartendesignerin Kirsty Knight Bruce ein neues Konzept für den 100 Jahre alten Senkgarten zu entwerfen. Kirsty legte acht neue Beete an und vergrößerte die bereits vorhandenen. Amicia vertraute auf Kirstys effektvollen Umgang mit Farben und Pflanzenkombinationen – und wurde mit saisonalen, pulsierenden Blütenwellen in variierenden Höhen belohnt.

2011 stieß die heutige Chefgärtnerin Lucy Adams, die vor dem Gartenbau Kunst studiert hatte, zum Team. Ihr kunstsinniger Blick rundete Kirstys Konzept ab und im Laufe der Jahre

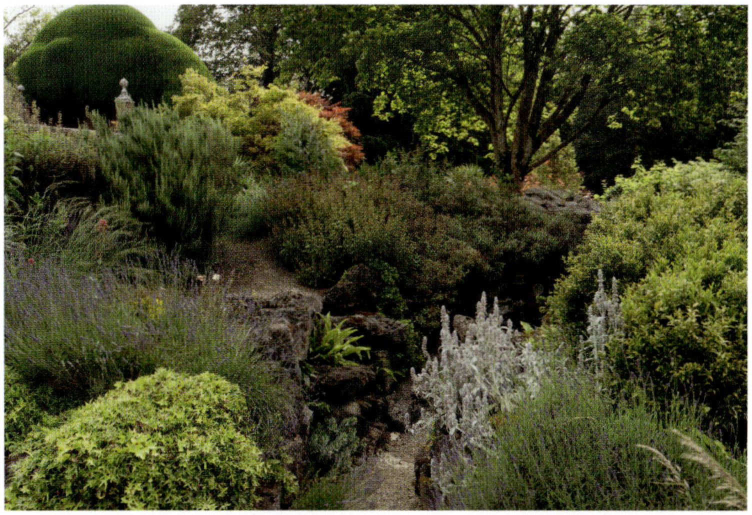

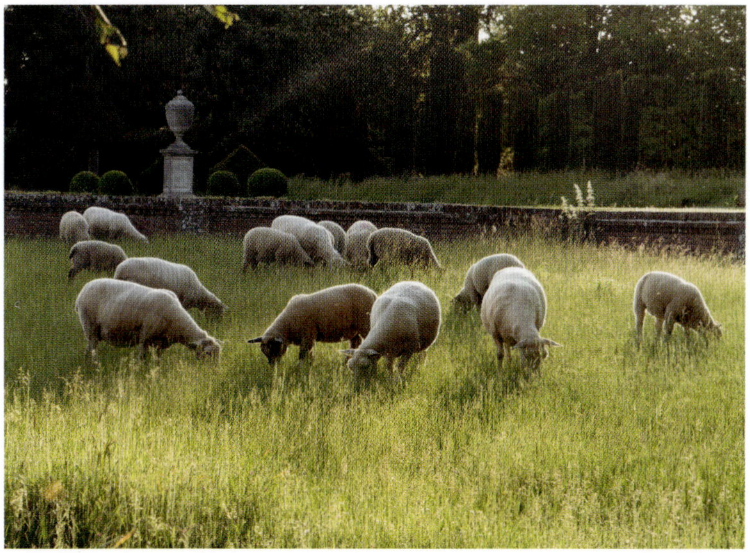

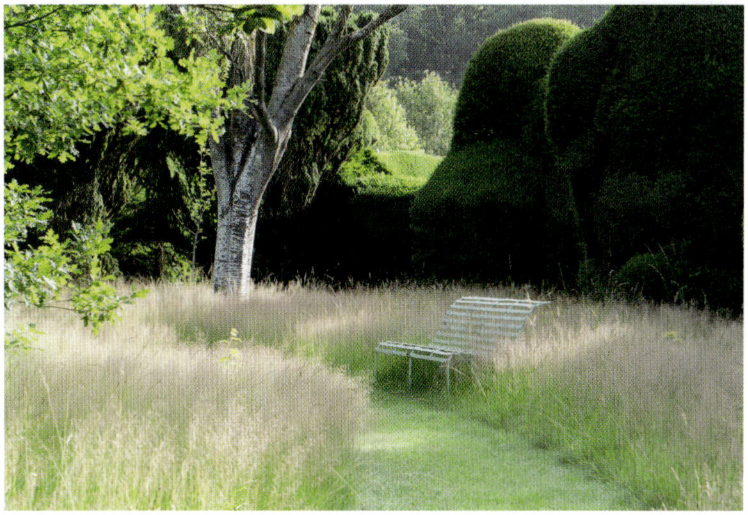

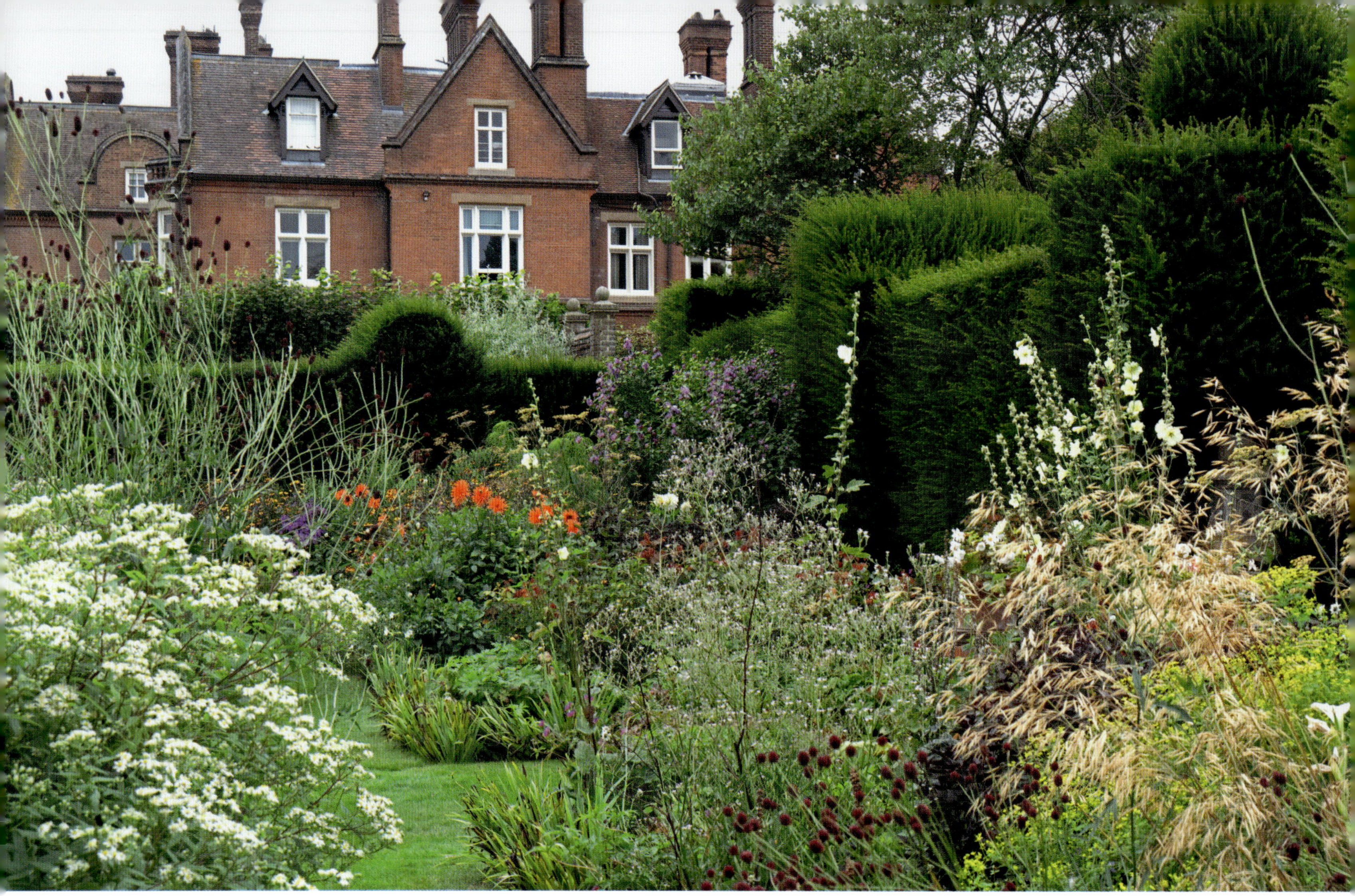

tauschte sie Pflanzen aus und setzte gewagtere Farbakzente, die ganz nach Amicias Geschmack sind. Jedes Jahr notieren sie sich, was glückte und was nicht, und überlegen den Winter über, was demnächst gepflanzt und gesät werden soll. Im Frühling prunken im gesamten Garten Zwiebelblüher auf, im Senkgarten sind es vor allem weiße Narzissen und Traubenhyazinthen. Ausgelaugte werden regelmäßig ersetzt und viele andere machen den Sommer über Platz für die Dahlien.

Eindrucksvoller Rahmen

Für die Sommerpalette sät Lucy eine lange Liste von Einjährigen aus, wie etwa Knorpelmöhre, Bischofskraut und Wilde Möhre. Dazwischen setzt sie sternblütige *Dahlia* ‚Honka Fragile' und Sternwolkenastern *(Boltonia asteroides)*, über denen später Sonnenhut *(Echinacea)*, Sonnenbraut *(Helenium)* und andere hohe Stauden aufragen. „Die Beete werden voller und voller, kaum sehen wir eine Lücke, füllen wir sie", sagt Amicia.

Den beeindruckenden Rahmen schaffen hohe, sich wellig bauschende Eibenhecken, die die verschiedenen Bereiche visuell verbinden und die Besucher vorwärts lenken. Sie verbergen, umschließen und enthüllen Teile des Gartens und laden mit ihrem beruhigenden Grünen zum Durchatmen und Gedanken sammeln ein. Sie wurden von Maude Jeffreys noch vor dem Ersten Weltkrieg gepflanzt und lange formal gestutzt, bis man sie während des Zweiten Weltkriegs aus der Form gehen und wolkenartig wuchern ließ.

Oberhalb des Senkgartens, näher am Haus schimmern in der eine edwardianische Mode aufgreifenden „Geisterrabatte" Blüten und Laub silbrig-grau, etwa das der Ölweide *Elaeagnus* ‚Quicksilver' und der Weidenblättrigen Birne *(Pyrus salicifolia)*.

Dahlien gehören zu den Favoriten im Garten und oberhalb der Geisterrabatte leuchtet ein kleiner formaler Gartenraum im Hochsommer ganz in ihrem Schein. Die Sorten und Farben werden alle paar Jahre ausgetauscht.

Seit 60 Jahren öffnet Doddington Place seine Gärten für das „National Garden Scheme" und das ist, so Amicia, ein wesentlicher Anreiz für alle Anstrengungen: „Man muss ein gewisses Niveau wahren, und natürlich besucht man auch andere Gärten und entdeckt Neues, das man dann selbst ausprobieren möchte, also wandelt sich alles kontinuierlich."

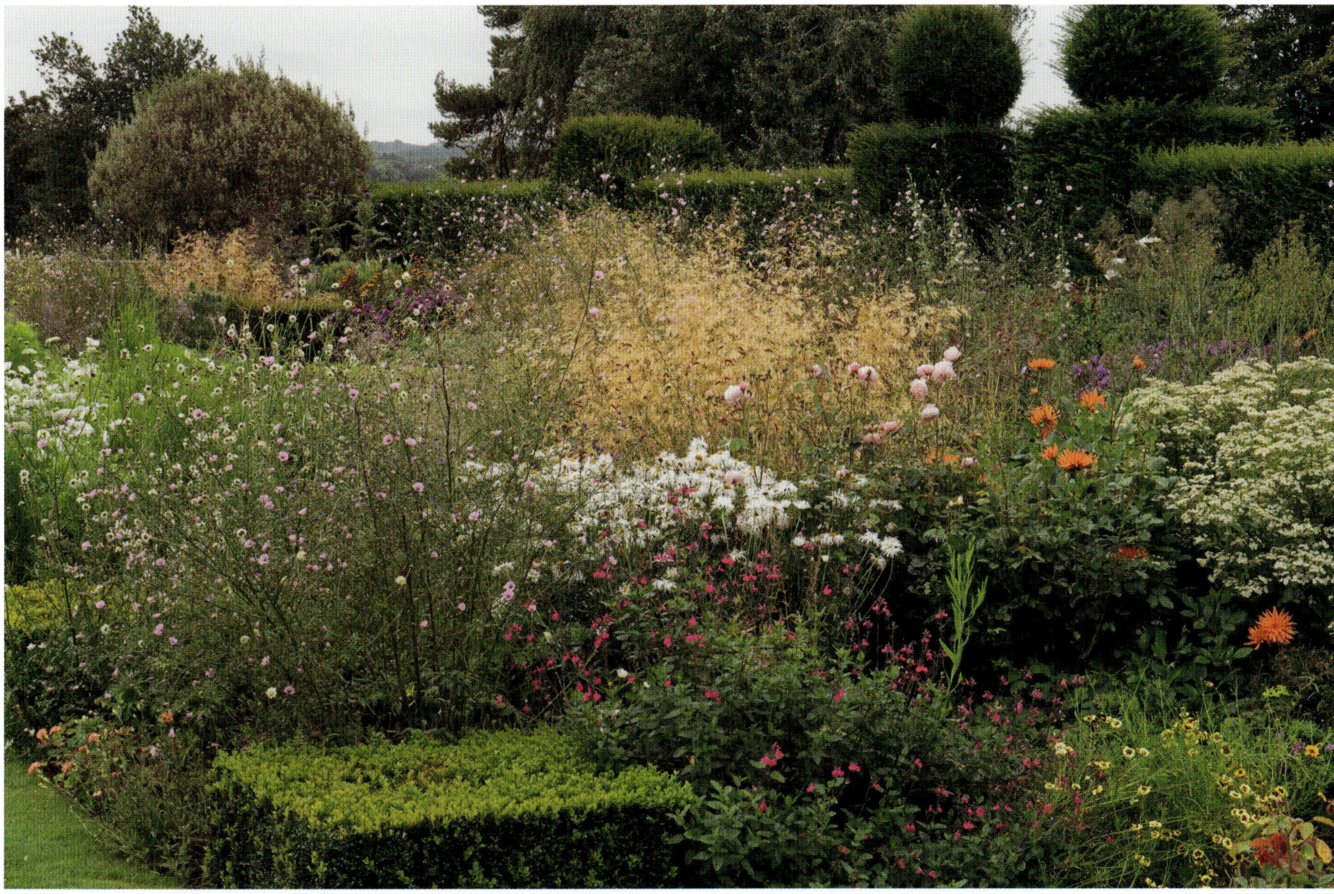

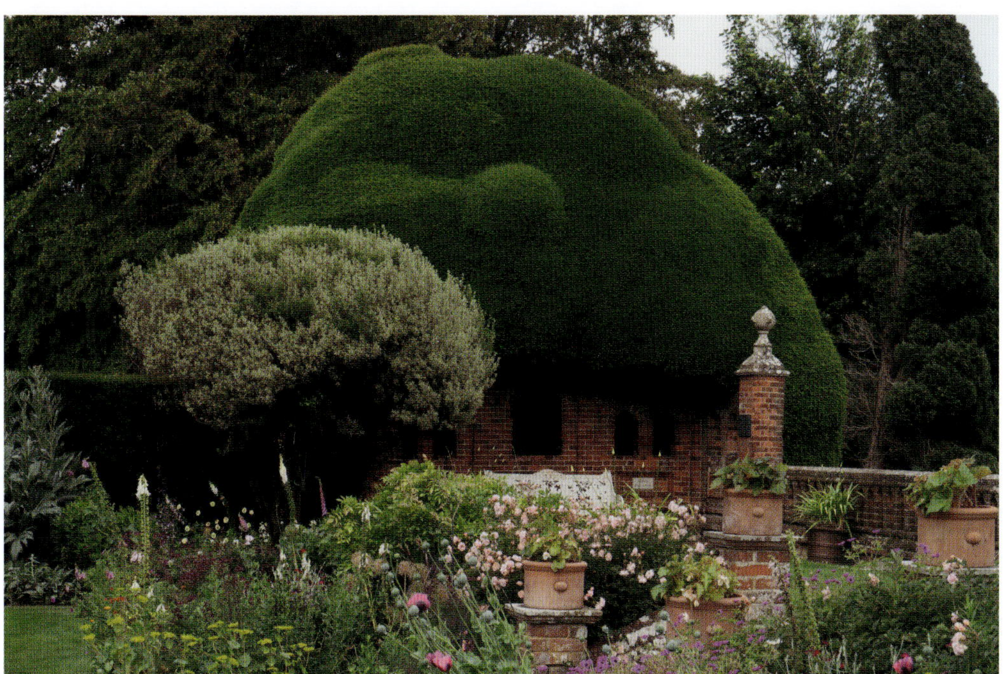

LINKE SEITE Die Gartendesignerin Kirsty Knight Bruce legte für den formalen, 100 Jahre alten Senkgarten achte neue Beete an und entwarf einen informellen Pflanzplan.
OBEN Chefgärtnerin Lucy Adams und Amicia Oldfield füllen den Senkgarten Jahr für Jahr mit sprühenden Farben und filigranen Texturen von einjährigen Pflanzen, Stauden und Dahlien.
LINKS Die Eibenhecke stülpt sich über die Mauer am Ende der Südterrasse; die Tafeln in der Mauer erinnern an mehrere Generationen von Oldfield'schen Familienhunden.

8

Gravetye Manor

East Grinstead, West Sussex

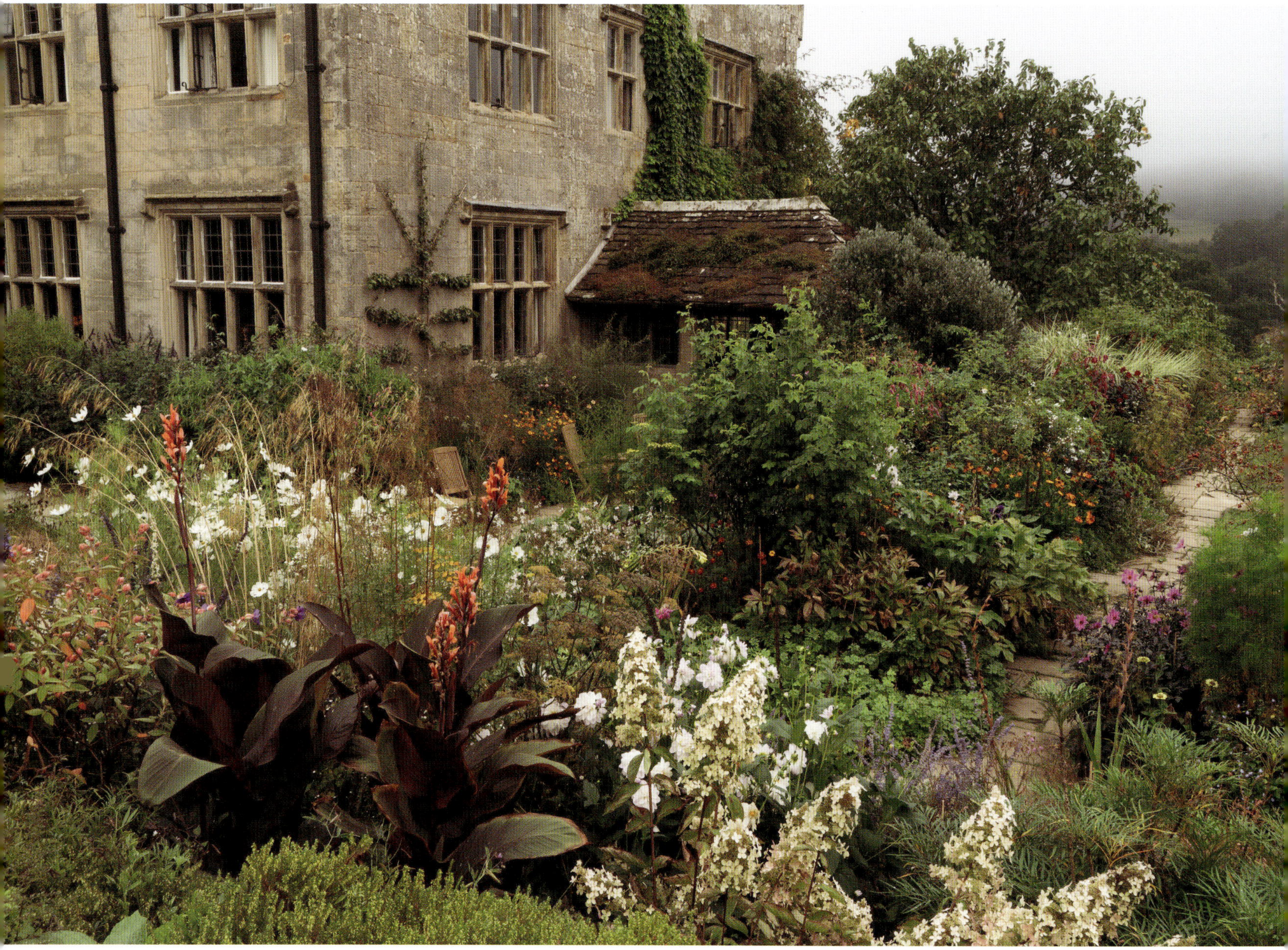

Die schmale Strasse zum Herrenhaus führt einen baumbestandenen, im Frühling in das Blau der Hasenglöckchen gehüllten Hang hinauf in ein Gartenreich, das der Gartenrevolutionär William Robinson (1838–1935) sich schuf. Hier wurde das Land seit 1570 bewirtschaftet, doch die eigentliche Gartengeschichte begann 1885, als Robinson Gravetye kaufte. Er hatte als Gärtnerjunge in Irland angefangen, sich in den Londoner Regents Park hochgearbeitet und war 1867 Gartenkorrespondent der *Times* geworden.

Linke Seite Am Eingang des sommerlichen Blumengartens grüßen höchst verlockend: *Canna indica* ‚Purpurea', *Cosmos bipinnatus* ‚Purity', Wiesenraute *(Thalictrum delavayi)* ‚Elin', Fenchelbüschel, Rosen, Sonnenbräute und Dahlien.

Unten Von der Sonnenuhr im Zentrum der vier Rasenquadrate des Blumengartens fällt der Blick über Wiese und See in die weite Landschaft. In den Rabatten heischen Riesen-Federgras *(Stipa gigantea)*, *Salvia confertiflora*, *Dahlia* ‚Magenta Star', *Rosa glauca* und Orient-Knöterich *(Persicaria orientalis)* um Aufmerksamkeit.

Hier konnte er nun seine Ideen, die er vehement in Gartenzeitschriften und Büchern vertrat, in die Praxis umsetzen. Hier konnte er einen Blumengarten anlegen, einen Wildgarten schaffen, Zwiebelblüher im Gras auswildern, Bäume und Sträucher pflanzen. Seine natürlich wirkenden Gärten zeigten spektakulär, dass es anderes gab als die steifen viktorianischen Teppichbeete, die er verabscheute.

Robinsons Vermächtnis

1958, Jahre nach seinem Tod, wurde aus Gravetye Manor ein renommiertes kleines Landhotel. Nach einer Phase des Niedergangs übernahmen Jeremy und Elizabeth Hosking 2010 das Anwesen. „Wir hatten Sorge, dass andere den Garten nicht restaurieren würden, wir wollten nicht, dass William Robinsons Vermächtnis für immer verschwindet", sagt Elizabeth.

Die Hoskings maßen dem Garten eine entscheidende Rolle für ihr Hotel zu und engagierten Tom Coward, der als Fergus Garretts Stellvertreter in Great Dixter gearbeitet hatte. Seither ist der Garten buchstäblich aufgeblüht.

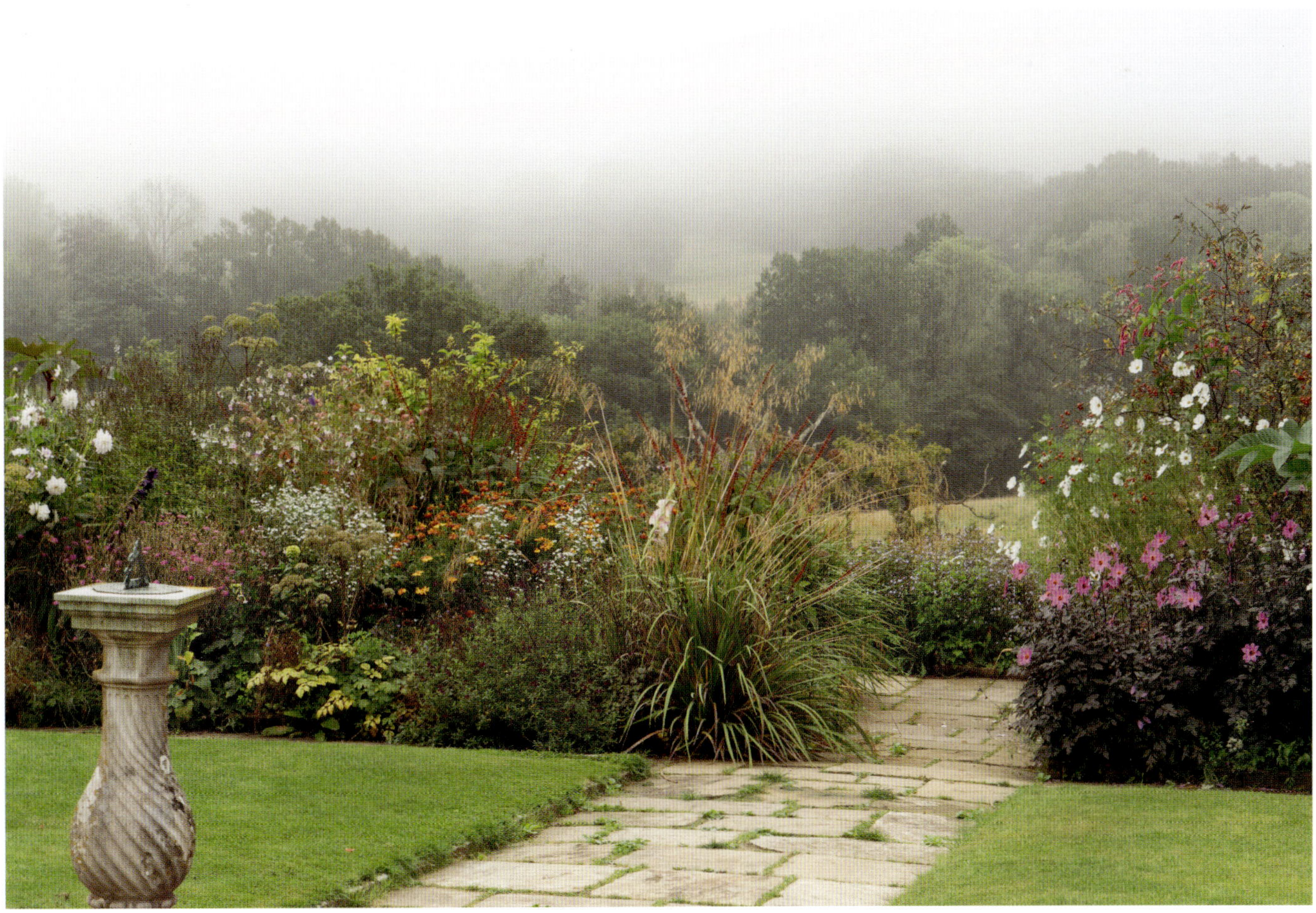

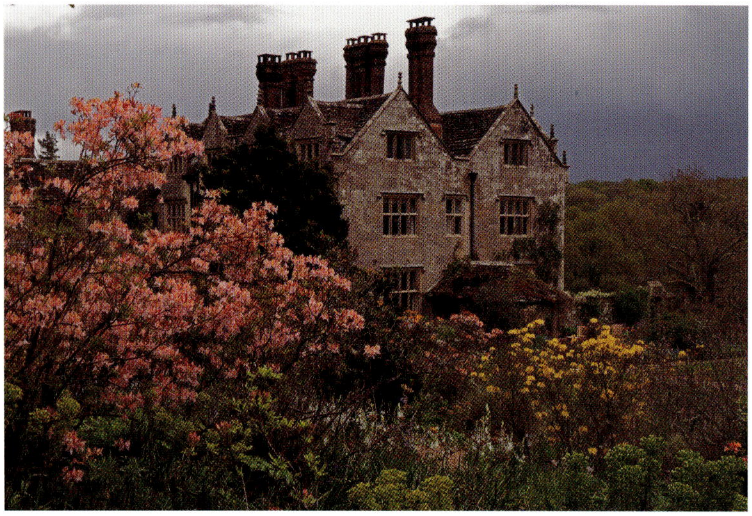

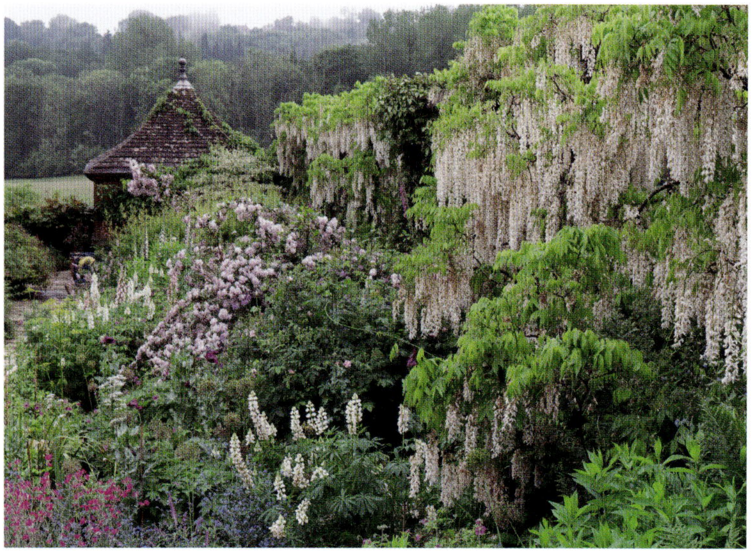

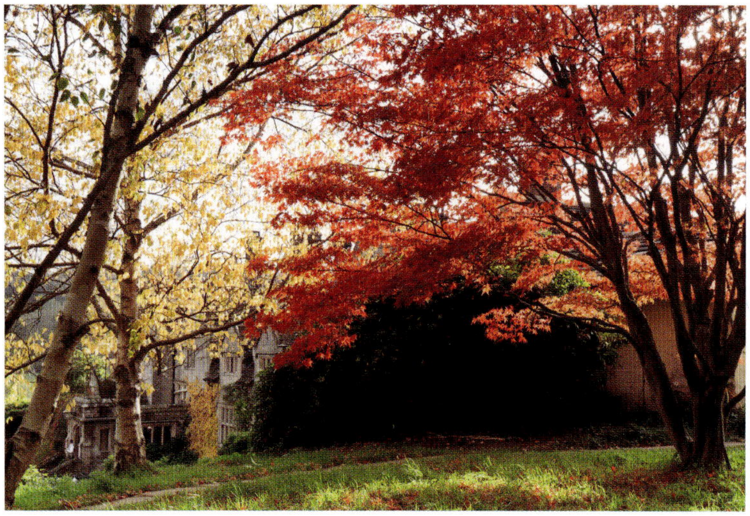

„Man muss progressiv pflanzen, um einen Garten voranzubringen."

„Anfangs war es ein Garten, der Robinsons Zwecken diente, und er hat auch jetzt einen bestimmten Zweck", erklärt Tom. „Es ist wichtig, ihn als historischen Garten zu pflegen, aber man darf sich dabei nicht verrennen. Er hat diverse historische Ebenen, es ist eine lebendige Landschaft in ständigem Wandel. Wir müssen das Vermächtnis genauso respektieren wie jede dieser historischen Ebenen." Vermächtnispflege heißt für Tom auch, den Garten in eine nachhaltige Zukunft zu lenken.

Eine wahre Herausforderung

Als Tom in Gravetye anfing, war vieles reparaturbedürftig und mehrjährige Unkräuter hatten sich breitgemacht. Im Küchengarten wucherten Brombeeren und Disteln, ein Anbaukonzept war nicht zu erkennen. Tom modernisierte mit seinem Team das Bewässerungssystem und stellte Wildzäune auf. „Wir haben alles umgegraben, Gras gesät und ein Jahr lang die Hühner dort laufen lassen, erst dann haben wir gepflanzt und gesät, was das Restaurant braucht."

Sie gruben auch den gesamten, ebenfalls unkrautverseuchten Blumengarten aus. Danach stellte sich die Frage, ob man Robinsons Blumengestaltung exakt kopieren oder progressiver sein sollte. Die besten Anhaltspunkte fand Tom auf den vielen Gartenansichten, von denen Robinson einige für seine Publikationen selbst in Auftrag gegeben hatte.

Das Bewahren der Rasenfläche im Blumengarten, den Robinson als Zusammenspiel vieler kleiner Rosenbeete arrangiert hatte, ist ein Beispiel für den Umgang mit den Ebenen

LINKS OBEN Der Azaleen-Hang an der Westseite von Gravetye Manor ist ein gutes Beispiel für Robinsons Pflanzstil: Zwischen und unter die Sträucher, wie etwa *Azalea* ‚Irene Kostar' und *A. luteum*, setzte er Stauden – so erzielte er blühende „Flokatis", die kein Unkraut hochkommen lassen.

LINKS, MITTE Die Pergola verschwindet unter ihrem Umhang aus Laub und duftenden Blüten der *Wisteria floribunda* ‚Alba'. Im Hintergrund ist das Gartenhaus zu sehen.

LINKS UNTEN Am Hang über Gravetye Manor zieht sich ruhig und erhaben der Wilde Garten mit seinen Rhododendren, Azaleen, Birken und Ahornen dahin.

RECHTE SEITE Die Lange Rabatte: Rhythmisch und auf wechselnden Höhen präsentieren sich Farben und Texturen von Sträuchern, Rosen, Ziergräsern, Stauden und Einjährigen, wie etwa *Miscanthus giganteus*, *Crocosmia* ‚Zeal Giant', *Hydrangea paniculata* ‚Big Ben', Kardy und Berufkraut *(Erigeron annuus)*.

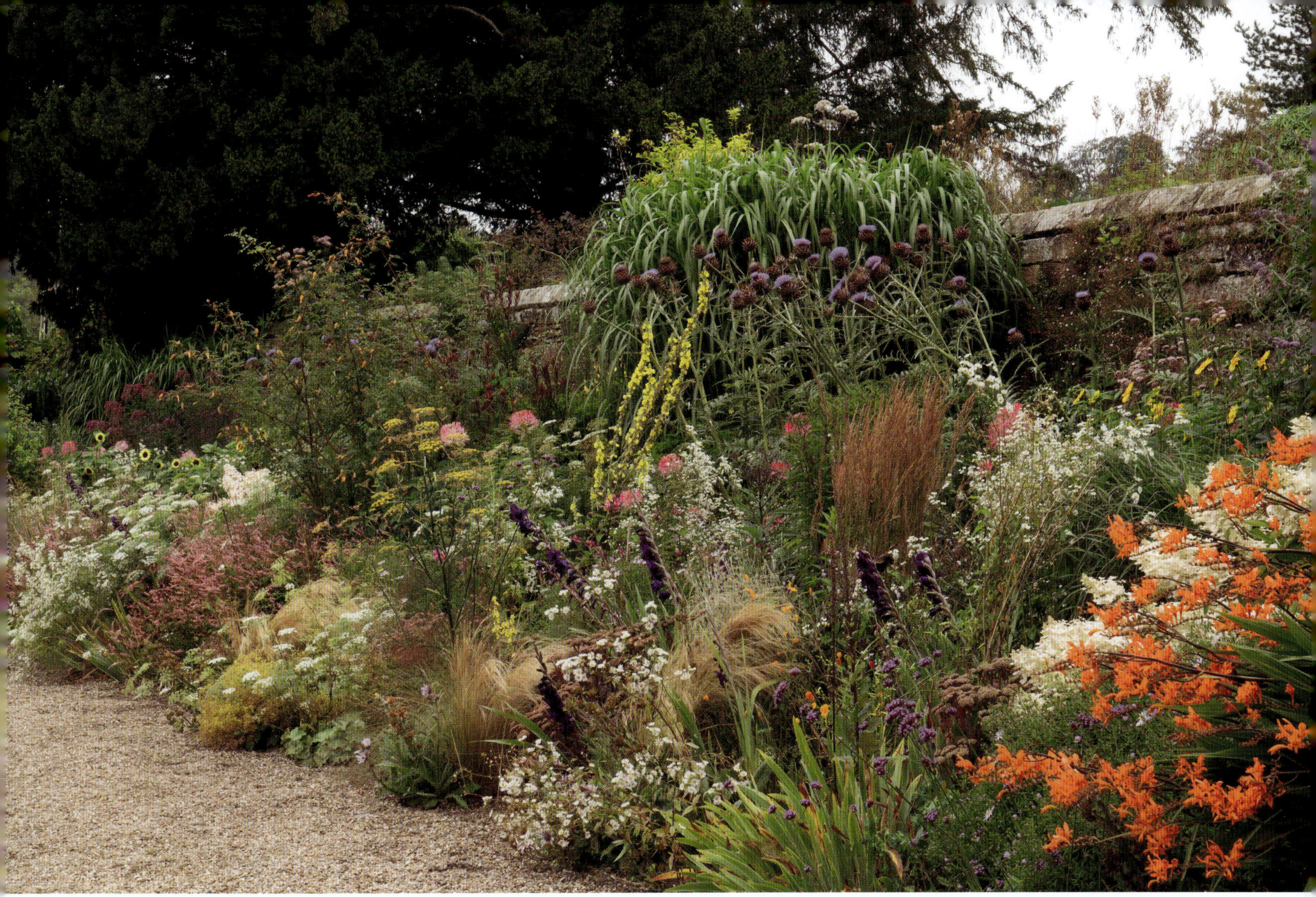

der Gartengeschichte. „Wir haben respektiert", so Tom, „dass einer der Vorbesitzer, Peter Herbert, den Rasen angelegt hat."

Das Team rang die Unkräuter durch gründliches Umgraben nieder. Ein erneutes Ausbreiten erschwert die immerblühende Bepflanzung, die Einjährige mit Stauden, Gräsern und Dahlien kombiniert.

Die Lange Rabatte, die sich an eine Sandsteinmauer entlang des Blumengartens schmiegt, wurde komplett ausgegraben und zwei Jahre brach liegen gelassen. Die folgende Opulenz der Rosen, Sträucher und Stauden, wie Herrlicher Losstrauch *(Clerodendrum bungei)*, Weidenblättrige Birne *(Pyrus salicifolia)*, *Crocosmia* ‚Zeal Giant' und Arkansas-Scheinaster ‚Mammuth', war die Mühe wahrlich wert.

Die Bepflanzung der gut 70 Meter langen Rabatte zeigt beispielhaft, wie Tom sich Robinsons Maximen angeeignet hat. Sträucher, Rosen, Stauden, Bodendecker und Kletterer verweben sich, manchmal werden sie wiederholt, alles gleicht eher einer Blumenwiese als einem konventionellen Beet. Es gibt keine klar definierten Ränder, die Farben wogen wellengleich.

„Wenn man in einem historischen Garten arbeitet, muss man das Gepflanzte verbessern, so viel wie möglich entfernen, alles nüchtern betrachten. In gewisser Weise schaut man auf Gerümpel aus 150 Jahren!" Während der Lockdowns der Jahre 2020 und 2021 hatte Tom dazu Gelegenheit. „Ich konnte beobachten, wie die Pflanzenkombinationen funktionieren. Man muss progressiv pflanzen, um einen Garten voranzubringen."

Das gesamte Anwesen von Gravetye Manor ist 404 Hektar groß, der Garten etwa 12 Hektar, die meisten Elemente stammen aus Robinsons Zeit. Von der Langen Rabatte und dem Blumengarten geht der Blick auf den See über die Wiese, auf der Robinson zuerst mit Krokussen und Narzissen experimentierte. In seinem Buch *The Wild Garden* (1870) stellte er seine Methode vor und heute sind die lebendigen Resultate zu sehen. Tom ist es wichtig, Jahr für Jahr Pflanzen in der Wiese zu ergänzen und eine autarke Population zu schaffen. Die ausgewilderten Zwiebelblumen machen sich prächtig, er setzte Reifrock-Narzissen *(Narcissus bulbocodium)* in Seenähe und ließ *Crocus* ‚Pickwick' und *C.* ‚Victor Hugo' von der Langen Rabatte hinabfließen.

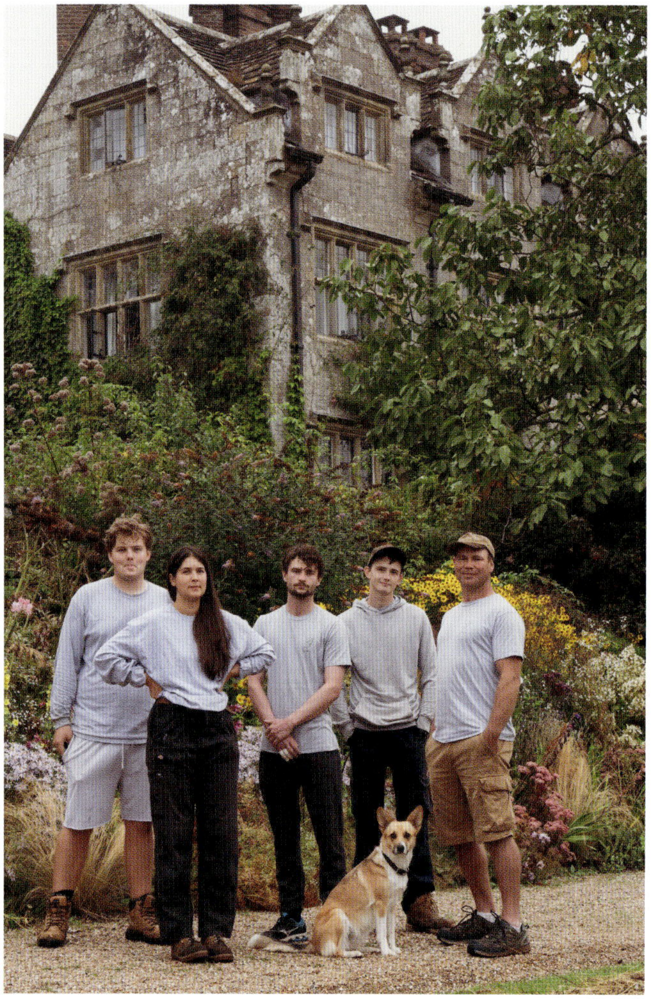

LINKS (von links nach rechts) Jordan Thompson, Amelia Burgess, John Hartney, Robin Flower, Tom Coward (Chefgärtner) und Toms Hund Gwen. RECHTE SEITE Robinson verlegte den Küchengarten 1898 an den Südhang über dem Herrenhaus. Heute sorgen Tom Coward und sein Team für ein Gleichgewicht von Schönheit und Produktivität. So gut, wie Gemüse, Kräuter und Obst aussehen, sollen sie auch schmecken. Rund 90 Prozent des Bedarfs für Hotelküche und Zimmerschmuck – denn auch Schnittblumen wachsen hier – deckt der Küchengarten ab.

Ständig im Blick

Ein Bereich, der Tom so viel Freude wie Sorge bereitete, ist die Böschung zwischen dem Hotelrestaurant und dem Spielrasen. Er bepflanzte sie mit einer immerblühenden Mischung aus Kleinsträuchern und Stauden, denn da die Gäste sie ständig im Blick haben, muss sie Tag für Tag glänzen.

„Mit Sträuchern muss man Geduld haben, sie brauchen ihre Zeit – und Freiraum. Wir pflanzen Stauden in Töpfe und füllen so die Lücken, bis die Sträucher groß genug sind."

Im Süden des Blumengartens steht eine schlichte Holzpergola, die sich in eine weiße Glyzinie hüllt. Das Gartenhaus, in dem Robinson manchmal arbeitete und in dem heute die Hotelgäste Tee trinken oder einfach nur den Garten genießen, kann man durch diesen Laubengang erreichen, in den die Blüten zu tropfen scheinen.

1898 beschloss Robinson, den Küchengarten an den Südhang über dem Haus zu verlegen, und entwarf ein Oval, das so viel Wärme und Licht wie möglich einfing. Drei Arbeiter benötigten drei Jahre, um die Beete zu graben und die Mauer zu bauen.

Dank der Lage und der in ihrer Art einzigartigen Ovalform fällt kalte Luft den Hang hinunter und entweicht dann aus dem Garten. „Hier geht es uns um die Bewahrung eines Erbes, denn es gibt nur noch wenige bewirtschaftete ummauerte Küchengärten", erklärt Tom. „Wir wollen zeigen, was man mit modernen Gartenbaumethoden auf einer solchen Fläche erreichen kann."

Mit einem ausgeklügelten Pflanzplan stellte er sicher, dass 90 Prozent des Obsts und Gemüses für die ausgezeichnete Hotelküche aus dem eigenen Küchengarten kommen. Auch die Gäste schlendern hier gerne zwischen den Beeten und erfreuen sich an Babygemüse, Wasserkresse, Stachelbeeren, Blaubeeren, Himbeeren, Birnen, Aprikosen, rund 40 Apfelsorten und den Schnittblumen, mit denen jedes Hotelzimmer geschmückt wird.

Im Obstgarten, in dem noch einige von Robinson gepflanzte Bäume stehen, werden seine Ideen vom wilden Garten verwirklicht. Im hohen Gras blüht es vom Frühling bis in den Herbst – Narzissen, Hasenglöckchen und Prärielilien breiten sich aus; Pfingstrosen, Astern, Storchschnäbel und Lilien stehen locker beisammen. Je weiter man sich vom Haus entfernt, desto informeller und natürlicher wird der Garten.

Bäume und Sträucher spielten in Robinsons Vision eine große Rolle und dank seiner Reisen in die USA und seiner guten Kontakte trug er interessante Sammlungen von Nadelbäumen, Rhododendren, Azaleen und chinesischen Magnolien zusammen. Zu den Solitären zählen ein Japanischer Goldahorn mit dem größten Stammumfang eines in England wachsenden Exemplars und ein Taschentuchbaum *(Davidia involucrata* var. *vilmoriniana)*, der wahrscheinlich von seinem „Entdecker", dem Pflanzenjäger Augustine Henry stammt.

Hotelgäste und Besucher erleben nur Momentaufnahmen, doch Tom plant für die immerblühende Zukunft des Gartens – z. B. eine Allee von Henrys Taschentuchbäumen. Inzwischen hat der moderne Garten von Gravetye Manor unter Kennern wieder großes Ansehen gewonnen, und Tom hofft, dass man auch Robinson, der fraglos zu den „Influencern" zählt und zu Lebzeiten berühmt war, wiederentdeckt.

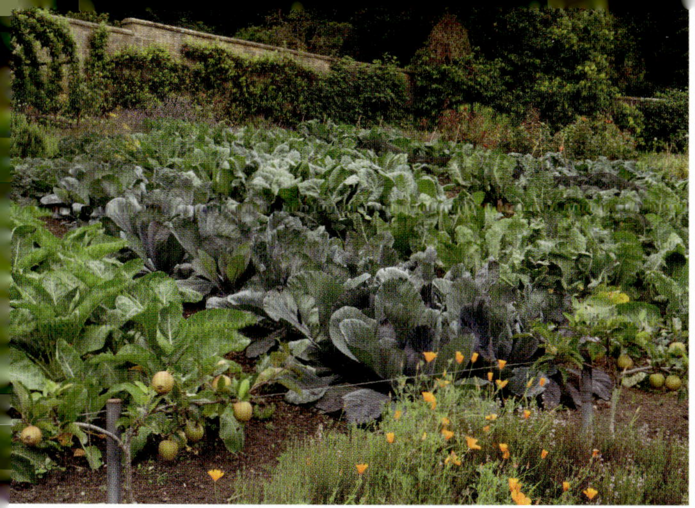

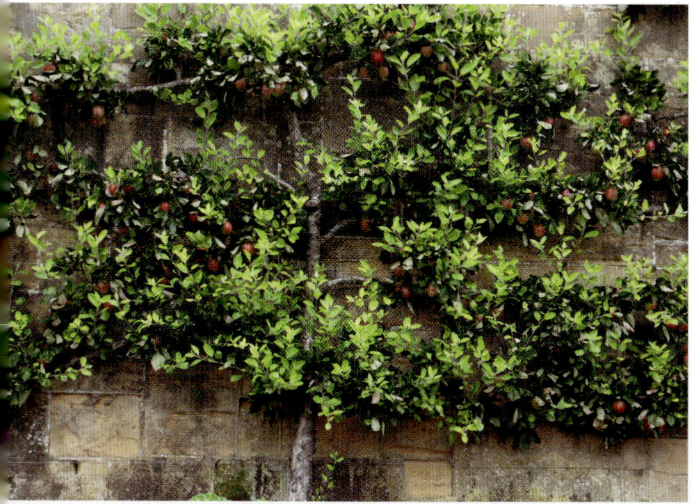

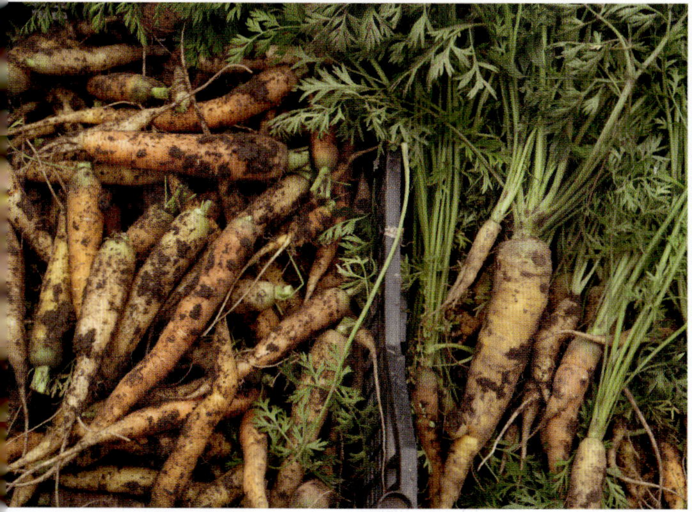

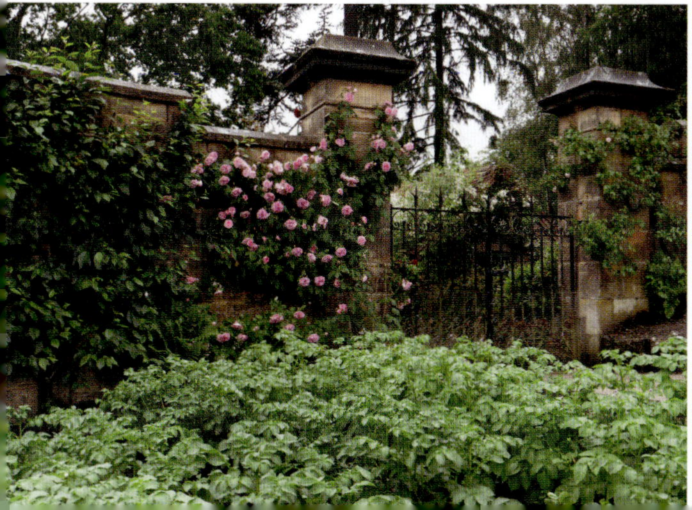

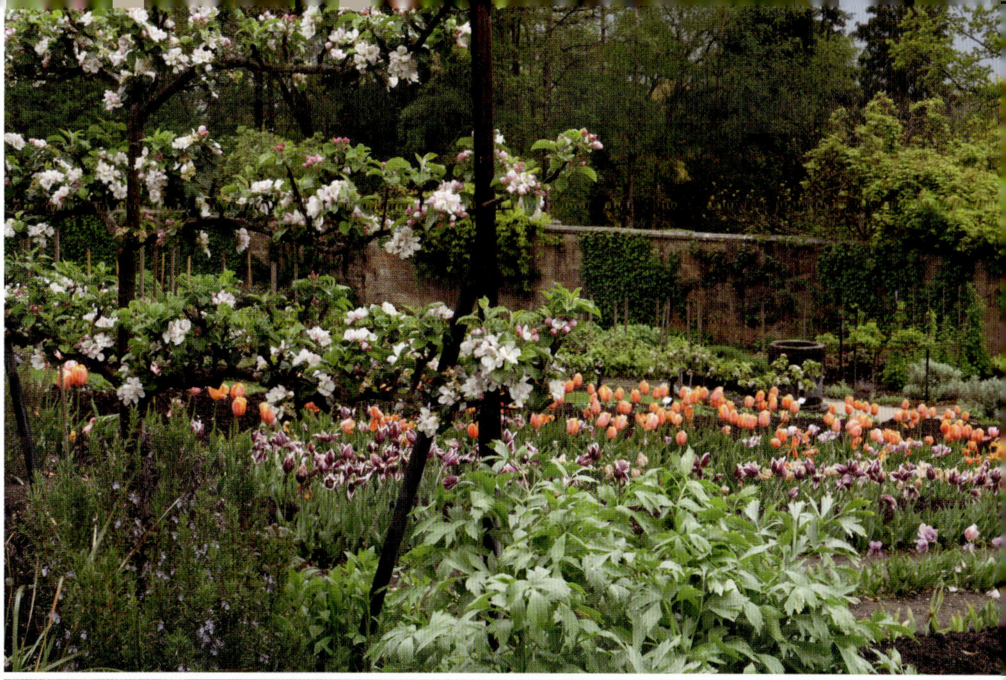

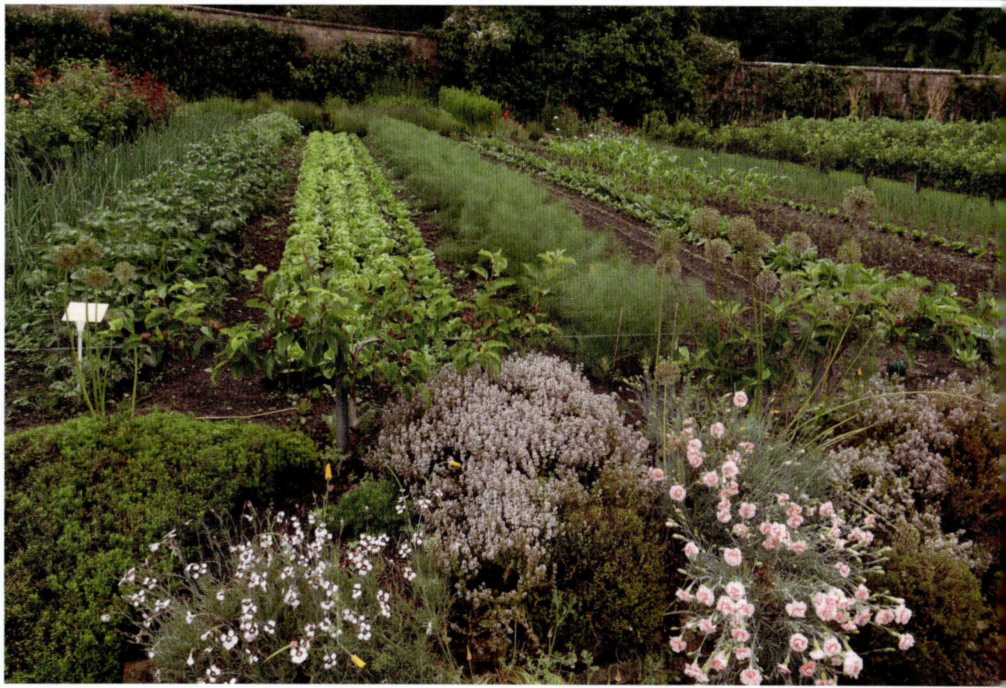

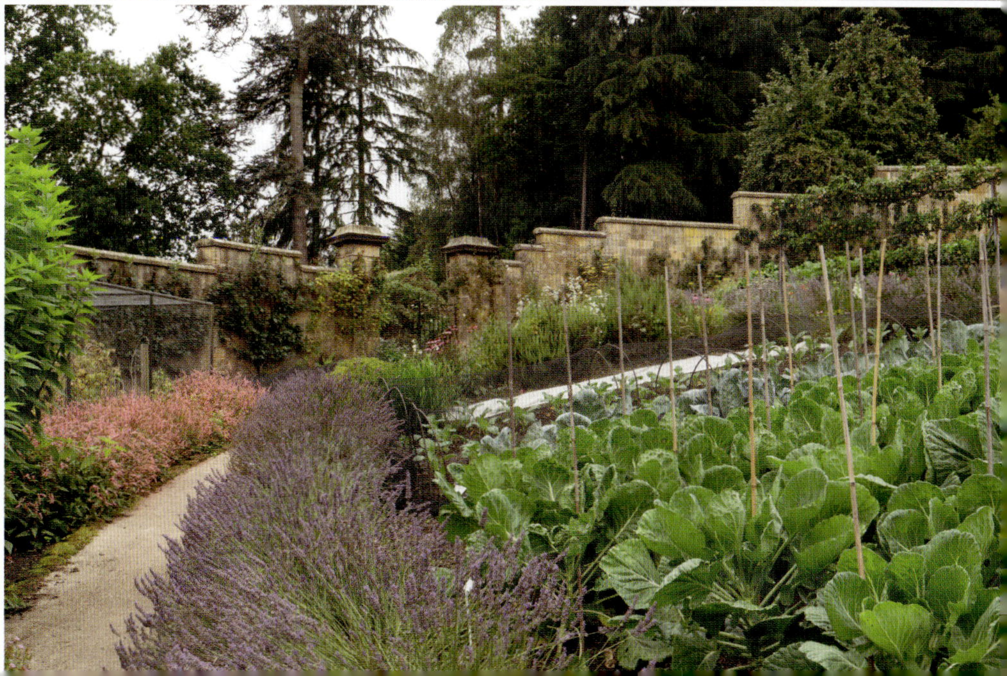

9

Long Barn

Sevenoaks, Kent

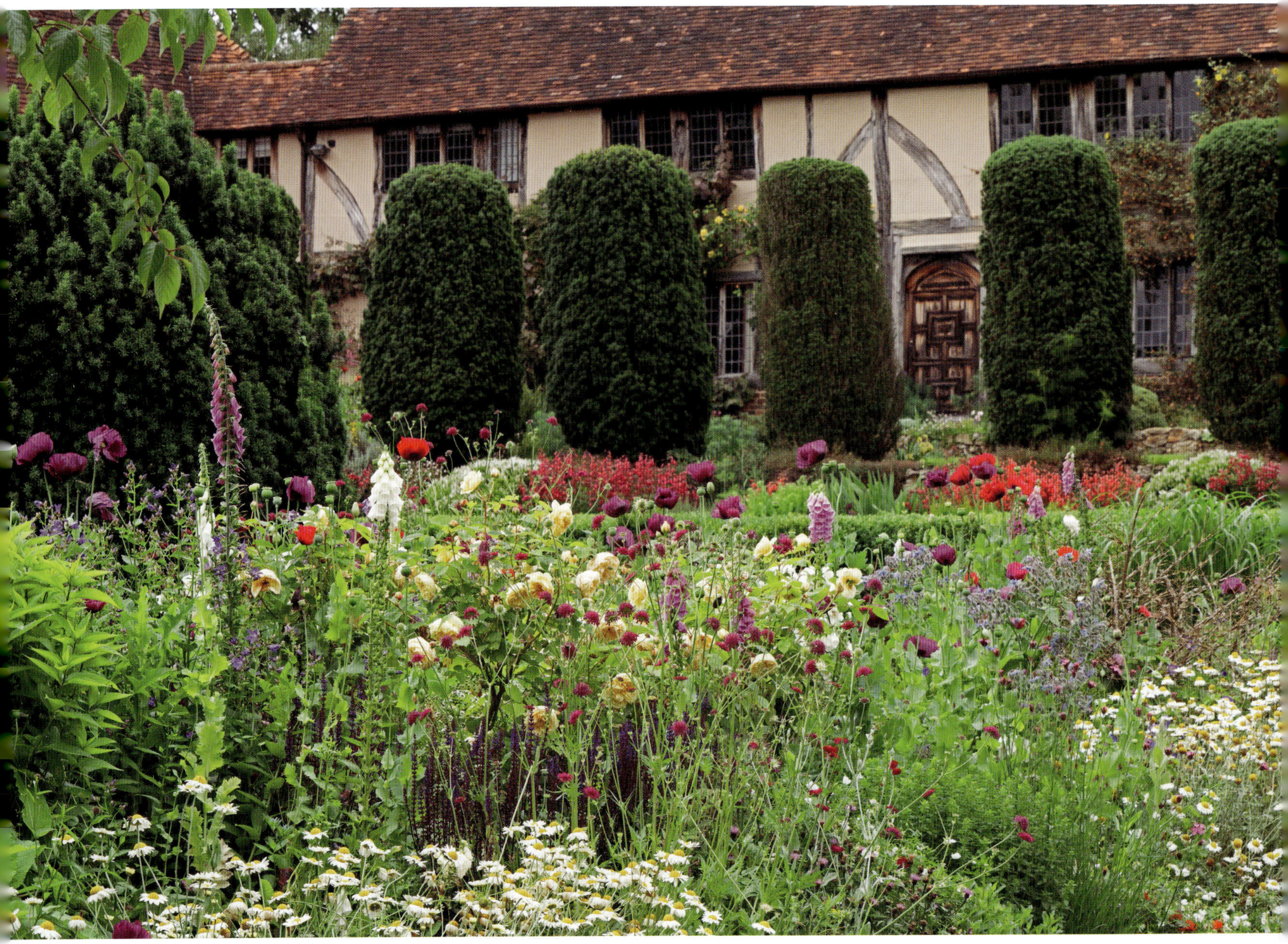

EINEN GARTEN ZU ÜBERNEHMEN, kann einschüchternd sein, Long Barn zu übernehmen, den ersten Garten, den sich Vita Sackville-West und Harold Nicolson anlegten (bevor sie in Sissinghurst Großartiges schufen), könnte beängstigend sein. Doch nicht für Rebecca und Lars Lemonius.

Rebecca gefällt der Gedanke, dass Vita und Harold in diesem Garten noch experimentierten: „Sie hatten damals keine Ahnung vom Gärtnern. Und mir ging es genauso, als ich hierherkam!

LINKE SEITE Das Grundgerüst des Gartens, mit den stattlichen Eibenreihen und den Terrassen, die den Hang hinabzufließen scheinen, schuf Harold Nicolson. Die Eiben werfen das ganze Jahr über aparte Schattenspiele auf den Rasen und sehen im Winter, mit Schnee bestäubt, besonders hinreißend aus.
UNTEN Gleich unterhalb der Eibenreihe bieten Kissen aus Strauch-Veronica und Bartfäden, die sich über den Rand der Steinmauer schmiegen, Mauerpfeffer und Schwertlilien ein Kaleidoskop von Texturen und Farben.

Es hat mir Mut gemacht, als mir klar wurde, dass Vita hier gelernt, Erfahrungen gesammelt und Fehler gemacht hat. Ich war wie sie damals eine blutige Gartenanfängerin und jetzt stelle ich mich auch nicht dümmer an als sie."

Ein Garten mit Vergangenheit

Rebecca und Lars zogen 2007 ein. Sie hatten gehört, dass Long Barn eventuell zu haben sei, und Rebecca schob spontan einen Brief unter die Tür, in dem sie die Besitzer bat, ihr Bescheid zu geben, falls sie tatsächlich verkaufen wollten.

Sir Brandon und Lady Sarah Gough, denen Long Barn seit 20 Jahren gehörte, gaben ihr nicht nur Bescheid, sie warteten auch geduldig, bis die Lemonius' sich sicher waren, dass dieses eigenwillige denkmalgeschützte Haus und der ebenfalls denkmalgeschützte Garten zu ihnen passten. Die Goughs zogen glücklicherweise nur nach nebenan, und so konnte Rebecca oft vorbeischauen und sie bitten, Pflanzen zu identifizieren.

„Wir wussten, dass es Vitas und Harolds erster Garten war, und dann fanden wir heraus, welche berühmten Besucher

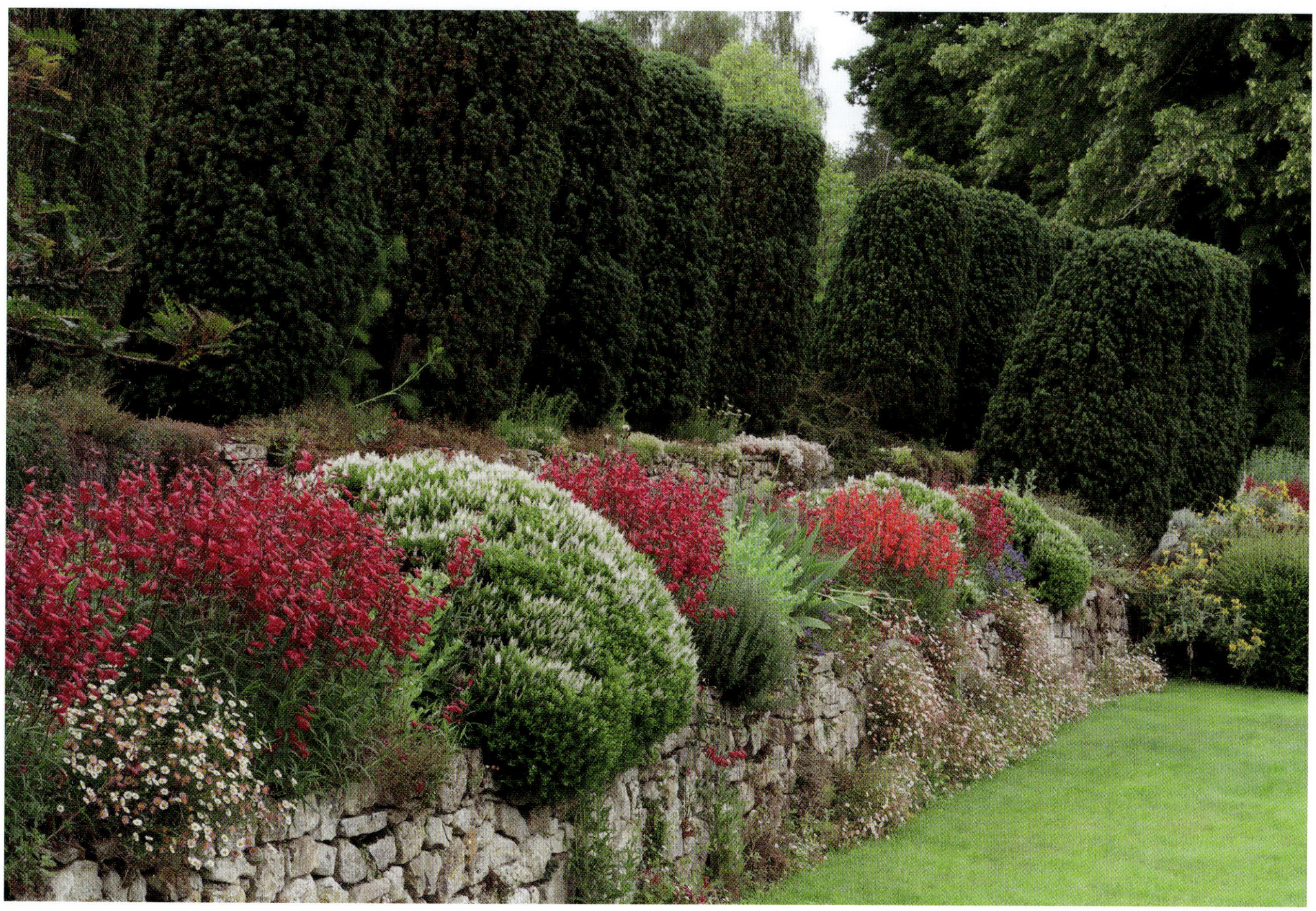

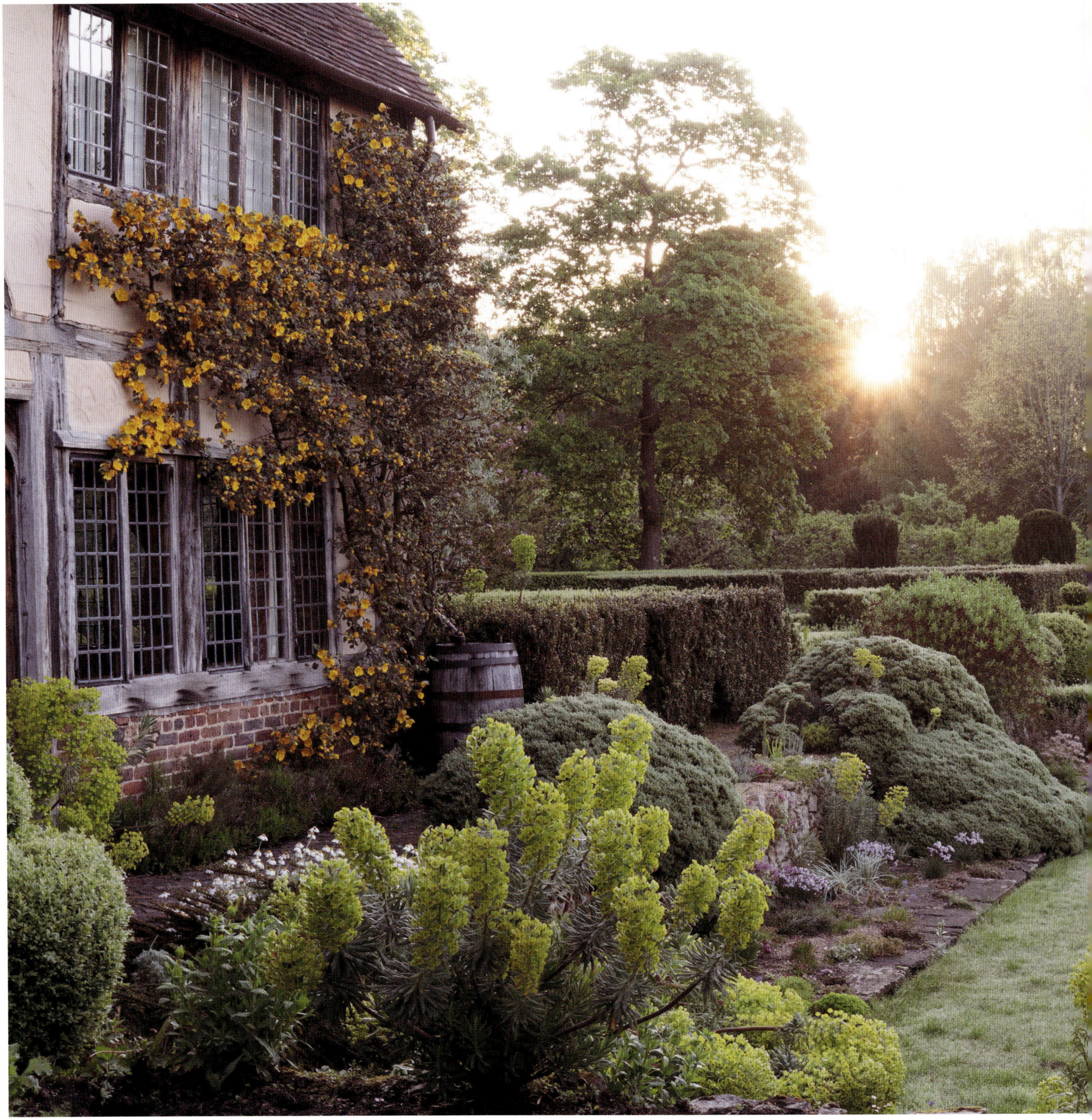

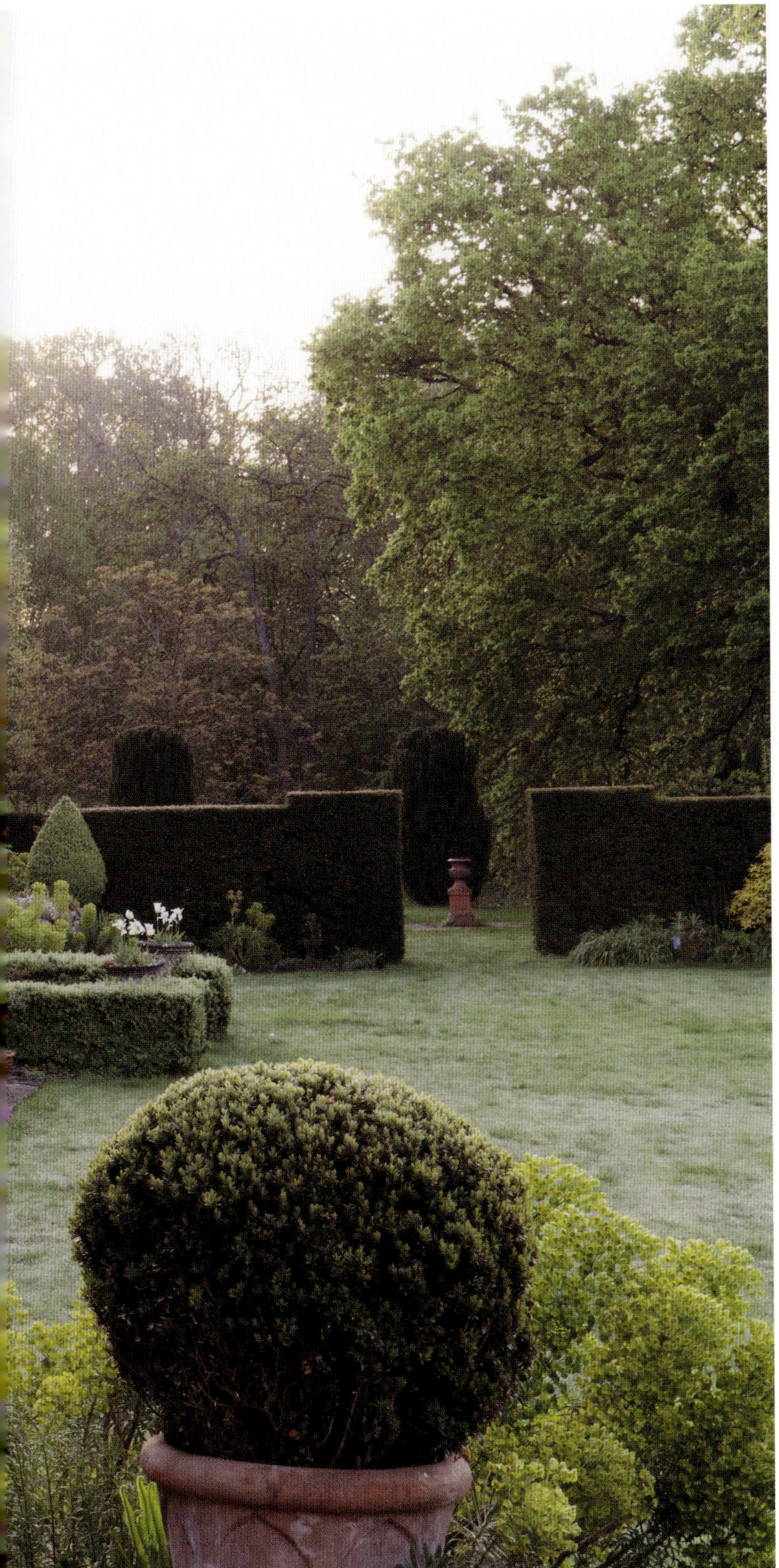

herkamen, und dass später Charles Lindbergh [der amerikanische Flugpionier] und seine Frau, die Autorin Anne Morrow, hier wohnten. Vita faszinierte es, dass der Legende nach William Caxton, der erste englische Buchdrucker, hier geboren wurde."

Die Nicolsons waren, nachdem sie im März 1915 aus Konstantinopel zurückgekehrt waren, wo Harold an der Botschaft gearbeitet hatte, auf der Suche nach einem Haus. Vitas Mutter, Lady Sackville (von Vita „Bonne Maman" genannt), lieh ihnen das Geld, um Long Barn zu kaufen. Zehn Jahre später löste der berühmte Architekt und Gartenplaner Edwin Lutyens, der Lady Sackville sehr nahestand, ein Problem für sie: Im Winter stand am unteren Ende des Gartens auf dem schweren Lehmboden des Weald häufig Wasser – Lutyens empfahl Hochbeete und entwarf gemeinsam mit Harold den Holländischen Garten mit sechs großen L-förmigen Beeten, die eine Umrandung aus Backsteinen bekamen und heute auch als holländische oder Lutyens-Beete bekannt sind. Als Bepflanzung wurden Holzäpfel und Zierkirschen gewählt.

„Das ist ein Beispiel für Vitas Anfängerfehler im Garten, so schön dieser auch war, in Hochbeeten mit nassem Boden überleben Bäume einfach nicht", meint Rebecca.

Florale Opulenz

Lutyens hielt nicht viel von Long Barn und riet den Nicolsons, es zu verkaufen. 1932 zogen sie nach Sissinghurst (ohne seine Hilfe), Long Barn verkauften sie erst 1945.

Das Grundgerüst, das Harold mit von Eiben und Terrassen akzentuierten Nord-Süd- und Ost-West-Achsen anlegte, hält den Garten noch heute zusammen. Es ist nicht so ausgeklügelt und akkurat wie seine Gestaltung für Sissinghurst, hier verlaufen die Achsen nicht ganz gerade, doch das passt zum Charakter des Hauses und den Gegebenheiten des Grundstücks.

Heute wie damals bilden Textur, Farbe und Rhythmus der hohen Eiben entlang der Ost-West-Achse ein ruhiges Gegengewicht zur dichtgedrängten floralen Opulenz an den Hausmauern und in den Hochbeeten. Die Eiben sind selbst Schmuckelemente, wenn sie im Winter von Reif überzogen oder mit Schnee bestäubt sind, oder wenn ihre Schatten auf den Rasenflächen spielen, sobald die Sonne sich zum Horizont neigt. Und wenn ihre dunklen Umrisse aus dem Herbstnebel ragen, ist das ein Schauspiel der besonderen Art.

Die Mauer der umgebauten Scheune ist die perfekte Kulisse und Kletterhilfe für den Flanellstrauch *(Fremontodendron californicum)*. Mit den limettengrünen Fackeln von Wulfens Wolfsmilch setzt er den Kontrapunkt zu den akkurat getrimmt Hecken und dem kurz geschorenen Rasen.

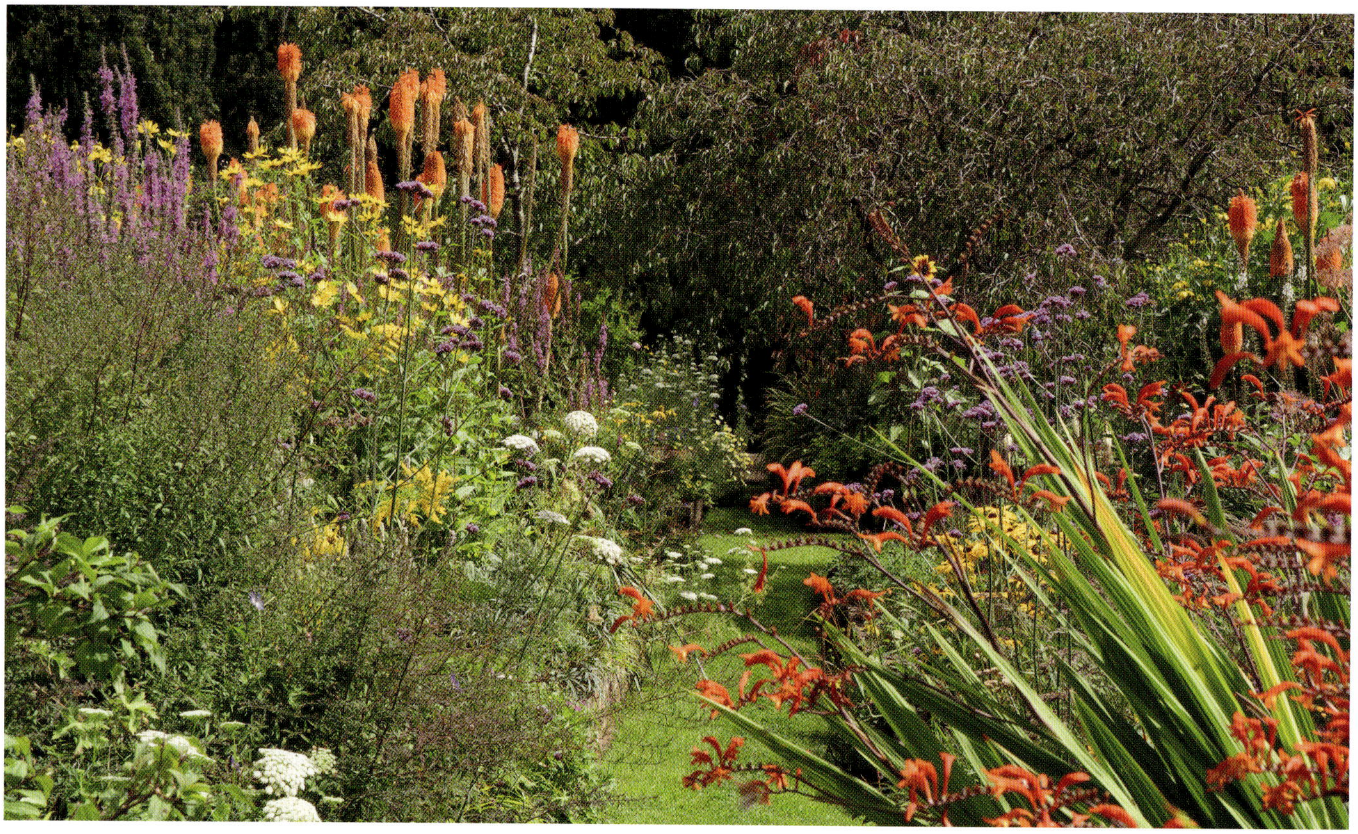

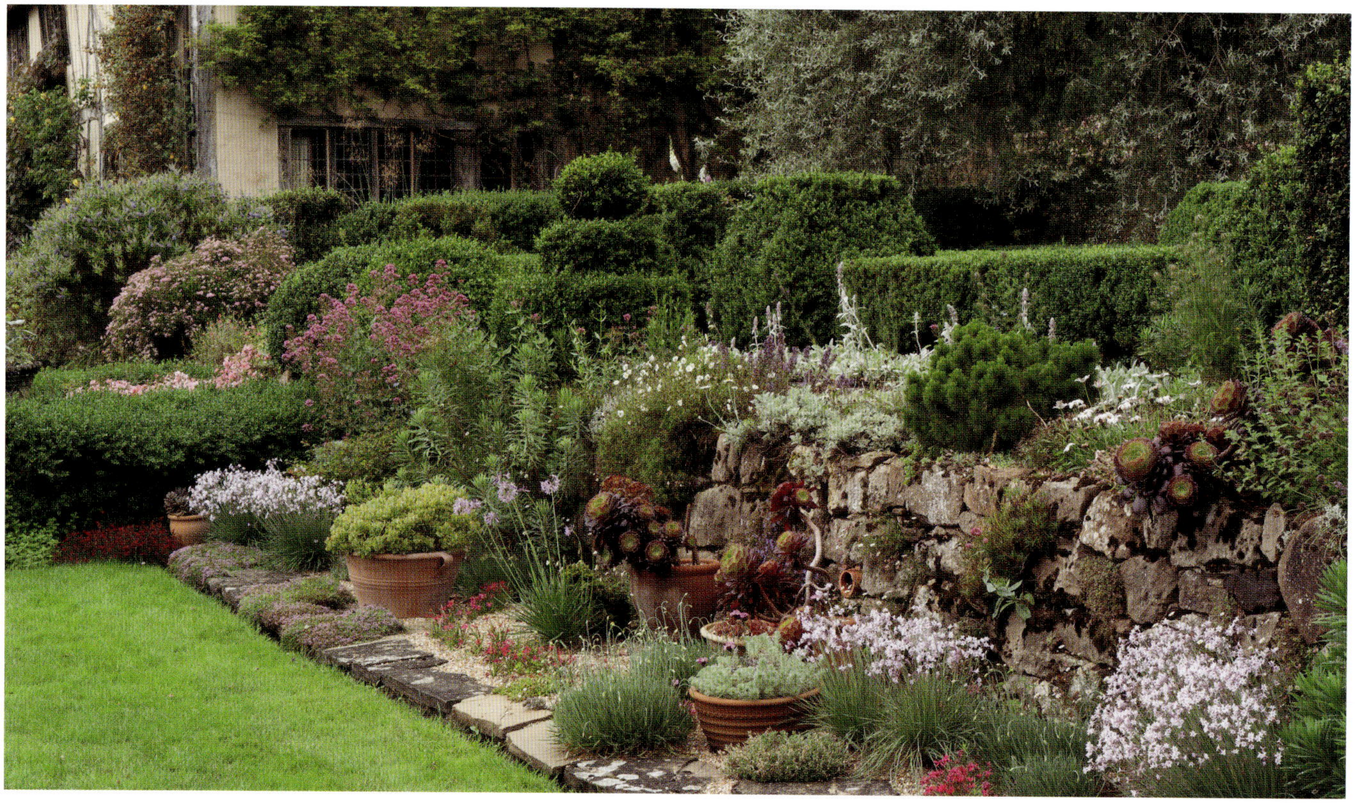

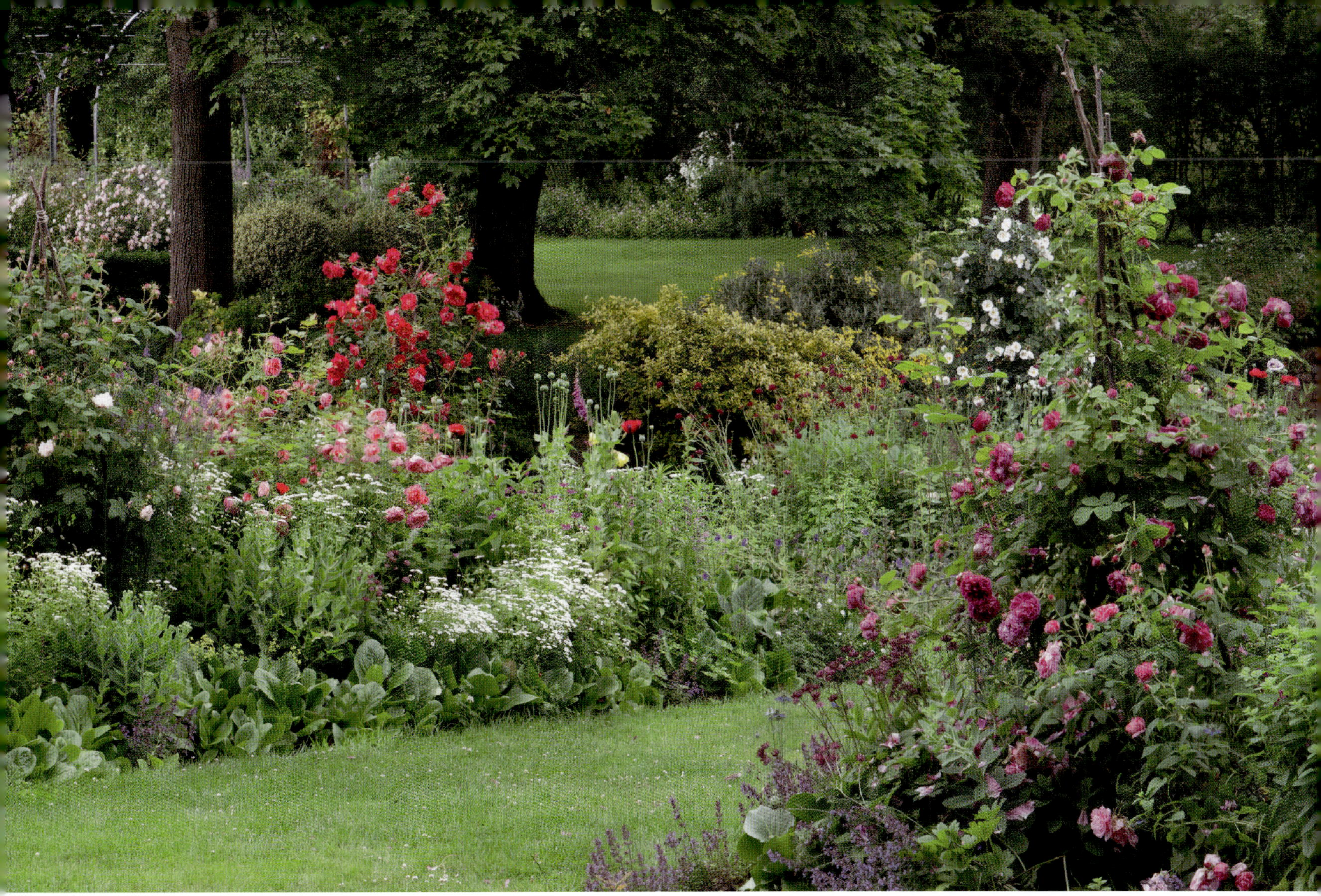

„Jedes Jahr brechen einige Besucher in Tränen aus, so bewegt sind sie.“

Die Terrassenstufen, die auf unterschiedlich hohen Mauern aus Ziegeln oder Steinen ruhen, fallen reizvoll von der Hofterrasse am Haus zum Rasen, von dort auf einen größeren Lustrasen („Pleasaunce“ genannt) und schließlich zum unteren Ende des Gartens hinab, in dem die Lutyens-Beete und der Küchengarten liegen.

Die Goughs hatten viel für den Garten getan. Sie ergänzten neue Beete und ließen Rabatten wieder aufleben, die Vorbesitzer unter Gras hatten verschwinden lassen. Vita hatte östlich der Backsteinterrasse vor dem Haus zwei Buchs-Parterre geschaffen. Die Goughs legten zwischen diesen beiden ein drittes an und fügten ihre Initialen B und S in das Buchs-Muster ein. Und schließlich verwandelten sie den Tennisplatz in einen Rosengarten.

An der nach Süden ausgerichteten Mauer des Rasens liegt die Kretische Rabatte. Hier sprießen alpine und Schotterpflanzen aus dem Kies und man spürt, dass sie für Pflanzen gedacht war, die die Nicolsons auf ihren Reisen entdeckt hatten.

Rückbesinnung mit eigener Note

Rebecca und Lars haben an der Struktur des Gartens nichts verändert, nur im Gemüsegarten bauten sie ein Anzucht- und Gewächshaus und verlegten Ziegelwege.

„Das Gerüst des Gartens wollen wir beibehalten, aber bei der Bepflanzung erlauben wir uns gerne Freiheiten. Die Geschichte der ersten Gestalter haben wir dabei immer im Blick.“

LINKE SEITE, OBEN Die L-förmigen Hochbeete im unteren oder Holländischen Garten, entwarfen Edwin Lutyens und Harold Nicolson. Die Einfassungen der „Lutyens-Beete“ gehen heute im Farbenmeer fast unter.
LINKE SEITE, UNTEN Das Parterre auf der oberen Terrasse wurde von Sir Brandon und Lady Sarah Gough angelegt.
OBEN Einst ein Tennisplatz – heute ein Rosengarten.

RECHTS (von links nach rechts) Anna Ribo, Peter Scheiner, Rebecca Lemonius, Andrew Ferris und Russell Webb.
RECHTE SEITE Der Geheime Garten und der Pool-Garten von Long Barn scheinen schon die von Mauern und Hecken umschlossenen Gartenräume anzudeuten, die Vita und Harold dann in Sissinghurst schufen.

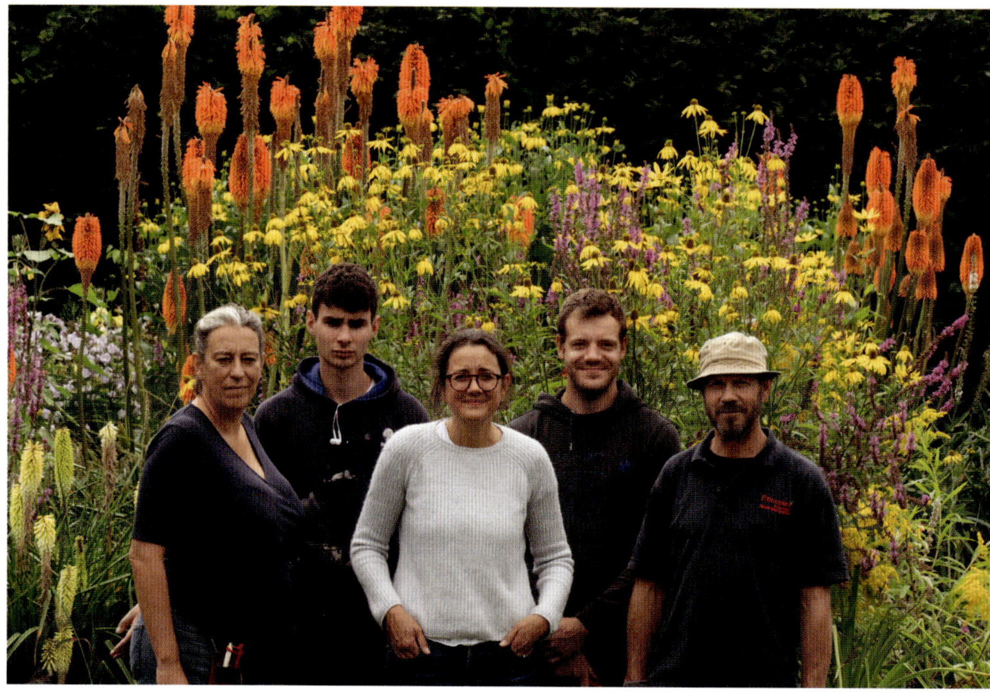

Der schwere Lehmboden ist eine Herausforderung für Pflanzen. Man muss sich auch darauf einstellen, dass der Klimawandel die Lebensdauer mancher Pflanzen verkürzt. Es sind keine originalen Pflanzpläne erhalten, aber es gibt viele alte Fotos und Hinweise in den Briefen der Nicolsons. Aus ihnen ist ersichtlich, dass Vita einen Cottagegarten mit vielen typischen Bauernblumen hatte, dessen Überschwänglichkeit von formalen Strukturpflanzen „gezähmt" wurde.

Rebecca führt Vitas Stil der dichtgefüllten, üppigen Beete mit ihren Lieblingspflanzen fort und erlaubt vielen, sich selbst auszusäen. Kontrastierende Laubtexturen und die Formen und Strukturen von Pflanzen haben es ihr besonders angetan. Jeder der farbenfrohen Bereiche des Gartens unterscheidet sich subtil von den anderen.

Obwohl Long Barn intim und umhegt wirkt, besteht der Garten doch nicht aus geschlossenen Räumen. Seine recht leicht zu pflegenden, informellen Bereiche machen ihn „durchschaubar", und es gibt viele kleine Vignetten, die man in einen kleineren Garten übernehmen könnte.

„Jedes Jahr brechen einige Besucher in Tränen aus, so bewegt sind sie. Da ist etwas in der Atmosphäre des Gartens, vielleicht sind sie auch ‚Vita-Fans' und auf einer Art Wallfahrt. Bei bestimmtem Licht, nicht unbedingt in der Abenddämmerung, aber wenn das Licht abnimmt und die Luft still wird, hat er etwas Überirdisches, und das berührt die Menschen. Es ist schön, den Garten durch die Augen anderer zu sehen."

Tatsächlich ist das Besucherbuch voll des Lobs für die Atmosphäre des Gartens, er vermittelt vielen das Gefühl auf Zeitreise zu gehen, in eine andere Welt einzutauchen.

Vollendung

Rebecca ist Anwältin und fasziniert davon, wie aus Samen und Ablegern Pflanzen wachsen. Als sie noch im Londoner Stadtteil Little Venice lebte, ging sie einmal zu einem Vortrag von Tim Smit über die „Lost Gardens of Heligan" in Cornwall. „Da hat es bei mir Klick gemacht und ich wusste: Ich will einen Garten. Solange ich den nicht hatte, habe ich meinen Balkon mit Pflanzen überladen.

Wenn ich heute Sissinghurst besuche, sehe ich die Vollendung dessen, was als Experiment in Long Barn begann. Und hier in Long Barn sehe ich, wo diese Ideen ihren Anfang nahmen. Man erkennt an den Gegebenheiten des Grundstücks und an der Art, wie der Garten sich organisch entwickelte, dass er nicht formal geplant war. Für das abschüssige Gelände waren Terrassen die logische Lösung. Und dann erst kamen die Hecken und Mauern, die Vitas überbordende Bepflanzung im Zaum hielten."

Als Vita Long Barn verließ, nahm sie alle Statuen und das blaue Gartentor nach Sissinghurst mit. Die meisten Statuen, die heute in Long Barn stehen, stammen von den Goughs. Rebecca fühlt sich mit ihnen sehr wohl. Doch das blaue Gartentor hätte sie gerne zurück!

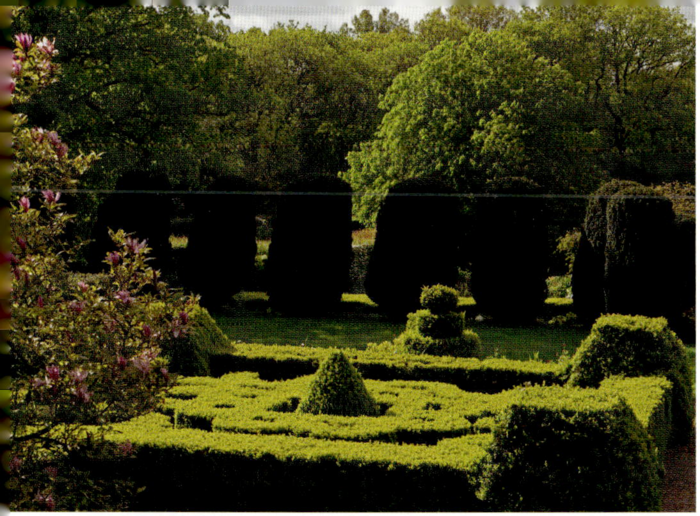
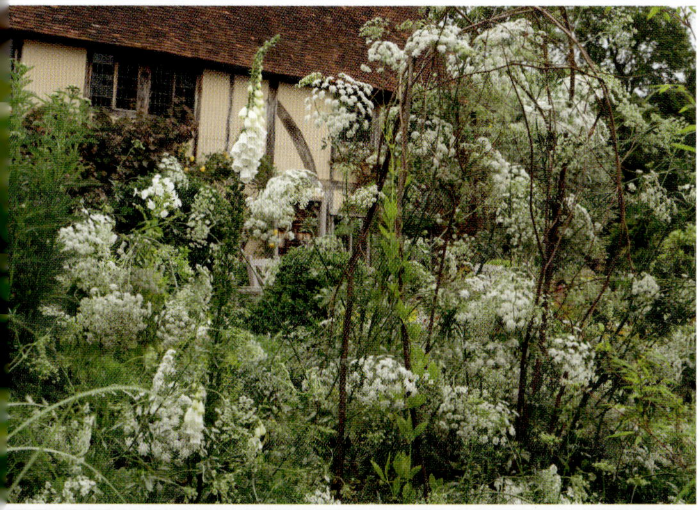
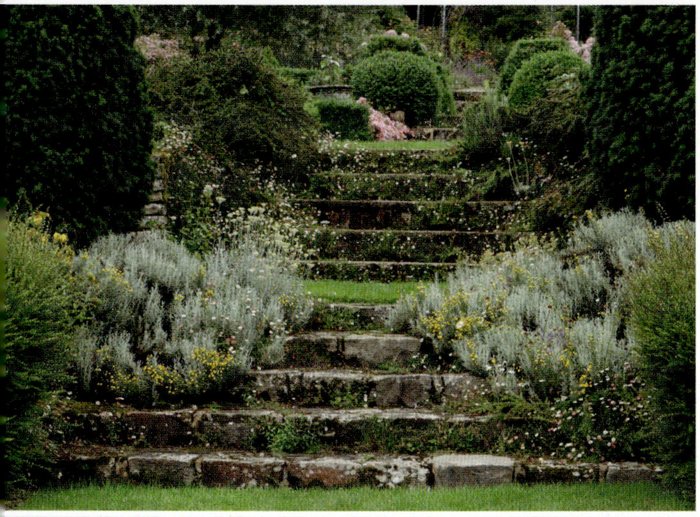
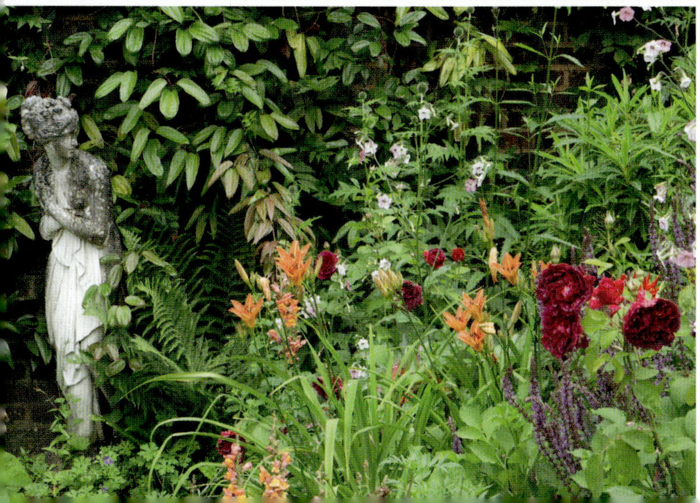
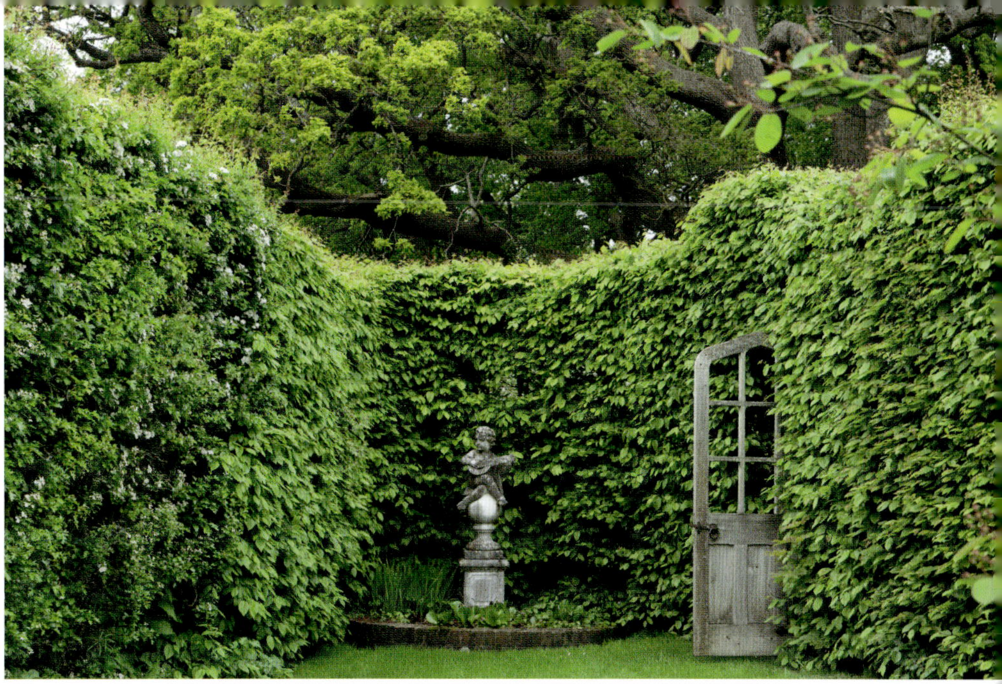
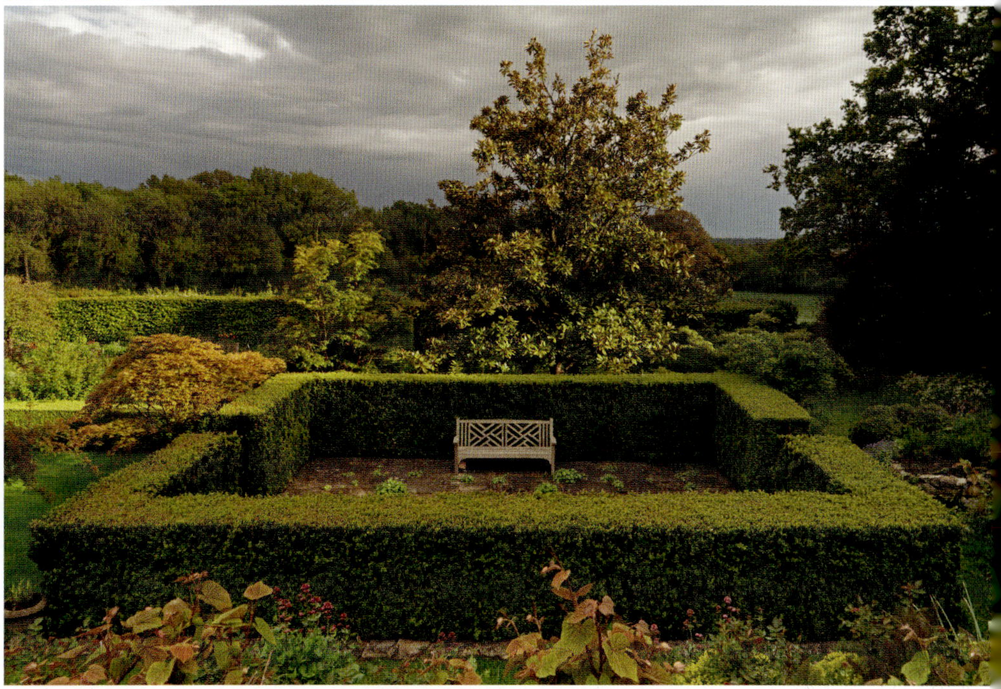
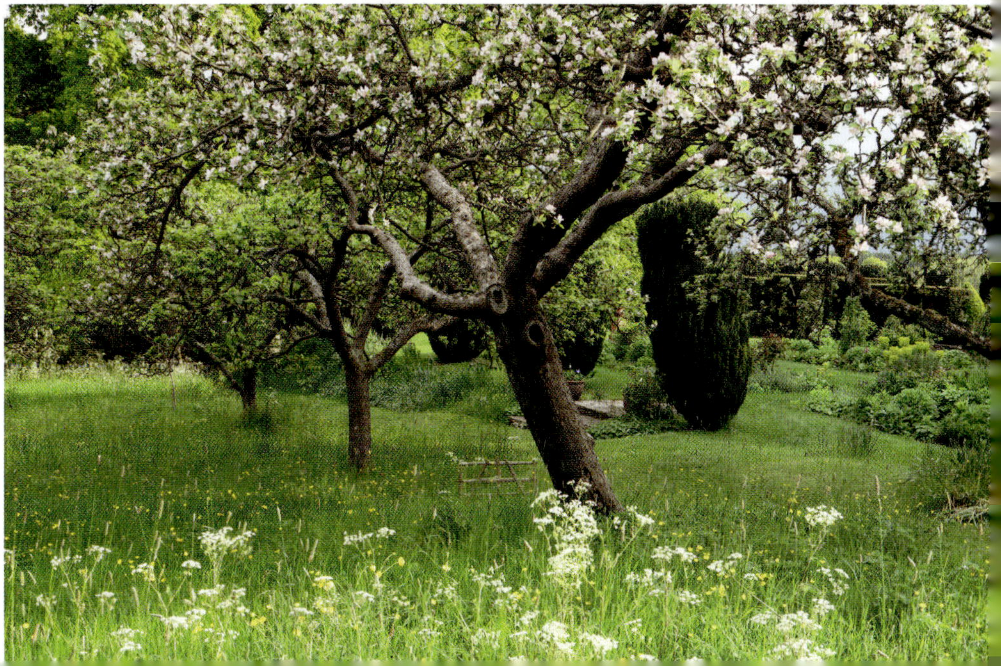

10

Malthouse Farm

Hassocks, East Sussex

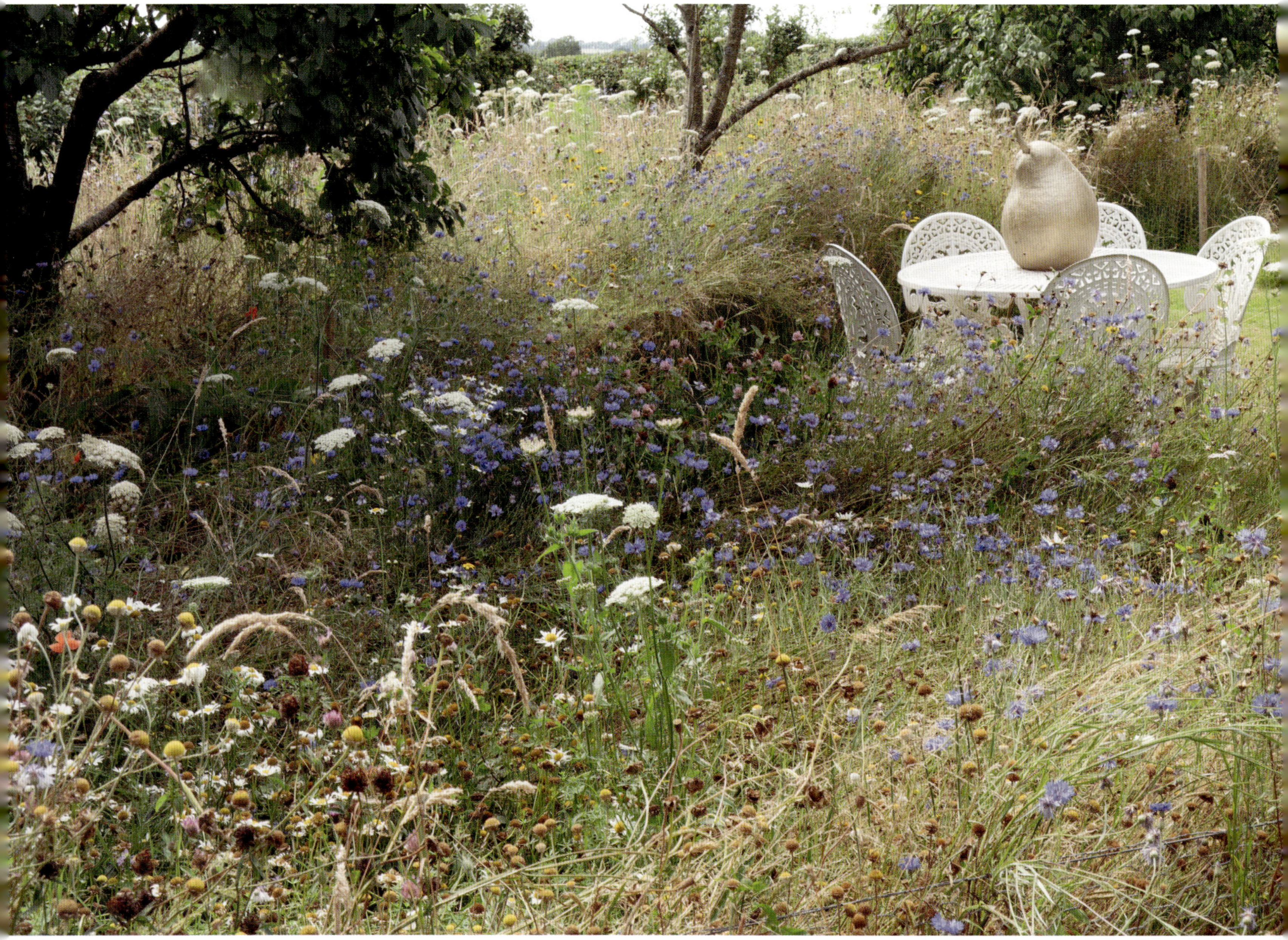

Richard und Helen Keys kauften die Malthouse Farm, auf der die Opernsängerin Josephine Barstow zuvor Araberpferde gezüchtet hatte, zu Beginn des Jahrtausends und verwandelten 2,25 Hektar Weiden und Reitplätze in eine Flucht von intimen Gartenräumen mit ausgeprägtem Charakter und kunstvoll gestaltete Wiesenareale.

Anfangs experimentierte Helen auf umhegten Flächen mit Farben und Formen, erst dann richtete sie ihre Aufmerksamkeit auf die Umgebung. Unterhalb der raffiniert und farbintensiv bepflanzten Gartenräume verwandelte sie eine Weide in zwei Land-Art-Installationen. Sie nutzte dazu einfache Konturen und sich wiederholende Pflanzen. Helen war keine Gartenanfängerin mehr, als sie auf die Malthouse Farm kam, und belegte außerdem einen Kurs bei der Landschaftsarchitektin Mariana Hollis. „Ich wollte diesen Garten offener gestalten als meinen ersten, doch ich brauchte solide Hecken als Schutz vor den scharfen Südwestwinden."

Wenn ein Garten sich eine Landschaft borgen kann, ist das immer ein großes Plus, auf der Malthouse Farm hat man das Glück, auf die sanfte Hügellandschaft der South Downs zu blicken und die grandiosen, ständig wechselnden Lichtstimmungen genießen zu können. Und so machte Helen, obwohl sie auf schützende Hecken nicht verzichten mochte, den Horizont zur vierten Gartengrenze.

Richard genießt neben der Nähe zu den Downs vor allem die Vielfalt und Dichte, das Spektrum und die Farben, die der Garten das ganze Jahr über präsentiert. Für Helen ist der Garten eine Leinwand, die sich mit der Jahreszeit verändert, die sie übermalen und verschönern kann.

Gleich nach ihrem Einzug nahm sie sich die raumgreifende Hainbuchenhecke vor, die sich vom Haus aus nach Süden er-

LINKE SEITE Unterhalb der von Hecken gesäumten Blumenräume schuf Helen Keys Karrees aus Gräsern und Wildblumen.
UNTEN Für die Wiese, die in die sanfte Hügellandschaft der South Downs hinabrollt, entwarf Richard Keys Hainbuchenhecken, die als durchbrochene Sinuswelle über den schnurgeraden gemähten Grasweg zu springen scheinen.

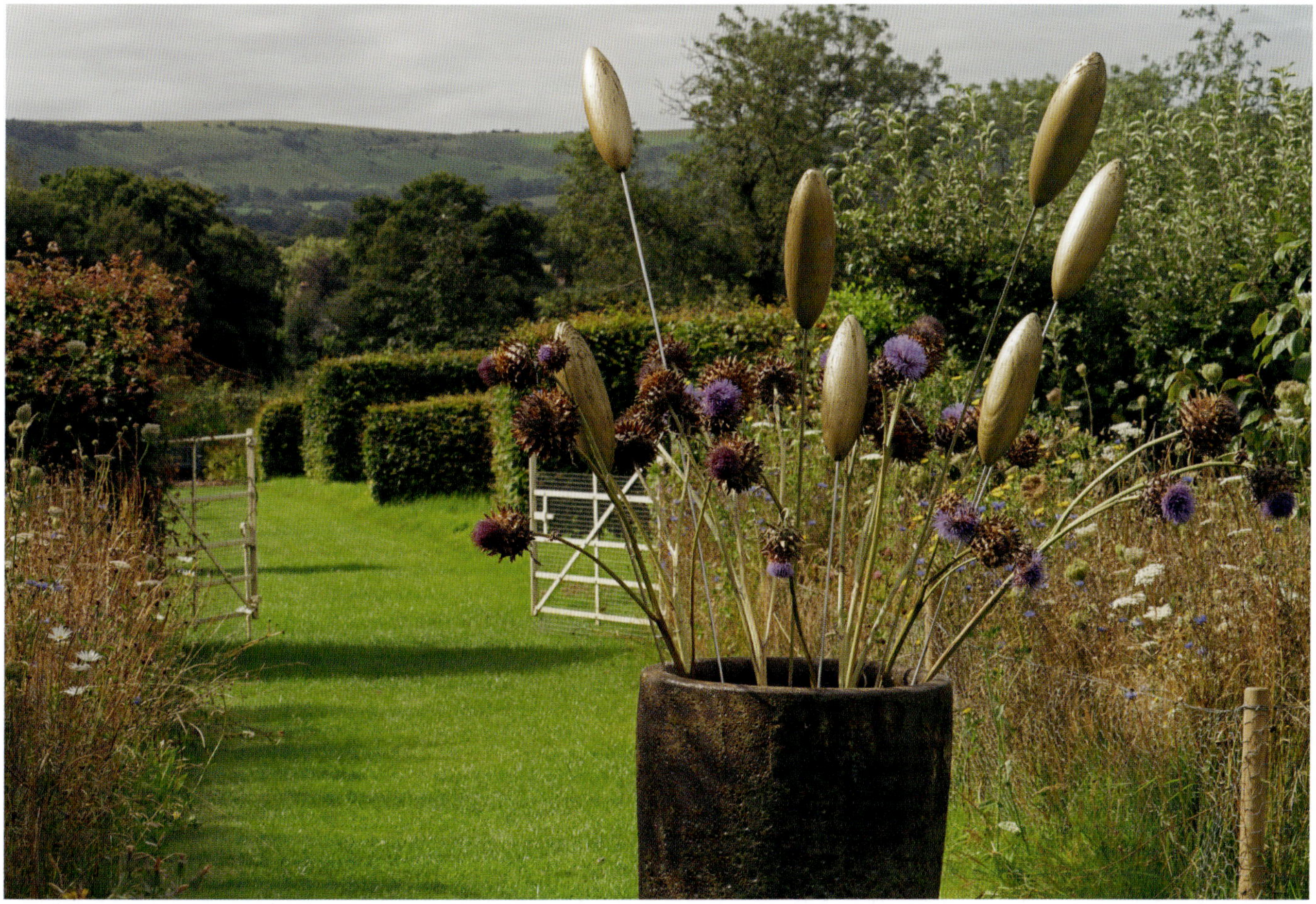

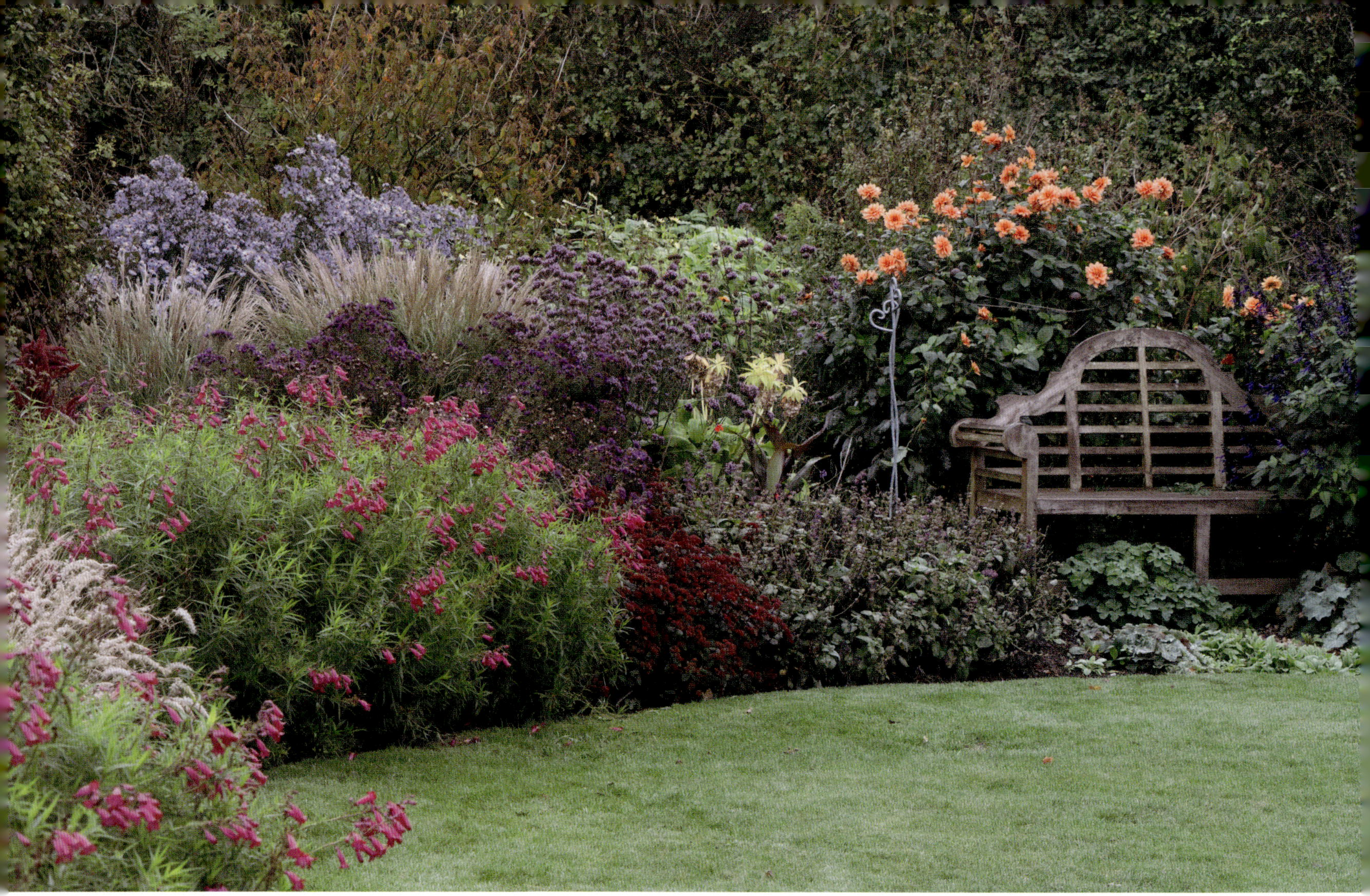

OBEN Die Lutyens-Bank umgeben von *Dahlia* ‚Autumn Lustre', *Salvia* ‚Amistad', *Verbena bonariensis* und Bartfaden ‚Garnett'.
RECHTS (von links nach rechts) Richard und Helen Keys, Leyla Tunnicliffe, Alex Bell (Gartendesigner) und Nathan Carey.
RECHTE SEITE Die vier großen Hochbeete im Küchengarten garantieren reiche Ernte von Salaten, Bohnen, Spargel, Duftwicken u. a.

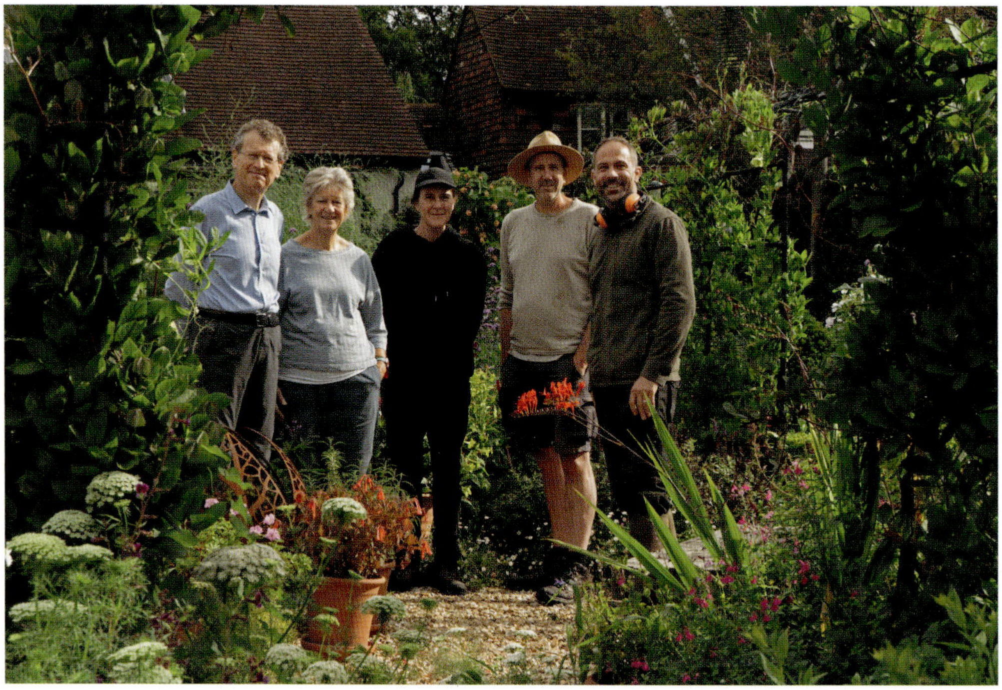

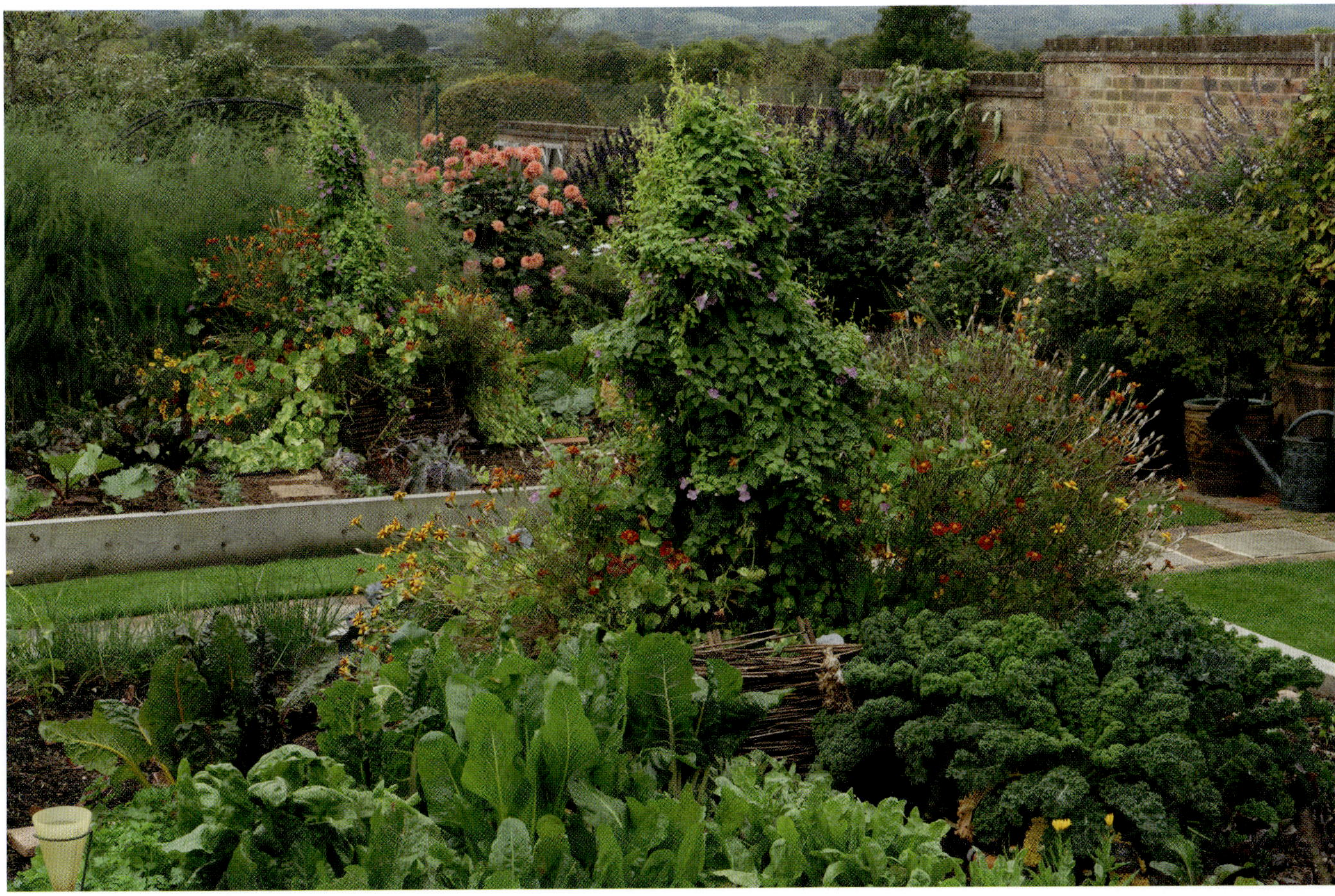

streckt. Die Keys hatten den Stall noch nicht in eine nach Süden ausgerichtete Küche umgebaut, doch die Hecke hatte ihren ursprünglichen Zweck, nämlich die Stallungen zu verbergen, schon verloren und sollte in die Gartenanlage integriert werden. Helen reduzierte ihre Höhe kräftig, trimmte die Seiten und schnitt einen Bogen aus, damit eine Ost-West-Sichtachse entstand. Dann erweiterte sie den Garten nach und nach, beginnend mit der Fläche an der Terrasse des Wohnhauses, die in Ost-West-Richtung verläuft. Die intensiv gepflegten Gartenräume – der Cottagegarten, der Spätsommer- und der Küchengarten – sind von windbrechenden Hecken oder Backsteinmauern umgeben und liegen wie ein Geschmeide dicht ums Haus.

Der weite Küchengarten liegt tatsächlich gleich vor der Küche und ist mit wenigen Schritten über die großzügige Terrasse zu erreichen. In vier im Quadrat angelegten Hochbeeten baut Helen hier u. a. Salate, Tomaten, Bohnen, Spargel, Duftwicken und andere Schnittblumen an.

An die Außenmauer des Küchengartens lehnt sich eine blaugrau gestrichene Laubenbank. Ihr gegenüber steht am anderen Ende der Ost-West-Achse eine Lutyens-Bank. Unter dem Bogen in der Hainbuchenhecke umfängt ein Wasserbassin eine Glasschale, eines der vielen Objekte, die Helens Bruder David Jackson in seiner Werkstatt Red Hot Glass in Südafrika geschaffen hat.

Farben der Saison

Im Cottagegarten, der in Form und Größe dem Küchengarten gleicht, rahmen die Blumenrabatten die Rasenfläche ein. Hier sieht man in jeder Jahreszeit Farben, die schönsten stellen sich im Sommer zur Schau, wenn Gräser, Astern, Dahlien und Bartfäden *(Penstemon)* blühen.

Helen verwendet Buchsbaum-Spiralen und -Kugeln, Keramik- und Metallarbeiten, um vertikale Akzente zu setzen und den Blick zu lenken, aber auch, um wallende und rankende Pflanzen zu stützen. Manche sind wahre Kunstwerke – wie die Keramiken von Carolyn Genders.

Der Spätsommergarten wird von einem Hochstammspalier aus Hainbuchen umfasst. Hier sind die Beetformen geschwungen und sinnlich kurvig. Die Blumen, die Helen auswählte, haben satte, glühende Farben. Passend dazu lädt eine leuchtendrote Metallbank zum Verweilen ein.

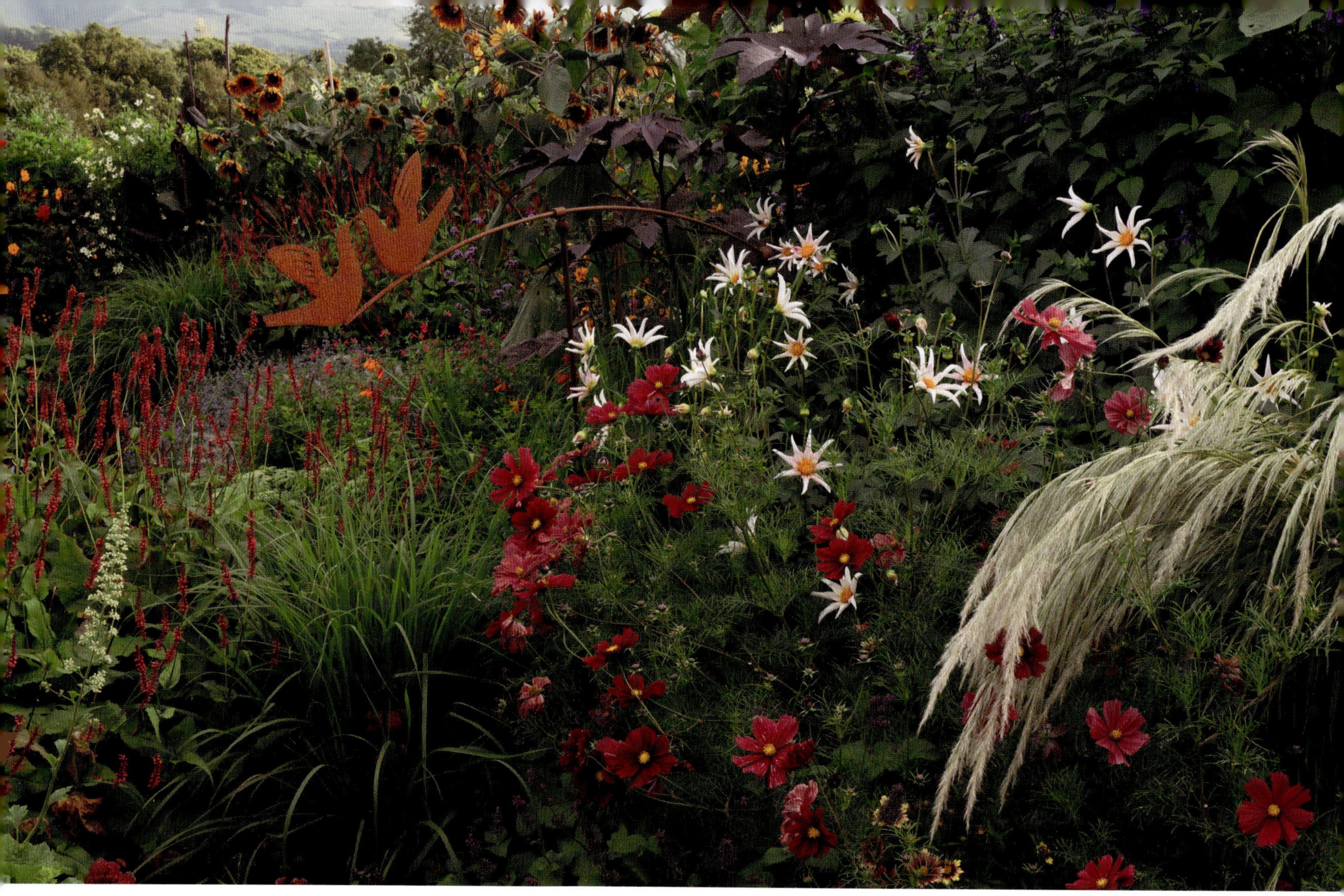

Dichte Bepflanzung und ein Gartenhaus separieren den Tennisplatz, der auf dem ehemaligem Reitplatz gebaut wurde. Südlich des Tennisplatzes und des Spätsommergartens herrscht eine völlig andere Atmosphäre – tritt man durch das Gartentor kontrastieren in Karrees gesäte Wildblumen mit den Baumsilhouetten im Obstgarten.

Weiter unten wirkt die reduzierte Pflanzen-Palette von Helens Land Art im aparten Zusammenspiel mit den variierenden Schnitthöhen der Wiesen. Bei ihren Projekten verließ sie sich auf Richards mathematischen Verstand und die landschaftsgärtnerischen Kenntnisse von Alex Bell.

OBEN Helen spielt in den Gartenräumen locker mit Farben, Formen, Höhen und Skulpturen. Hier schmiegen sich großkopfige Sonnenblumen, sternblütige *Dahlia* ‚Honka Fragile', *Cosmos bipinnatus* ‚Rubenza', Peruanisches Federgras *(Stipa pseudoichu)* und ein Wunderbaum *(Ricinus communis)* aneinander.

RECHTE SEITE, OBEN Das Birkenlabyrinth im Grasgitter.

RECHTE SEITE, UNTEN Früher rahmten die Bretter von „Streat Henge" die Hochbeete im Küchengarten ein.

Zwischen den beiden geometrischen Pflanzen-Installationen verläuft eine gerade Reihe jährlich gekappter Weiden – drei Sorten mit unterschiedlichen Stammfarben. „Wir setzen sie im Spätwinter auf den Kopf und verwenden die Zweige für Beeteinfassungen oder Skulpturen. Im Herbst sind sie wieder 2,5 Meter hoch und bilden eine flammende Trennlinie."

Den „Hainbuchen-Sinus" begannen Helen und Richard 2003. Die dicht gepflanzten und glatt getrimmten Hecken in Form einer durchbrochenen Sinuswelle scheinen über den schnurgeraden geschorenen Rasenpfad zu springen.

Helen akzentuierte die Kurven der Hecke und die gegenüberliegenden Freiflächen mit Eibenkegeln und solitären Mehlbeeren *(Sorbus aria)* ‚Majestica'. Als Kontrast zum gemähten Pfad darf das Gras daneben hoch wachsen. Im Frühling bringt ein Teppich aus kleinblütigen Narzissen leuchtende Abwechslung. „Wir haben den Sinus angelegt, damit er uns in den unteren Teil des Gartens zu den Downs hinzieht", erklärt Helen. An seinem Ende verlockt eine Laube aus korrodiertem Metall, von der Rose ‚Rambling Rector' umhüllt und mit Taglilien und Gräsern unterpflanzt, dazu, zum Haus zurückzublicken.

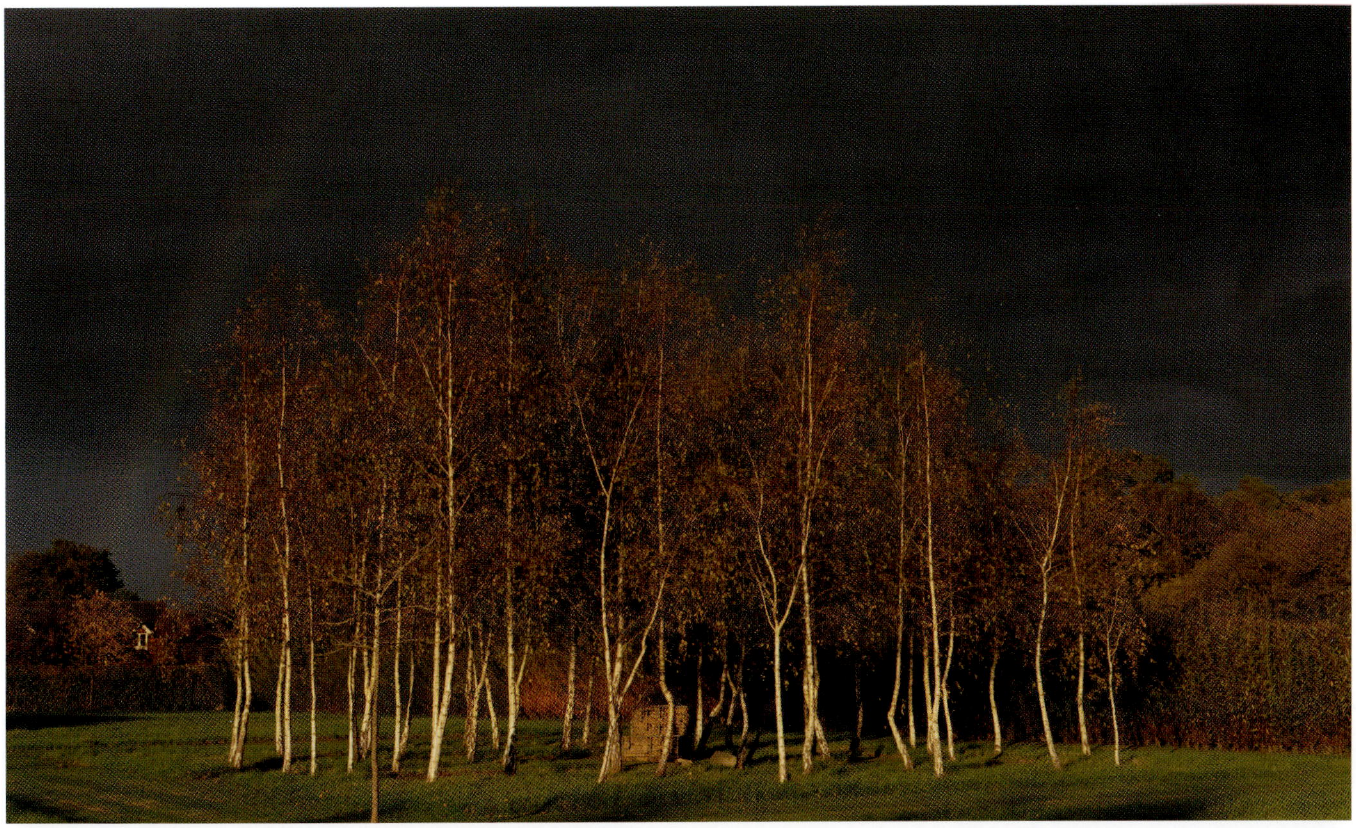

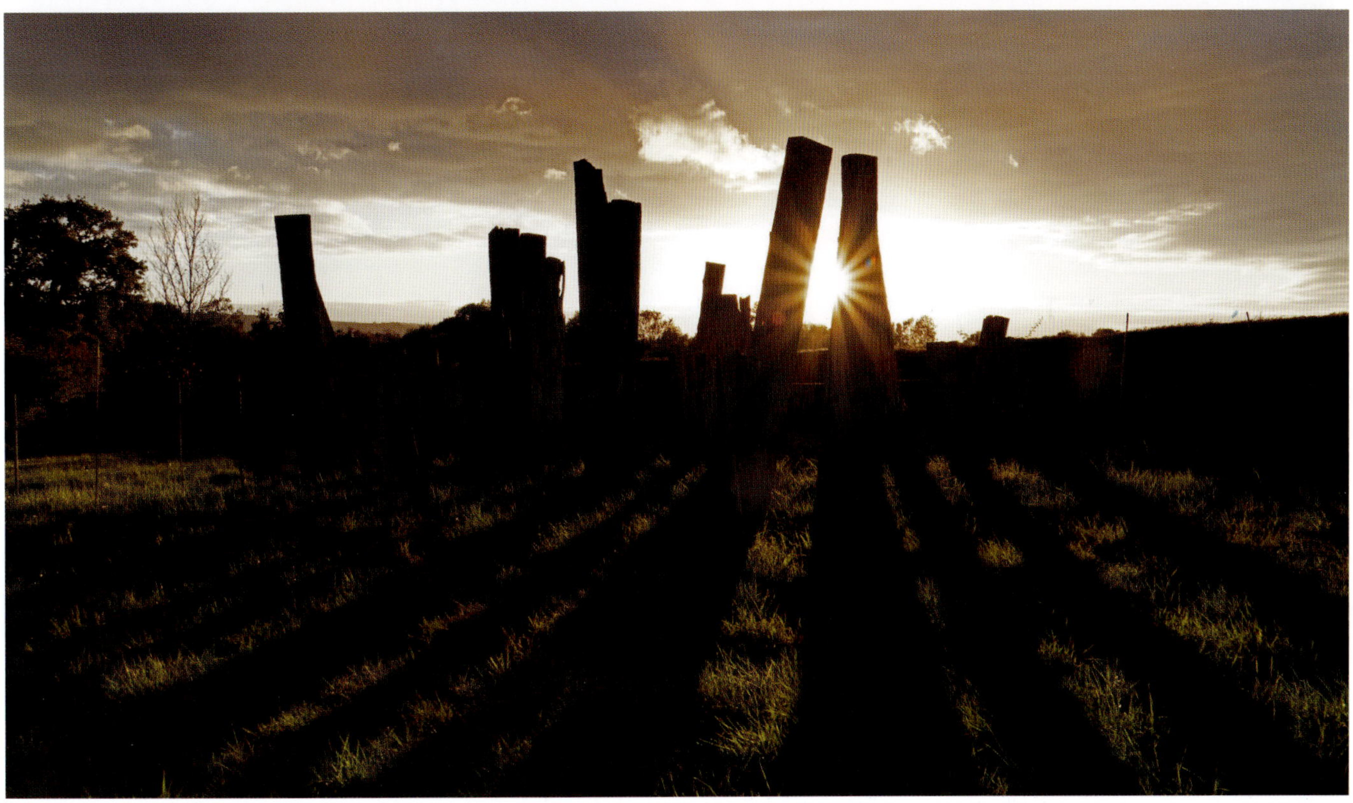

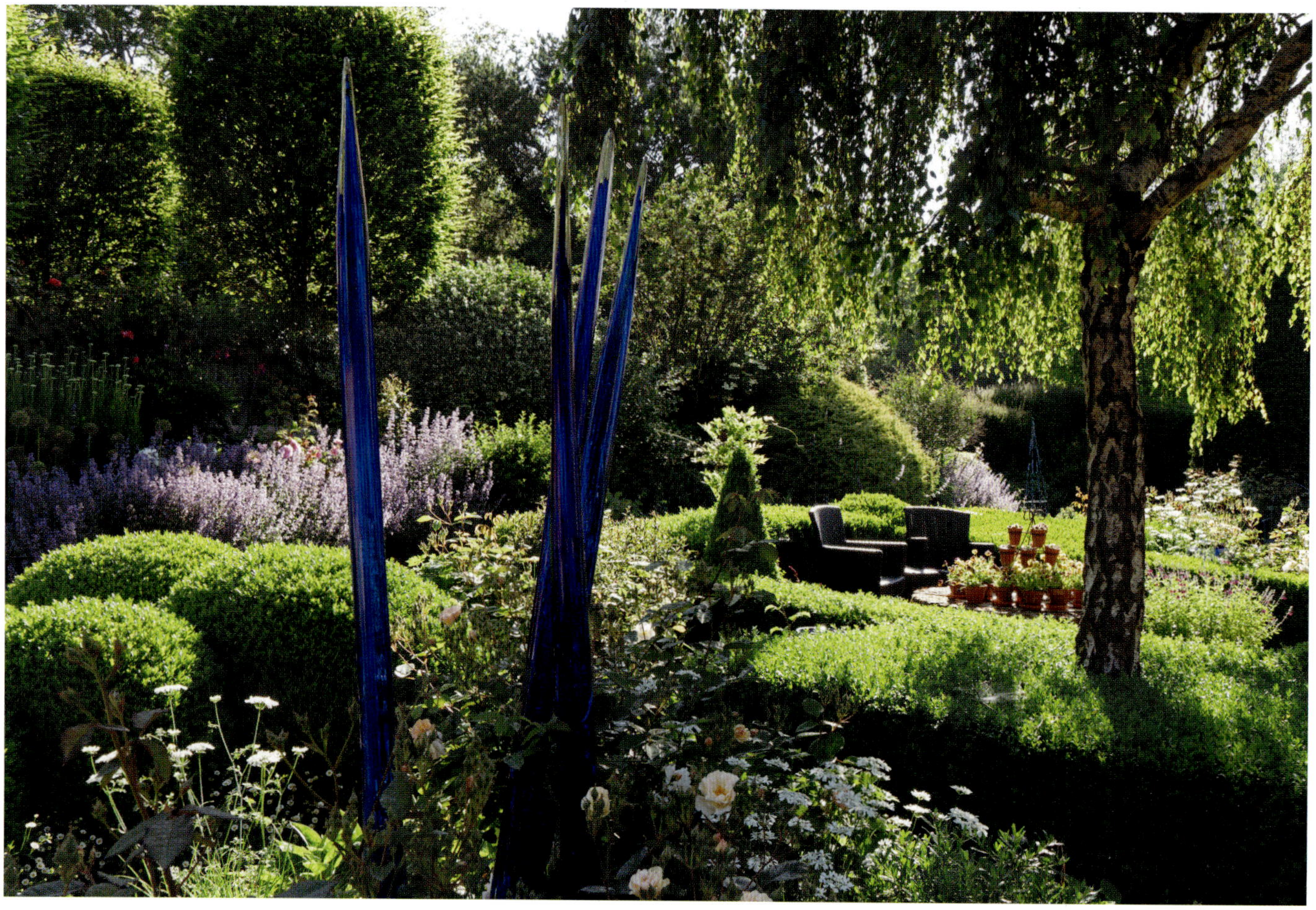

Ein Gitter aus Gras

Auf der Westseite der Weidenhecke schuf Helen ein vorwiegend monochromes geometrisches Gitter. Aus einem Netz von gemähten Pfaden ragen zwölf annähernd rechteckige Grasformationen. In eine dieser Formationen pflanzte Helen ein Labyrinth aus Birken. Ein Segment, auf dem ein Großteil der hölzernen Gartenabfälle verbrannt wird, hat sich zu einer Art Meilerplatz entwickelt.

Etwas weiter erhebt sich auf einem künstlichen Hügel ein Kreis aus recycelten Holzbrettern. „Streat Henge" nennen die Keys' die Installation, in Anspielung auf Stonehenge und den Nachbarweiler Streat. Auf wieder einem anderen Segment wölbt sich ein Laubengang aus Weiden.

Tausende, sich jährlich vermehrende Narzissen sind übers Gitter, vor allem im Birkenlabyrinth und Streat Henge, verteilt. Ihr welkendes Laub verbirgt das aufschießende Gras.

„Wir mähen das Gras erst, nachdem es geblüht hat, und lassen es in den Karrees höher stehen als auf den Pfaden. Das lange Gras wiegt sich so herrlich und bildet einen lebhaften Kontrast zu den gemähten Pfaden. Im Winter ist das Gitter oft frostbereift. Ein Besuch im Jardin Plume bei Rouen in der Normandie hat mich auf die Idee gebracht, dort nennen sie die rechteckigen Beete mit den langen Gräsern Parterres."

Einen bereiften Winterschmuck bieten auch Buchsbaum-Spiralen und Hecken, vor allem im Vorgarten, der das Ergebnis einer frühen Zusammenarbeit mit Alex Bell ist. Dort bilden die dicht bepflanzten Parterres aus Buchs, Klebsamen und anderen getrimmten und in Form gestutzten Pflanzen tischglatte Oberflächen. Entlang der Ziegel- und Kiespfade oder an Obelisken rankend blüht es in den Tönen Blau, Rosa, Creme und Weiß. Als Blickfänge hat Helen große Terrakottaurnen und Glaskunstwerke ihres Bruders aufgestellt.

Helen ist es auf eindrucksvolle Weise gelungen, die von Hecken geschützten, intimen, vor Pflanzen überbordenden Gartenräume mit der weiten geborgten Landschaft der South Downs zu verbinden. Ihr Garten scheint wie die Pferde, die hier einmal lebten, in die Wiesen und Felder hinauszutraben.

OBEN Im formalen Vorgarten lockern Rosen wie ‚Penelope' den akkuraten Formschnitt auf. Die markanten blauen Glasstifte sind eine Arbeit von Helens Bruder David Jackson.

RECHTE SEITE Helen nutzt die an geschliffene Steine erinnernden Keramikskulpturen von Caroline Genders, David Jacksons schimmernde Glaskunstwerke, metallene Vögel, Bänke und in Gruppen arrangierte Pflanztöpfe als Blickfänger.

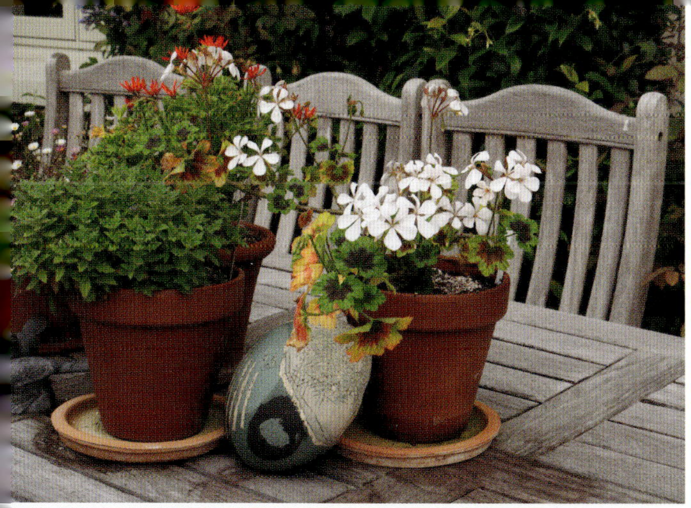
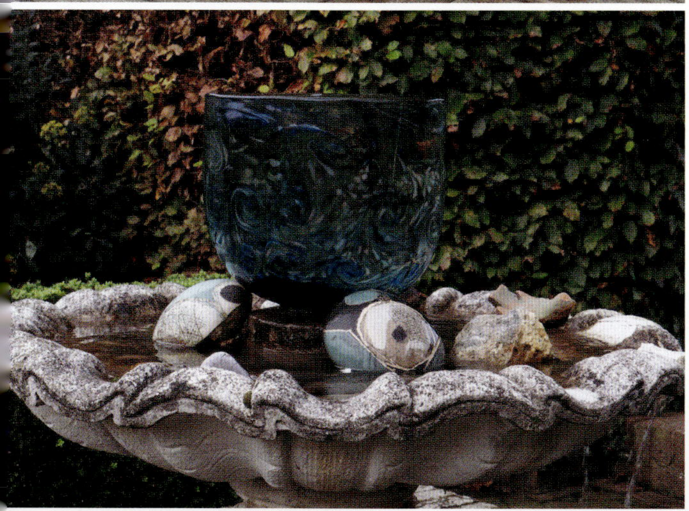
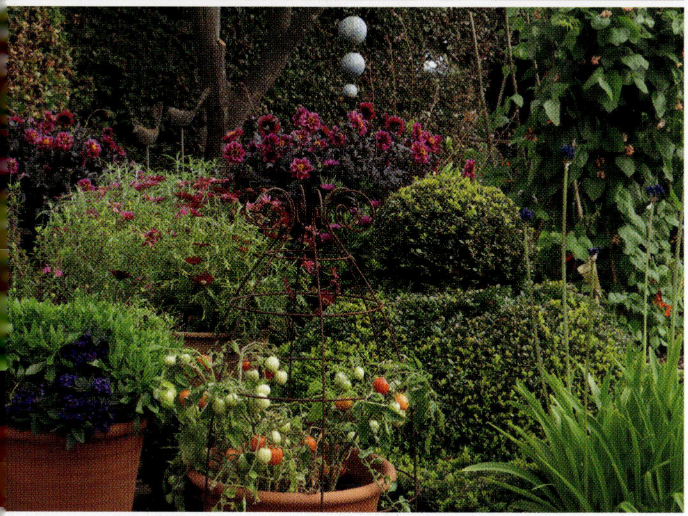
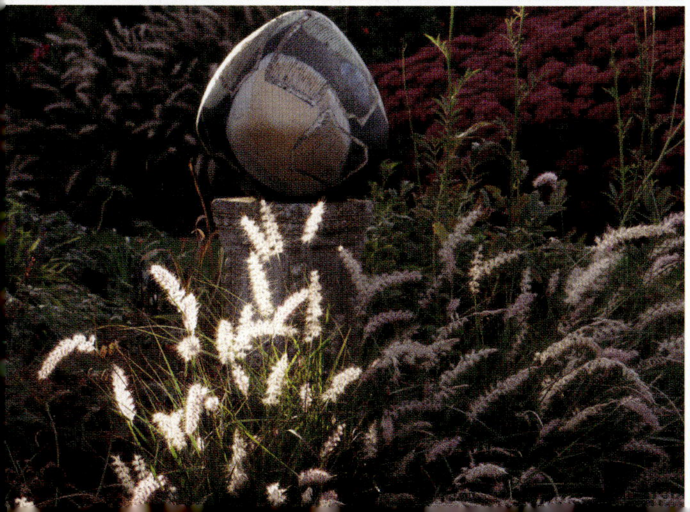
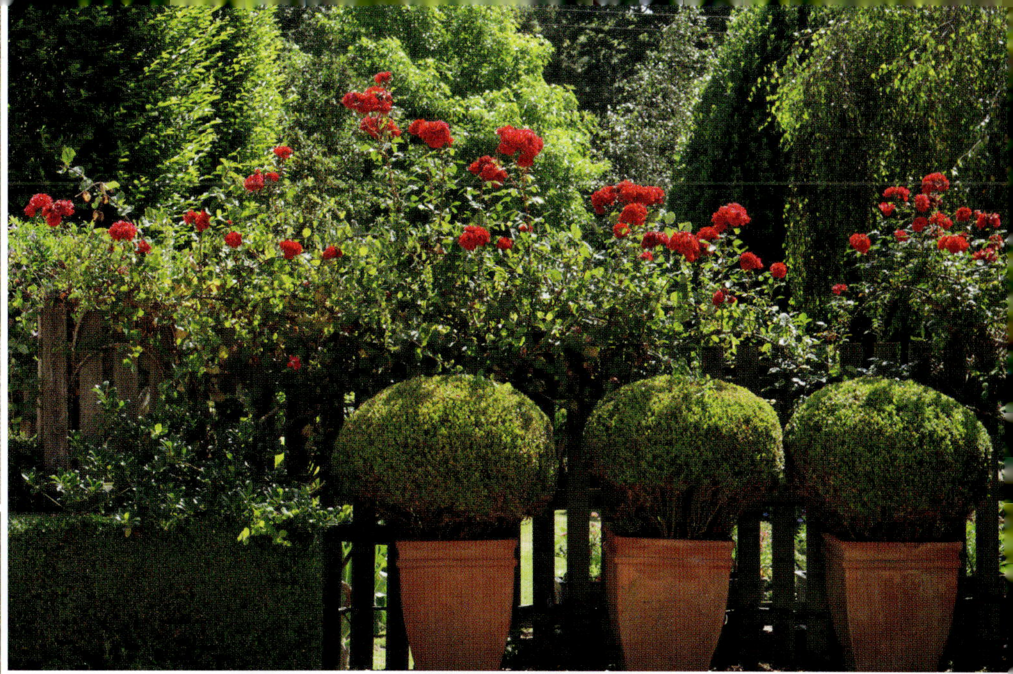
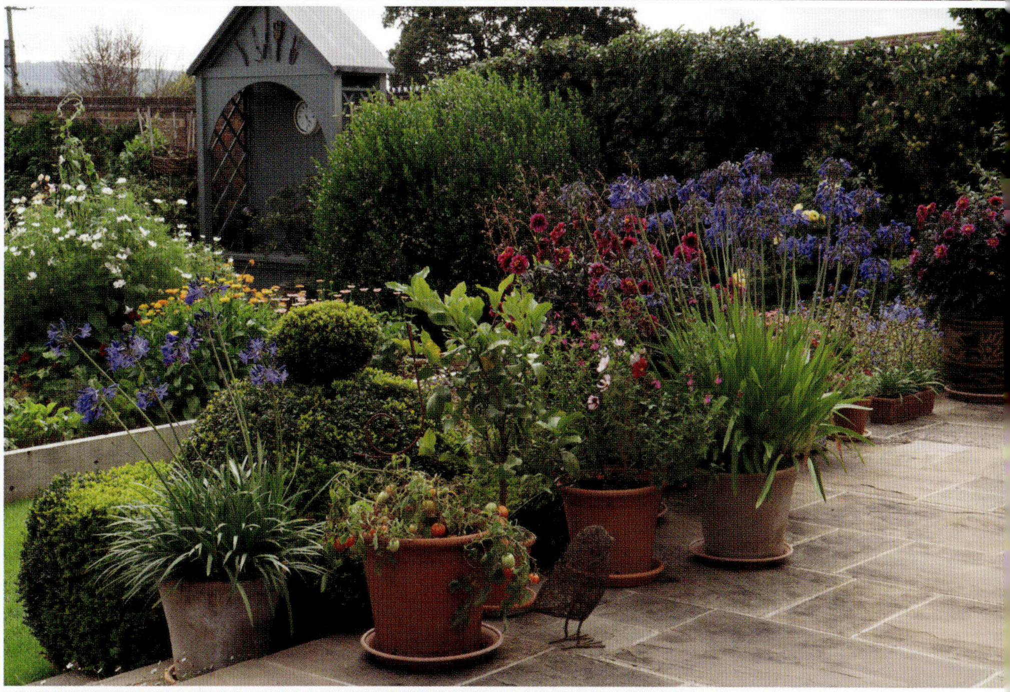
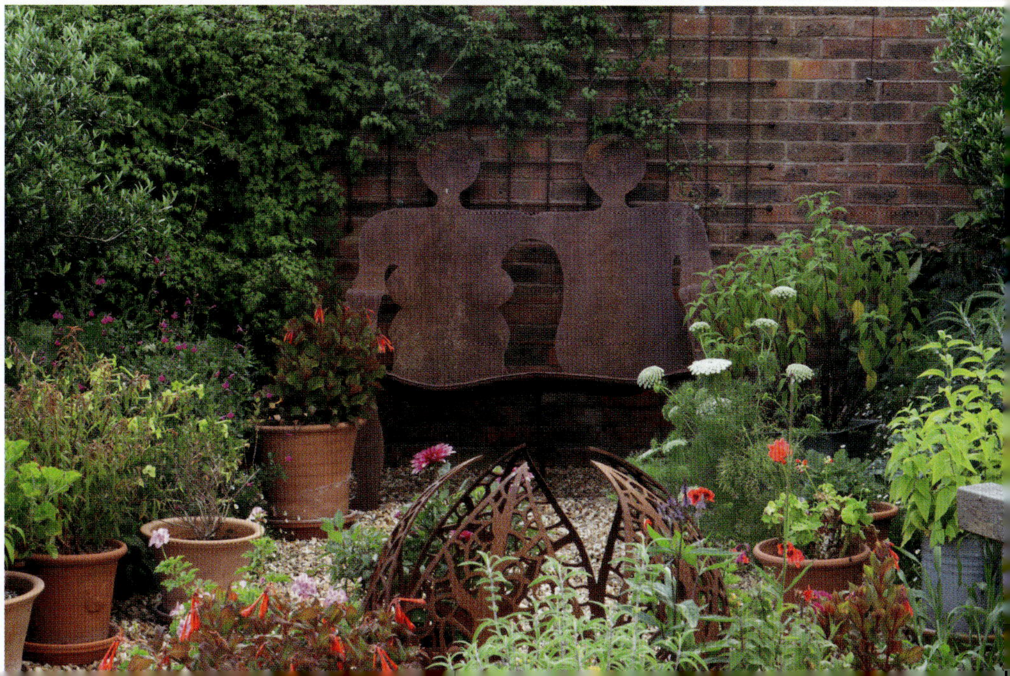

11

Marchants Garten und Gärtnerei

Lewes, East Sussex

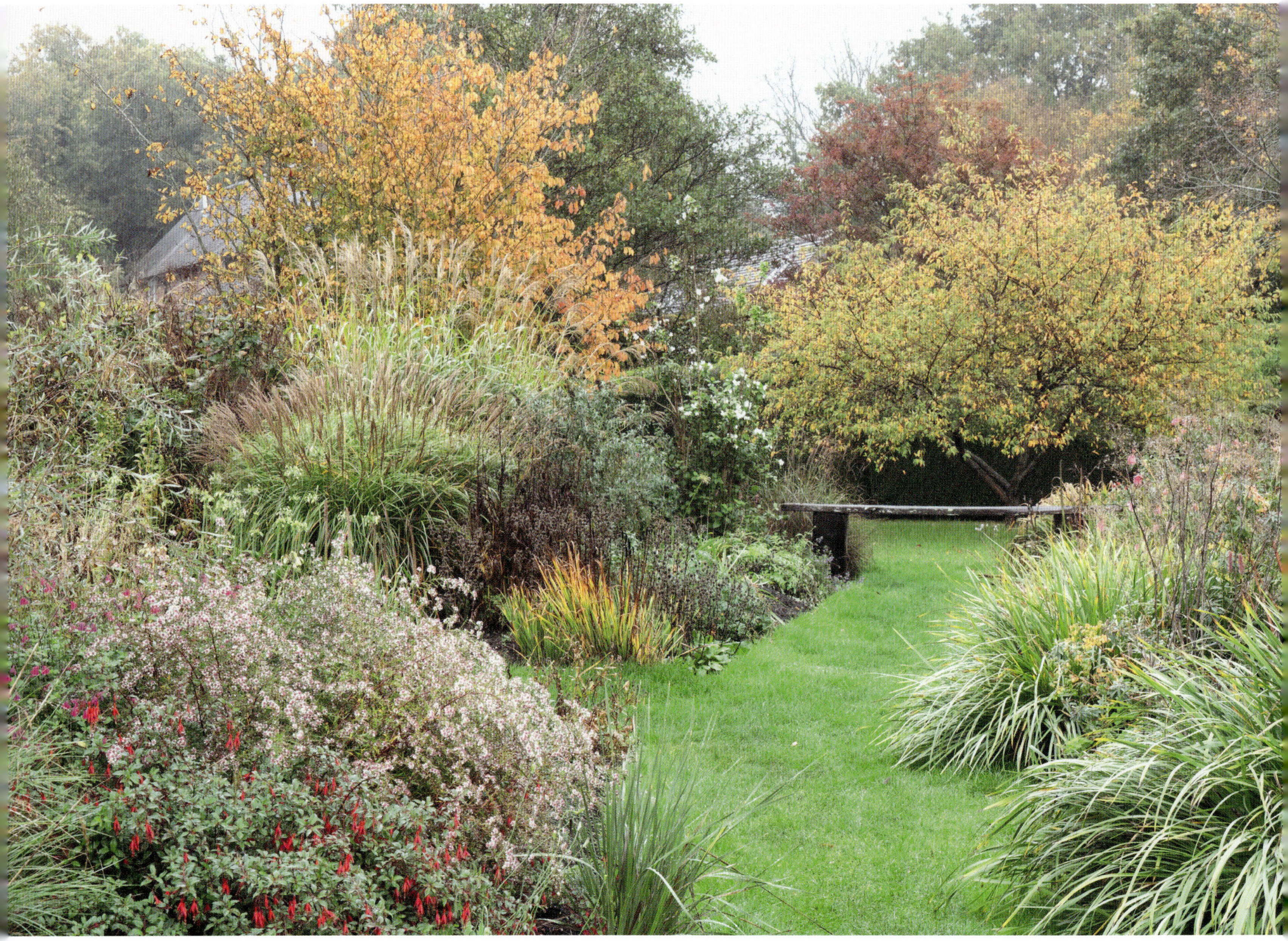

VIELE MENSCHEN wenden sich in einer kritischen Lebensphase dem Gärtnern zu und so war es auch, als Graham Gough seine Karriere als Tenor aufgab. Er singt bei der Arbeit noch immer, sein Sinn für Rhythmus und Kadenzen drückt sich nun aber vor allem visuell aus: in dem Garten, den er mit seiner Frau, der Textilkünstlerin Lucy Goffin, geschaffen hat.

Als Graham die „Guildhall School of Music" in London verließ, wusste er, dass er in der Natur arbeiten wollte. Er kehrte zu seinen Eltern nach Sussex zurück, wo er, wie ein Auszubildender im Königlichen Botanischen Garten Kew, ein Gemüsebeet pflegte und merkte, dass er ein Händchen für Pflanzen hatte. „Das Gärtnern hat mich geerdet und mir den Weg gewiesen, dem ich seither gefolgt bin."

Eines Tages erklärte seine Mutter, er müsse die Namen von wenigstens acht Pflanzen kennen. Also studierte er ihren „Sutton Seeds"-Katalog, lernte Namen wie *Zinnia, Salvia* (Salbei) und *Galtonia* (Sommerhyazinthe). Dann antwortete er auf eine „Gartenhilfe gesucht"-Anzeige und glänzte mit seinem neu erworbenen, wenn auch begrenzten Wissen.

„Jemand, für den ich arbeitete, meinte, ich sollte mir Sissinghurst ansehen, wo damals zwei legendäre Frauen gärtnerten, Pamela Schwerdt und Sibylle Kreutzberger. Ich bin dann oft hingefahren und habe ungeheuer viel gelernt. Die beiden haben mich der renommierten Pflanzenzüchterin Elizabeth Strangman vorgestellt. In ihrer Gärtnerei ‚Washfield Nursery' habe ich 16 Jahre lang von der Pike auf gelernt, erst als Volontär, dann als Angestellter und schließlich als Geschäftspartner."

Er habe einfach großes Glück gehabt, meint Graham, dass er an diesen bekannten Orten und mit so kenntnisreichen Gärtnerinnen arbeiten konnte, und sie ihm den Freiraum ließen, auf seine Weise zu lernen.

LINKE SEITE Bäume wie Persisches Eisenholz *(Parrotia persica)* und Weißdorn-Apfel *(Malus transitoria)* tragen zum Herbstfeuerwerk bei.
UNTEN Gräser, hier *Deschampsia cespitosa* (links) und *Stipa gigantea*, finden in Stauden wie Ruten-Weiderich und *Fuchsia magellanica* ‚*Thompsonii*' ideale Partner.

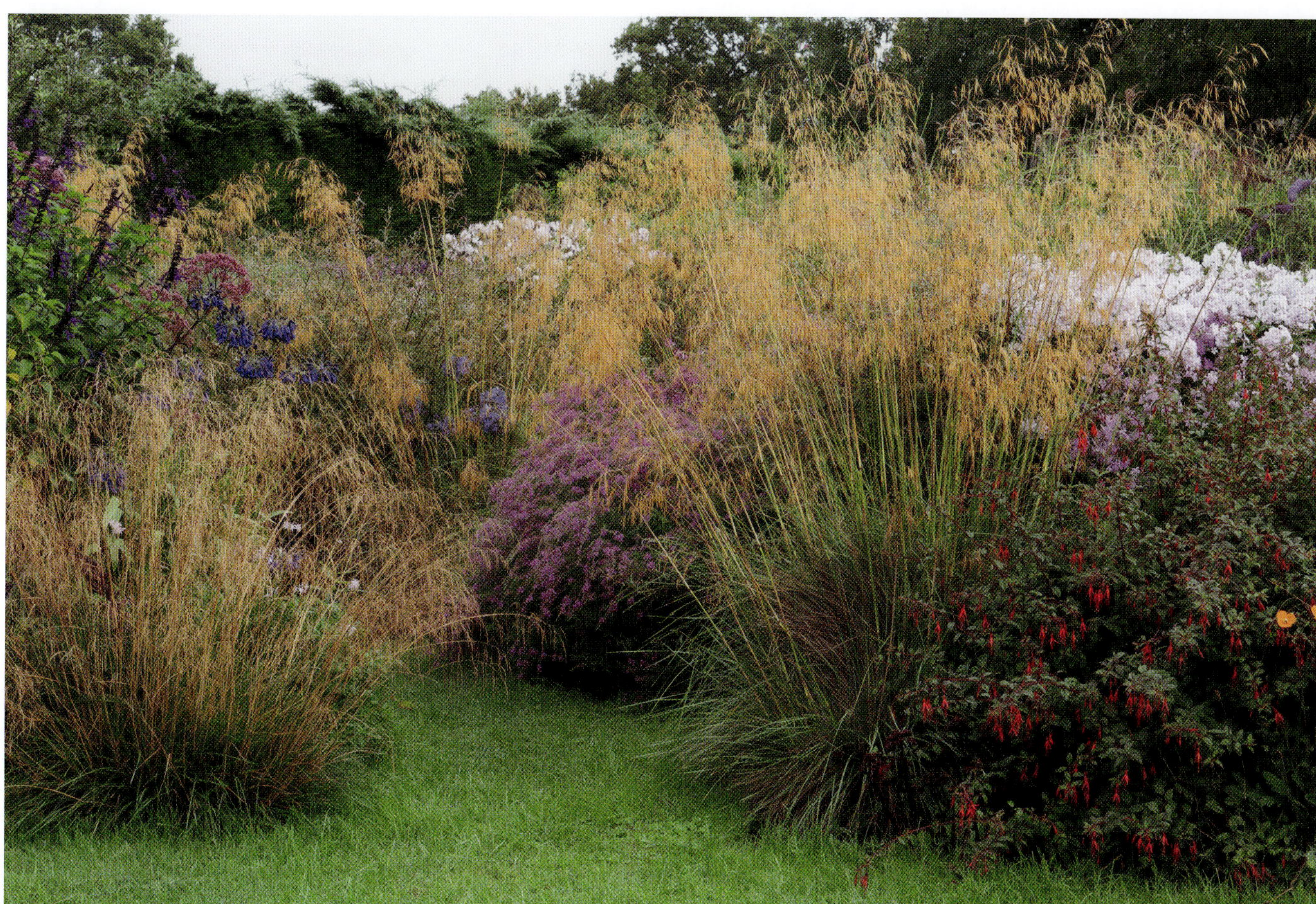

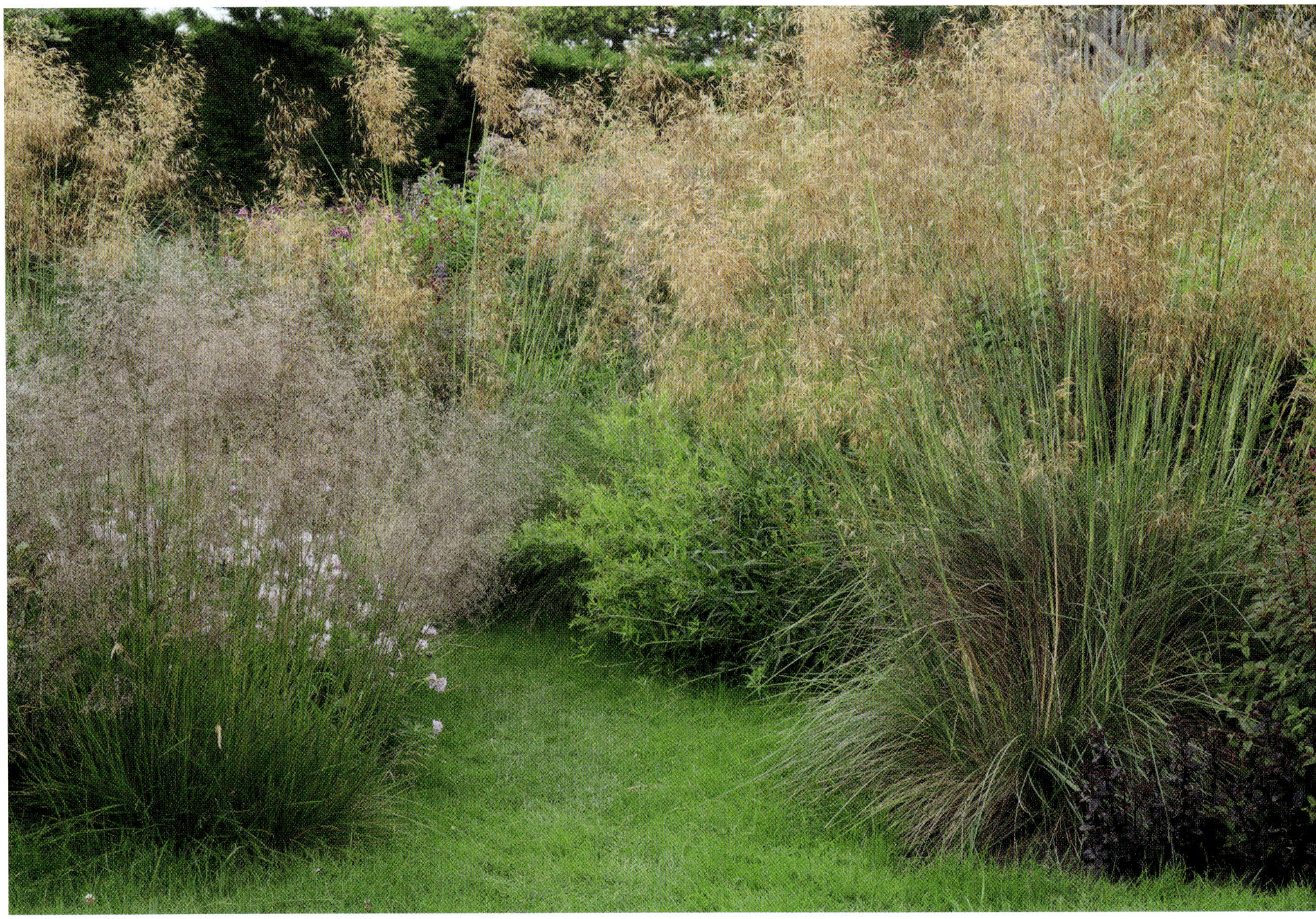

Eine Brachwiese

1998 machte er sich selbständig und gründete mit Lucys Hilfe „Marchants Hardy Plants", eine Gärtnerei für winterharte Pflanzen. Er begann mit 0,8 Hektar Lehmboden an einem exponierten, sanften Hang der Sussex Downs.

„Hier war eine Brachwiese, sonst nichts. Wir haben mit Freunden zusammen den Grünabfall auf einem Freudenfeuer verbrannt. Ich glaube, sie hielten uns für verrückt, viele haben später gesagt, sie hätten an unserem Erfolg gezweifelt."

Graham entwarf das Gartenlayout im Kopf und plante drei Hauptwege. Sie sollten das Grundgerüst sein und Gärtnerei samt Garten in der Landschaft verankern.

„Sie waren meine persönlichen Flur-Linien. Ich bin diese Wege unzählige Male entlanggelaufen und sehe, dass mein Plan aufgegangen ist. Für mich waren Garten und Gärtnerei immer eine gegenseitige Erweiterung, nie getrennte Gebilde."

Da man Prioritäten setzen muss, bereitete er erst einmal den Boden für einen Gemüsegarten vor, während Lucy auf ihrem jährlichen Arbeitstrip in Indien war.

Heute verschmelzen die gemischten Rabatten und Hecken der Gärtnerei mit denen des etwas tiefer gelegenen Gartens. Weich und fließend passen sich Gräser, Stauden und Sträucher in die organischen Formen der Beete ein. Graham hat sein Ziel erreicht: seinen Kunden zu zeigen, wie die Pflanzen, die er in Töpfen verkauft, in einem Garten wirken können.

Sein Garten breitet sich in einem angedeuteten Bogen, in dem die sanfte Hügellandschaft der Sussex Downs anklingt, aus. Die Formen der Beete und der sie umfangenden getrimmten Hecken führen das Thema von Bögen und Kreisen fort. Wogende Gras- und Wildblumenwiesen verbinden den Garten mit der Landschaft und setzen zugleich Kontrapunkte.

Wogende Gräser

In der Frühphase hob Graham einen Teich aus. Er erinnert sich noch gut, dass Christopher Lloyd (Great Dixter, siehe Seite 7), ihn warnte, ein Teich bringe alle möglichen Probleme mit sich … und so war es auch. Einer mächtig wuchernden Binse rückte Graham sogar mit dem Bagger zu Leibe.

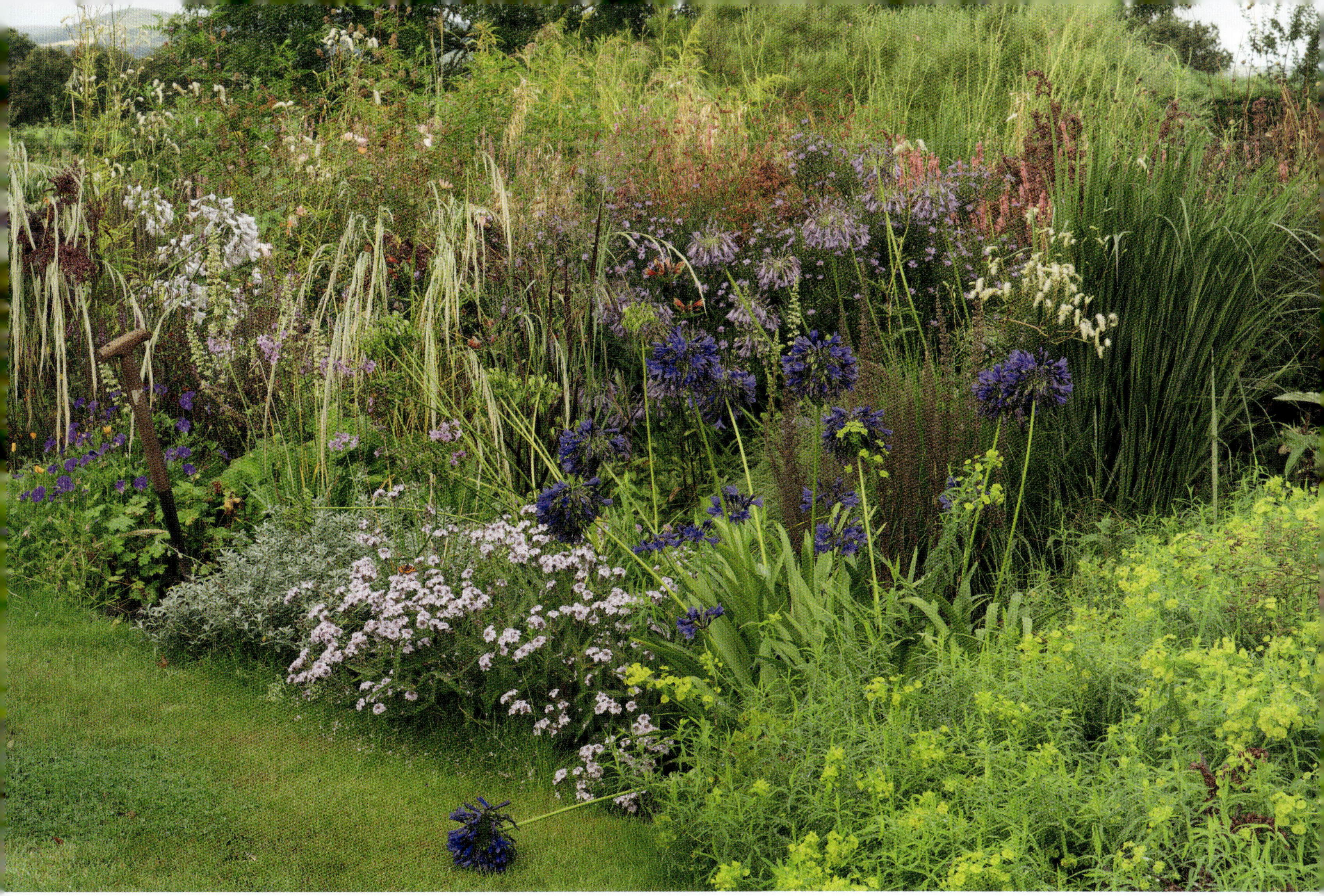

Die Beetkonturen, die Graham im Geist entworfen hatte, markierte er mit dem Rasenmäher. Den Erdaushub aus dem Teich häufte er zu zwei Beeten an, die er mit Gräsern und markanten Stauden bepflanzte. Es scheint, als seien diese Erhebungen und die wogenden Gräser ständig in Bewegung – ein Pflanzenmeer im wahrsten Sinne des Wortes.

Um den Wind zu brechen (zur Küste ist es nicht weit) und seine Pflanzen zu schützen, stellte Graham anfangs Zäune aus unterschiedlich langen Latten auf – wie er es auf den Hebriden gesehen hatte. Die Enden der Latten rundete er ab, damit auch sie die Konturen der Landschaft aufgriffen. Inzwischen können hochgewachsene Hecken und gestutzte Buchen-Säulen manchen Zaun ersetzen.

„Für mich waren Garten und Gärtnerei immer eine gegenseitige Erweiterung…“

Lucys textiles Wissen kam ihnen bei der Flechthecke am Ende des Teichs zugute. Die verwendete Purpurweide *Salix purpurea* ‚Nancy Saunders' hatten sie selbst vermehrt.

„Wir vermehren alle Pflanzen, die wir verkaufen, selbst, und ich nehme nur solche, die ich für gartenwürdig halte. Die Leute wissen das zu schätzen. Selbst wenn einem Kunden eine Pflanze gefällt, verkaufe ich sie ihm nur, wenn sie zu den Bedingungen in seinem Garten passt."

Im Garten wachsen etwa 1500 bis 1800 Pflanzen – zu viele, um sie alle für den Verkauf zu vermehren. Deshalb muss Graham jedes Jahr für seinen Katalog eine ausgewogene Wahl treffen.

LINKE SEITE Gräser in Kombination mit Stauden garantieren in den Beeten das ganze Jahr über interessante Farben, Formen und Texturen.
OBEN Graham Gough hat im ganzen Garten Schmucklilien gepflanzt, u. a. *Agapanthus* ‚Blue Fox', *A.* ‚Marchant's Melancholy Mauve' und *A.* ‚Windsor Grey'. Im Sommer ragen ihre Blütenkugeln auf den geraden Stängeln über Kissen aus Wolfsmilch und Steifem Eisenkraut ‚Polaris'. Das Federgras *Stipa pseudoichu* setzt einen eigenwilligen Kontrapunkt.

RECHTS (von links nach rechts) Henry Macauly, Beccy Hill, Hannah Fox (Geschäftsführerin), Graham Gough, der Gründer von „Marchants".
RECHTE SEITE Im Laufe der Jahre hat Graham für jedes seiner geliebten Ziergräser den perfekten Staudenpartner gefunden, u. a. *Eupatorium* ‚Riesenschirm' (oben links), Zieringwer und *Aster turbinellus* (Mitte rechts). Sträucher, wie die als Sämling im Garten entdeckte Pfeifenstrauch-Hybride (links, dritte von oben) ergänzen die Beete.

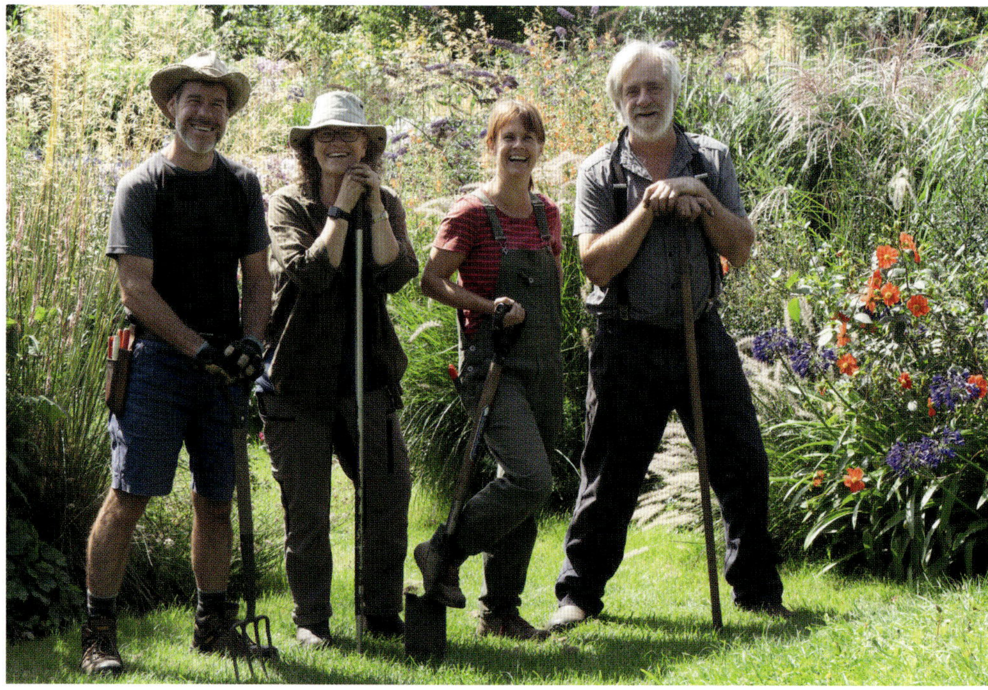

„Gesunde Pflanzen zu ziehen, ist eine Kunst, und darauf kommt es mir im Garten genauso an wie in der Gärtnerei."

Der Katalog von Marchants kommt ohne Bilder aus und verlässt sich ganz auf Grahams bildhafte Beschreibungen der Pflanzen, die er kennt und liebt.

Als er die Gärtnerei gründete, waren Gräser der letzte Schrei, doch man sah sie in Gärten selten gut gezogen und mit Stauden kombiniert. Im Marchants-Garten sind sie das biegsame Rückgrat all der dichtbepflanzten, selbsterhaltenden Beete. Im Lauf der Jahre hat Graham für jedes Gras den idealen Staudenpartner und die wirkungsvollste Einsatzmöglichkeit gefunden.

Schneeglöckchen-Sammlung

Von Ende Oktober bis Mitte März ist die Gärtnerei geschlossen, doch im Vorfrühling öffnet sie für zwei Tage, um ihre Sammlung von rund 50 Schneeglöckchen-Sorten zu präsentieren. Dann zeigen sich im Frühlings-Garten Lenzrosen, Waldanemonen, Farne, Märzenbecher und eben diese Schneeglöckchen. Im Spätfrühling beginnt dann das große Gartenschauspiel, wenn Obst- und Zierbäume blühen, aus den Beeten die Stauden und Gräser sprießen und Zwiebelblüher, wie die Prärielilien *(Camassia)*, die Wiesen bunt tupfen.

Vom Spätsommer bis in den Herbst lassen Spätblüher, verfärbte Halme, Zweige und das Laub der Spitzfrüchtigen Esche *(Fraxinus oxycarpa)* oder der Sumpf-Eiche *(Quercus palustris)* den Garten lodern. Graham hat überall Schmucklilien *(Agapanthus)* gepflanzt, deren Stängel mit ihren weißen oder blauen Blüten kerzengerade aus dem Wogen der Gräser ragen. Besonders apart wirken Blüten, Stängel und Samenstände im Gegenlicht der schon tiefstehenden Nachmittagssonne.

Formen und Texturen bestimmen Grahams Pflanzenauswahl, die Blütenfarbe ist ein ergänzendes Element. Zieringwer *(Hedychium)*, Wasserdost *(Eupatorium)* und Gräser wie das Riesen-Federgras *(Stipa gigantea)* setzen in den üppigen Beeten, die ruhig zum Teich hinabfließen, vertikale Akzente. Kerzenknöteriche, wie Grahams eigene Züchtung *Persicaria amplexicaulis* ‚Marchant's Red Devil', Ruten-Weiderich *(Lythrum virgatum)* und filigrane weiße Prachtkerzen *(Oenothera lindheimeri)* liefern sanfte Farbtöne.

Während der Corona-Pandemie haben Graham und Lucy ihr Team um eine Gärtnerin verstärkt und Verantwortung an Hannah Fox abgegeben, die seit Jahren für sie Pflanzen züchtet und vermehrt. Nun freuen sie sich darauf, endlich mehr Zeit dafür zu haben, an der außergewöhnlichen Pflanzen-Tapisserie ihres Gartens weiterzuknüpfen.

Graham Gough ist inzwischen als Pflanzenkenner und Gärtner so versiert wie die bewunderten Frauen, von denen er so viel lernte. Wer in den Genuss seiner Geschichten und seines Wissens kommt, egal ob als Gartenbesucher, Kunde oder angehender Pflanzenkenner, hat Glück.

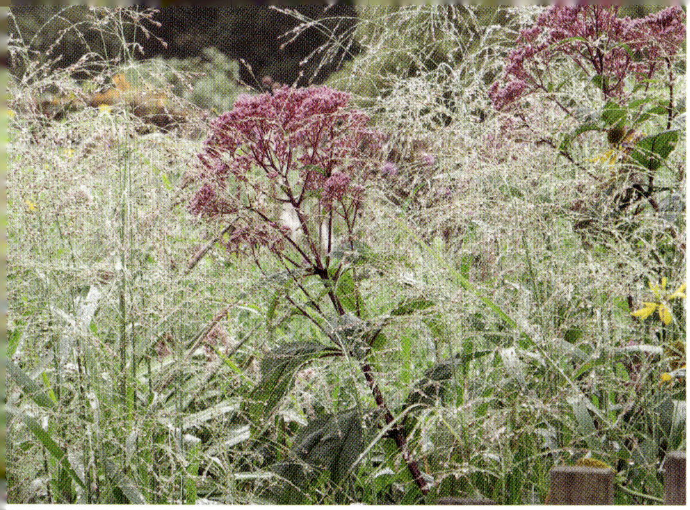
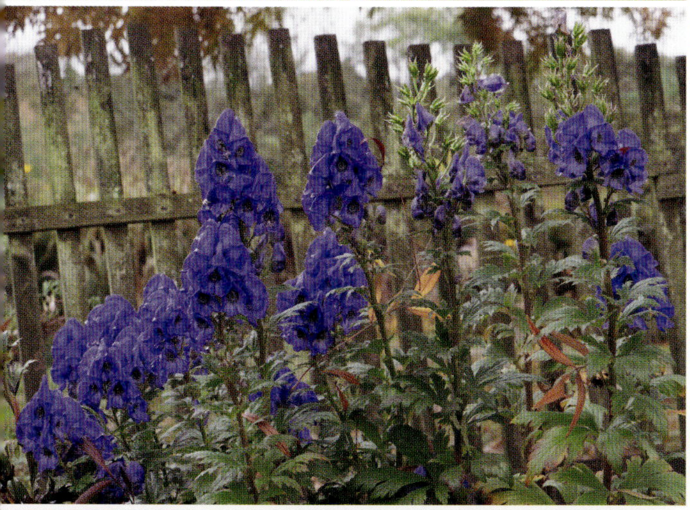
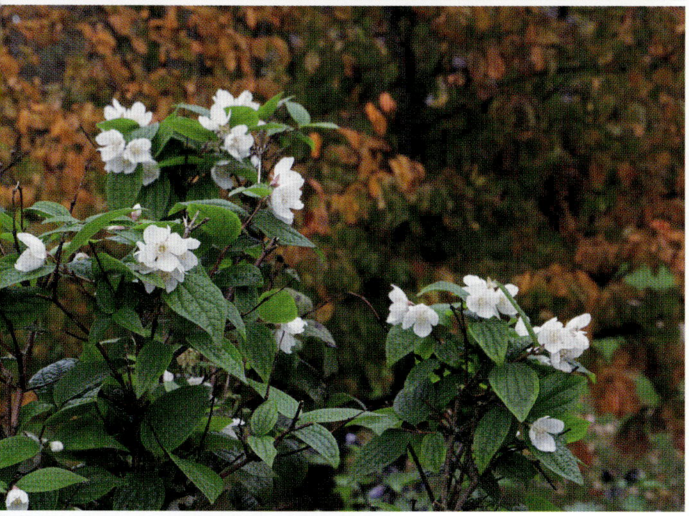
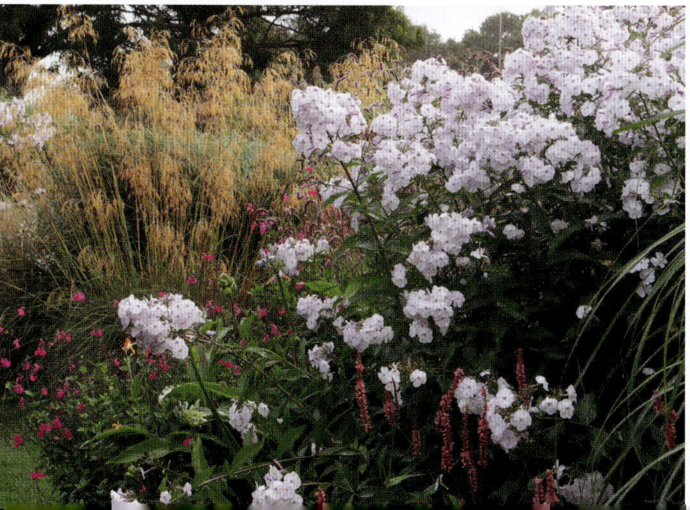
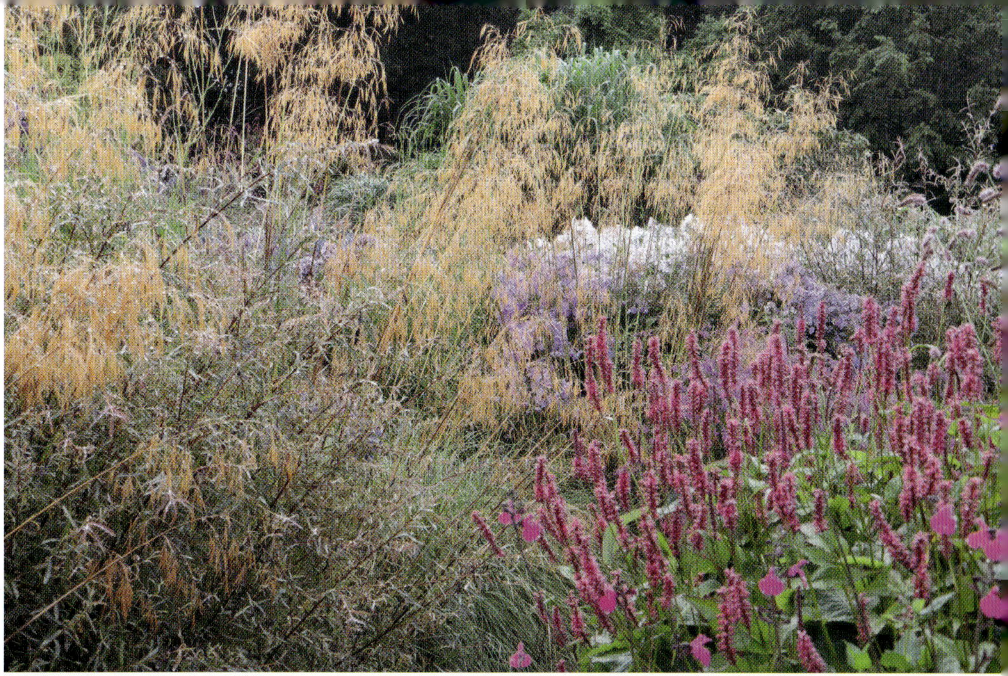
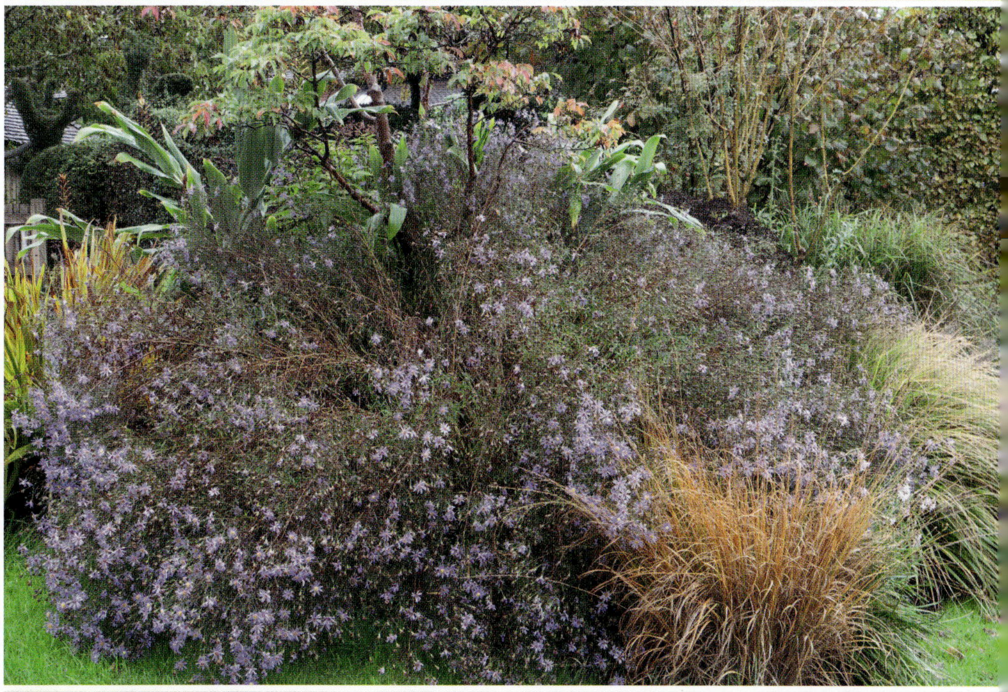
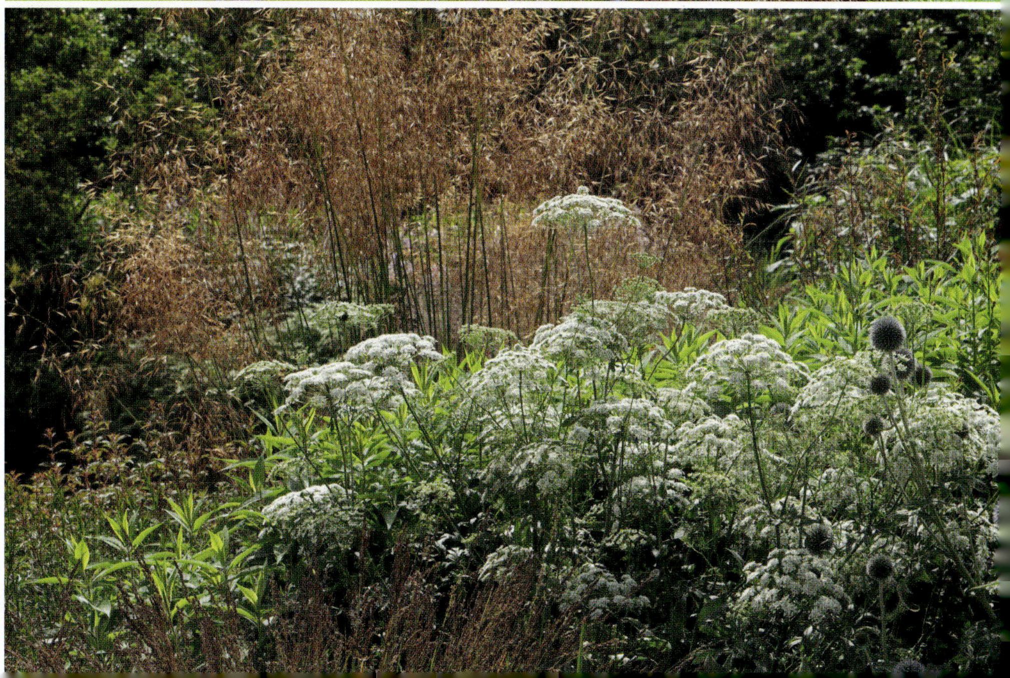

12

Moleshill House

Cobham, Surrey

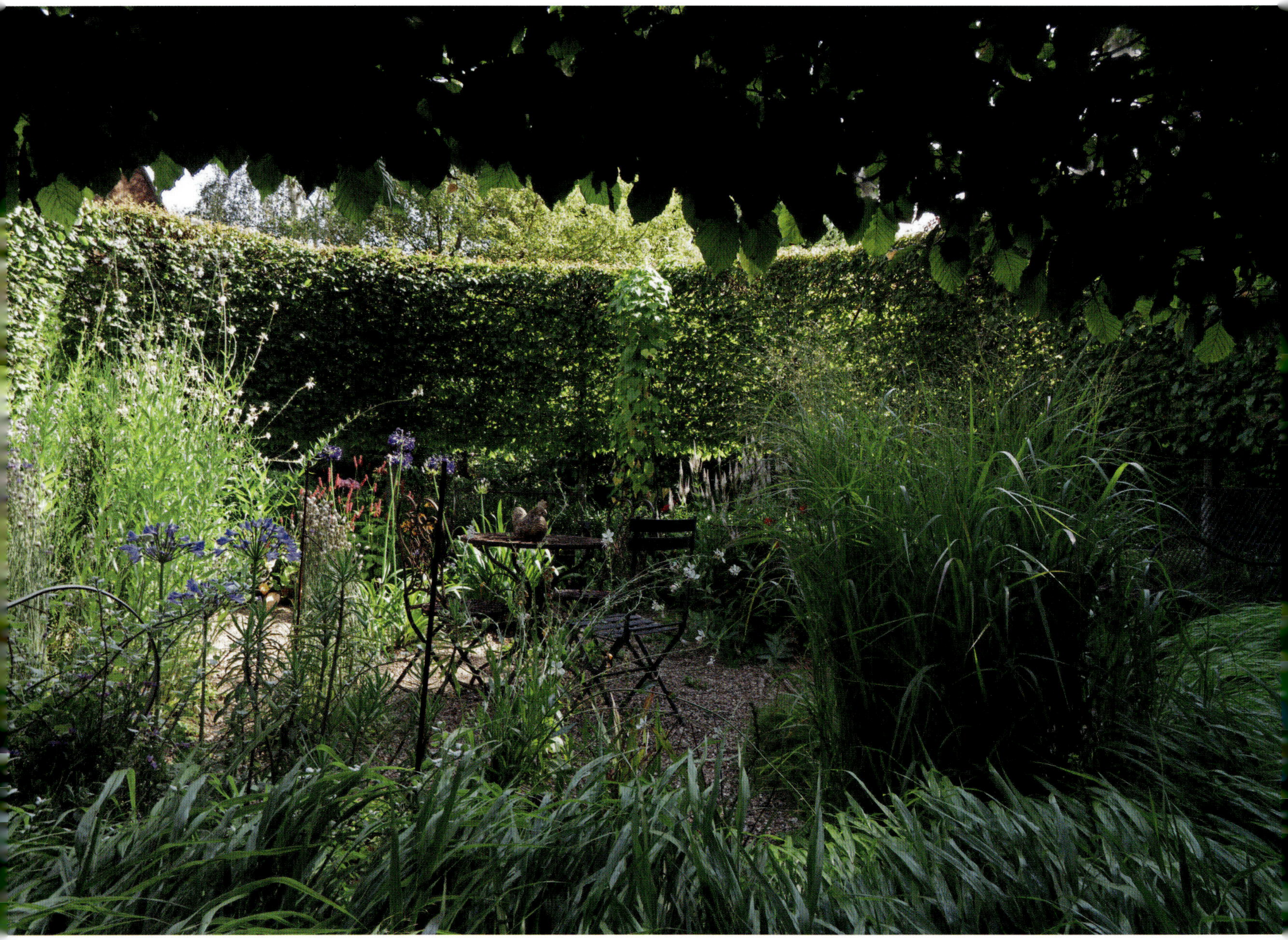

Der Garten von Moleshill House fasziniert und betört, sobald man durch das Tor am Ende der gekiesten Einfahrt tritt. Seine Besitzerin Penny Snell weiß ganz genau, was ein Garten braucht, um einen Betrachter zu packen und nicht mehr loszulassen, hat sie doch mehr als 42 Jahre lang für die Londoner Sektion des „National Garden Scheme" (NGS) den Gartenführer, das berühmte „Gelbe Buch", betreut. Als sie anfing, waren in London gerade einmal 32 Privatgärten aufgelistet, die an ein, zwei Tagen zu einem wohltätigen Zweck Besucher einließen, 2021 waren es 300. 2008 bis 2014 war Penny dann Vorsitzende des Vereins, seither ist sie Vizepräsidentin.

Bewerbern für das NGS erklärt Penny, ihre Gärten müssten „ein Konzept und gut umgesetzte Gestaltungselemente haben und sehr gepflegt sein". Ihr eigener Garten stellt ihre Gabe unter Beweis, mit Pflanzen und Gestaltung Augen und Füße der Besucher über die Pfade und baumgesäumten Wege zu lenken.

Penny zog 1987, im „Jahr des großen Sturms" nach Moleshill House. Der Garten war damals vor allem grün, es gab „einen unansehnlichen Rasen und ungeheuer viele hohe Bäume". Wenige Monate später fällte der Orkan sieben von ihnen, und zu Pennys Freude drang nun Licht in den Garten. Ein Grundstückstausch mit einem Nachbarn brachte ihr noch einen Streifen Land sowie eine hohe Backsteinmauer ein, die den Garten vor neugierigen Blicken und der vielbefahrenen Einfallstraße nach London schützte.

Zu einer Seite des neuen Streifens pflanzte Penny eine Allee aus 40 Mehlbeeren *(Sorbus aria)* ‚Lutescens'. Sie liebt die Rinde und das Laub der Mehlbeeren noch immer, weiß aber inzwischen, wie schwer sie zu einer Spalierhecke zu erziehen sind, denn ihre Zweige streben nach oben, nicht seitwärts und müssen ständig getrimmt werden. Unterpflanzt ist die Allee mit Frühlingszwiebelblühern wie Schneeglöckchen, Osterglocken *(Narcissus pseudonarcissus)*, der orangen Wildtulpe *(Tulipa whittallii)* und Prärielilien, im Sommer bildet Bergwald-Storchschnabel *(Geranium nodosum)* einen dichten Flor.

Constance Sprys „Flower School"

Pennys Liebe zu Pflanzen reicht in ihre Kindheit zurück. Die Familie lebte in Sevenoaks, Kent, praktisch direkt neben Knole House (wo Vita Sackville-West, 1892–1962, geboren wurde). Von ihrem Grundstück führte ein Tor in den Park, durch den Penny oft streifte. Und sie zog erfolgreich Duftwicken zum Kummer ihres Vaters, dem das nie gelang.

Nach dem Schulabschluss machte sie in London eine Ausbildung an der „Flower School" der berühmten Floristin Constance Spry. „Wir lernten, wie man Blumen anbaut und arrangiert, wie man ein Unternehmen aufbaut und führt."

Sie belegte noch einen Sekretärinnenkurs und bekam dann einen Job bei der Familie Hennessy (die den edlen Cognac produziert). Nebenbei arbeitete sie als selbständige Floristin für Hochzeiten, Museen und Galerien. Zwanzig Jahre

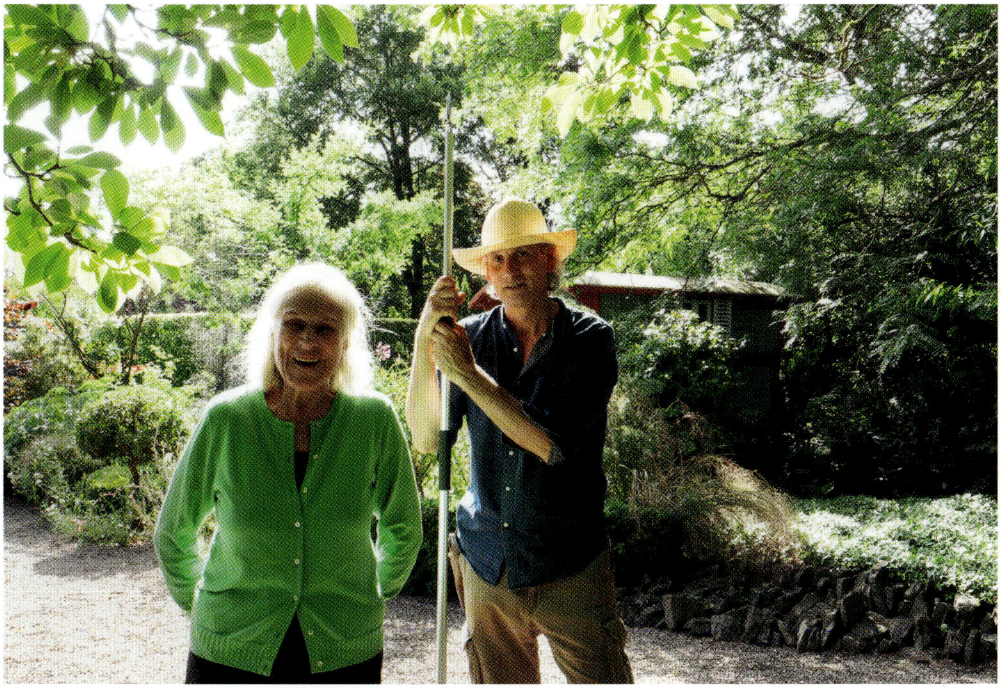

LINKE SEITE Spalier-Hainbuchen umkreisen den Kiesgarten in der Mitte der großen Rasenfläche. Unter den Bäumen wispert ein auflockerndes Rund aus Japanischem Berggras *(Hakonechloa macra)*.
LINKS Penny Snell und Marc O'Neill.

„NGS-Gärten müssen ein Konzept, gut umgesetzte Gestaltungselemente haben und sehr gepflegt sein."

lang schmückte sie den Haupteingang des Victoria & Albert Museums wöchentlich mit riesigen Blumenarrangements.

Ihr Talent für malerische Kompositionen zeigt sich auch in ihrem 0,2 Hektar großen Garten. Mit Buchsbaum-Kugeln in Terrakottatöpfen, die am Haus entlang stehen, erzielt sie diverse Wirkungen: der Übergang von Backstein zu Kies wird verwischt, der Garten rückt ans Haus heran und es entsteht ein Kontrapunkt zur ungestümen Bepflanzung der Beete am Rasenrand. Buchs-Spiralen oder -Kegel nutzt sie auch sonst als Akzente, und an Töpfen und Urnen in Bleioptik erinnern Efeugirlanden an Grinling Gibbons fragile Holzschnitzereien.

So sehr Penny die Formalität des gestalteten Buchses, der Spalierbäume und getrimmten Hecken gefällt, ihre Pflanzen sollen „sie selbst sein", die Beete wallend und überschwänglich füllen. Manche Beete haben Buchseinfassungen, doch darin muss es, etwa mit dem Kleinköpfigen Knöterich *(Persicaria microcephala)* ‚Red Dragon', locker zugehen. „Ich mag keine steifen Blumen in Habachtstellung." Vor den hohen Mauern liegen tiefe Rabatten, jede mit ausgeprägtem Pflanzencharakter. An den vielen (zu vielen, nach Pennys Ansicht) alten Bäume ranken Rambler- und Kletterrosen von üppigen Ausmaßen.

Selbstaussäer

Vom Tor führt eine gekieste Auffahrt an Arealen vorbei, die entweder zum Betreten einladen, wie der Efeu-Kreis – der in eine Hommage an den Land-Art-Künstler Richard Long verwandelte frühere Steingarten –, oder zum Umkehren und genaueren Betrachten: der noch recht junge Stumpfgarten, wo Farne und schattenliebende Pflanzen aus den Spalten großer Baumstümpfe wachsen; der Gemüse-und-Schnittblumen-Garten, ein Hühnerhaus und der Hof mit einer neubegrünten Mauer.

Tiefer im Garten findet man eine Reihe sorgsam gestalteter Vignetten. Wie etwa den Kiesgarten rund um einen bunten Zirkuswagen, in dem Nachtkerzen, Ringelblumen, weißer Baldrian, Fingerhüte, Patagonisches Eisenkraut und andere Selbstaussäer blühen. Im Wagen gibt es Heizung und Strom, „wir alle, Kinder wie Erwachsene, haben schon darin übernachtet", erzählt Penny.

Am Ende der Auffahrt, mit Blick auf den Rasen, steht das in den 1880er Jahren für die Juwelierfamilie Asprey erbaute Haus. Penny entschied sich für geschwungene tiefe Beete am anderen Ende der Rasenfläche. Ein Freund, der Gartengestalter Anthony Noel, der ebenfalls einen NGS-Garten hat, riet ihr, die runden Formen der Beete durch Buchsbaumkugeln zu betonen. Sie folgte seinem Rat, doch inzwischen sind die einst winzigen Pflanzen zu so großen dominanten Kugeln gewachsen, dass sie eventuell weichen müssen.

Hainbuchenrund

2014 konnte Penny mit Hilfe ihres Gärtners Andrew Gaynor eine Idee verwirklichen, die den Garten völlig veränderte. „Er ist flach und eindimensional, ohne jeden Höhenunterschied. Der Rasen war nichts als ein geschwungenes weites Grün. Ich wollte mehr Bewegung und Abwechslung hineinbringen und dachte mir, ein Kreis aus Spalier-Hainbuchen würde das Auge nach oben lenken und eine gartenkünstlerische Mitte schaffen."

Andrew entwarf alles am Computer und pflanzte dann einen perfekten Kreis aus Hainbuchen *(Carpinus betulus)*, die nun zu einem Hochspalier erzogen und mit bauschigem Japanischem Berggras *(Hakonechloa macra)* unterpflanzt sind. Weil der Rasen im Hainbuchenrund im Sommer vertrocknete, wurde er bald durch Kies ersetzt. Darin gedeihen jetzt Ziergräser, Patagonisches Eisenkraut und andere trockenresistente, selbstaussäende Stauden. Das Thema der Kreise und Bögen greift an anderer Stelle eine Kuppellaube auf, an deren Metallbögen *Rosa* ‚City of York' rankt.

In einer versteckten Ecke hinter dem nach Süden weisenden Wintergarten findet man Elemente, wie man sie in einem NGS-Garten erwartet, z. B. ein L-förmiges Holzapfelspalier und einen herrlichen Bogen aus Mühlenbeckien, einer Pflanze, die man meist kriechend kennt. Überall im Garten verteilt lenken Objekte und Skulpturen den Blick auf sich – ein Eisenbett, Callas aus rostigem Metall, ein aus Weidenzweigen geflochtener Grüner Mann an einer Mauer …

Penny verbringt den ganzen Tag im Garten und obwohl es reichlich Bänke und Stühle gibt, setzt sie sich nur selten einmal hin, und falls doch, nicht lange – irgendetwas muss immer getan werden. Der sandige, gut drainierte Boden hat seine Vorteile, 2008 investierte sie in einen Brunnen: „Das Wunderbare daran ist, egal wie viel Wasser ich verbrauche, es fließt durch den Sand gleich wieder ins Grundwasser ab."

2021 konnte Penny Marc O'Neill, der erfolgreich Mode designte, bevor er Gärten gestaltete, dafür gewinnen, den Garten gemeinsam mit ihr noch weiter zu entwickeln. Sie behauptet zwar, sie sei „auf Monate, wenn nicht Jahre verplant", aber vielleicht hört sie auf ihre Tochter und schafft sich vor dem eleganten Gartensalon eine gemütliche stilvolle Sitzecke, um die Abendsonne in Ruhe zu genießen …

RECHTE SEITE Penny Snell hat viele Gartenvignetten geschaffen, vom Stumpfgarten bis zum Zirkuswagengarten.

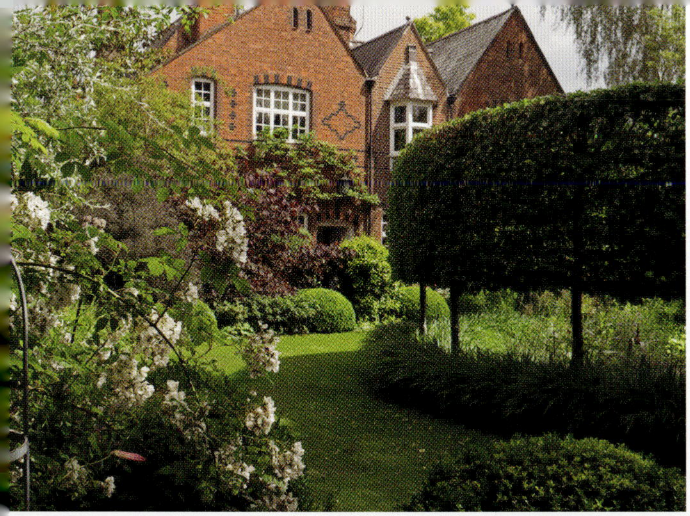
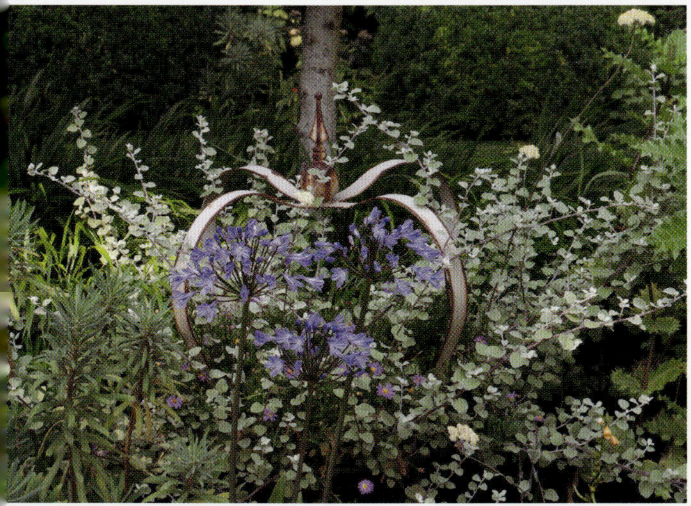
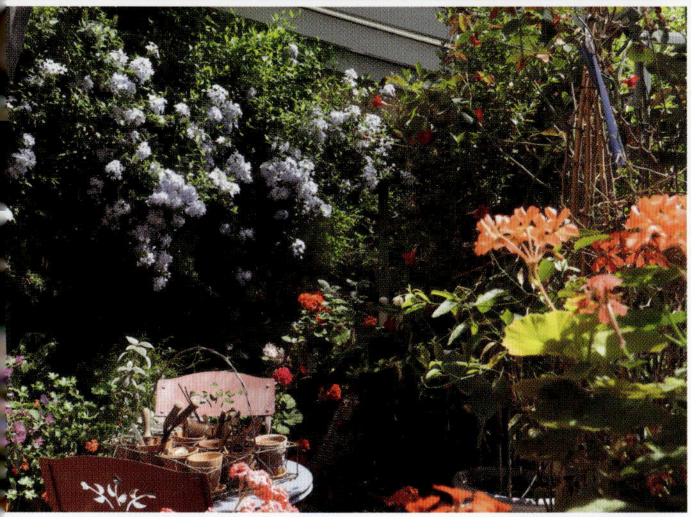
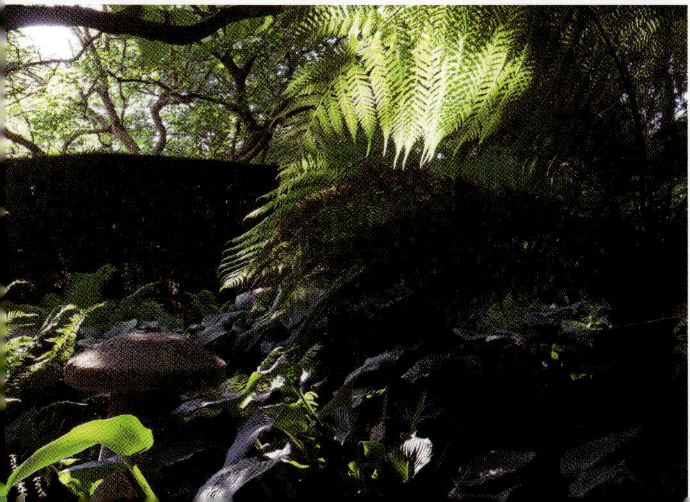
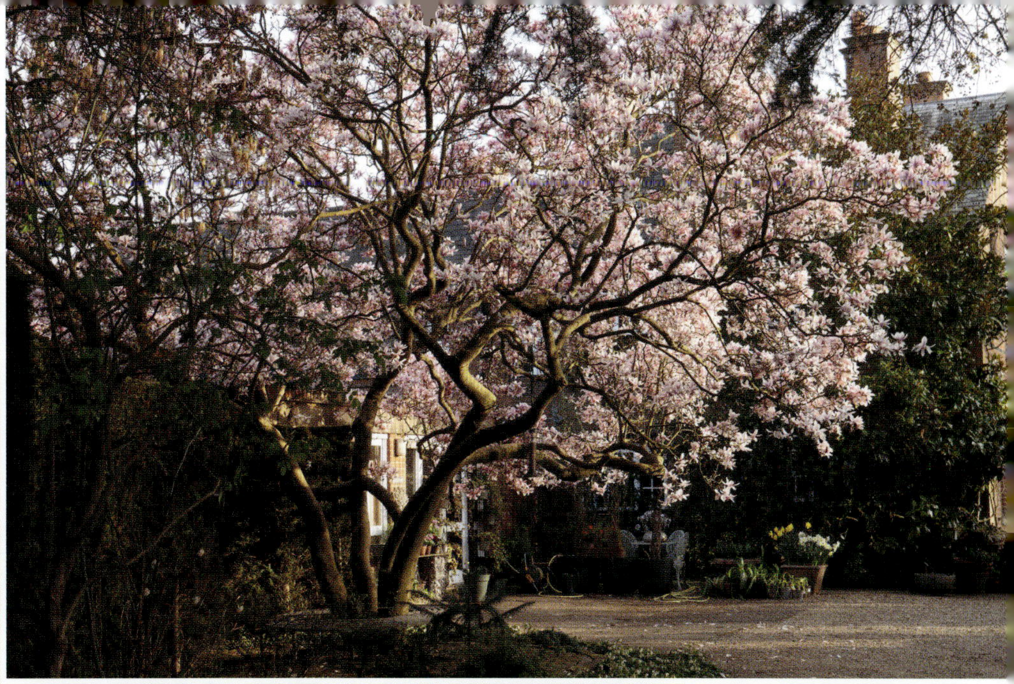
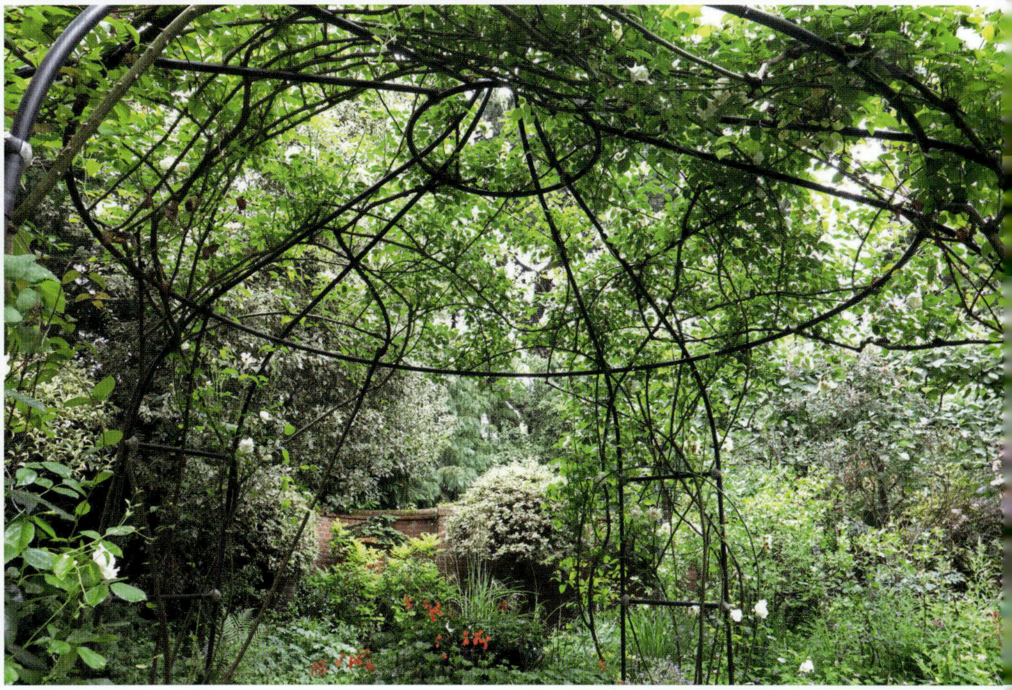
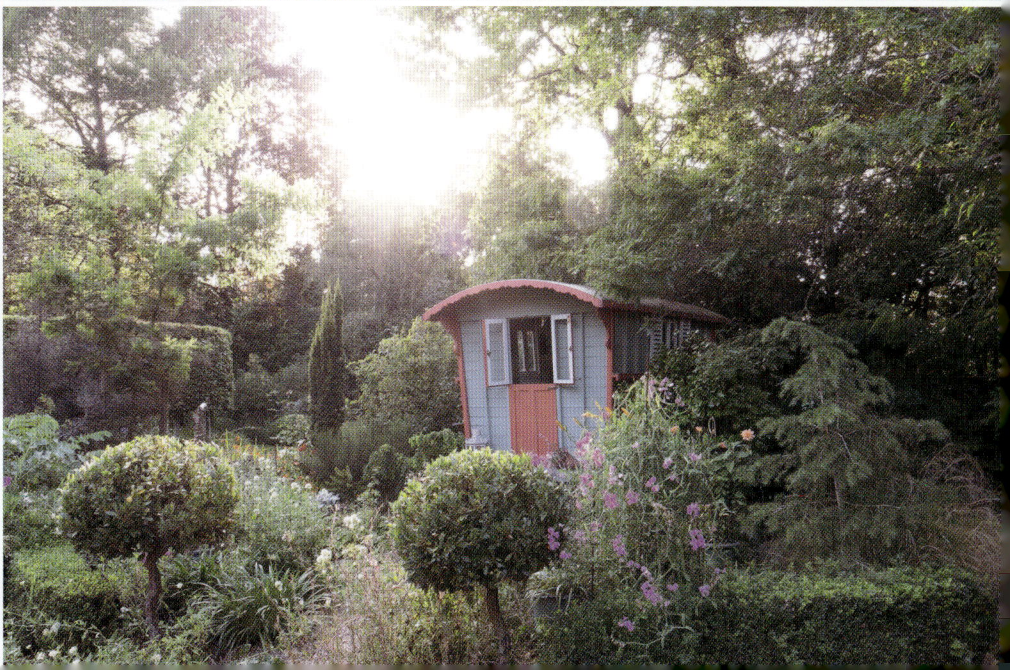

13

Munstead Wood und das „Quadrangle“

Godalming, Surrey

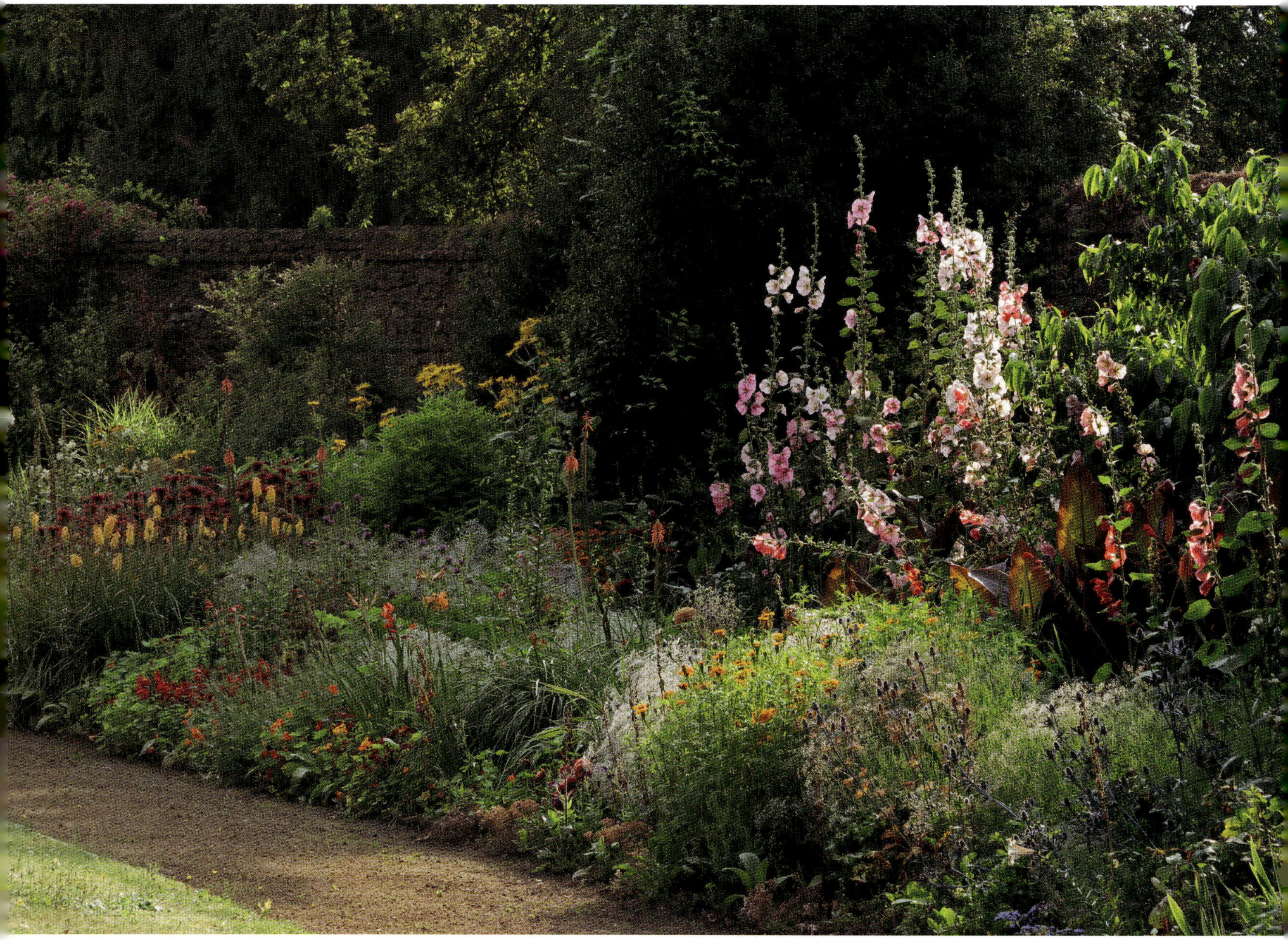

Gärten sind fragile Gebilde, wie fragil zeigt sich, wenn der Besitzer wechselt. Als der Garten einer der berühmtesten Gartengestalterinnen des 20. Jahrhunderts an einen Verwandten überging, stand er buchstäblich vor einer Zerreißprobe.

Munstead Wood in Surrey war das Zuhause, die Experimentierfläche und der Garten von Gertrude Jekyll (1843–1932). 1949 teilte ihr Neffe Francis den Besitz in fünf Grundstücke auf, verkaufte vier und lebte bis zu seinem Tod vom Erlös. Glücklicherweise haben die Grundstücke von Munstead Wood und dem benachbarten „Quadrangle" (Karree) heute wieder eine, wenn auch nur lockere, Verbindung.

Die Käufer des Grundstücks, das Gertrude Jekylls Wohnhaus und 4 Hektar des Gartens umfasste, waren nicht daran interessiert, die Anlage, die sie für altmodisch hielten und die viel Arbeit erforderte, zu erhalten. Sie asphaltierten Wege, rissen Pflanzen heraus und säten Gras in den Beeten, fällten viele Bäume, legten eine Koppel für das Pony der Kinder an und bauten einen Swimmingpool.

Recherche und Restaurierung

Zweimal wurde Munstead Wood gerettet: Zum ersten Mal 1968, als Sir Robert Clark und Lady Clark das Anwesen kauften, und zum zweiten Mal 1987, als der Herbstorkan 200 Bäume entwurzelte. Der damalige Chefgärtner der Clarks, Stephen King, schlug vor, die Zerstörung als Gunst der Stunde anzusehen und den Garten im Jekyll'schen Sinn zu restaurieren. Sieben Jahre lang gingen seine Recherchen und Pflanzungen Hand in Hand.

Anleitungen lieferten ihm gut 1000 Artikel sowie diverse Bücher, inklusive der von Gertrude Jekyll verfassten, mit Beschreibungen, Plänen und Fotos. Sie ermöglichten es King, die Umrisse sowie die Lage der Beete zu rekonstruieren und die Pflanzen zu wählen.

LINKE SEITE Beim Bepflanzen der 61 Meter langen Großen Rabatte richtet sich Annabel Watts nach Gertrude Jekylls komplexen Plänen. UNTEN Im Drei-Ecken-Garten unterhalb des Nordhofs sind Rosen, Pfingstrosen und Fingerhüte voll erblüht.

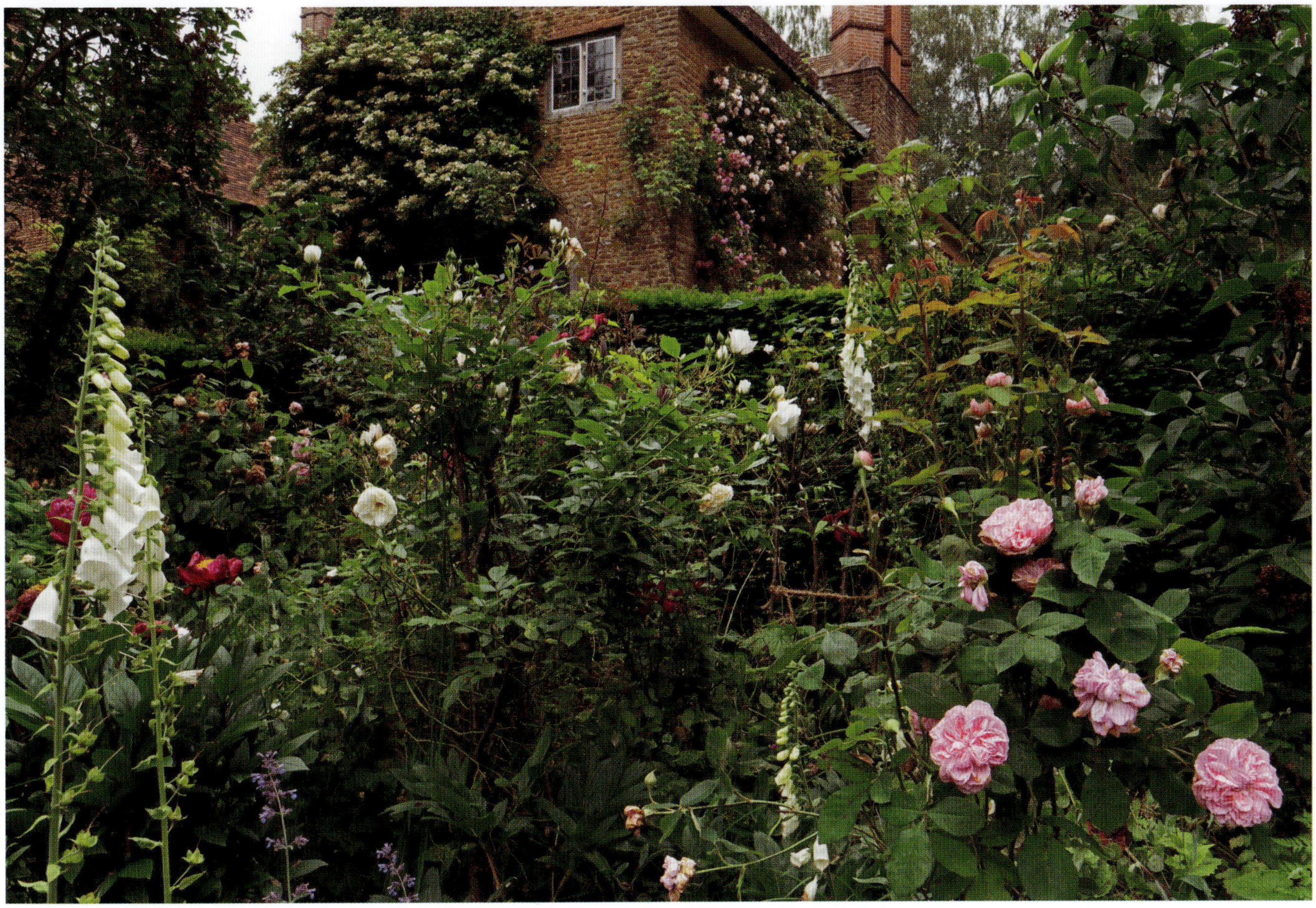

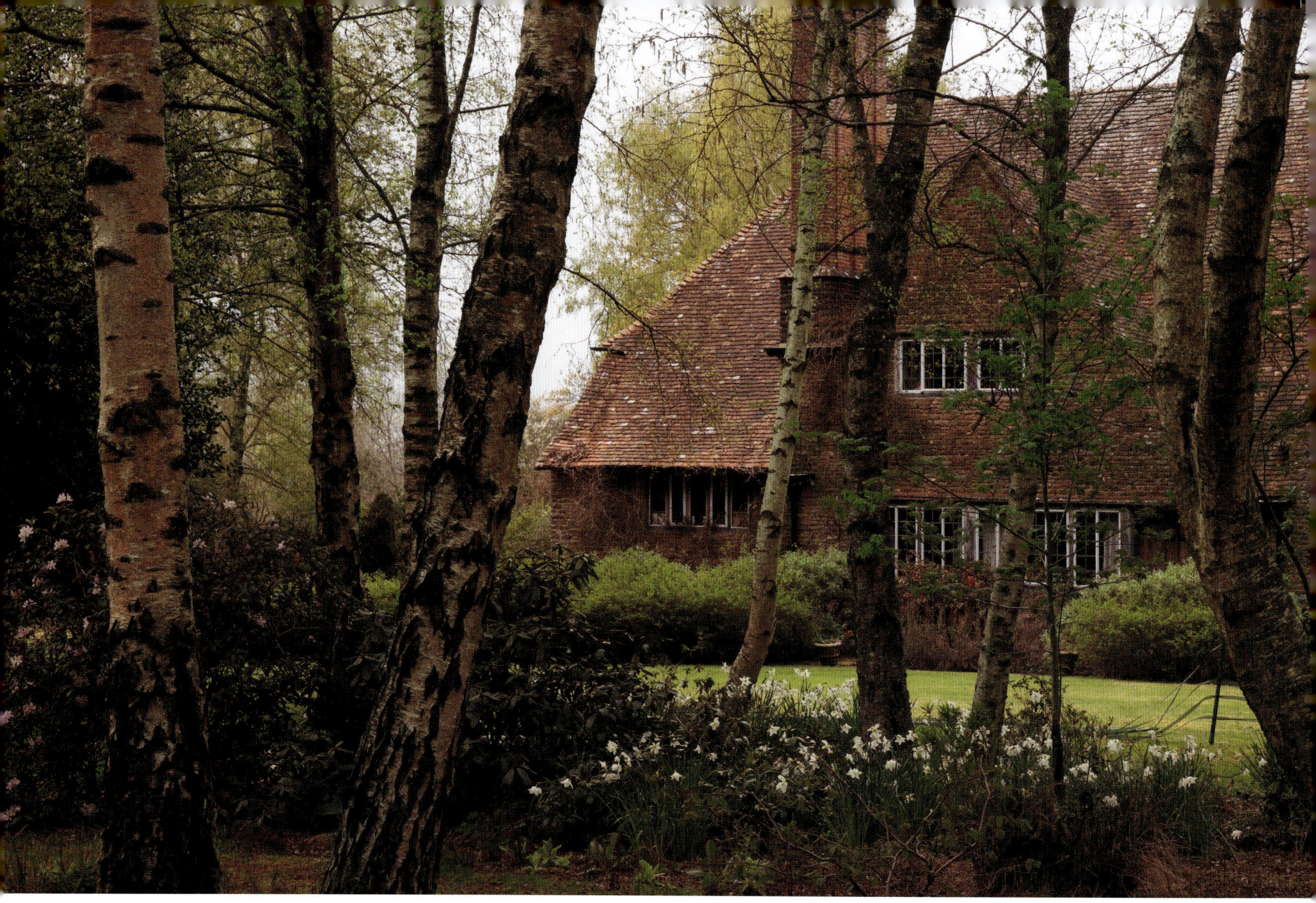

Ende der 1990er Jahre nahm King einen neuen Job an und Andrew Robinson wurde Chefgärtner. 2002 antwortete Annabel Watts, die es leid war, Chefsekretärin zu sein, auf eine Anzeige: „Teilzeitgärtner gesucht, Erfahrung nicht vonnöten“. Sie arbeitete elf Jahre mit Robinson zusammen und sah diese Zeit als Ausbildung an. „Ich habe den Jahreskreislauf von Wald und Garten kennengelernt und mich mit Gertrude Jekylls Pflanzstil und ihren Theorien vertraut gemacht.“

Als Robinson sich 2013 zur Ruhe setzte, wurde sie Chefgärtnerin und erhält seither den Garten mit Teilzeitkräften. Sie mauserte sich zu einer Jekyll-Expertin und erzählt Besuchern von der vielseitigen Frau, die Malerei studierte, sich mit Fotografie, Holz- und Metallarbeiten beschäftigte, Pflanzen züchtete und unvergessene Gärten schuf.

Pflanztheorien

Gertrude Jekyll begann Anfang der 1880er Jahre, den Garten von Munstead Wood anzulegen, Die Bauarbeiten für das Arts-and-Crafts-Haus, das der Architekt Edwin Lutyens (1869–1944) nach ihren detaillierten Wünschen entworfen hatte, begannen 1895, 1897 konnte sie einziehen.

Munstead Wood war das erste der vielen gemeinsamen Haus-und-Garten-Projekte von Jekyll und Lutyens. Hier experimentierte sie mit Pflanztheorien und perfektionierte sie, hier zog sie Pflanzen für die Gärten ihrer Kunden und Schnittblumen für ihre Partys. Lutyens hatte ihre Wünsche erfüllt, es gab eine Dunkelkammer, einen Zuchtgarten mit Gewächshäusern, eine Werkstatt für ihre Holz- und Metallarbeiten und eine Blumenbinderei, in der auch Osterglockensträuße verkauft wurden.

Gertrude Jekyll gestaltete einzelne Gartenareale für bestimmte Jahreszeiten. Durch die Birken im Waldgarten, den sie von ihrem Schlafzimmer im Südflügel des Hauses sehen konnte,

OBEN Aus ihrem Schlafzimmer sah Gertrude Jekyll auf das Birkenwäldchen, durch das sie Osterglocken strömen ließ.
RECHTE SEITE Der Becken-Hof mit seinen Buchs-Kugeln und der kletternden Hortensie hat sich nicht sehr verändert, seit Gertrude Jekyll die formalen Bereiche in Hausnähe gestaltete.

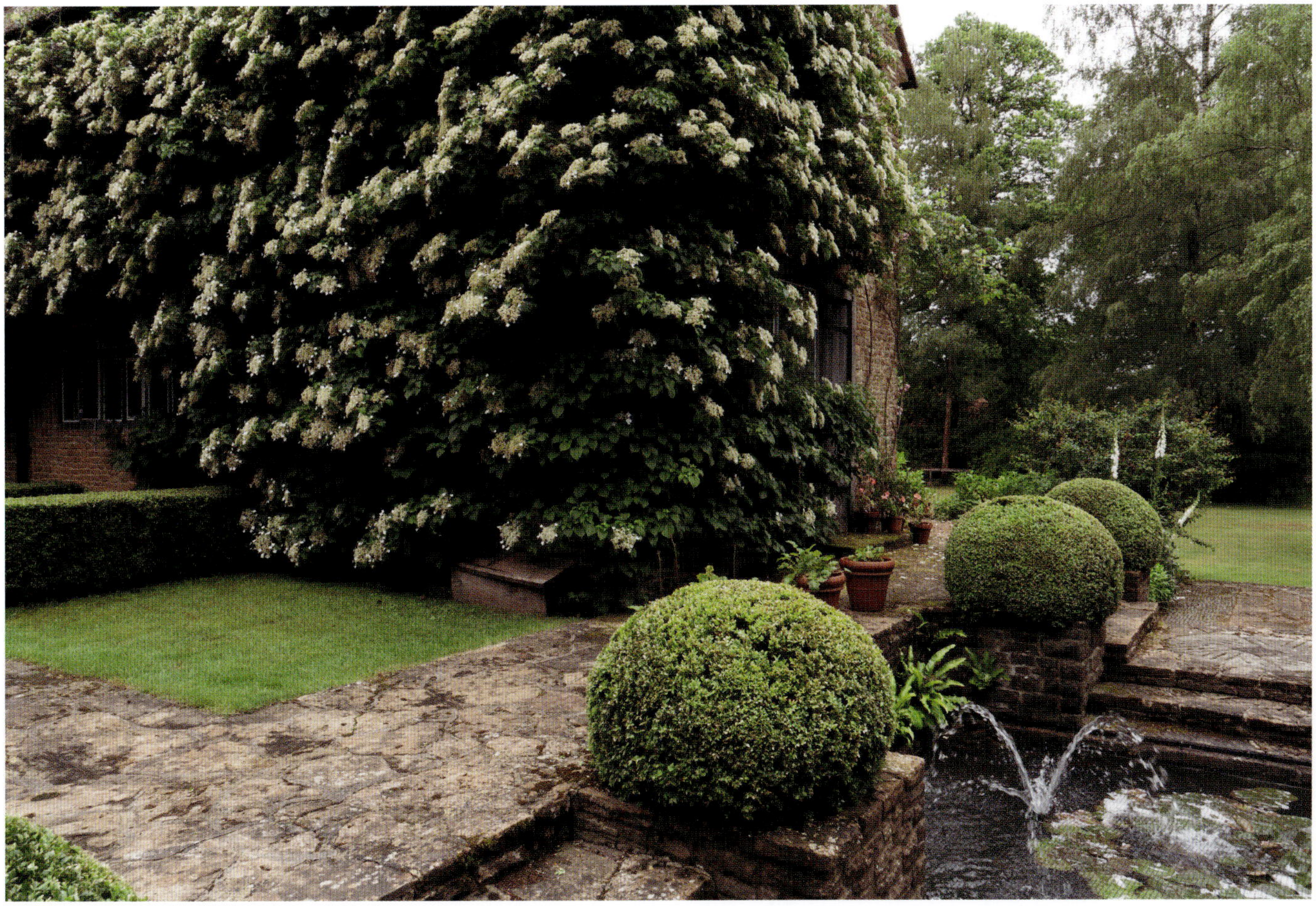

„Munstead Wood war das erste der vielen gemeinsamen Haus-und-Garten-Projekte von Jekyll und Lutyens.“

ließ sie im Frühling einen Strom aus Ostglocken fließen. Die Graswege im Hain säumte sie mit Rhododendren und pflanzte außerdem Winterheide, Azaleen und Seidelbast, die noch heute im Frühjahr unter den Bäumen leuchten. Viele Anregungen holte sie sich bei ihrem Freund William Robinson, dem Autor von *The Wild Garden* und Besitzer von Gravetye Manor (siehe Seite 56–61).

In Hausnähe setzte sie meist auf Formalität und harte Strukturen wie Mauern, Stufen und Steinpflaster. Hier präsentieren sich in zwei Beeten am Haus Reiseentdeckungen aus Italien, Algerien und Griechenland. Dort hatte sie gesehen, dass Sukkulenten und Pflanzen mit silbrigem Laub auf heißen, trockenen, dem sandigen Heideboden von Munstead nicht unähnlichen Magerböden gut gediehen. So wurden Kombinationen von stachligen Mannstreu und Yuccas mit dem silbrigen Laub von Woll-Ziest und Heiligenkraut zu einem ihrer Markenzeichen.

Im gesamten Garten, vor allem im Schatten unter Baumpflanzungen, gleißen sich selbst aussäende weiße Fingerhüte wie Fackeln. Rosa oder purpurne Fingerhüte riss Gertrude Jekyll aus, heute tut Annabel es ihr nach.

Der von drei Flügeln des Hauses umfasste Nordhof sieht noch fast genauso aus wie damals, als Gertrude Jekyll unter der Arts-and-Crafts-Fassade der Galerie Clematis an Seilen und Drähten zu Girlanden erzog.

Opulente Bepflanzung

Den Zyklus aus Farben und Blattschmuck leiten im Frühjahr der mit Lenzrosen unterpflanzte Nuss-Weg und der Primel-Garten ein, in dem Gertrude Jekyll ihre langstieligen weißen und gelben Munstead-Sorten (‚Munstead Bunch‘) züchtete.

Je weiter man sich vom Haus entfernt, desto informeller und opulenter werden die nach Blütezeit gestalteten Beete, die

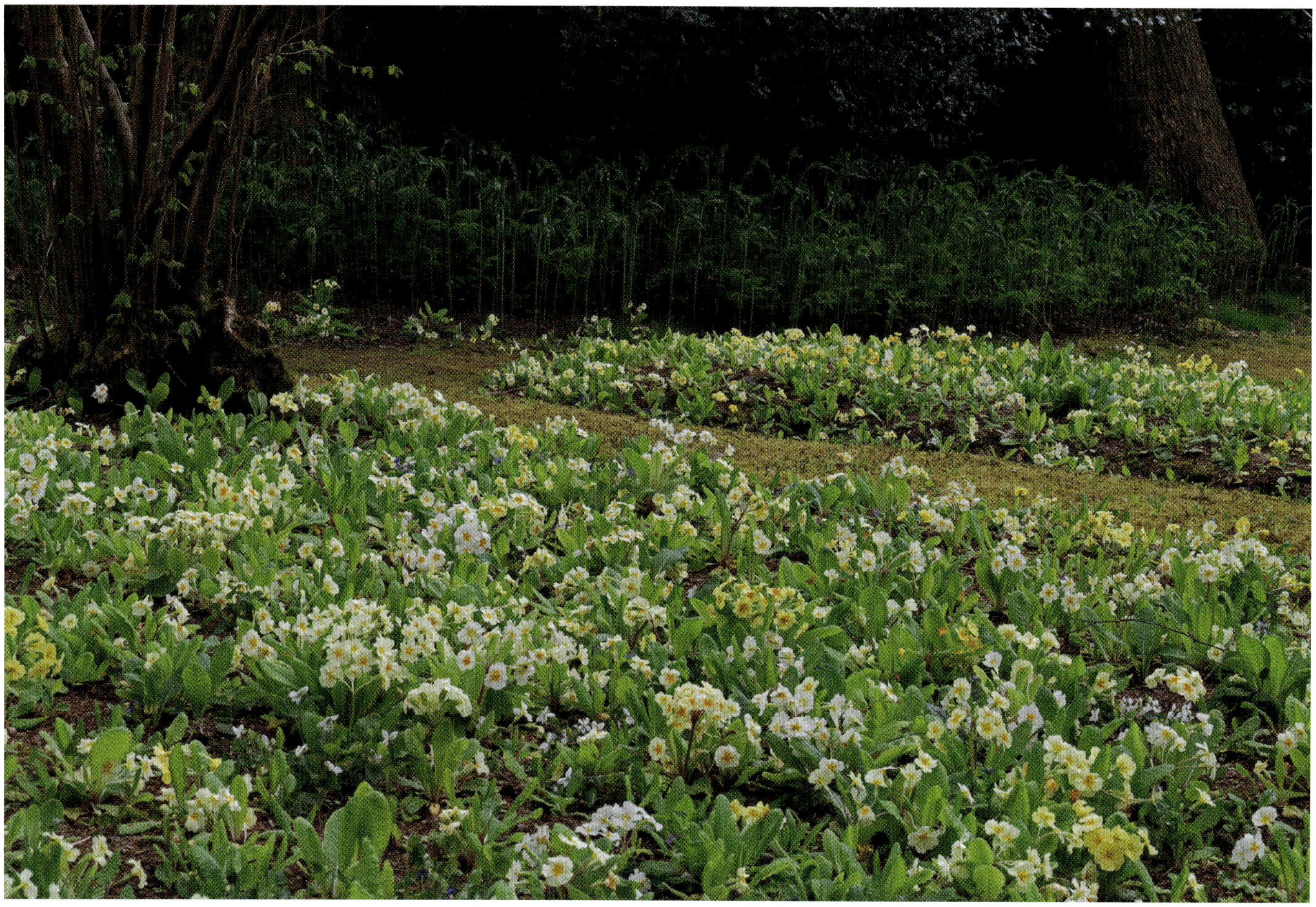

mit Höhen, Dichte und Farben spielen. Annabel studiert die komplexen Jekyll'schen Zeichnungen und sorgt dafür, dass die 61 Meter lange Große Rabatte von Hochsommer bis Mittherbst weiterhin in Wellen von kalten und warmen Farben blüht. Im Frühherbst erstrahlt die Astern-Rabatte in vollem Glanz.

Eine Bank aus Ulmenholz unter einer hohen Birke wurde von Charles Liddell, einem Freund von Gertrude Jekyll, „Cenotaph von Sigismunda" getauft, weil ihre anrührende Schlichtheit ihn an eine Legende von Liebenden erinnerte. Lutyens, der damals zum ersten Mal von der Bedeutung des Wortes hörte – „leeres Grab" –, erinnerte sich daran, als er 1919 das Denkmal für die Gefallenen des Ersten Weltkriegs in Whitehall entwarf – den Cenotaph.

Für Annabel ist es selbstverständlich, den Garten von Munstead Wood nach Gertrude Jekylls Vorstellungen zu kuratieren – soweit es das begrenzte Zeit- und Geldbudget erlaubt.

Das „Quadrangle"

Auf der anderen Seite des Gartentors bestellt Gail Naughton auf einem der 1949 verkauften Grundstücke, dem „Quadrangle" (Karree), ihren Garten.

„Ich bekam Jekylls *Home and Garden* vor langer Zeit von meiner Mutter geschenkt, hätte aber im Traum nicht daran gedacht, dass ich einmal die Chance habe, einen Teil von Jekylls eigenem Garten wieder anzulegen. Die Wiederherstellung eines Gartens ist unmöglich – welchen Monat, welches Jahr denn? Deshalb habe ich im Quadrangle einen Garten in Jekylls Sinn geschaffen, ich habe mich an ihre Bücher und Fotos gehalten, Pflanzen verwendet, von denen sie wusste, dass sie hier gedeihen würden."

OBEN Im Primel-Garten züchtete Gertrude Jekyll eine langstielige Sorte, ‚Munstead Bunch' genannt, die auch als Schnittblume beliebt war. Samen bekam man über die Samenhandlung Carters.

RECHTE SEITE Es gibt viel zu sehen: leuchtende Tulpen und eine an einen Baum „gepfropfte" Skulptur im „Quadrangle"; Rosen und Kletterhortensie an den Mauern von Munstead; Haselsträucher, Lenzrosen und Primeln im Nuss-Gang; ein Blick in eines der Gewächshäuser.

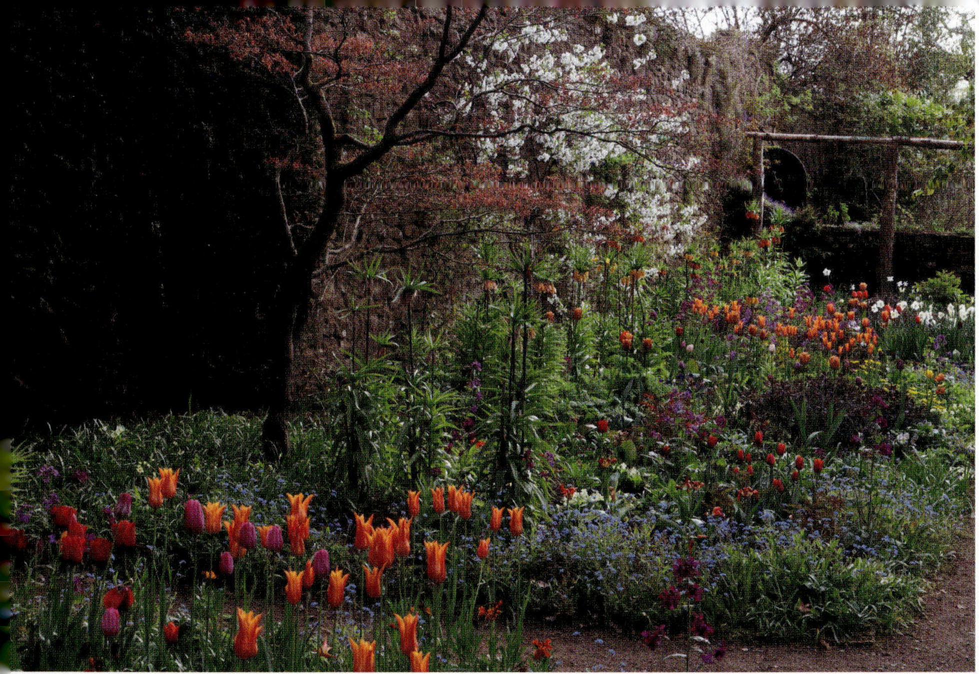

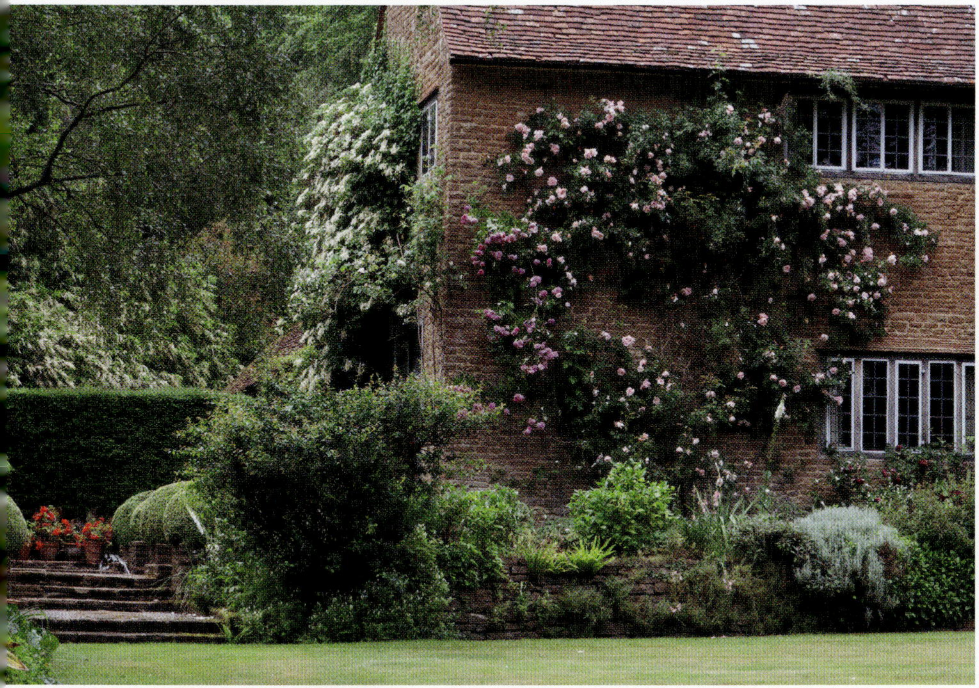

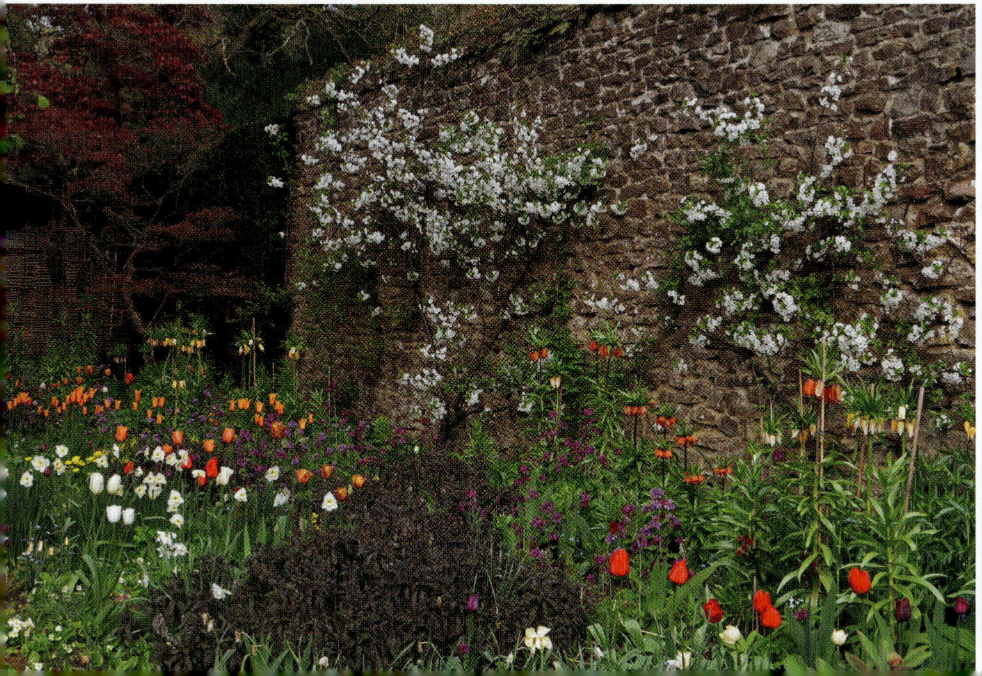

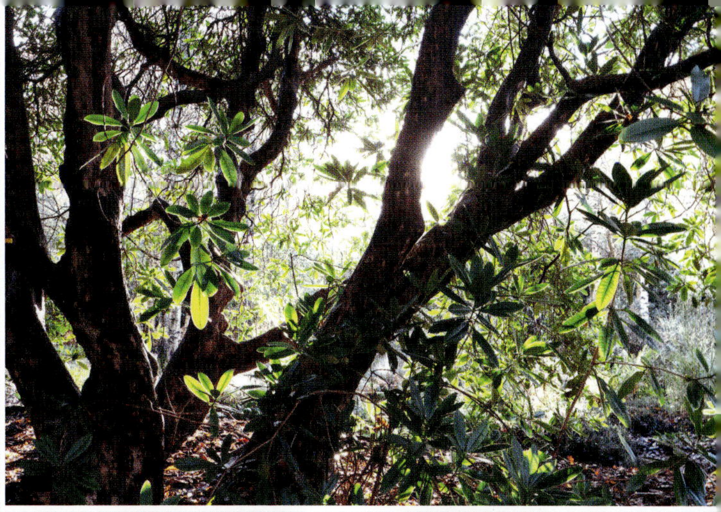

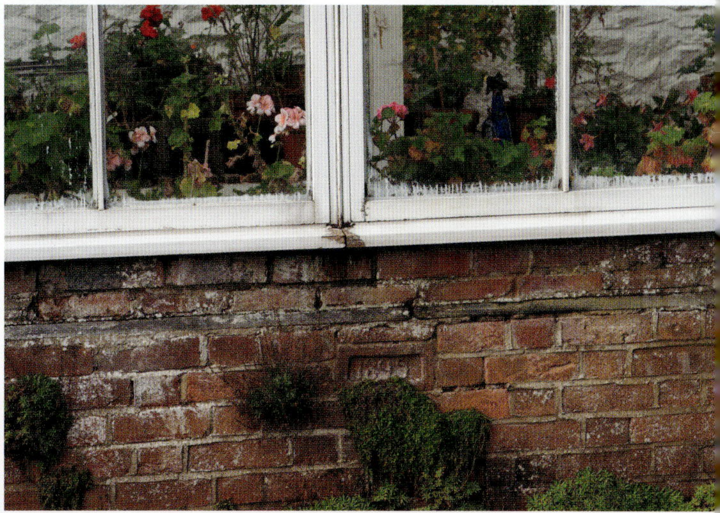

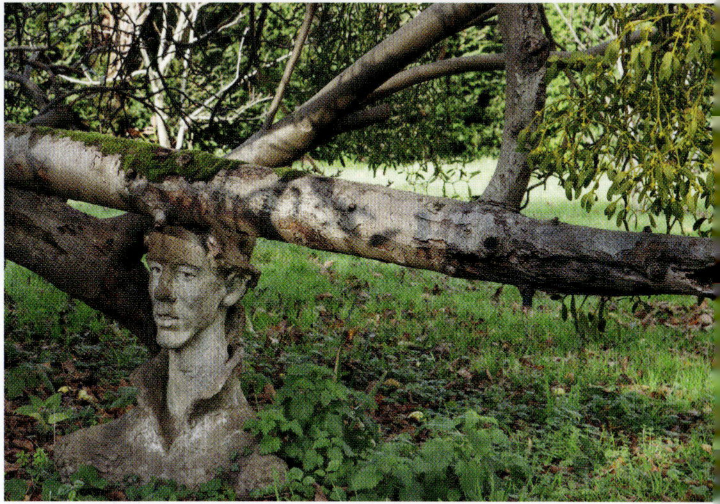

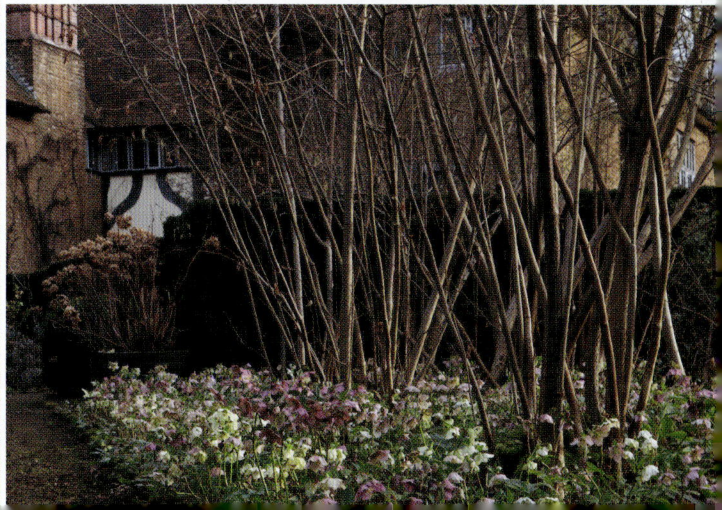

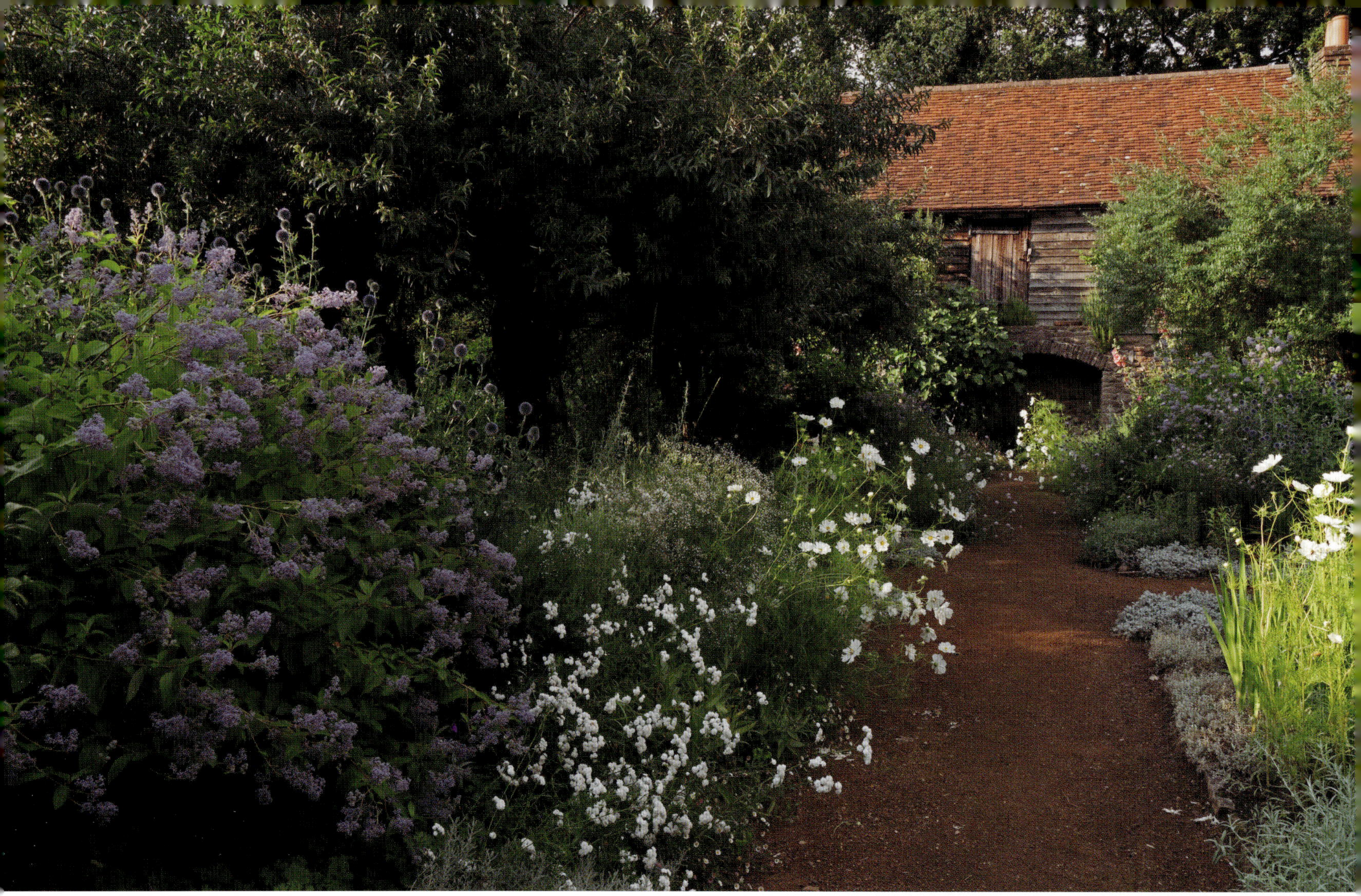

OBEN UND RECHTE SEITE Die Gebäude des „Quadrangle“, die einstigen Stallungen und die Scheune für Samen und Blumenzwiebeln. Gail Naughton gärtnert dort im Geist von Gertrude Jekyll, ihre Palette reicht, u. a. mit Cosmeen, Jungfer im Grünen, sowie weißen und rosa Alba-Rosen an den Mauern, von gedämpftem Silbergrau bis Blau.
RECHTS Gail Naughton, die Besitzerin des „Quadrangle“ und Annabel Watts, die Chefgärtnerin von Munstead Wood

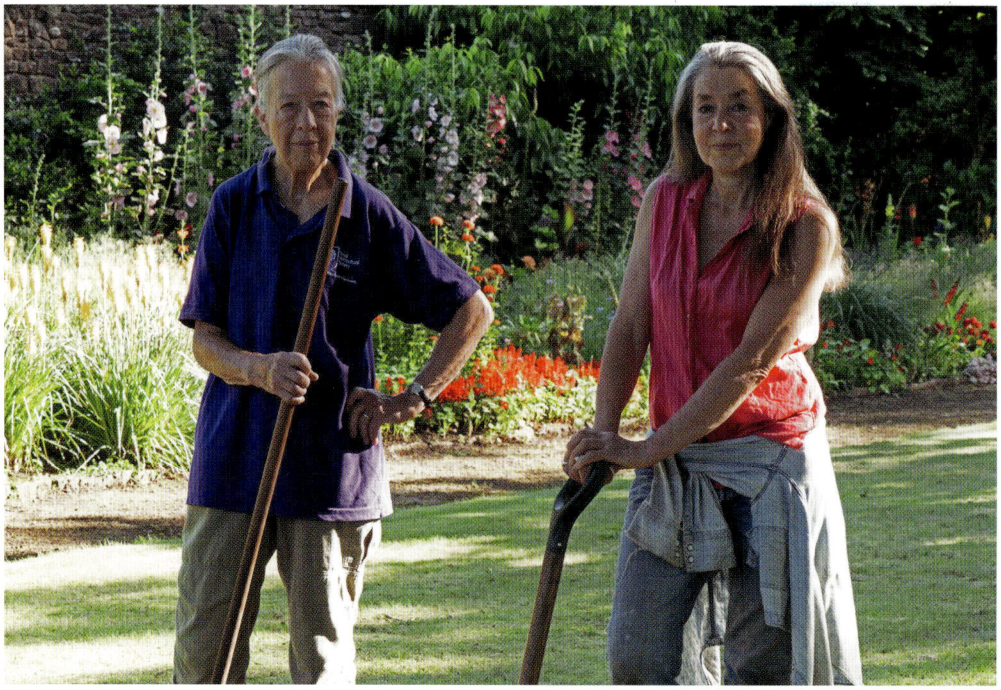

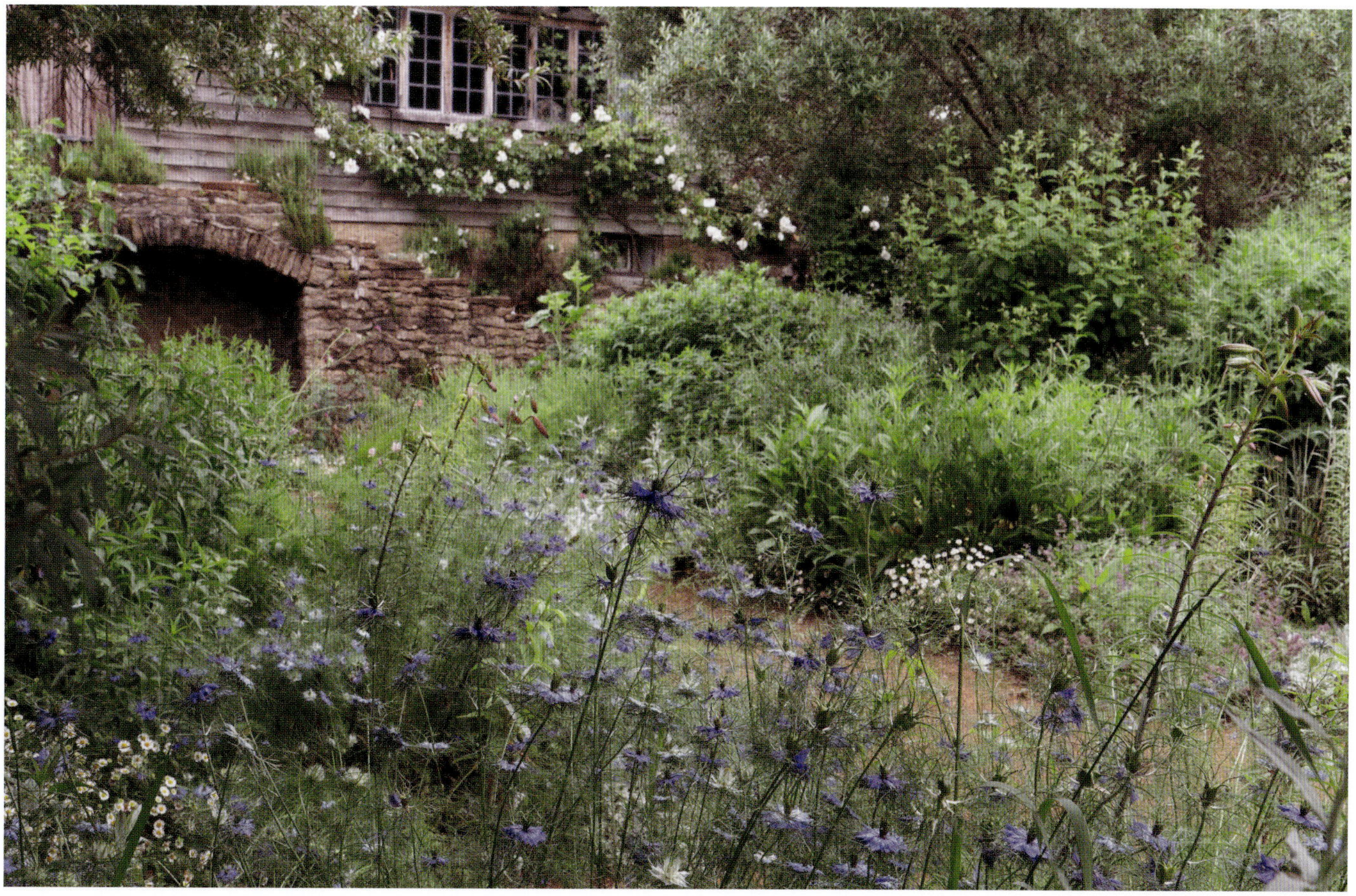

Das Quadrangle umfasst die ehemaligen Nebengebäude – Stallungen und Gärtnerei –, wo u. a. Samen und Blumenzwiebeln sortiert und gelagert wurden. In den Einlauftrichter einer Dachrinne ist „GJ 1891" eingestanzt, diese Gebäude gehörten also zu den ersten, die Lutyens für Gertrude Jekyll baute. Sie arbeitete hier schon, als sie noch mit ihrer Mutter auf der anderen Straßenseite in Munstead House lebte.

Der dazu gehörige Gartenteil ist etwa 0,4 Hektar groß. Er wurde ursprünglich als Pflanzschule genutzt, in der Gertrude Jekyll die Pflanzen für ihren Garten und die Gärten ihrer Kunden zog. Sie hatte die schmalen Streifen als „Juni-Garten", „Beet für den Juli" und „kleiner Garten für den August" beschrieben. Gail ist davon überzeugt, dass es einmal Sichtungsflächen für Experimente mit Sommerblühern waren.

Sommergärten

Im „Juni-Garten" dämpfen Bart-Iris, *I. sibirica,* Strauchlupinen, Katzenminze und Lauch-Scheibenschötchen, ein Wildkraut mit Giersch-ähnlichen Blüten, das Feuerrot des Türkenmohns. Im „Beet für den Juli" sitzen die grazilen Blüten von Strandflieder und *Francoa* (ein Jekyll'scher Liebling) auf langen, drahtigen Stielen. Die Wege haben einen Oregano-Saum.

Die Buchshecken-Einfassung um den „kleinen Garten für den August" stammt womöglich aus Gertrude Jekylls Zeit. Lavendel rahmt die Beete, in denen Gail eine gedämpfte Farbpalette einsetzt: Grau, Rosa, Weiß, Blau – mit dem flaumig-silbrigen Laub des Woll-Ziests, mit Silber-Wermut, weißen und rosa Alba-Rosa, weißem Baldrian und weißem Rosmarin. Dazwischen sät sich die zarte Jungfer im Grünen weiß und blau aus.

In der einstigen Pflanzschule hat Gail Obstbäume gepflanzt, darunter verschiedene Apfelsorten, eine Quitte und eine Mispel. Im Garten stehen auch fünf Feigenbäume, vier hat wahrscheinlich noch Gertrude Jekyll gesetzt, den fünften zog Gail aus einem Ableger, um einen alten Baum im „kleinen Garten für den August" zu ersetzen.

Solange Annabel Watts und Gail Naughton Munstead Wood und „Quadrangle" hegen, können sich Besucher (nur nach Voranmeldung) von der Geschichte der Gärten und der berühmten ersten Gestalterin erzählen lassen und sich Tipps holen, wie man in historischem Rahmen gärtnert.

14

Ramster Hall

Chiddingfold, Surrey

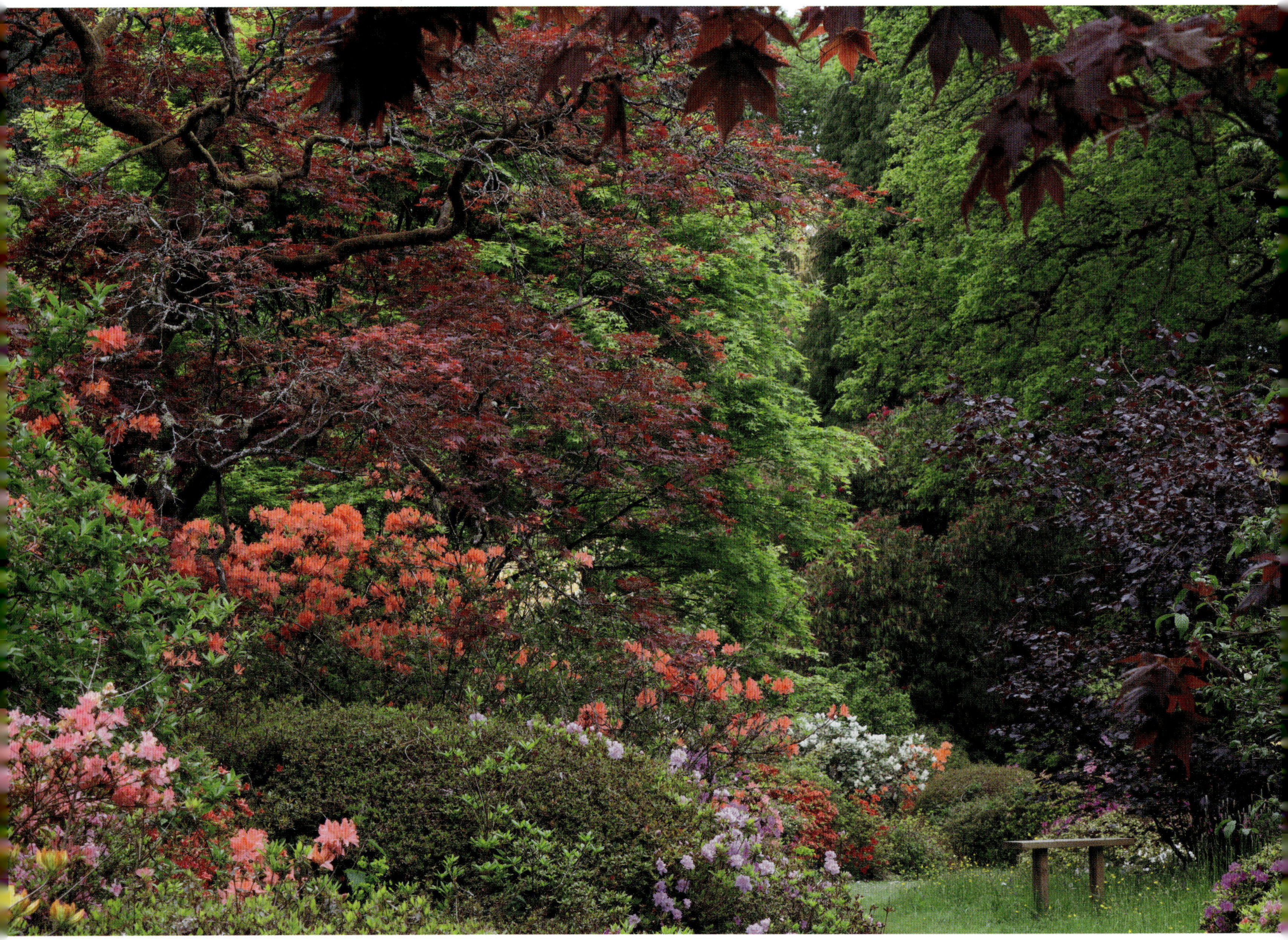

EINEM GARTEN, der über Generationen in einer Familie ist, wird eine besondere Art der Langlebigkeit gewährt – die von Ramster setzt um 1900 ein, als der Geschäftsmann Sir Harry Waechter 8 Hektar Eichenwald erwarb.

Waechter ließ sich von der in Chiddingfold ansässigen Baumschule Gauntletts einen Waldgarten anlegen. Damals war alles Japanische en vogue und Gauntletts hatte sich als *die* „japanische Baumschule" etabliert. Sie importierte noch exotische japanische Iris, Staudenpfingstrosen und aparte Gehölze wie Fächer- und Schlitzahorne und verkaufte außerdem Steinlaternen, rote Holzbrücken, Torii (Schreintore), Skulpturen und andere Gartenornamente.

Von Gauntletts bezog Waechter Ahorne für eine im Herbst spektakuläre Doppelallee: Die nun über 120 Jahre alten Bäume bereichern den Garten in jeder Jahreszeit mit schönen Farben und Formen, doch nie sind sie so prächtig wie in ihrem flammenden Laubkleid. Dass sie neben anderen alten Pflanzen bis heute in Ramster wachsen und gedeihen können, verdanken sie einer Familie, die ihr Gartenerbe seit gut 100 Jahren pflegt, und der das Gärtnern im Blut zu liegen scheint.

1922 erwarben Sir Henry und Lady Norman das Anwesen von Waechter. Fay Norman war die Enkelin von Henry Pochin, der 1875 den heute berühmten Garten Bodnant in Wales angelegt hatte. Ihre Mutter Laura Aberconway und ihr Bruder Harry, der 2. Lord Aberconway – ihm sind die vielen Rhododendren zu verdanken –, entwickelten den Garten dann weiter.

Lady Norman bereicherte den Waldgarten von Ramster mit einer herausragenden Sammlung von Rhododendren. Viele waren aus Samen gezogen, die George Forrest, Ernest Wilson und andere von Harry Aberconway geförderte Pflanzenjäger aus China geschickt hatten.

LINKE SEITE Frühling in Ramster – vor der aparten Laubkulisse der Ahorne blühen Azaleen und Rhododendren.

UNTEN Herbst-Blickfang – die reizvollen Formen und flammenden Farben der über 120 Jahre alten Ahorn-Allee.

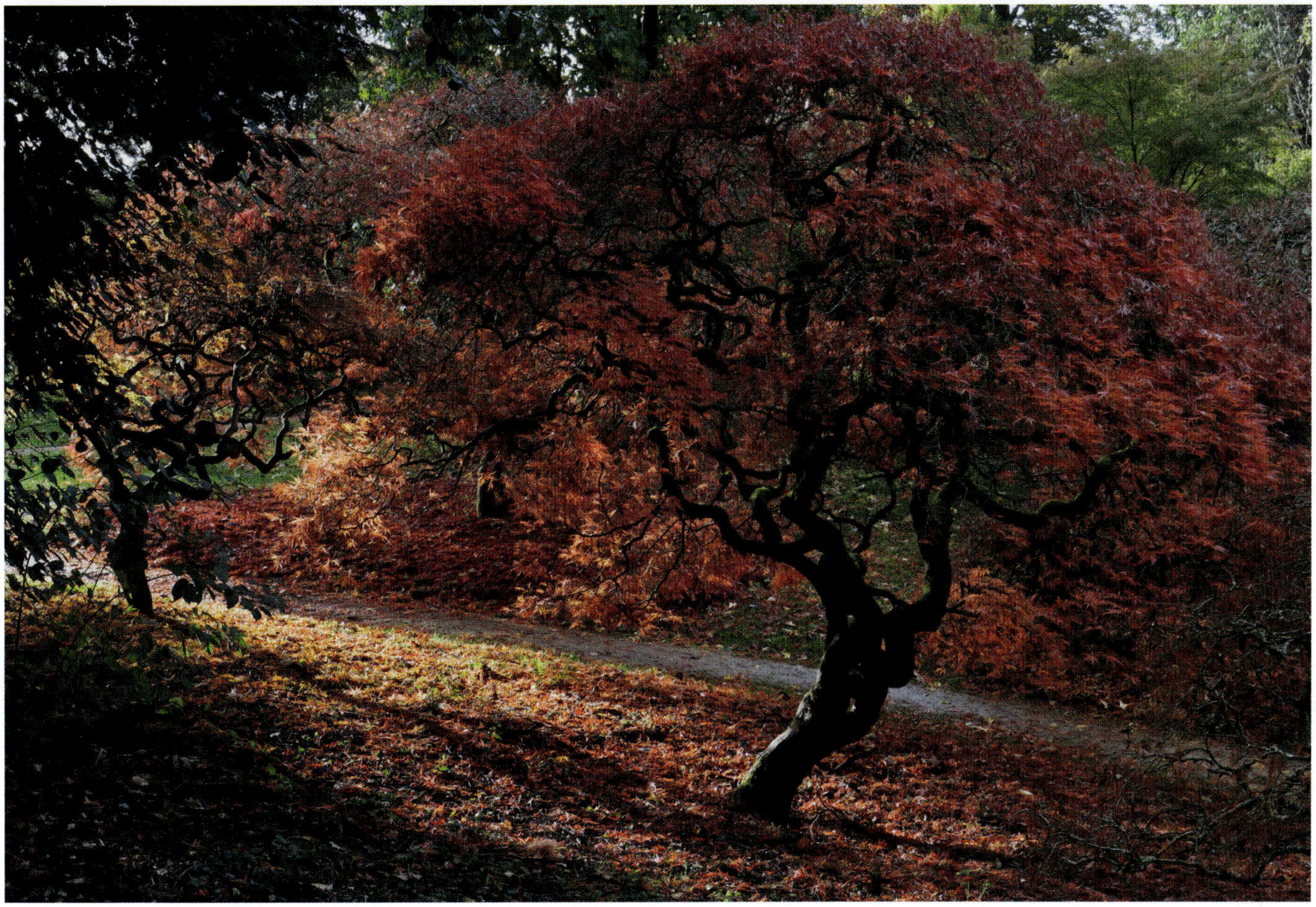

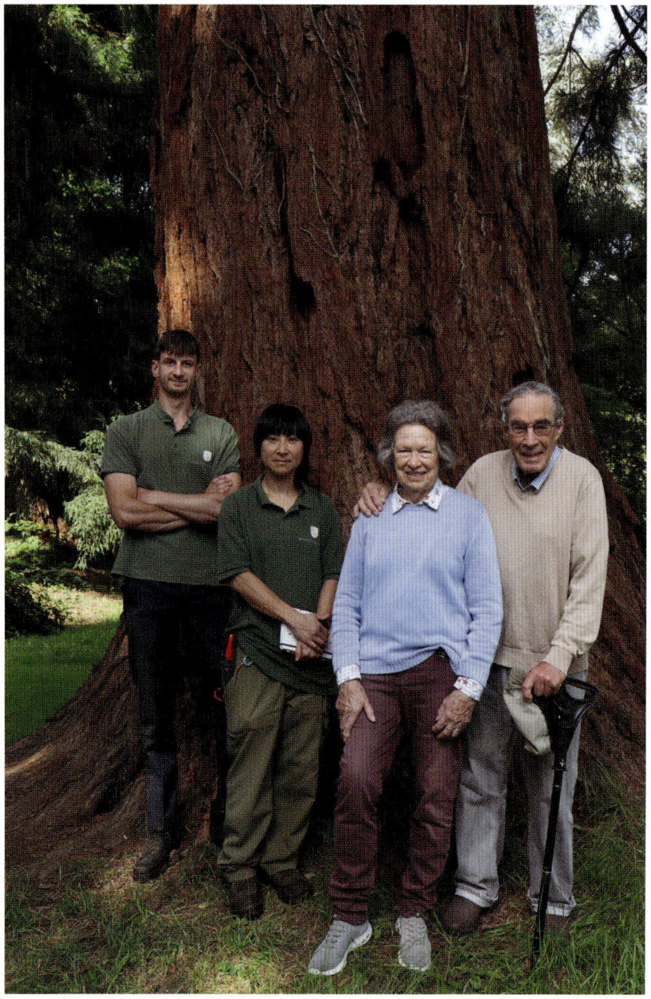

1968 begann Lady Normans Enkelin Miranda Gunn gemeinsam mit ihrem Mann, dem Maler Paul Gunn nach und nach die Verantwortung zu übernehmen, 1983 zogen die Gunns endgültig hierher.

„Sir Harry und Gauntletts waren ein grandioses Team", so Miranda. „Die Infrastruktur, die sie anlegten, ist hervorragend. Die Auffahrt ist so gut drainiert, dass wir nichts tun müssen, und die Wege sind mit Sandstein befestigt. Als sie den See aushoben und all den Schlamm wegschafften, arbeiteten hier mehr als 40 Leute, heute haben wir zwei Vollzeitgärtner."

Rekordbäume

Zu Anfang konzentrierten sich die Gunns auf den Erhalt der historischen Bäume und Pflanzen. Der ursprüngliche Eichenwald ist noch fast intakt, zu den inzwischen ausgewachsenen „Neulingen" zählen Sumpfzypressen *(Taxodium distichum)*, Tulpenbäume *(Liriodendron tulipifera)*, Amerikanische Roteichen *(Quercus rubra)* und Japanische Kuchenbäume *(Cercidiphyllum japonicum)*. Ein Taschentuchbaum *(Davidia involucrata)*, ein Küstenmammutbaum (Sequoia sempervirens), ein Riesenmammutbaum (Sequoiadendron giganteum) haben sich zu Rekordbäumen entwickelt.

„Wir haben mit den dringendsten Arbeiten begonnen, dem Kampf gegen den wuchernden Bambus und Japanknöterich", erzählt Miranda. „Doch allmählich hat uns der Garten absorbiert. Ein Garten wie dieser bestimmt das ganze Leben … alles richtet sich tagtäglich nur nach ihm."

Ein Hauptweg führt zwischen dem Tennisplatz-Garten (früher der Millenium-Garten), einem von Mirandas neuen Gärten, und den Wildblumenwiesen, auf denen im Sommer Blüten und Insekten tanzen, entlang. Von dort geht es weiter zum Kamelien-Gang, zur Magnolien-Lichtung, zu einem Spätsommerhighlight – der Hortensien-Sammlung – und schließlich zum See. Viele kleine Wege führen zu Aussichtspunkten und weiteren Arealen wie dem Azaleen-Garten, dem Farn-Garten und der Moorhuhn-Senke – dort steht eine Bank, von der aus man einen schönen Blick über den Teich auf den roten Torii hat. Hierhin haben sich, so weit Miranda sich zurückerinnern kann, die Mitglieder der Familie zurückgezogen, wenn sie ihre schlechte Laune vertreiben wollten.

Ramster ist ein Garten für jede Jahreszeit, selbst wenn nichts blüht, kann man sich an apartem Laub oder Rinden erfreuen. Im Frühling trumpfen Kamelien und Osterglocken auf, gefolgt von Magnolien und etwa 300 Rhododendron-Sorten. Hasenglöckchen breiten sich in Teppichen aus, dann strahlen Kletterrosen und Wildblumen. Im Herbst, wenn Ahorne und Amberbäume ihr Laub färben, glühen die Hänge.

Die Rhododendron-Sammlung

Zu den vielen Projekten, die Miranda anging, gehörte die Auffrischung und Ergänzung der Rhododendron-Sammlung. Außerdem katalogisiert sie die Rhododendren, die ihre Großmutter entweder als Hybriden züchtete oder aus Samen zog, die sie aus Bodnant bekam.

Ein Areal im Wald widmete Miranda ihrem verstorbenen gärtnernden Onkel Antony. In den „Ant Wood" setzte sie große winterharte Rhododendron-Hybriden, damit sie erhal-

OBEN (von links nach rechts) James Freeland, Misako Kasahara, Miranda und Paul Gunn vor einem etwa 90 Jahre alten Riesenmammutbaum *(Sequoiadendron giganteum)*.
RECHTE SEITE Miranda Gunns Großmutter Lady Norman brachte Rhododendren und Azaleen nach Ramster, Miranda ergänzte die Sammlung; heute beherbergt der Garten rund 300 Sorten und schwelgt im Frühling im Rausch ihrer Farben.

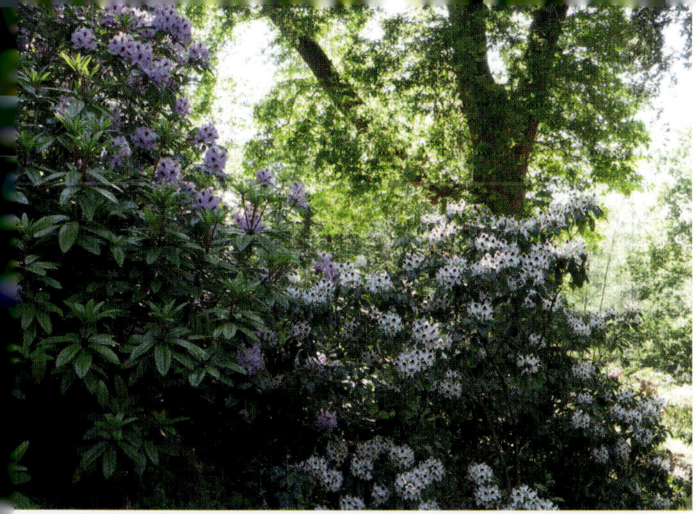
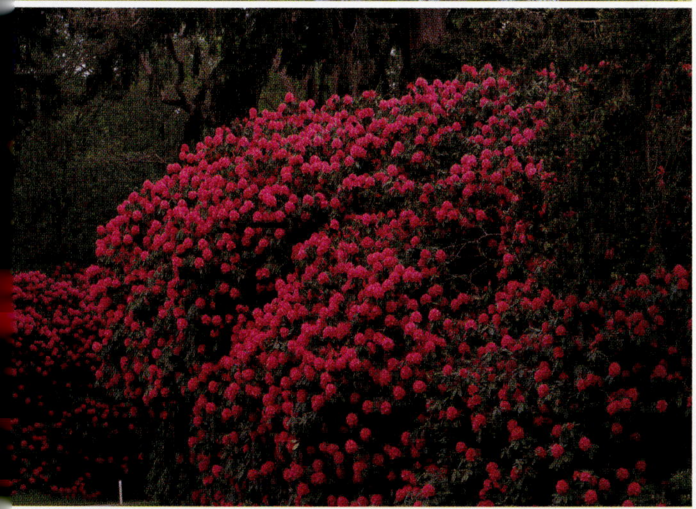
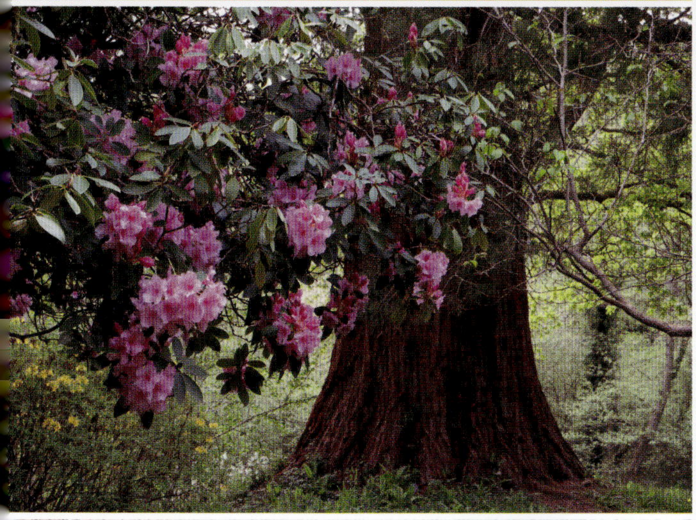
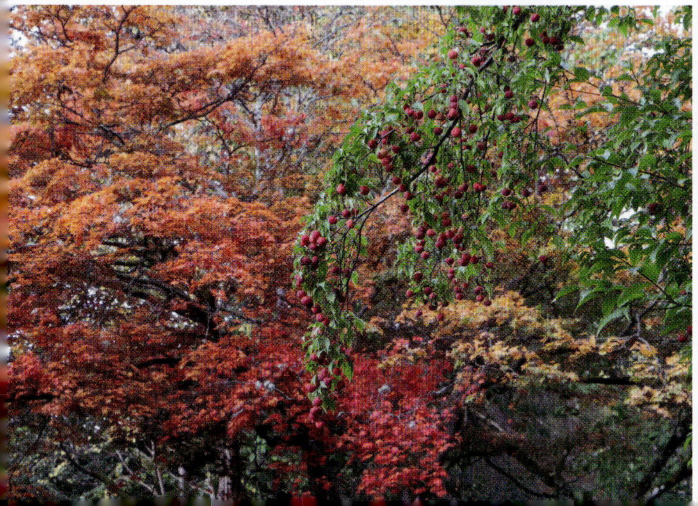
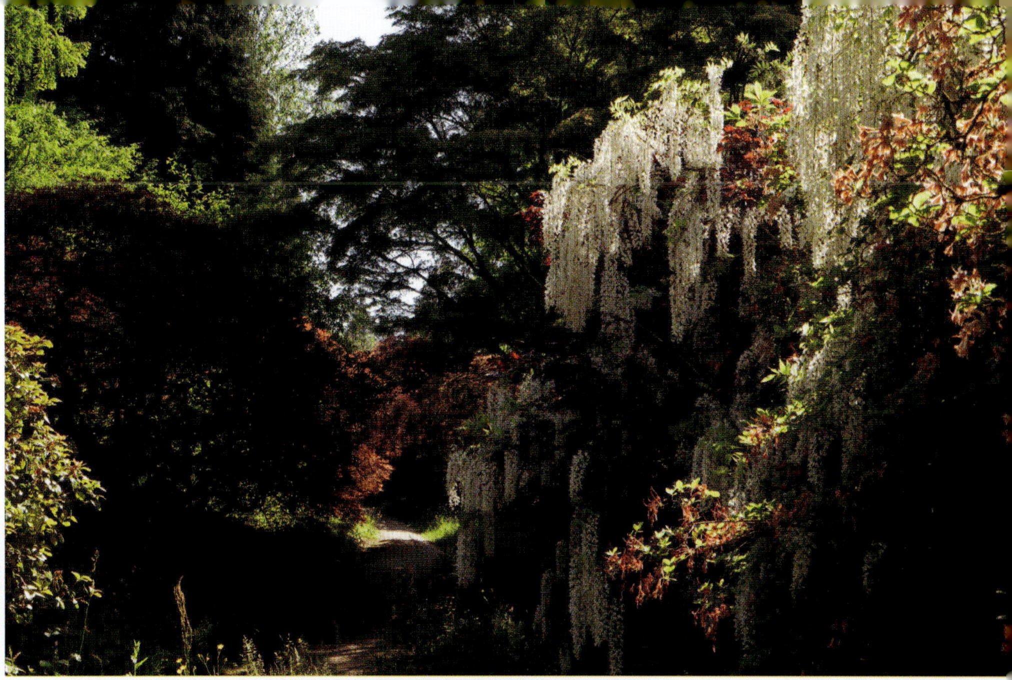
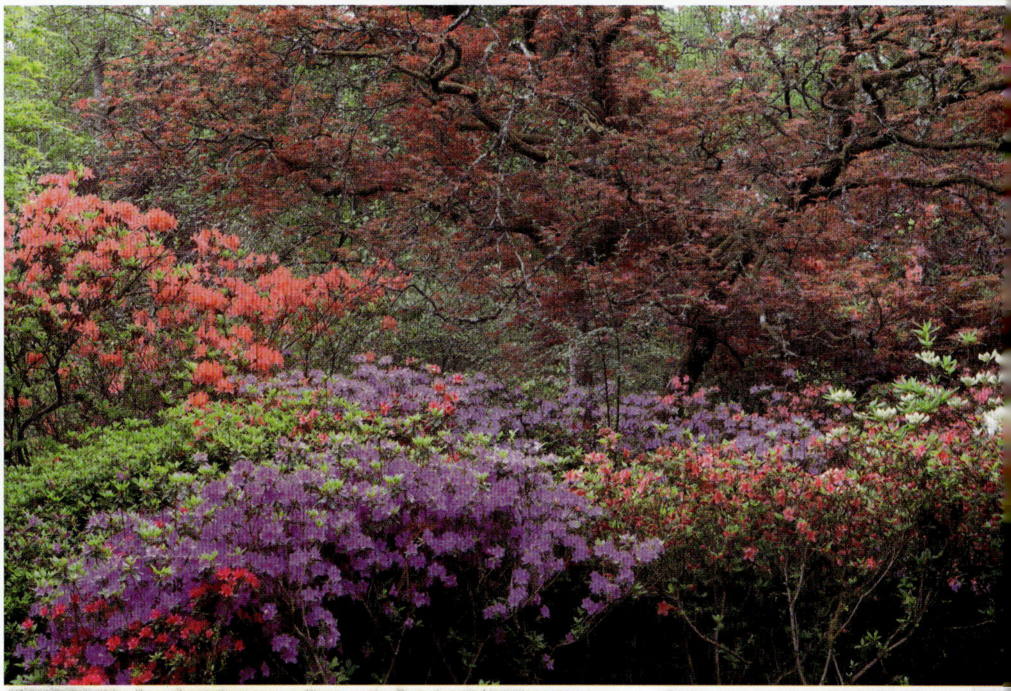
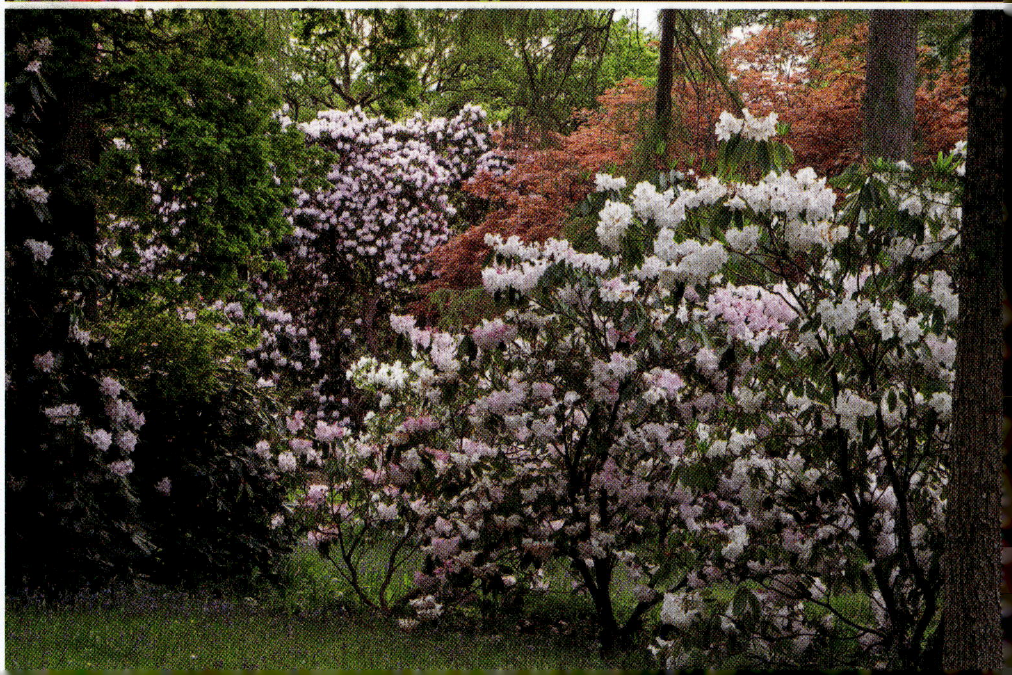

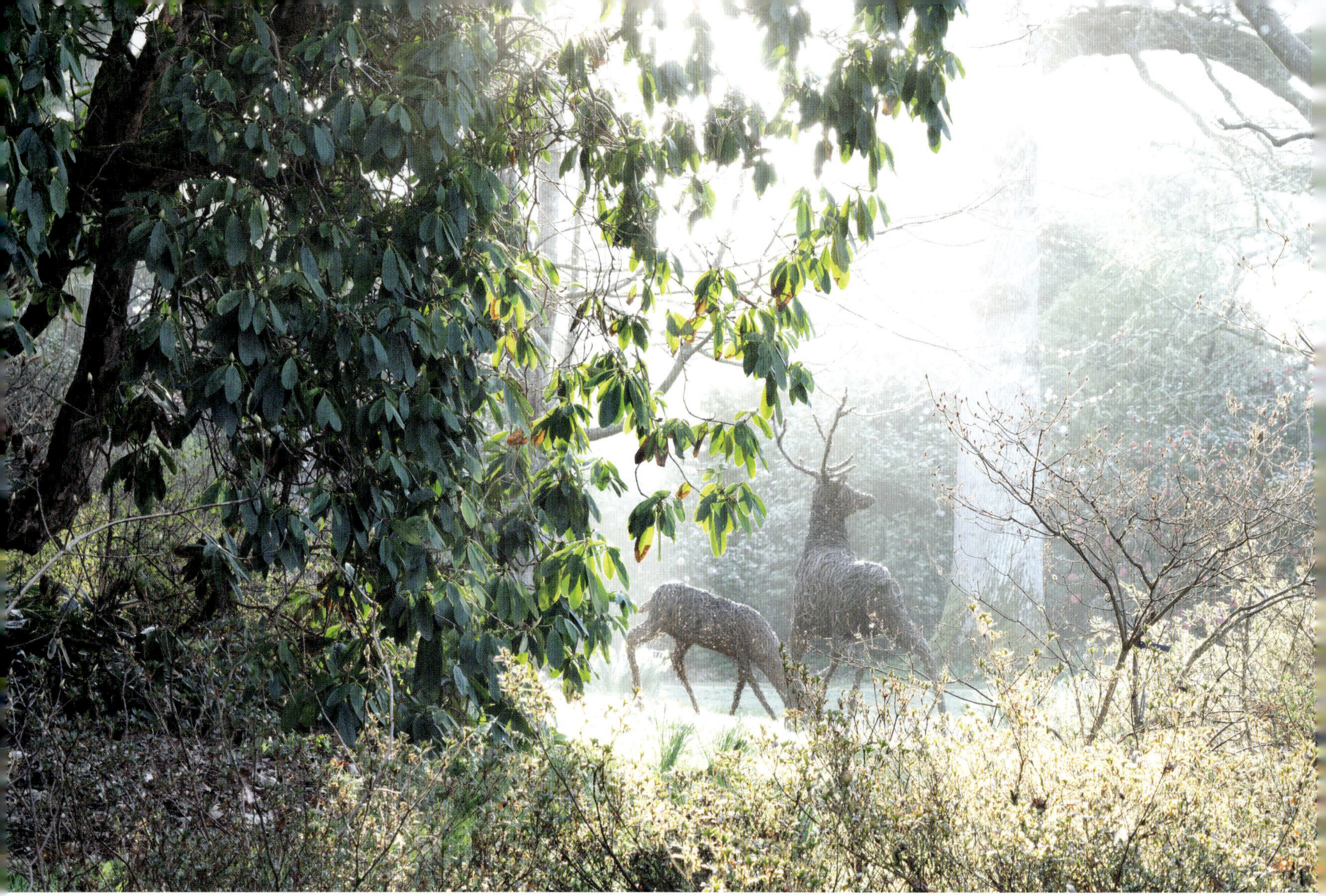

ten und identifiziert werden können. Die 192 Sorten und 500 Pflanzen umfassende Sammlung hat hortikulturelles Gewicht, denn viele Baumschulen führen die zwischen 1890 und 1939 gezüchteten gewaltigen Hybriden nicht mehr.

In einem anderen Teil des Gartens legte Miranda eine Sammlung von Rhododendren und ihren Begleitpflanzen für das 21. Jahrhundert an. Diese Rhododendren haben moderate Ausmaße und passen auch in kleinere Gärten. Ihr schönes Laub und ihre immer interessanten Formen werden ganz natürlich von Begleitern und Bodendeckern unterstrichen.

„Viele der modernen Rhododendren haben ein wunderbares Indument [Behaarung] auf ihrem Laub", erklärt Miranda, „und so viele eignen sich für kleine Gärten, sie verdienen es, bekannter zu sein."

Rhododendron ‚Cynthia' begegnet man in Ramster so häufig, dass er als Markenzeichen des Gartens gilt. Die gut 100 Jahre alten Sträucher neigen dazu, ihre langen Äste auszustrecken und auf den Boden zu legen, um durch Absenker neue Pflanzen zu bilden. Um einen skulpturalen Effekt zu erzielen und die Pflanzen auszulichten, hat Miranda sie zurückgeschnitten und die aufrechten, dunklen, kahlen Stämme freigelegt. Nun geben sie dschungelpflanzengleich den Blick auf den See frei.

Der Tennisplatz-Garten begann als ein Millenium-Projekt von Miranda. „Wir haben den Platz nicht mehr benutzt und dachten, er könnte eine Veränderung vertragen."

Nun hat der gekieste Garten, der von einem mit niedrigen Heckenkirschen unterpflanzten Lindenspalier umfasst wird, den mediterranen Charakter angenommen, den Miranda sich wünschte. Zu seinem Schmuck gehören ein langgestrecktes Wasserbassin, duftende Pflanzen wie der nicht winterharte *Rhododendron fragrantissima* sowie Zierlauche, Purpurglöckchen und Schlangenhaut-Ahorne.

OBEN Aus Weidenruten geflochtene Hirsche im Morgennebel.
RECHTE SEITE So natürlich der Garten wirkt, so selbstverständlich fügen sich die Skulpturen ein: ein Adler, in einen Baumstamm geschnitzt; die Enkelkinder der Gunns, von Christine Charlesworth festgehalten; eine japanische Laterne, zwei Reiher im Teich.

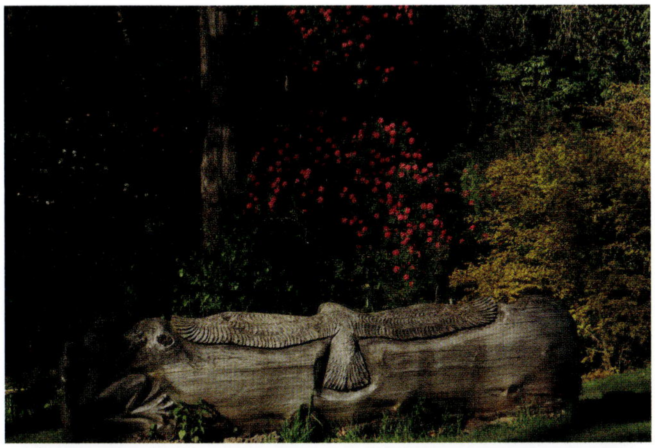

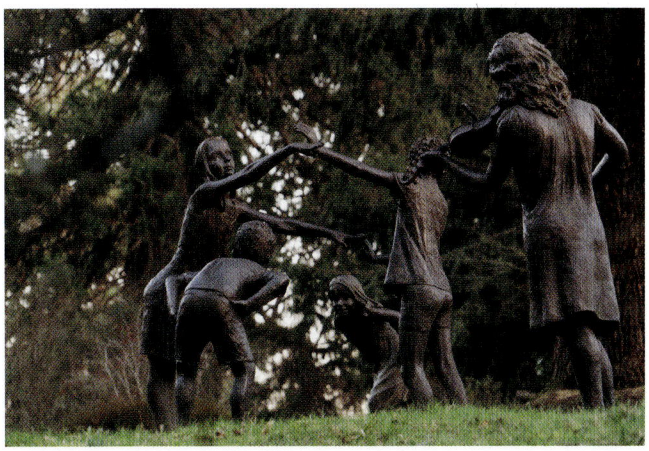

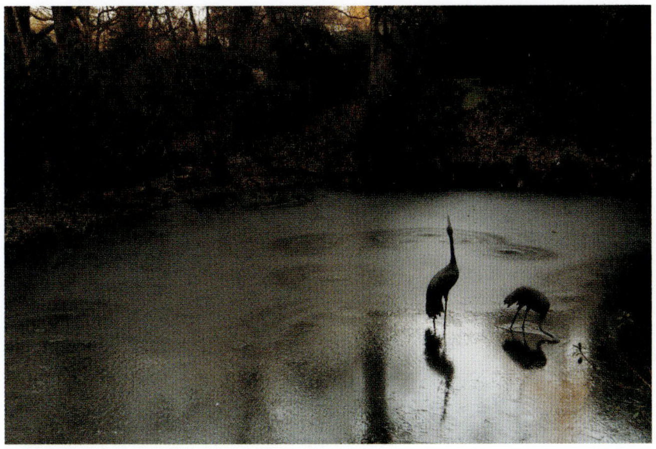

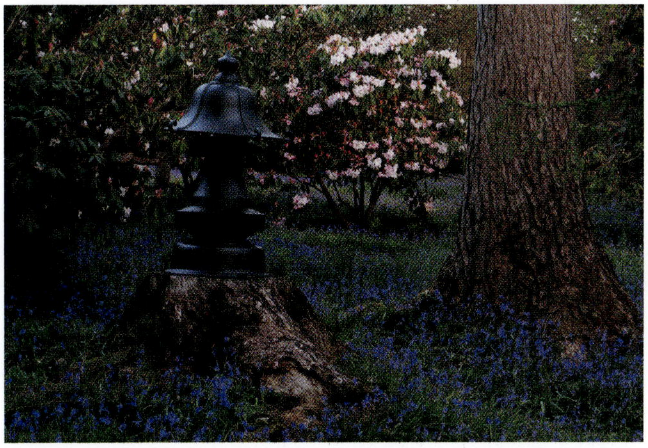

Die nächste Generation

2005 übernahmen Rosie, eines der Kinder von Miranda und Paul, und ihr Mann Malcom Glaister die Leitung des Familienunternehmens in Ramster. Auch Rosie beginnt nun, den Garten nach ihren Vorstellungen zu prägen. 2021 ergänzte sie, zusammen mit Rama Lopez-Rivera, der in Ramster Gärtner war, bevor er sich als Gestalter und Berater selbständig machte, das Familienrepertoire um einen Sommer-Garten mit ihren Lieblingsstauden. In seiner Mitte steht eine moderne Skulptur der Künstlerin Lynn Warren mit dem Titel „Am Anfang".

Sie reiht sich zu den vielen im gesamten Garten wohlplatzierten Skulpturen und Objekten. Manche, wie die beiden Reiher im Iris-Teich, stammen noch von der Gauntlett'schen Gestaltung aus den 1890er Jahren. Auch einige der Japanischen Schwertlilien *(Iris)* am Teich wurden noch von Gauntletts gepflanzt. Viele Blicke zieht eine Skulptur von Christine Charlesworth auf sich, die Mirandas und Pauls Enkelkinder beim Spielen von „Oranges and Lemons" darstellt.

2022 feierte die Familie einhundert Jahre Gärtnern in Ramster. Aus diesem Anlass begann Miranda zwei Jahre zuvor, einen Hundertjahr-Garten anzulegen: In kurvigen Beeten präsentieren sich Pflanzen, die sowohl 1922 als auch 2022 in Ramster wuchsen. Darunter sind natürlich Rhododendren und Magnolien, aber auch einige von „Ernest Wilsons 50". Im gesamten Garten sind 35 der legendären 50 immergrünen Kurume-Azaleen-Hybriden, die der Pflanzenjäger Wilson Ende des Ersten Weltkriegs aus Japan mitbrachte, zu bewundern.

Gerade einmal fünf Jahre, nachdem sie den Garten übernommen hatten, gehörten Mirandas Großeltern zu den 609 Besitzern, die ihre Gärten 1927 für das erste „National Garden Scheme" öffneten. Nur die königlichen Gärten von Sandringham in Norfolk und Ramster nahmen unterunterbrochen bis heute teil – auch dies eine Form der Langlebigkeit.

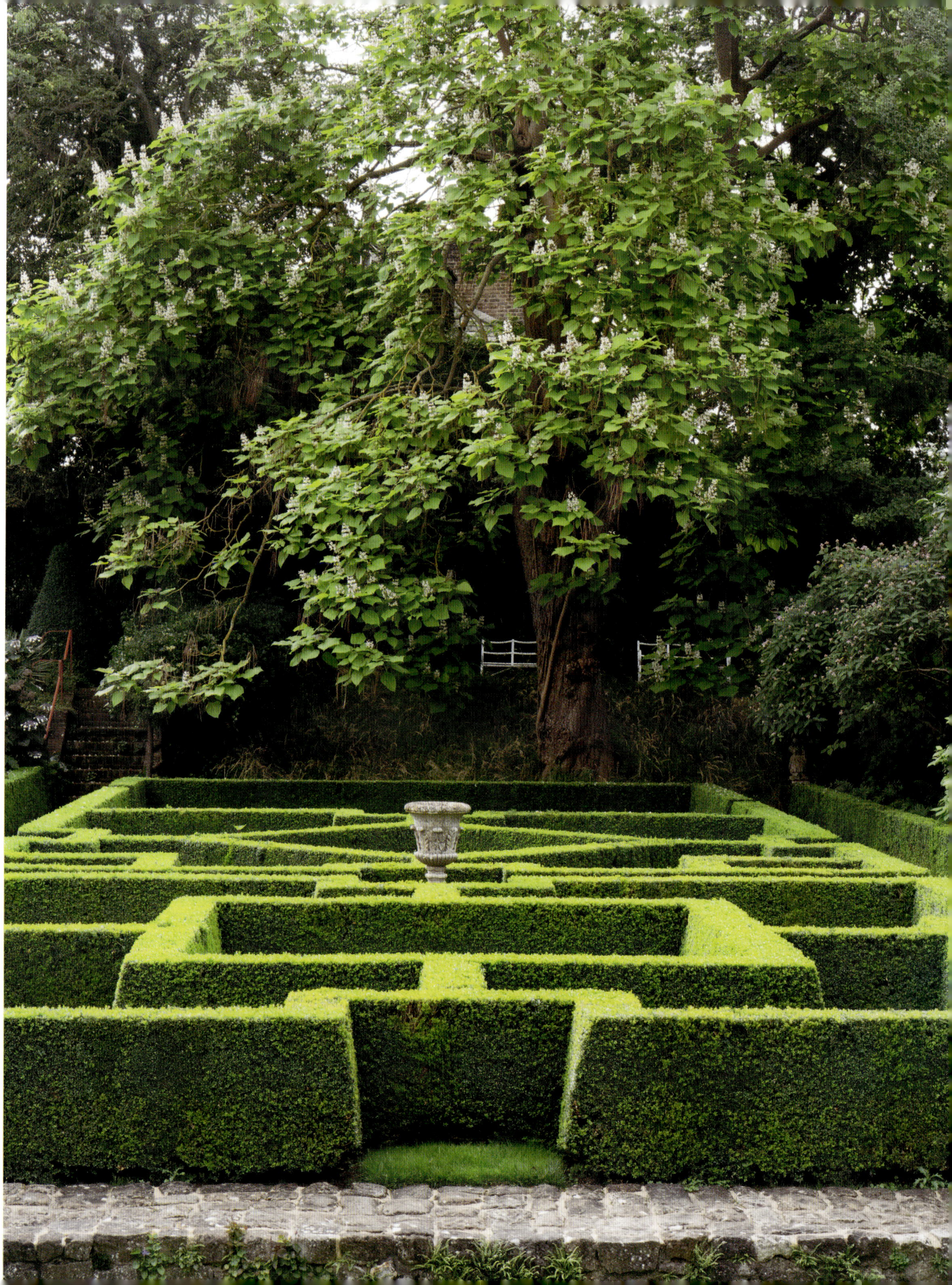

15

Restoration House

Rochester, Kent

AM 29. MAI 1660 brach Charles II. von hier aus auf, um noch am selben Tag in London den Thron zu besteigen, der Restauration der Monarchie nach dem Englischen Bürgerkrieg verdankt das Haus seinen Namen. 200 Jahre später diente das inzwischen unter Efeu verschwundene Gebäude Charles Dickens als Vorbild für das düstere Heim von Miss Havisham in *Große Erwartungen*. Seither ging es mit ihm auf und ab, 1980 sollte sein Garten sogar einem öffentlichen Parkplatz weichen. Doch glücklicherweise haben Jonathan Wilmot und Robert Tucker, die es 1994 kauften, es schrittweise restauriert und in eines der schönsten Stadthäuser des Landes und den Garten in eine Sehenswürdigkeit verwandelt.

Das Haus hatte eine eigene Quelle, die es bis heute mit frischem sauberem Wasser versorgt (das machte den Ort spätestens in der Römischen Zeit zur Ansiedlung attraktiv), einen großen, um 1600 geschaffenen formalen Garten, einen Kirschgarten, Stallgebäude und einen Gemüsegarten. Der berühmte Tagebuchschreiber Samuel Pepys kam 1667 vorbei und beschrieb es als „schmucken Wohnsitz".

Heute ist der Garten in drei Hauptbereiche mit sehr eigenem Charakter gegliedert. Der ummauerte Garten hinter dem Haus wird durch eine weitere Mauer noch einmal der Länge nach geteilt. Zu seinen „Räumen" zählen ein Parterre, ein Schnittblumen- und ein Maulbeergarten, ein formschnittfroher Eiben-Hof und ein formaler Teichgarten. Bogenfenster in der Trennmauer schaffen eine Querachse. Über die drei abfallenden Geländestufen erstreckt sich eine Rabatte bis zum erhöhten „Mount" am anderen Ende. Die östliche Grenze markieren prächtige Bäume, darunter ein Abkömmling des vor der Kathedrale von Rochester stehenden ältesten englischen Trompetenbaums.

Das Areal im Süden wurde vor einem Bauvorhaben gerettet und ist nun ein formaler italienischer Wasser-Garten mit erhöhten Wegen, Statuen, Fontänen und Wasserrinnen, die

LINKE SEITE Das makellose Parterre wurde 1995 gepflanzt. Seine stille Strenge trifft auf die Opulenz des Trompetenbaums, der aus einem Samen des vor der Kathedrale von Rochester stehenden Exemplars gezogen wurde.
RECHTS Der „Hexenhut" wurde aus einer alten Eibe geschnitten, die übrigen Eiben pflanzten Robert und Jonathan als Ergänzung und als Kulisse der Blumenrabatte in ihrem Süden. Ihre aparten Formen und das Spiel ihrer Schatten auf dem Rasen machen den Charme des Eiben-Hofs aus.

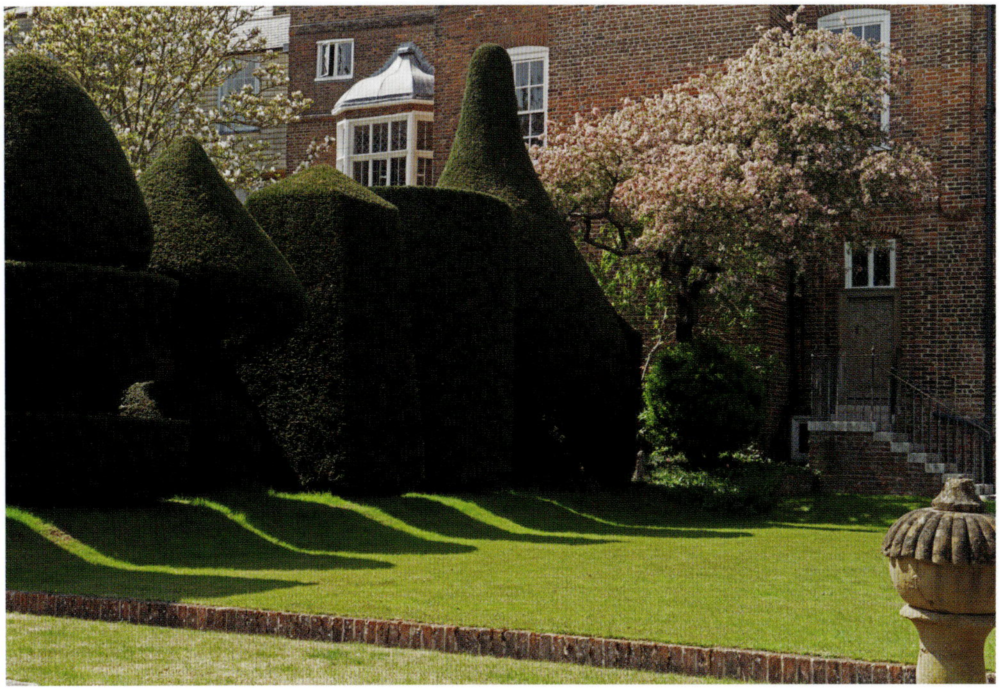

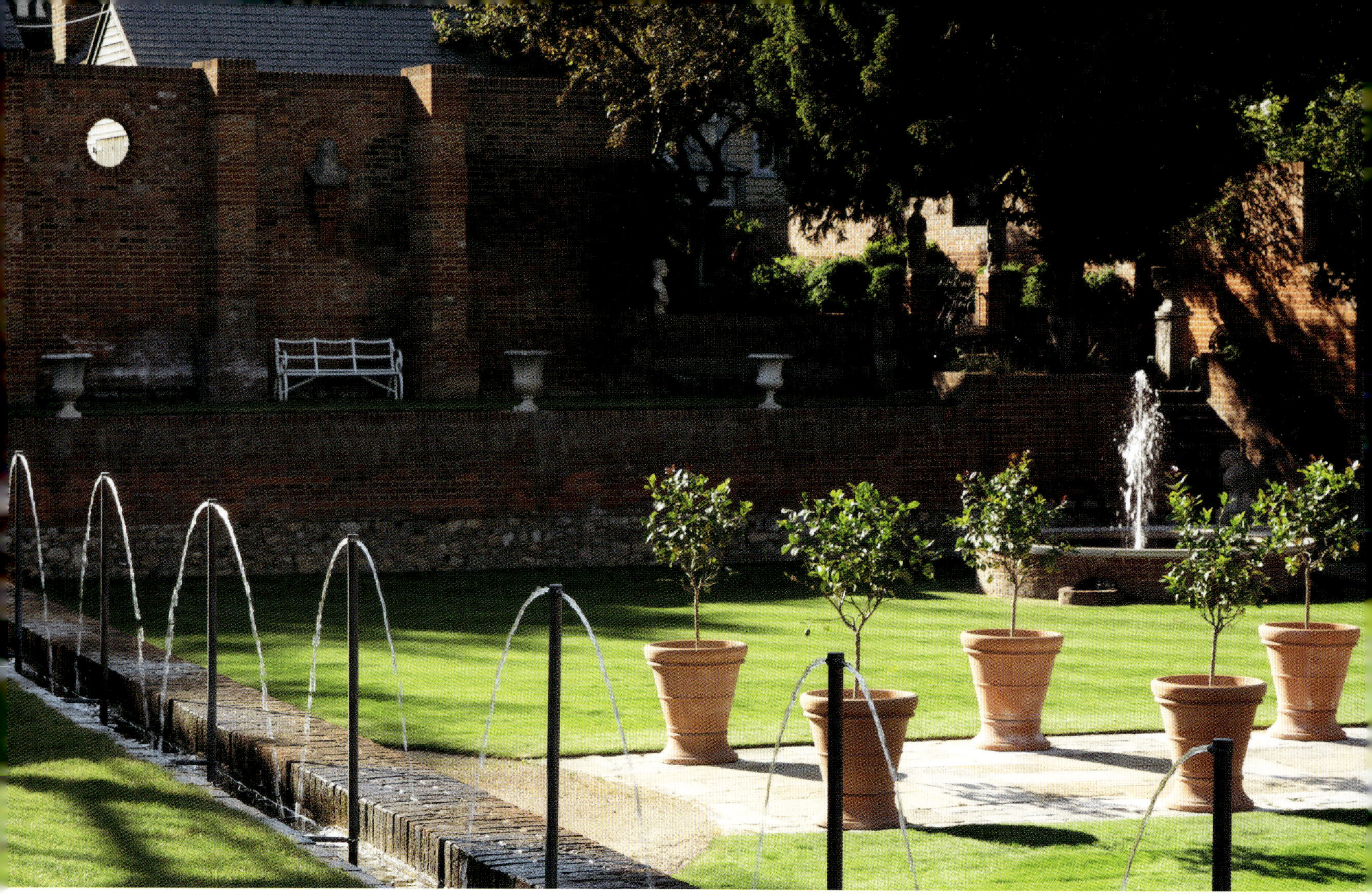

aus derselben wasserführenden Bodenschicht gespeist werden wie die Quelle. Vier Zitronensorten, Limetten, Grapefruit und Buddhas Hand in Kübeln genießen hier vom Spätfrühling bis Mittherbst die Sonne. Im Osten erstreckt sich der Untere Garten bis zur alten Brauerei. Terrassierte Rasenflächen führen in den geschütztesten Bereich des Gartens hinunter, wo hinter einer Canna-Allee und einer weiteren langen Rabatte, aus der majestätische Natternköpfe ragen, ein Rebenhaus aus den 1820er Jahren, ein Tropen- und ein Melonenhaus stehen.

Akribische Restaurierung

Anfangs konzentrierten sich Robert und Jonathan auf die Restaurierung und Ausstattung des denkmalgeschützten Hauses, doch sie hatten schon damals einen Garten im Kopf, der die Architektur komplementierte. Roberts Begeisterung für die Geschichte englischer Häuser, für Ausstattung, Möbel, Keramiken und Gemälde (sicherlich durch seine australische Herkunft verstärkt) verlangte ein geduldiges, geradezu archäologisches Vorgehen. Um die passenden Materialien, Methoden, ja sogar Wand- und Bodenfarben aussuchen zu können, mussten sie wissen, was einmal da gewesen war und wie es sich gewandelt hatte.

Dasselbe Prinzip wandten sie auch auf den Garten an, wobei Robert sich um die bauliche Gestaltung kümmerte und Jonathan um die Bepflanzung. Mauern wurden auf originalen Fundamenten mit alten Backsteinen und Kalkmörtel wieder aufgebaut, Wege mit recycelten Pflastersteinen aus Granit, Kalksteinplatten und Ziegelsteinen (im Fischgrätmuster) verlegt; sie nahmen, was sie gerade bekommen konnten. Manche Wege liegen bewusst etwas tiefer, damit die Kanten der angrenzenden Rasenflächen oder Rabatten, wie die Zierleiste eines Bilderrahmens, einen betonenden Schatten werfen können. Die neuen Mauern und Wege harmonisieren mit den Backsteinen des im 17. Jahrhundert erbauten Hauptgebäudes und wirken, als seien sie schon immer dagewesen.

„Der Vorzug dieses langsamen Arbeitens ist, dass die Gestaltung völlig ungekünstelt wirkt", meint Robert, „wie natürlich aus der Erde gewachsen, nicht modern aufgezwungen."

Es waren weder Pläne aus dem 17. Jahrhundert noch Beschreibungen des Gartens überliefert, doch die Garten-

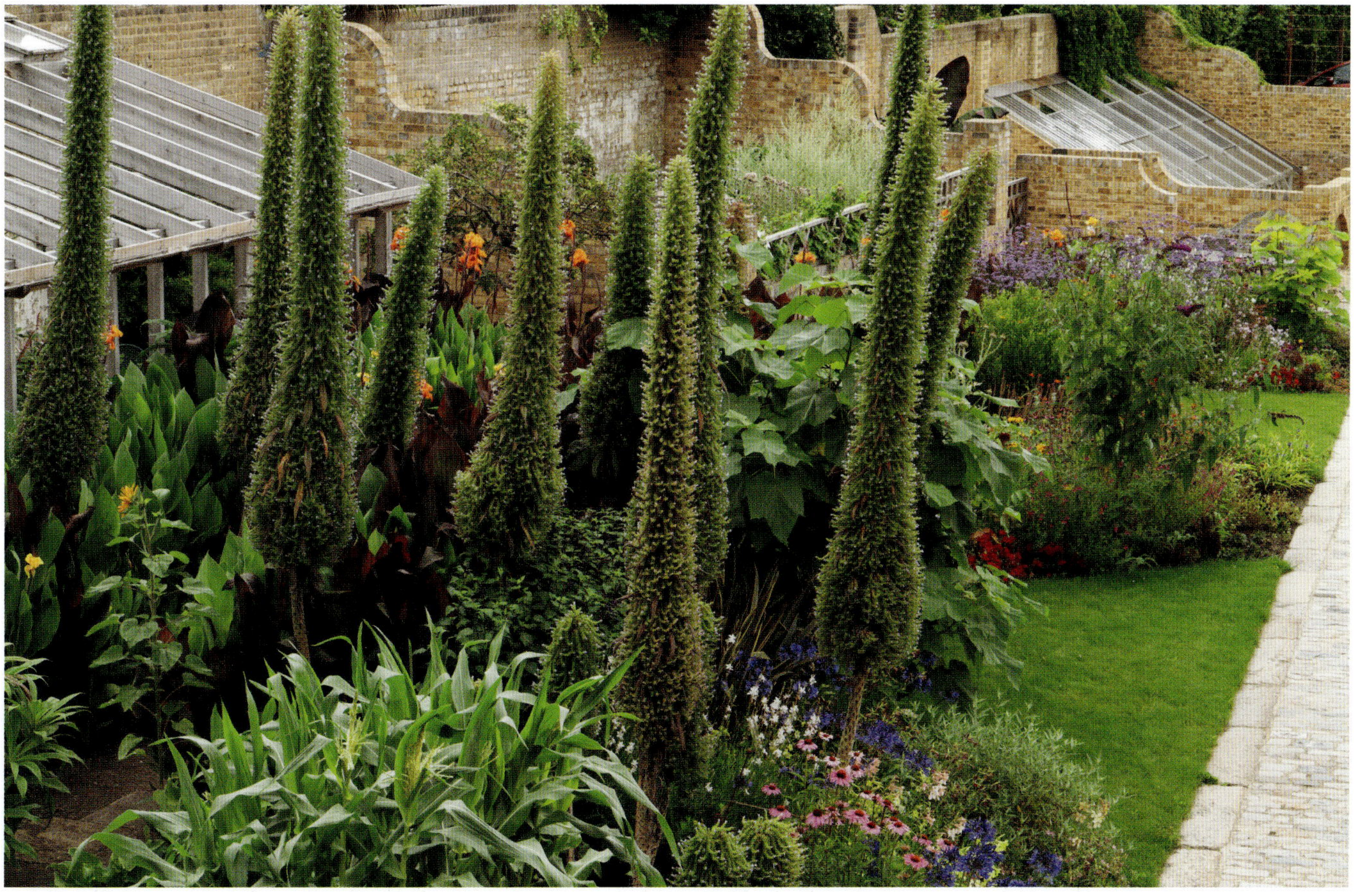

archäologin Elisabeth Hall beschäftigte sich mit dem Anwesen und mutmaßte, unterhalb der erhöhten „Aussichtsterrasse“ am Gartenende, dem sogenannten „Mount“, habe ein formales Parterre gelegen.

Deshalb wich 1995 der formale Rosengarten an dieser Stelle einem Buchs-Parterre, das nach dem schlichten, aber effektvollen jakobitischen Dekor der Hintertüren und des Haupteingangs des Hauses geformt wurde. Nun präsentiert sich das Parterre auf einem geschorenen Rasen ruhig und grün, die Strenge der Buchshecken kontrastiert mit der Üppigkeit des Trompetenbaums im Hintergrund. Die Hecken laufen, wie es Nathaniel Lloyd (siehe Seite 7) empfahl, konisch zu, damit ihr Fuß nicht im Schatten steht. Sie werden im Spätfrühling von Aaron Danton und Tim Schooley getrimmt, die auch jeden Herbst die Eiben perfekt in Form schneiden. Aaron sorgt außerdem unermüdlich und mit reichlich Wasser aus der Quelle dafür, dass der Rasen selbst in heißen Sommern samtig und grün bleibt.

LINKE SEITE Dieses Areal, auf dem einmal der formale Barockgarten lag, kauften Robert und Jonathan 2009. Sie schufen einen von der Renaissance inspirierten Wasser-Garten, in dem ihre Zitrus-Sammlung in Terrakottatöpfen den Sommer verbringt.
OBEN An der nach Süden weisenden Mauer über dem Brauereigelände lehnen ein Rebenhaus aus den 1820er Jahren, ein Tropen- und ein Melonenhaus. Davor gedeihen Gemüse und tropische Pflanzen.

Gartenschätze

Doch der Garten ist nicht nur der „grüne Gedanke in grünem Schatten“, der dem englischen Barockdichter Andrew Marvell vorschwebte, – er ist voll von interessamten Pflanzen. Manche sind in dem stark durchlässigen kalkigen Boden nicht einfach zu ziehen, wie etwa der blaue Himalaya-Scheinmohn, den die Chefgärtnerin Sarah Pollard irgendwie blühpartieweise durch die nassen, milden Winter bringt (der Scheinmohn blüht nur einmal und welkt dann). Sarah sprüht vor Ideen und Energie, egal ob sie mit der freiwilligen Helferin Lesley Perretti den Garten pflegt oder mit Jonathan nach neuen Pflanzen sucht.

Den Schnittblumengarten gegenüber dem Parterre auf der anderen Seite der Trennmauer rahmt ein so schönes wie produktives Apfelspalier an einem robusten Holzgerüst. Der

RECHTS Robert Tucker, Jonathan Wilmot, Sarah Pollard und Aaron Danton mit den Hunden Reid und Teal.
RECHTE SEITE Schmuck für draußen: Zitronen, Gewächshauspflanzen, Blumen in Töpfen und Beeten, Gemüse hinter Apfelspalieren – und drinnen: die herrlichen Sträuße, die Robert arrangiert, stammen aus dem Schnittblumengarten.

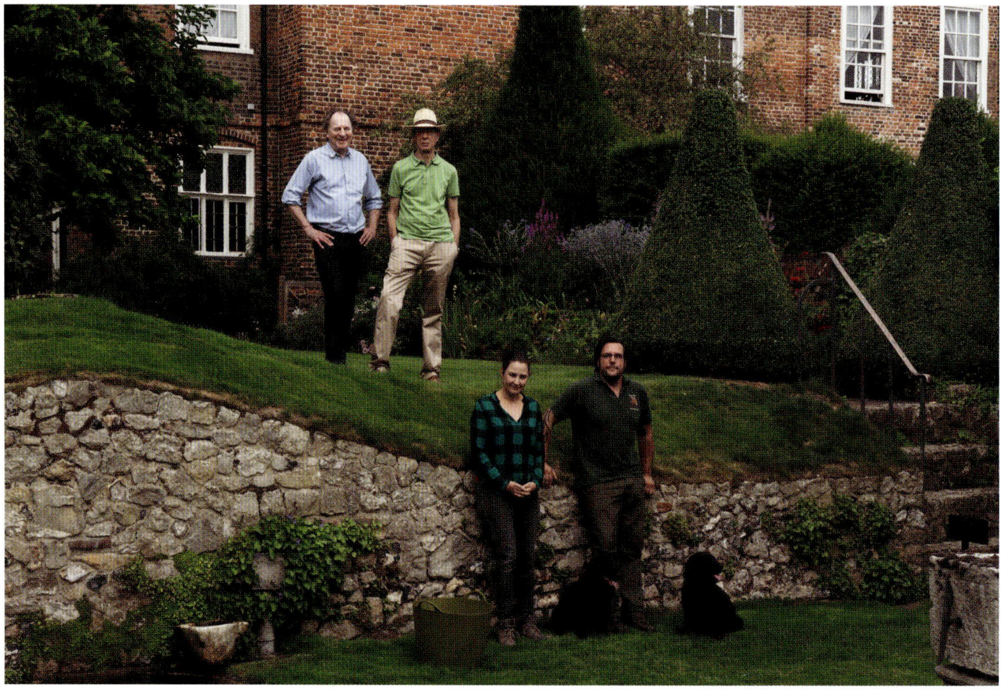

in vier Quadranten aufgeteilte einstige Gemüsegarten hat sich längst in Roberts Blütenreich verwandelt. Mit seinem Ertrag stellen Robert und Katie Morgan, eine Freundin, die Blumenarrangements zusammen, die das Haus in den Monaten schmücken, in denen es für Besucher geöffnet hat, oder die zahlreichen Konzerte im Großen Saal farbenfroh begleiten. Von den Pfingstrosen, Nelken, Duftwicken und alten Rosen des Frühsommers bis zu den Dahlien, Astern, Sonnenbräuten und Zinnien des Frühherbstes werden die Schätze des Gartens drinnen wie draußen zur Schau gestellt. „Jonathan beklagt sich ständig, ich würde die Beete kahlpflücken", erzählt Robert ohne einen Anflug von Reue.

2007 bedrohte die fragwürdige Genehmigung für ein Wohnbauprojekt den Kontext von Restoration House und seinen ebenfalls denkmalgeschützten Nachbarn. Bebaut werden sollte u. a. das Areal, das Elisabeth Hall als historischen formalen Gartenbereich identifiziert hatte. Dann kam die globale Finanzkrise, die Investoren gingen pleite und Robert und Jonathan überlegten, das fragliche Grundstück zu kaufen. Doch erst mussten sie mit einer Klage wegen Nichteinhaltung des Ensembleschutzes gegen die Bezirksverwaltung bis vor den Obersten Gerichtshof ziehen – der ihnen in einem bahnbrechenden Urteil recht gab. So konnten sie das südlich und östlich an ihr Grundstück angrenzende Gelände einschließlich der alten Brauerei erwerben (die sie renovierten und in Wohnungen aufteilten).

Da ihr Garten über Nacht seine Größe mehr als verdoppelt hatte, begannen Robert und Jonathan erneut, akribisch zu forschen. Nach und nach kamen sie der historischen Gestaltung mit mehreren terrassierten Stufen und breiten Wegen auf die Spur. Ihr Architekt erkannte sogar Parallelen zur Anlage des von beiden bewunderten Gartens der Villa Lante im italienischen Viterbo. Gut zwölf Jahre später können sie auf drei außergewöhnliche Gartenbereiche blicken, in denen Architektur, Obstbäume, Blumen und Formalität herrlich zusammenwirken.

„Es war ein Mammutprojekt", sagt Jonathan, „und nur zu schaffen, weil uns phantastische Handwerker und Experten zur Seite standen – Maurer, Steinmetze, Maler, Archäologen, Rob der ‚Wasserdoktor' und unser Logistik-Ass, Matthew Patterson, der mit 16 als halbtags beschäftigter Gartenjunge angefangen hat und uns 25 Jahre später verließ, nachdem er eines der aufregendsten Restaurierungsprojekte im ganzen Land geleitet hatte.

Und selbstverständlich wäre es ohne Sarah und Aaron, unterstützt von Tim und Lesley, keine so große Freude, in diesem Haus und Garten zu leben und produktiv zu sein."

Anfangs kamen die Besucher, um Restoration House zu besichtigen, nun kommen Pflanzenliebhaber, nur um den hinter Mauern verborgenen „geheimen" Garten zu sehen. Seine einzigartige Aufteilung und die vielen Räume halten formale und florale Überraschungen bereit. Sein Prunkstück ist wohl der italienische Garten, mit seinen Fontänen und Wasserspielen, Statuen, Zitrusbäumchen, makellosen Rasenfläche und breiten terrassierten Wegen. Ein wiedererwachtes Arkadien.

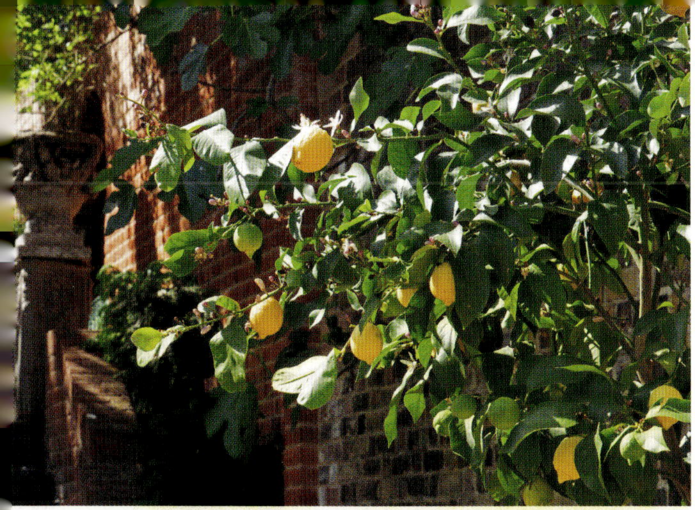
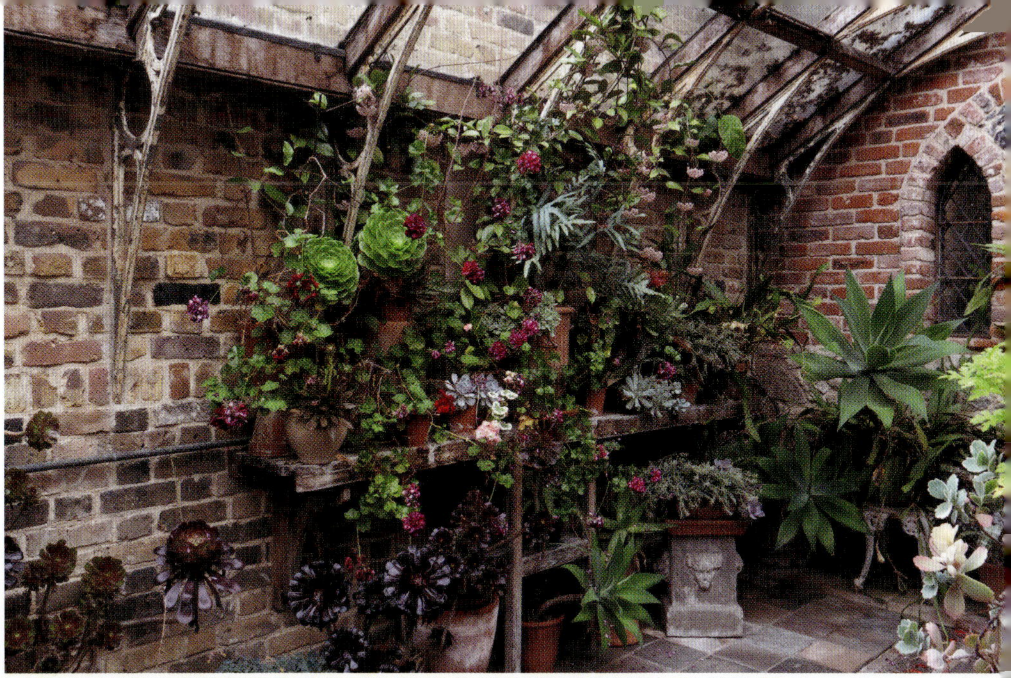
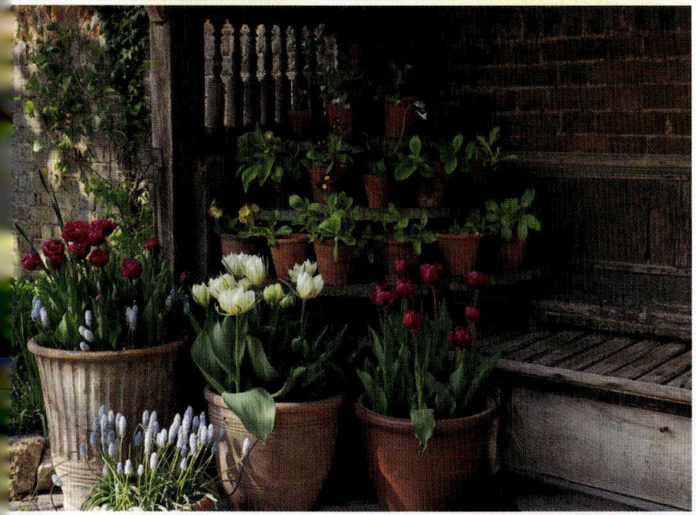
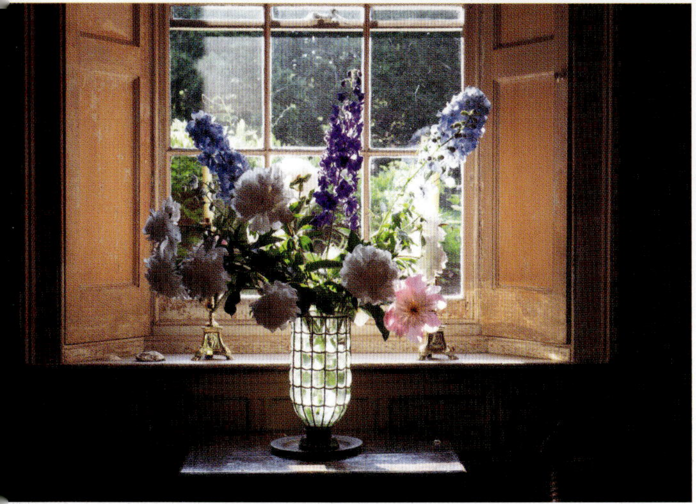
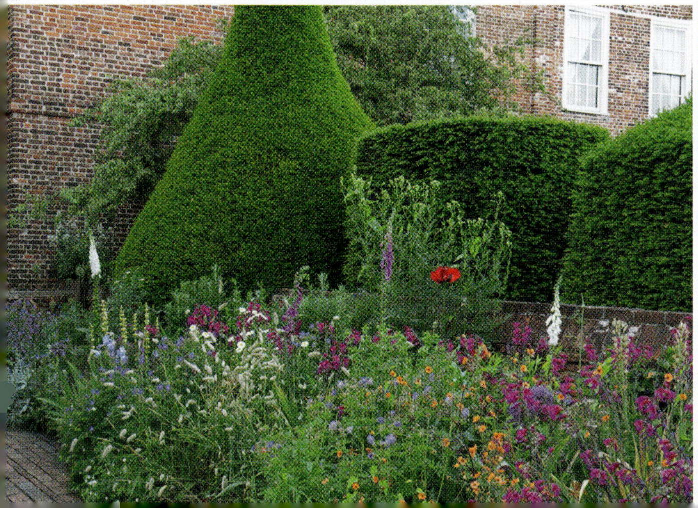
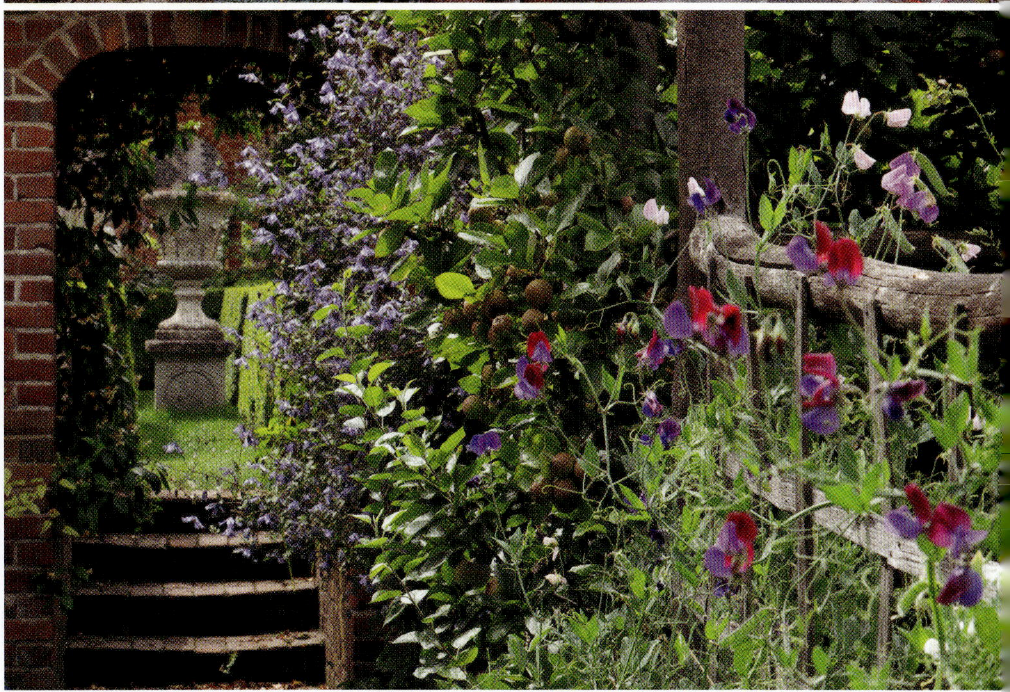
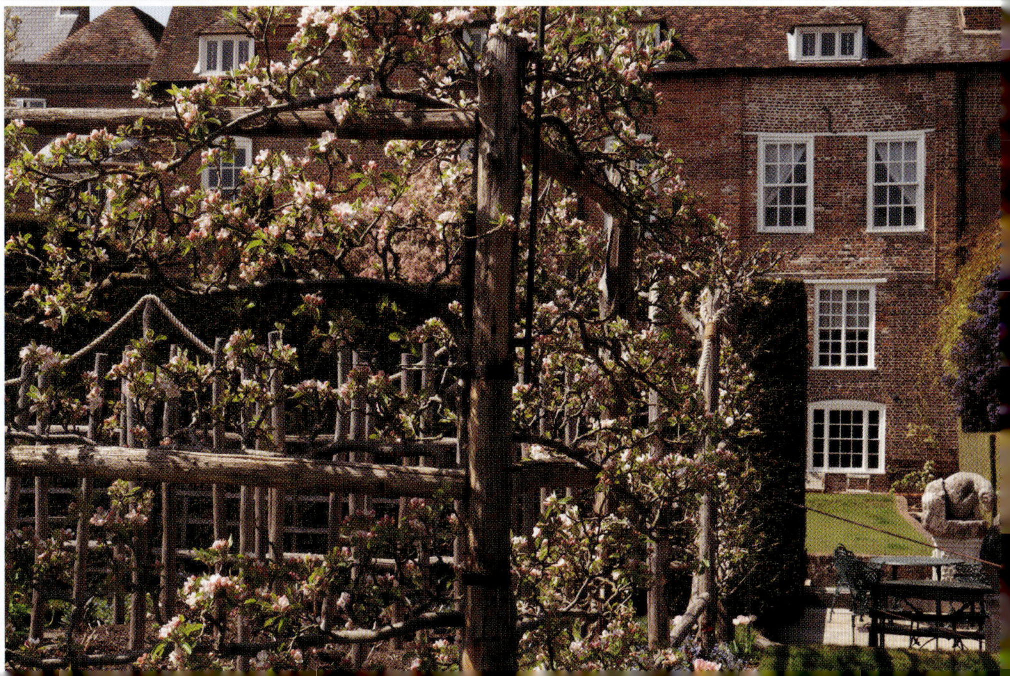

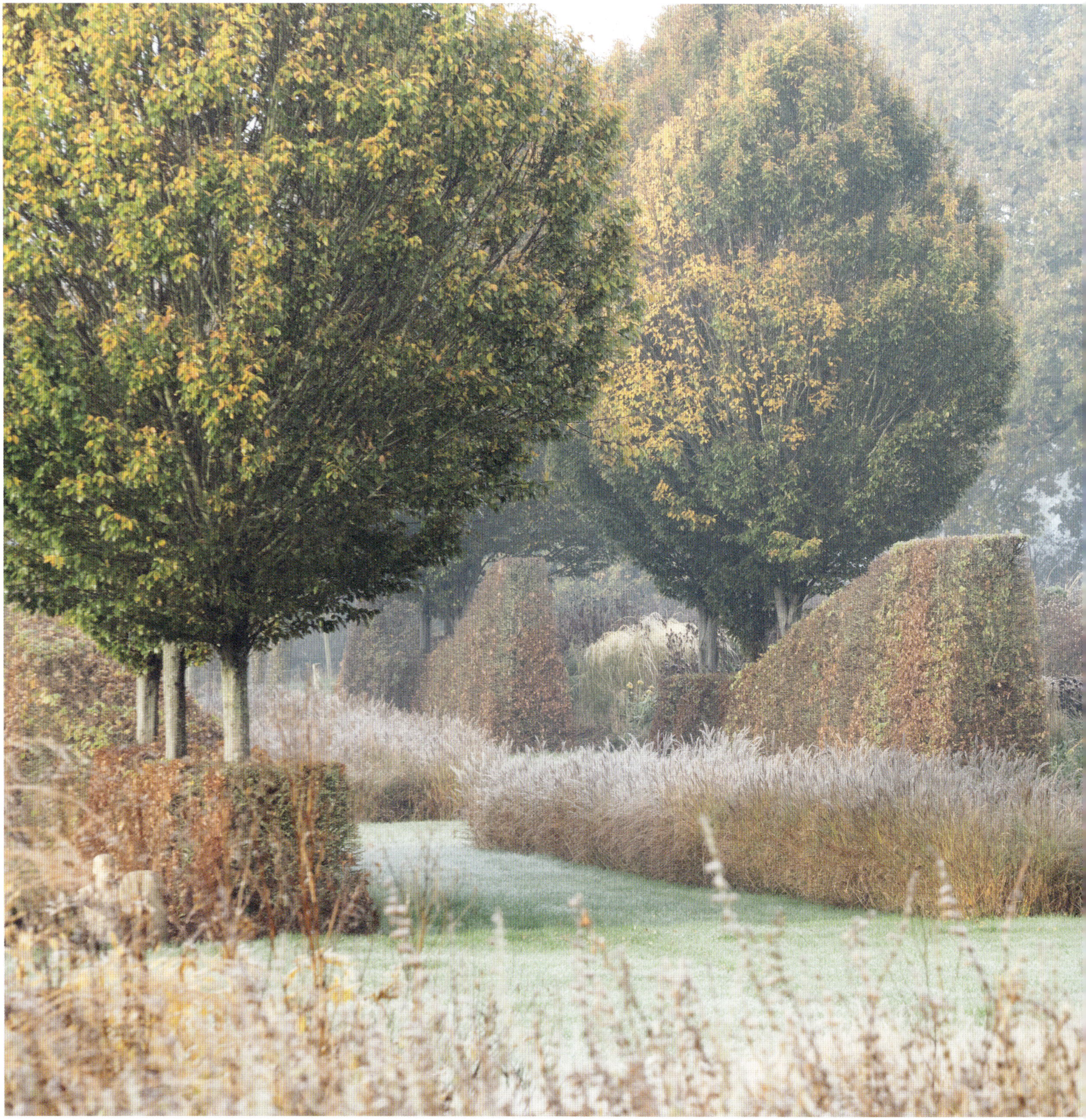

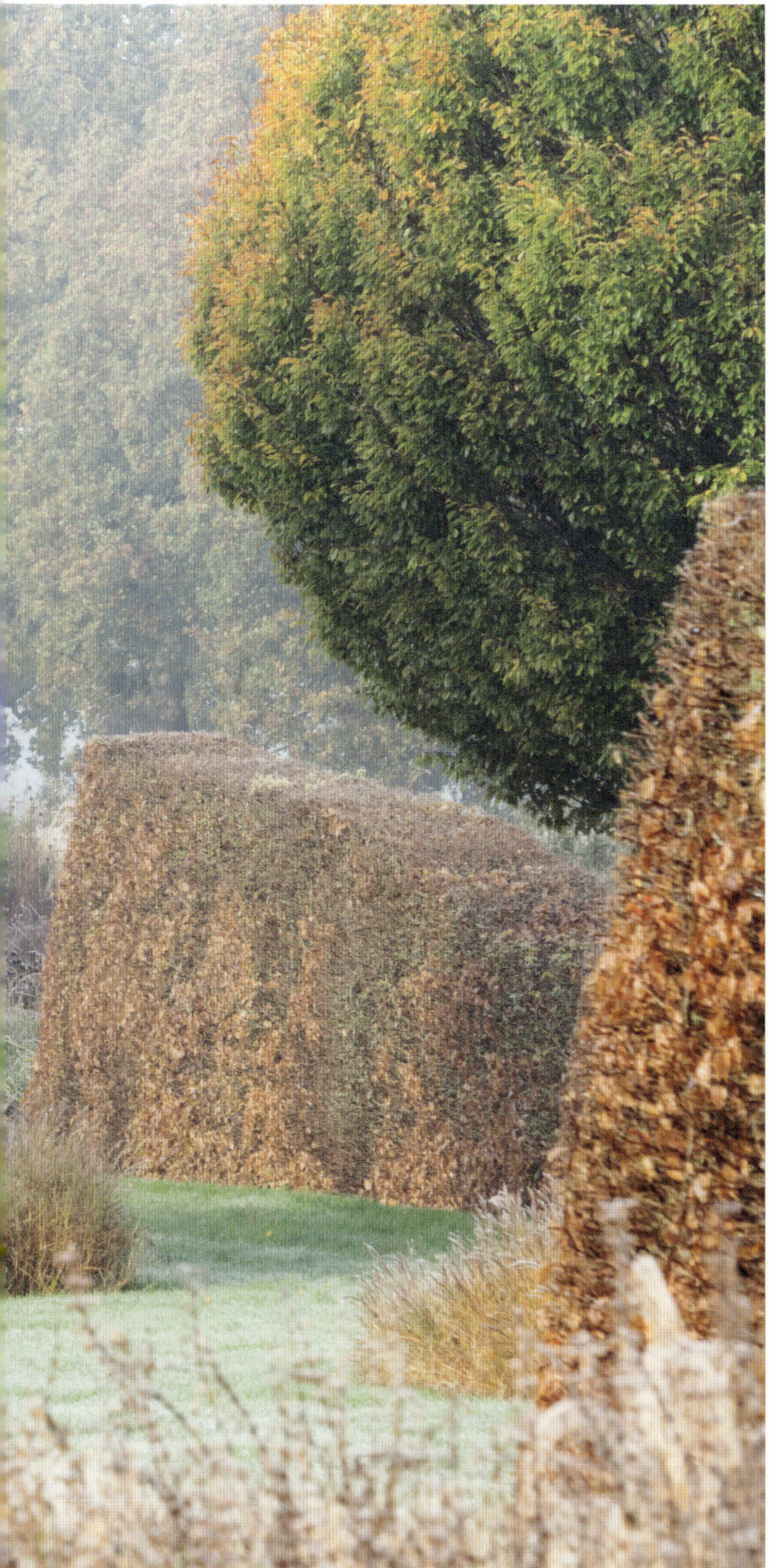

16

Sussex Prairie Garden

Bei Henfield, West Sussex

TRÄUME KÖNNEN WAHR WERDEN – zumal, wenn man wie Pauline und Paul McBride über Pflanzenwissen, Entschlossenheit und „verrückte ambitionierte Ziele", wie Pauline sagt, verfügt. Der Sussex Prairie Garden beweist es.

Alles begann in Luxemburg, wo der gelernte Gärtner Paul und die kunstsinnige Pauline für einen Unternehmer über zwölf Jahre einen Garten anlegten. Eines Tages beauftragte ihr Chef Piet Oudolf, im Garten eines der Stauden- und Gräserbeete zu schaffen, die Oudolfs Markenzeichen sind. So bekamen die McBrides die Chance, zwei Jahre lang an der Seite des berühmten niederländischen Gartengestalters zu arbeiten.

„So eine Chance – mit seinem Pflanzenguru zusammenzuarbeiten – bekommt man nur einmal im Leben. Es war, als lernte man von Michelangelo ... Wir zogen daraus das Selbstvertrauen und die Inspiration, diesen Garten zu schaffen", erzählt Pauline.

Planen und vermehren

Der Präriegarten entstand auf 3 Hektar Acker- und Weideland, das zur Morlands Farm gehörte, dem Hof von Paulines Eltern. „Ich bin mit 18 von Zuhause weggegangen und hatte nicht vor, wieder hier zu leben. Aber dann traf ich Paul, und wir hatten diese fixe Idee, gemeinsam einen phantastischen Garten zu schaffen. Und dies schien der ideale Ort zu sein."

Die McBrides kauften das Land und begannen noch in Luxemburg mit der Planung. „Wir zeichneten maßstabsgetreue Entwürfe und dann wurde uns klar, dass wir 35 000 Pflanzen brauchen würden. Also haben wir angefangen, Pflanzen durch Teilen, Ableger und Samen zu vermehren und sind jedes Wochenende mit 3000 Pflänzchen von Luxemburg nach Sussex gefahren."

Als Pauline hier aufwuchs, wurde das Heu noch in den traditionellen mit Wellblech verkleideten Feldscheunen gelagert,

Die Hainbuchenhecken holen die sanften Hügelformen der South Downs in den Garten; die Hainbuchenbäume mit den Kugelkronen und der „Gräserkanal" strahlen inmitten der übervollen Rabatten Ruhe aus.

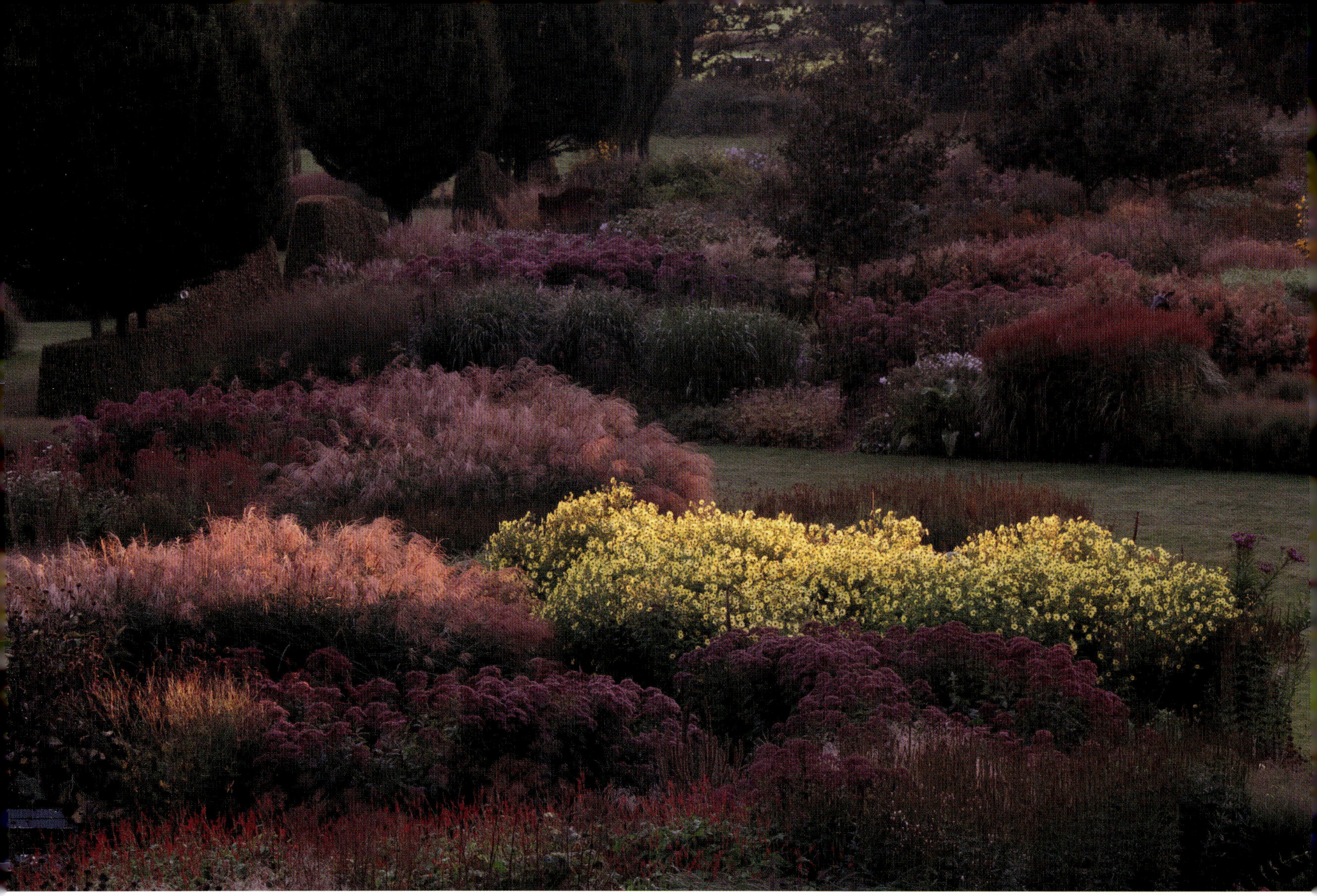

und sie liebte es, sich unter dem gewölbten Dach gemütliche Höhlen zu machen. Da schien es in der Natur der Sache zu liegen, die Scheune zum Wohnhaus umzubauen, 2019 zogen die McBrides ein. Im loftartigen Obergeschoss laden große Fenster dazu ein, auf ihre selbst geschaffene Prärie zu schauen und von neuen Garten- und Reiseabenteuern zu träumen.

Der Aussichtsturm aus nun kunstvoll rostendem Baustahl am Rand des Schnittblumengartens, in dem die McBrides neben ihrer Dahliensammlung Einjährige ziehen und neue Pflanzen sichten, wurde 2021 fertig. Von oben schweift der Blick über den Garten auf die sanft gewellten Sussex Downs und den Chanctonbury Ring, die Überreste einer eisenzeitlichen Wallburg.

Da der Lehmboden sich im Winter voll Wasser saugt, musste ein Entwässerungssystem gegraben werden.

Die McBrides hoben noch drei Teiche aus und lagerten den Mutterboden all dieser Erdaushube, um ihn schließlich als fruchtbare Schicht auf die vorbereiteten Beetflächen auszubringen. Die übrige Erde türmten sie zu Aussichtshügeln am Ende des ansonsten flachen Gartens an.

Das Abstecken der großflächigen geschwungenen Rabatten geschah mit „Holzpflöcken, Schnur und viel Geschrei, aber wir haben den ganzen Gartenentwurf mehr oder weniger in einem Rutsch übertragen."

Anschließend wurden die Beetflächen mehrmals mit Herbiziden behandelt und dann gepflügt. Zum Schluss arbeiteten sie mit Bodenfräsen Kompost in die Erde ein.

Die McBrides luden zu einer „Pflanzparty" und die Zusagen kamen prompt und zahlreich. Im Mai 2008 halfen ihnen rund 40 Freunde und Verwandte, die insgesamt 35 000 Pflanzen zu setzen. Die Party dauerte 16 Tage, ein Jahr später öffneten die McBrides den Garten für Besucher.

Obwohl sie den Garten nur im Sommer und Herbst öffnen, muss er das ganze Jahr über gepflegt werden, damit er sich in den raffinierten dynamischen Farb- und Textur-Drifts präsentiert.

Im Frühling wird im großen Stil gemulcht, danach wird die Rinde auf den Wegen, die sich durch die Beete winden, ausgetauscht. Da sie genug Platz haben, boten sie der Bezirksverwaltung an, Grünabfälle auf dem Hof zu lagern, der Kom-

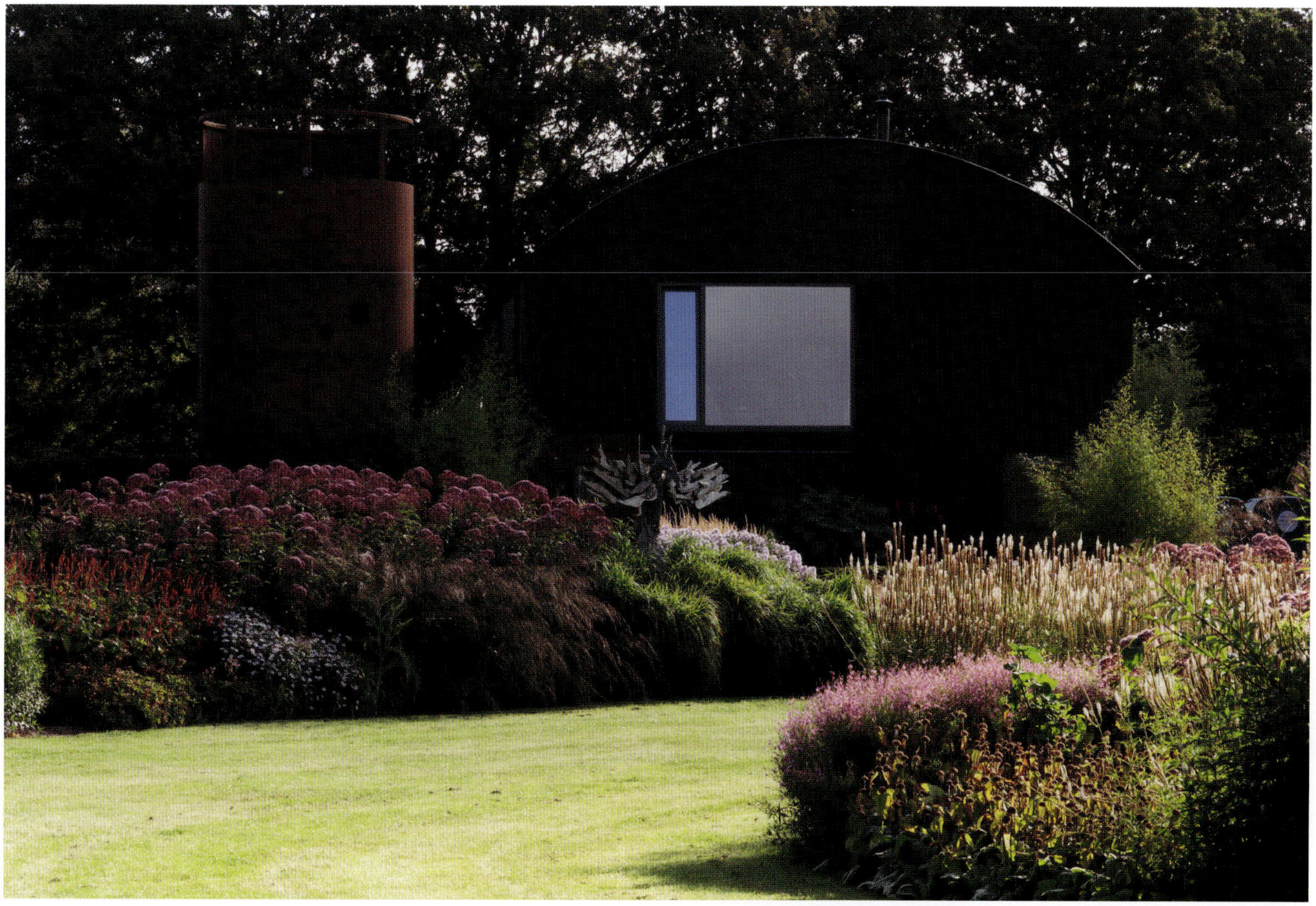

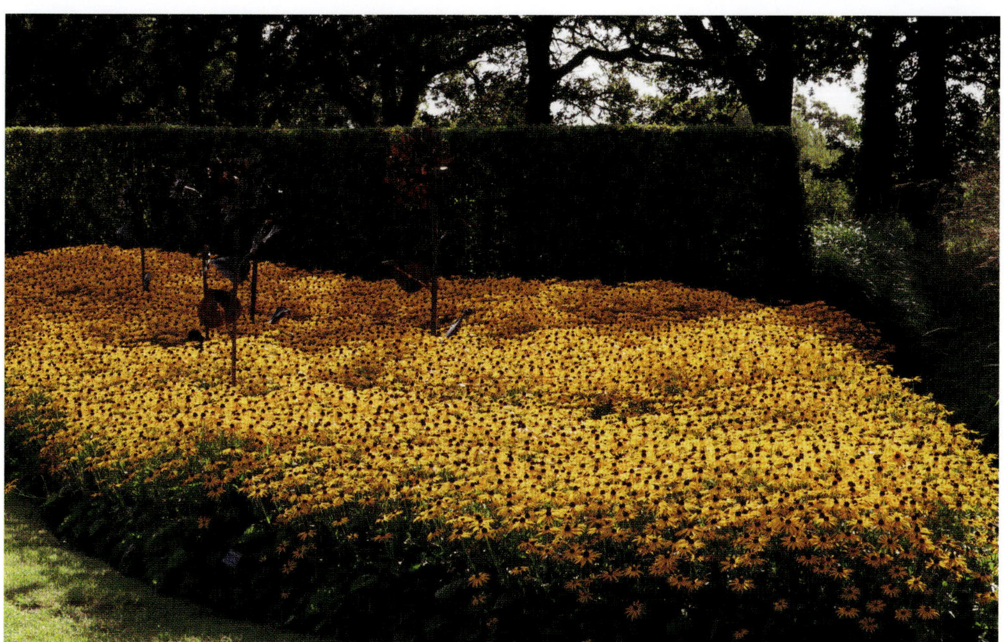

LINKE SEITE Durch die tiefen geschwungenen Rabatten mäandern Wege, um die Besucher in direkten Kontakt mit den Farben und Texturen der Pflanzen zu bringen.
OBEN Die McBrides leben heute in der einstigen Dreschscheune, daneben steht der Aussichtsturm.
LINKS Im „Cleet Garden" sind Pflanzen einer Art und Sorte, wie Gräser, Wiesenknöpfe und (hier) Sonnenhüte in berauschenden Mengen gepflanzt.

RECHTS Weiderich und *Echinacea* stehen mit anderen Stauden auf den Aussichtshügeln am Ende des Gartens.
RECHTE SEITE, OBEN Bisons in der Prärie, von Pauline McBride entworfen, in Luxemburg gefertigt.
RECHTE SEITE, UNTEN Ein lebendiger Fuchs auf dem Sprung; das große P im frostbereiften Gras steht für „Paul" und ist ein Geschenk von Pauline.

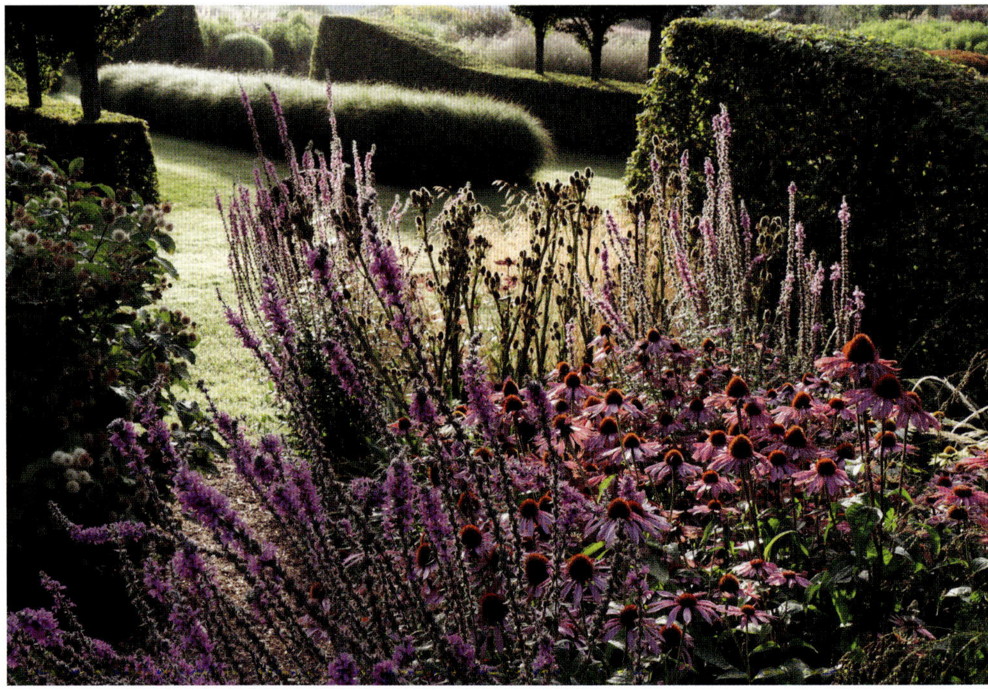

post kommt dem Garten zugute. Ein ähnliches Angebot ging an die Baumgärtner der Region, mit deren zerkleinerten Holzabfällen die Gartenwege ausgebessert werden.

Die eindrucksvollste Maßnahme ist das Abbrennen der zundertrockenen abgestorbenen Pflanzen im Januar oder Februar. Es erspart den McBrides einen aufwendigen Rückschnitt. „Bei einem Garten dieser Größe bietet es sich an. Es ist dramatisch, aber wir haben ausreichend Platz und müssen nur aufpassen, dass das Feuer nicht auf andere Flächen übergreift. Bei sich Zuhause sollten Sie das nicht versuchen!"

Der Gesamtgestaltung der Beete liegt die gewundene Form einer Nautilusmuschel zugrunde. Mitten durch diese Windungen verläuft als „Atempause" von Norden nach Süden eine gerade breite Grasschneise. Sie wird von Hainbuchenhecken gesäumt, die in sanfte Wellen getrimmt sind und die Formen der South Downs im Garten fortführen. Aus diesen Hecken ragen asymmetrisch angeordnete Hainbuchenbäume mit zu Kugeln geschnittenen Kronen. In der Mitte der Schneise verläuft ein „Gräserkanal", wie Pauline ihn nennt. Anstelle von Wasser fließt und wogt hier in silbrigen Blöcken gepflanztes Chinaschilf *(Miscanthus)*.

Wiederholte Muster

Pauline beschreibt den Weg, der vom Haupteingang durch ein Wäldchen und ein Areal mit Tropenpflanzen führt, als eine Art Dekompressionskammer, bevor man in die anschließende Weite entlassen wird. „Ich wünsche mir, dass die Besucher ihrer Phantasie freien Lauf lassen, wenn sie in unsere Prärie hinaustreten."

Dieses Gefühl von Weite erzielen die McBrides mit Blockpflanzungen, die zum einen die Vorzüge der Pflanzen zur Geltung bringen und zum anderen pflegeleichter sind. „Wir wiederholen Muster mit bestimmten Pflanzen, um Rhythmus zu erzeugen und die Betrachter tiefer in den Garten zu ziehen."

Paul empfiehlt, auch in Hinblick auf den Klimawandel, diese vier Akzentpflanzen besonders: *Calamagrostis* x *acutiflora* ‚Waldenbuch', ein kompaktes, rostresistentes Reitgras; *Miscanthus sinensis* ‚Malepartus', eine kräftige alte Sorte mit dunkelroten Blütenfahnen; *Panicum virgatum* ‚Hänse Herms', eine Rutenhirse mit filigranen, wie Weichzeichner wirkenden Blütenrispen, und Kandelaber-Ehrenpreis *(Veronicastrum virginicum)* ‚Diane' mit hohen weiß strahlenden Blütenkerzen und purpurn überlaufenen Blättern.

Das Wogen, Branden und Rauschen der Gräser und Stauden zieht die Besucher in die Pflanzungen hinein, lädt sie ein, die Finger durch die Blütenwellen streifen zu lassen – und damit sie diese herrliche Erfahrung machen können, lassen die McBrides schmale Wege durch die Beete mäandern.

„Wir lieben die Intimität von heckeneingefassten Gartenräumen, doch hier verlangte die weite offene Fläche, dass wir lange Sichtachsen in die Ferne in die Gesamtgestaltung einplanten."

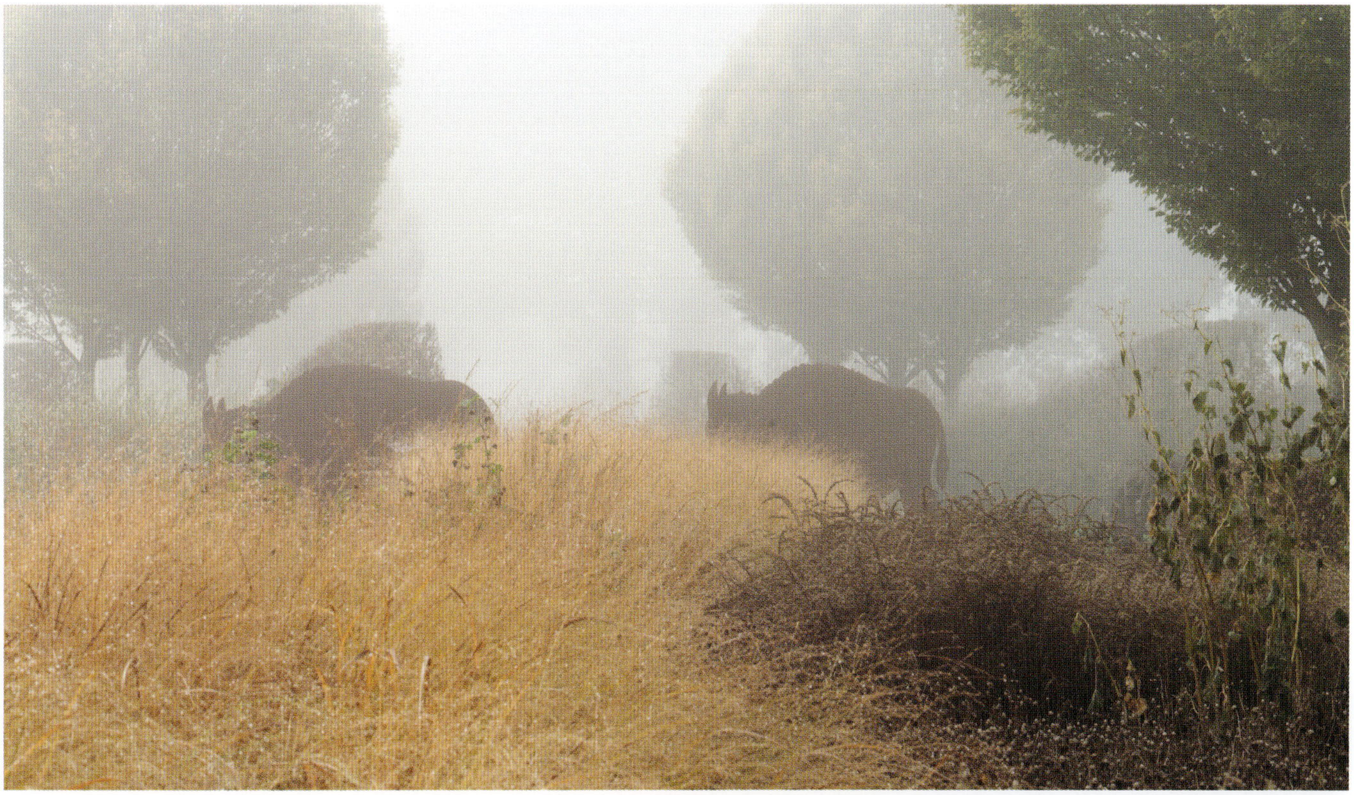

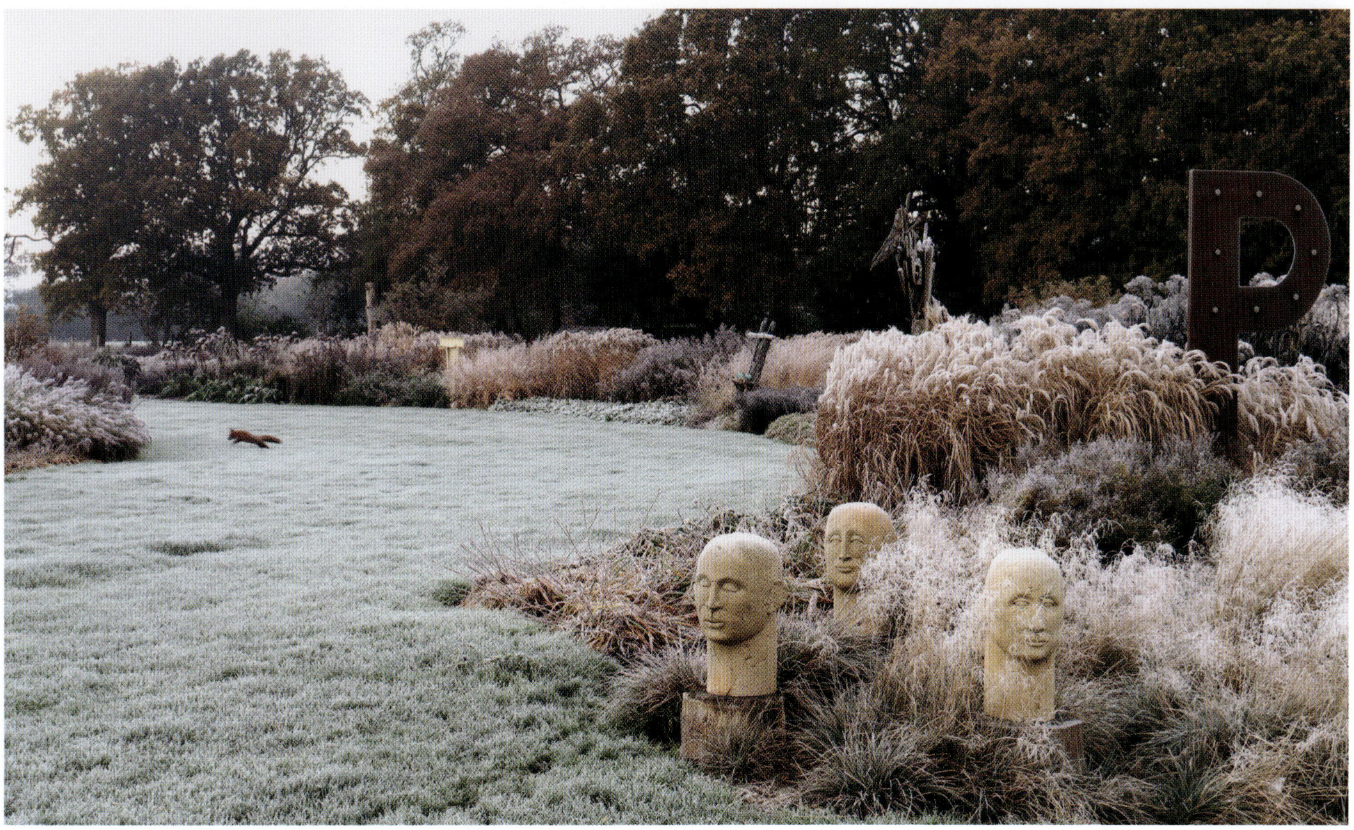

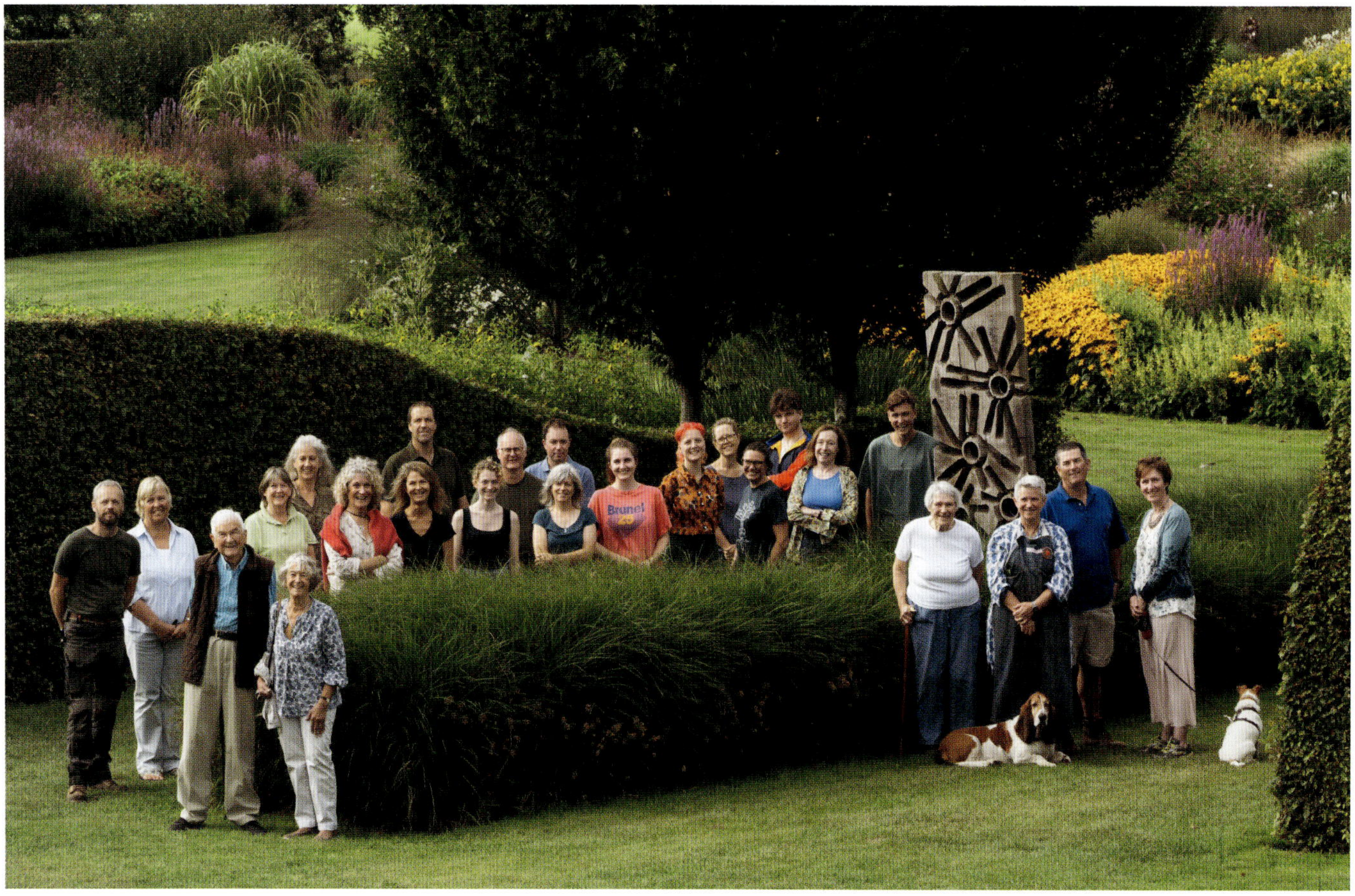

Im „Cleet Garden" haben sich die McBrides von den amerikanischen Landschaftsarchitekten Wolfgang Oehme und James van Sweden zu überdimensionierten Blöcken mit dicht an dicht stehenden Gräsern, aber auch Sonnenhüten und Wiesenknöpfen inspirieren lassen. Das vermittelt gleichzeitig die Erfahrung der Weite und ein Gefühl der Einfriedung.

Gärten und Kunst

Paul und Pauline vermehren unermüdlich Pflanzen, um selbst Nachschub zu haben und um den Besuchern ein Einsteigerpaket anbieten zu können. „Es ist wichtig, dass Besucher an Ort und Stelle kaufen können, was sie im Garten gesehen haben."

Für die Textilkünstlerin Pauline waren Gärten schon immer eng mit Kunst verbunden und so nutzt sie ihre Prärie als Showroom für Kunstwerke. Manche Skulpturen, wie die gewaltigen, in Luxemburg gefertigten Metall-Bisons, die sie entworfen hat, sind dauerhafte Installationen. Auch die von ihr als Ausdruck ihrer Liebe zu Paul und zum Garten entworfene Skulptur „Große Liebe" steht immer hier. Sie besteht aus drei getrennt aufgestellten Stahlkonstruktionen, die aus einem bestimmten Blickwinkel zu einem großen Herzen verschmelzen. Andere Skulpturen werden nur für eine oder zwei Saisons ausgestellt.

Und was kommt nun, da der Traum vom Garten wahr geworden ist? Pauline und Paul ruhen sich nicht auf ihren Lorbeeren aus, sondern machen schon Pläne für die Gestaltung von 8 Hektar Wald und Wildblumenwiesen, die im Westen an den Garten anschließen sollen. Wenn das nicht wahrlich weitreichende Ambitionen sind …

OBEN (zur Rechten) Paul und Pauline McBride mit ihrer Mutter Patricia Tidey und ihrer Schwester Anna Tidey, mit den Hunden Vigo und Darcy. (Zur Linken) Das Gartenteam: Stuart Southwell (ganz links), Nick Bielby (siebter von links, hintere Reihe), Mark Baldwin (neunter von links, hintere Reihe), Lin Potter (neunte von links, hintere Reihe), Ron und Libby Kersey, die Freiwilligen, die am längsten dabei sind (zweiter und dritte von links, vordere Reihe), die übrigen Freiwilligen Diana, Fanny, Liz, Penny, Veronique, Kayla, Paul, Allison, Faith, Harriet, Gen, Fergus, Debbie und Henry.
RECHTE SEITE Für Pauline gehören Garten und Kunst zusammen, oben rechts ist ihre Skulptur „Große Liebe" zu sehen.

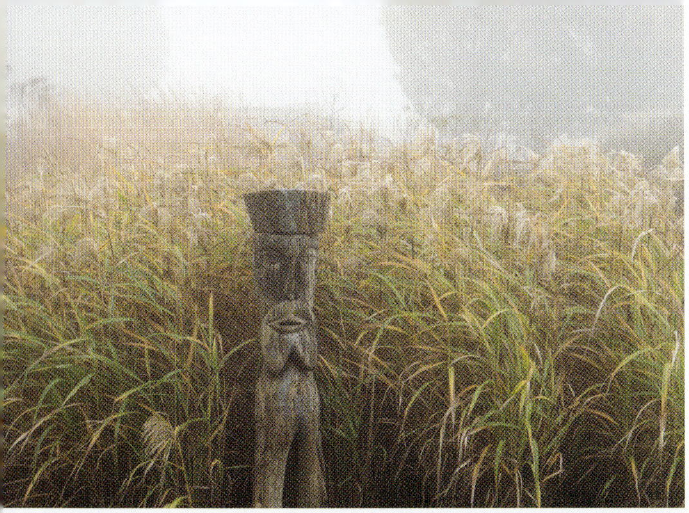
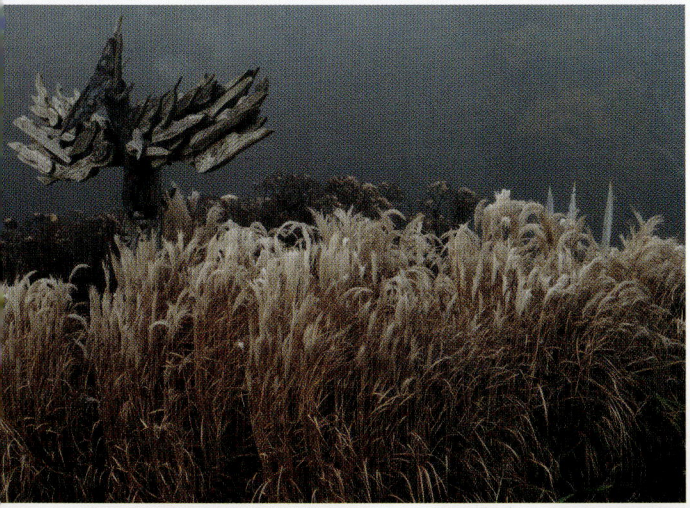
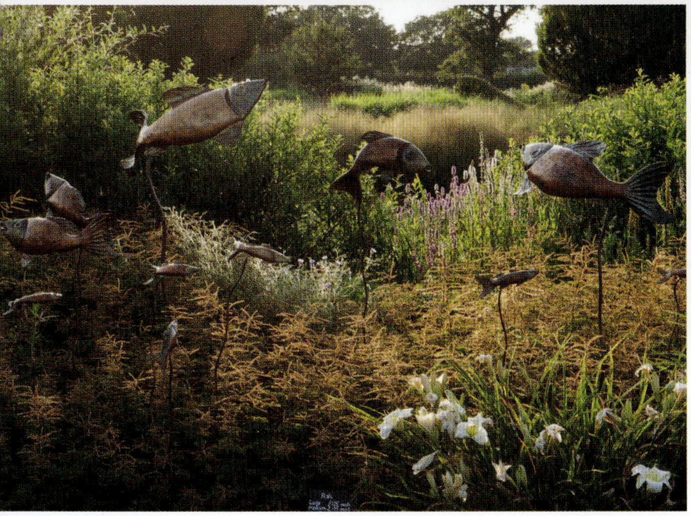
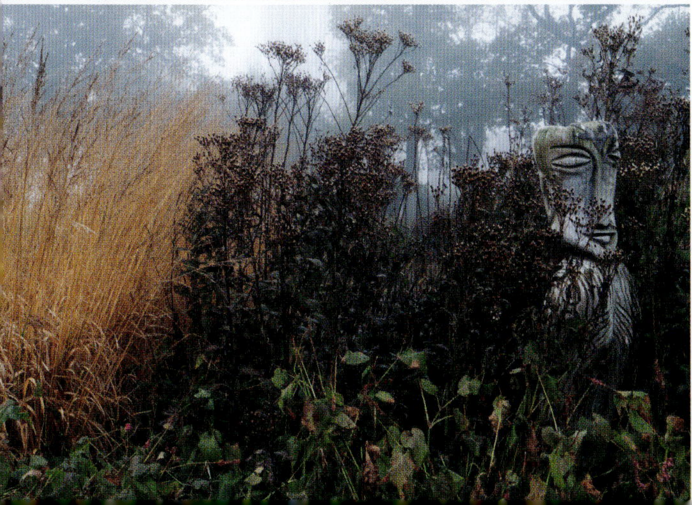
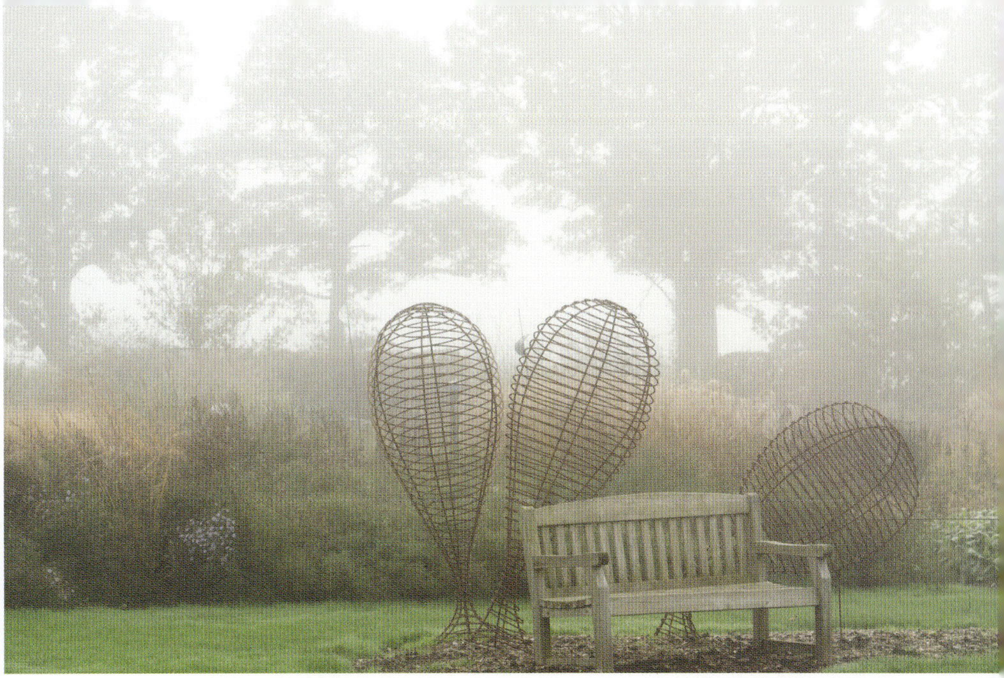
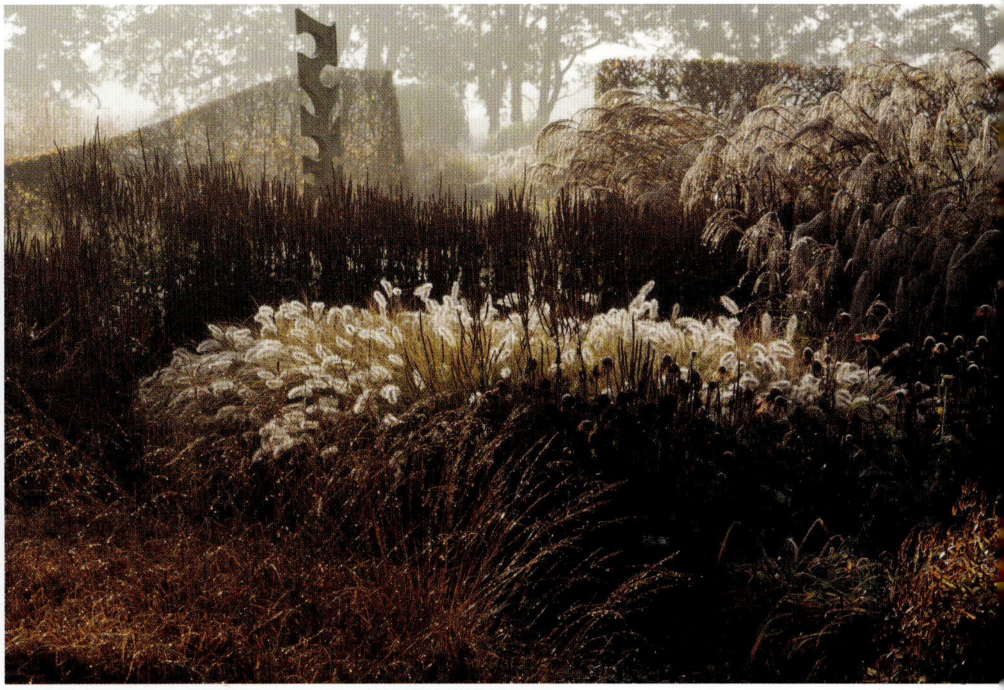
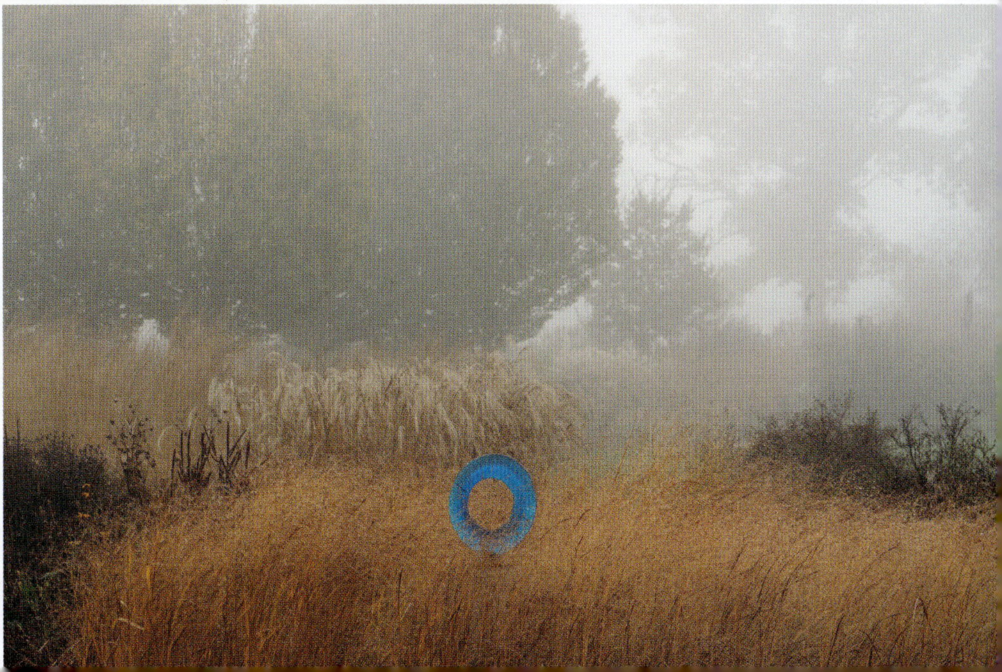

17

Der Hannah Peschar Sculpture Garden

Ockley, Surrey

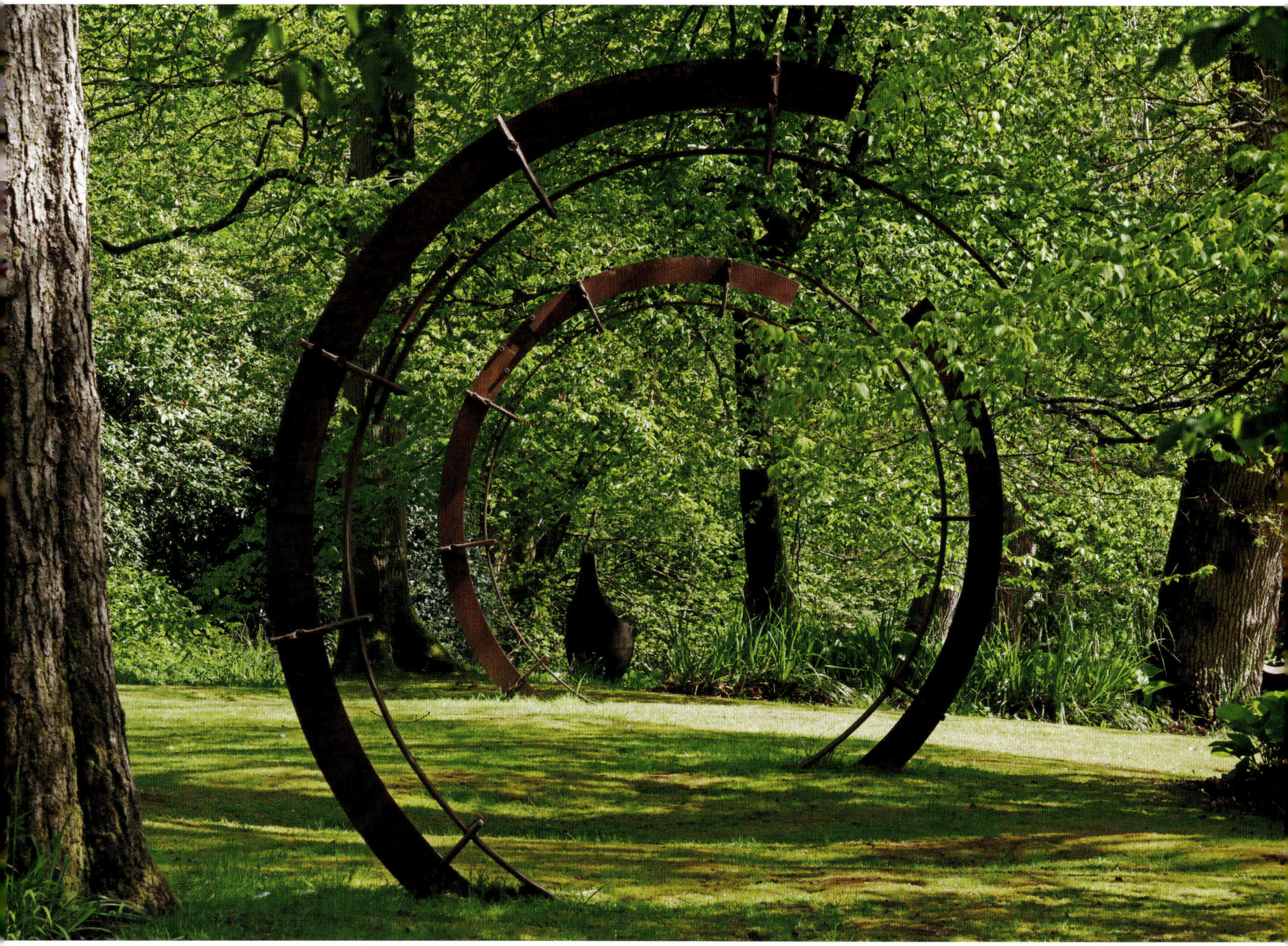

Oft steht in einem Garten eine einzige Skulptur als Ausdruck eines sehr persönlichen Geschmacks. Im Hannah Peschar Sculpture Garden südlich von Dorking finden heute Sommer für Sommer mehr als 200 Skulpturen den zu ihnen passenden Platz in einer Wald-und-Wasser-Kulisse. Die gut 4 Hektar große Anlage ist einer der ältesten Skulpturengärten im Südosten Englands.

Hannah Peschar, die im August 2021 starb, während dieses Buch noch in Arbeit war, und ihr Mann, der Landschaftsarchitekt Anthony Paul zogen in den 1970er Jahren nach Ockley.

Sie fanden einen zwischen 1915 und 1920 angelegten Landschaftsgarten vor, der im Laufe der Jahre verwildert war und regelmäßig vom Bach Standon, der dem Arun zufließt, überflutet wurde. Im Winter häufig ein wahrer Sturzbach, schrumpft der Standon im Sommer zum Rinnsal.

Hannah und Anthony waren die ersten Jahre damit beschäftigt, umgestürzte Bäume sowie Wildwuchs zu beseitigen und Unterholz zu lichten. Sie setzten Bäume und Sträucher mit markanten Stamm-, Ast- und Laubformen nebst Blattstauden in großen Gruppen, um eine primär grüne Landschaft zu schaffen.

„Ein Garten braucht Zeit, um sich zu entwickeln", erklärt Anthony, „meist setzt man ja recht kleine Pflanzen und Bäume. Dann lehnt man sich zurück und sieht ihnen 20 Jahre beim Wachsen zu, wie in einer sehr langsamen Zeitlupe."

Der Garten, geprägt vom Laubmantel der stattlichen Bäume, vom Bachlauf, von Seen und Teichen, strahlt eine in sich gekehrte tiefe Ruhe aus. Das alte Wehr, das den Bach und die Verteilung des Wassers in die Teiche reguliert, restaurierten Hannah und Anthony. Anthony legte noch weitere Teiche an und säumte sie mit en masse gruppierten feuchtigkeitsliebenden Pflanzen, die den Übergang vom Wasser zum Land üppig kaschieren.

LINKE SEITE Frederick Andrews *Passage* zieht einen in den Garten hinein.
UNTEN Rick Kirbys *Witness* [Zeugin] steht vor Mammutblättern und den Blüten des Riesen-Bärenklaus am Teich.

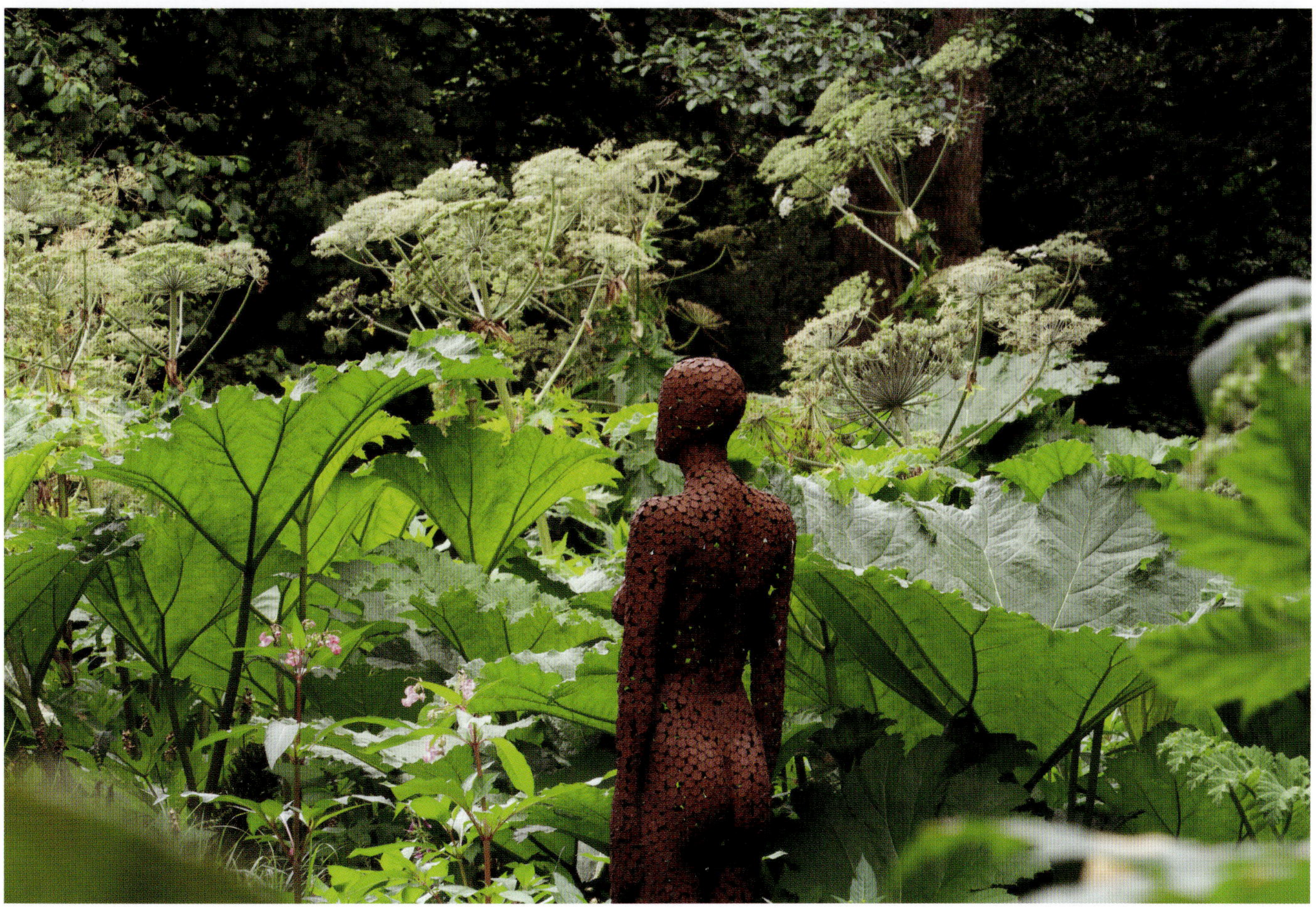

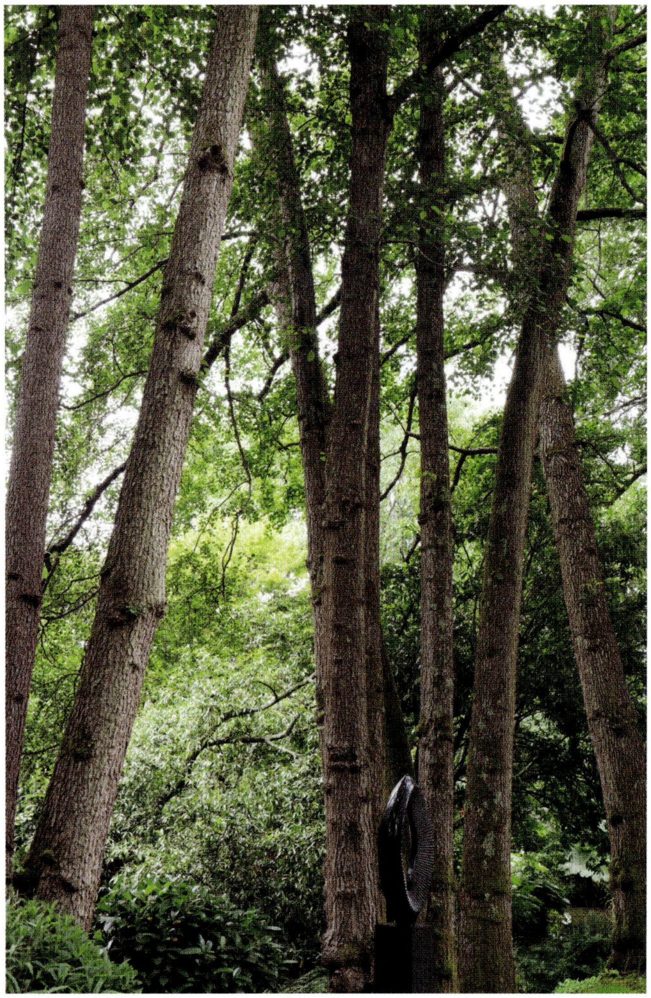

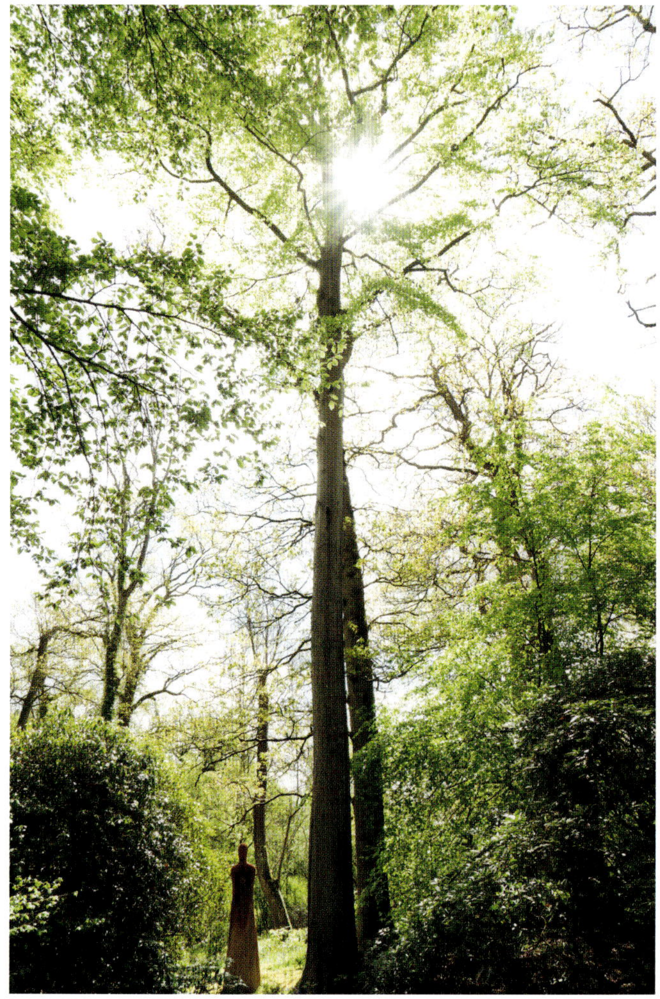

„Architektonische Pflanzen mit riesigen Blättern wie *Gunnera* [Mammutblatt] und Pestwurz – Giganten der Pflanzenwelt – sind unverzichtbar, denn sie geben dem Garten Gestalt und im wahrsten Sinne Größe. Einem Garten, der nicht auf Größe setzt, fehlt die dramatische Wirkung. Ich langweile mich schnell, wenn ich Pflanzen nicht in augenfälligen Gruppen setzen kann."

Der ideale Rahmen

Es war ein Besuch in ihrer niederländischen Heimat, der Hannah die zündende Idee bescherte. Ein befreundeter Galerist stellte die Arbeiten eines Keramikkünstlers aus, und es waren so viele, dass einige im Freien gezeigt werden mussten. Mit einem Mal erkannte Hannah im Waldgarten um ihr Fachwerk-Cottage aus dem 17. Jahrhundert den idealen Rahmen für eine alljährliche Freiluft-Skulpturen-Ausstellung.

Die Kunstliebhaberin hatte einen Blick dafür, was in dieser Umgebung gut aussehen könnte, und trug die Idee an Kunsthochschulen und Künstler heran. Ihr Garten eröffnet die Möglichkeit, Materialien wie Glas, Keramik oder Metall im Zusammenwirken mit der Natur – wechselndem Licht, Spiegelungen in ruhendem und fließendem Wasser, Himmelslandschaft und Wetter – kunstvoll in Szene zu setzen.

„Ich habe mich immer für Kunst interessiert", sagte sie, „sie färbt auf einen ab, und dann kann man ohne sie nicht mehr leben."

1983 stellten sie zum ersten Mal aus: 20 Werke auf dem Rasen vor dem Cottage. 2021 waren im gesamten Garten gut 200 Werke von mehr als 50 Künstlern verteilt. Hannah ebnete vielen den Weg, etwa David Begbie, dessen Stahlgeflecht-Torsos von den Bäumen hängen; oder Walter Bailey, der, nachdem er bei Hannah ausgestellt hatte, den Auftrag erhielt, vierzehn totemartige Holzskulpturen für die Landschaft der Surrey Hills zu schaffen; oder Neil Wilkin, dessen Glasarbeiten im Zusammenspiel mit Wasser besonders gut zur Geltung kommen.

„Hannahs Ausstellungen … haben die britische Skulptur-Szene verändert."

Die von Anthony bevorzugten skulpturalen und architektonischen Pflanzen sind mit ihren riesigen, aparten Blättern der perfekte kräftige Hintergrund für die Freiluftskulpturen. Eingebettet in die harmonischen Grüntöne des Gartens (das gesamte Grünspektrum scheint hier vertreten), angestrahlt vom sich im Tages- und Jahreszeitenlauf wandelnden Licht, wird jedes Detail der Kunstwerke erfahrbar.

An manchen Bäumen werden stark hängende Äste mit gegabelten Stützen hochgelagert, das erinnert an alte japanische Techniken, Garten- und Parkbäumen die gewünschte Form zu geben. Andere Bäume schmiegen sich ins Geäst ihrer Nachbarn und scheinen mehr Kunst als Natur zu sein. Riedgräser und Riesen-Bärenklau sind nichts für Kleinmütige, doch im Kontext dieses Gartens bilden ihre Blätter und das matte Weiß ihrer Blüten den passenden Hintergrund für so manche Skulptur. Pestwurz, Zier-Rhabarber, *Gunnera* und Farne zum Beispiel sind die idealen Begleiter für Neil Wilkins umwerfende rotorangefarbene Glasblume *Gloriosa Double Orange* auf rostfreiem Stahlstängel.

Im Wechsel der Jahreszeiten

Es gibt kaum Blütenfarben, die die Wirkung der Skulpturen schmälern könnten, nur im Frühlingen breiten sich Teppiche von Zwiebelblühern aus und im Sommer blitzt hier und da Farbe auf. Bunte Blumenbeete würden den Skulpturen und ihrer grünen Kulisse schlicht zu viel Konkurrenz machen.

Mit der Laubfärbung im Herbst ändert sich die Stimmung komplett. Im Winter ändert sie sich wieder, doch dann ist der Garten für Besucher nicht geöffnet. Dann wird die nächste Ausstellung geplant und in die Pflanzungen eingegriffen. „Im Winter sterben des Öfteren Bäume ab", so Co-Kuratorin Vikki Leedham, „es ist herzzerreißend, doch so schafft die Natur Platz und macht einen Wandel im Garten möglich."

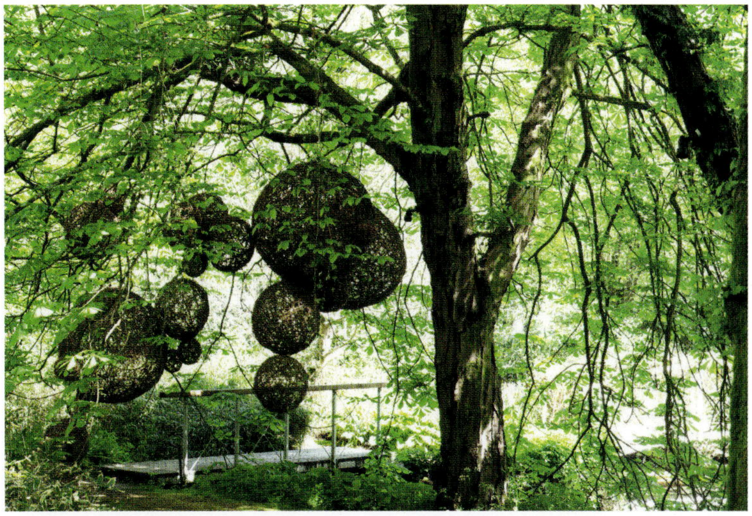

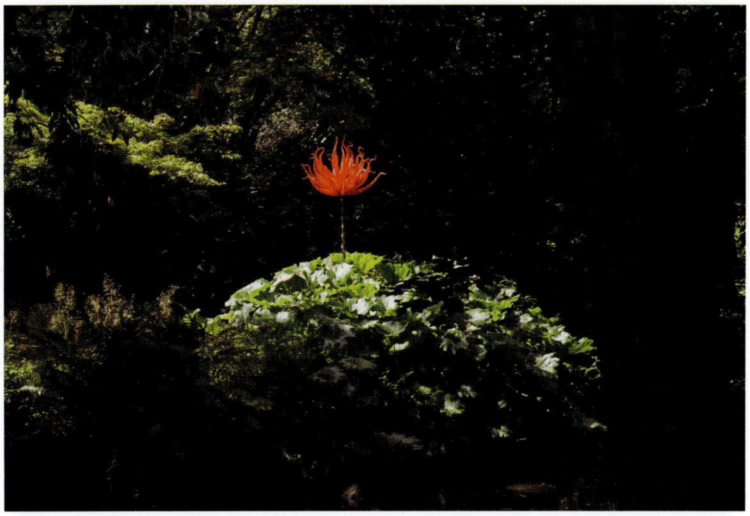

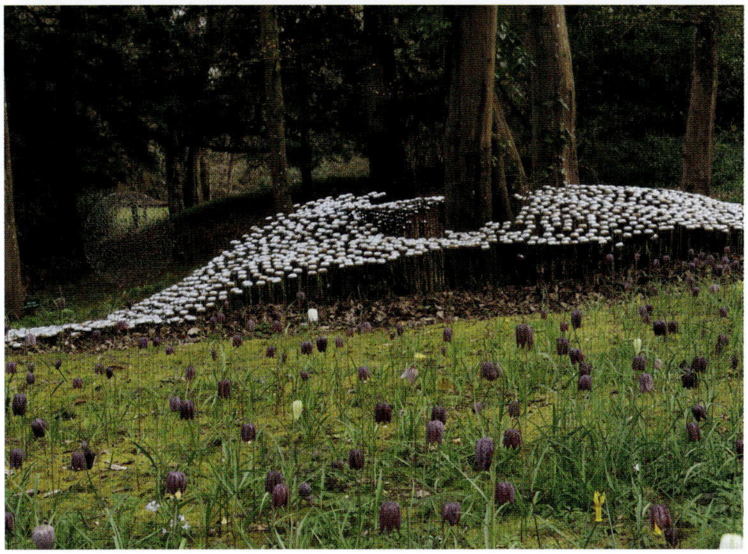

LINKE SEITE Matt Maddocks *Tempest* [Sturm; links] und Walter Baileys *Warrior* [Krieger; rechts] scheinen aus dem Waldboden zu wachsen.
RECHTS OBEN Deborah Davies Weidengeflecht-Installation *Belonging* [Dazugehören] hat den Platz gefunden, der sie bestens zur Geltung bringt.
RECHTS, MITTE Neil Wilkins mundgeblasene Glasblumen auf rostfreien Stahlstängeln, wie *Big Red Flower* (Große rote Blume), lassen an verschiedenen Stellen im Garten Farbe aufblitzen.
RECHTS UNTEN Die Fahrradklingeln von *Sound Architecture 5* [Klangarchitektur 5] von Ronal van der Meijs bekommen im Frühling Gesellschaft von den Blütenglocken der Schachbrettblumen.

RECHTS Vikki Leedham, Anthony Paul auf *Standing Mare* von Stuart Anderson und Peter Bye. RECHTE SEITE Fassetten des menschlichen Körpers vor Laub und Stämmen gekonnt in Szene gesetzt: Werke von Rob Mulholland, Lucy Unwin, Nimrod Messel und David Begbie, darunter auch eine Skulptur, die er in *Hannangel* umtaufte und dem Skulpturengarten schenkte.

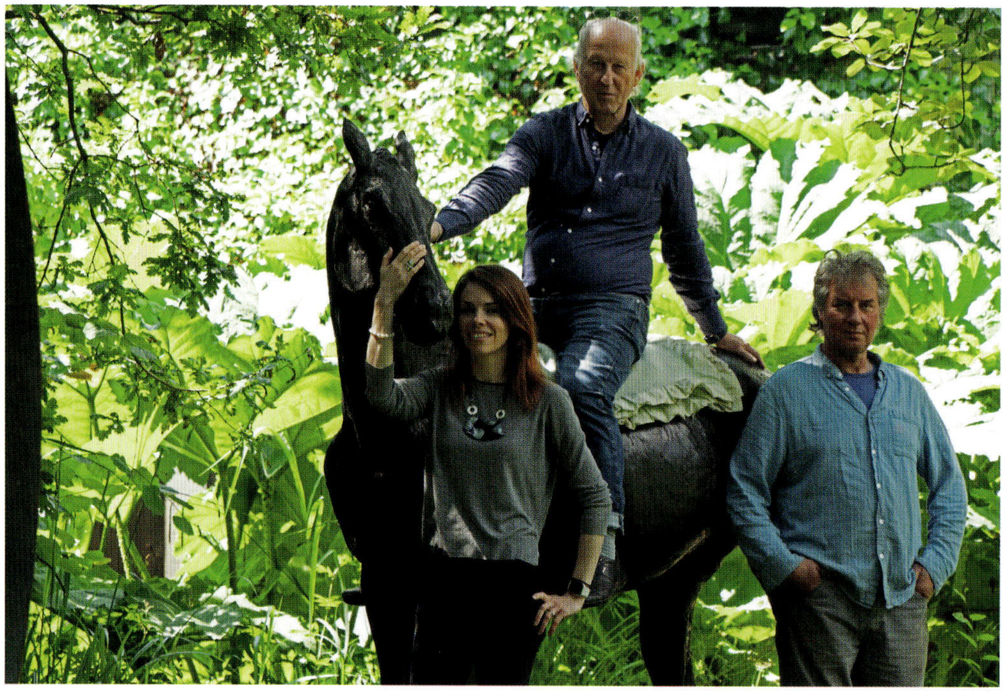

Seit Hannah 2015 aus gesundheitlichen Gründen das Kuratieren des Skulpturengartens aufgab, teilen Vikki Leedham und Anthony sich die Aufgabe. Vikki wuchs ganz in der Nähe auf und besichtigte den Garten schon mit ihrer Schulklasse. Während ihres Kunststudiums arbeitete sie an einem Freiluft-Ausstellungs-Projekt und 2009 fragte sie bei Hannah wegen eines Volontariats an. Sie bekam sofort einen festen Job. Anfangs „überließ" Hannah Vikki einen bestimmten Künstler, während sie weiterhin die Teilnehmer an den Ausstellungen auswählte und ihre Werke platzierte.

Der passende Ort ist für die Kunst in diesem Garten der Schlüssel zum Erfolg, und dabei spielt Chefgärtner Peter Bye eine entscheidende Rolle. Er arbeitet seit über 20 Jahren hier und ist immer dabei, wenn es ums Aufstellen geht. „Wenn Peter nicht austüfteln kann, wie man eine Skulptur an einen ganz bestimmten Platz bringt, dann kann es niemand", meint Vikki.

Peter ist mehrmals in der Woche mit dem Laubbläser unterwegs, er beseitigt herabgefallene Zweige und Flutschäden, pflegt die Anpflanzungen und sorgt dafür, dass die Atmosphäre so angenehm entspannt und informell bleibt. Bei dem engen Arbeitsverhältnis zu Kunst und Natur wundert es nicht, dass Peter seine künstlerische Ader entdeckt hat und malt, Landschaftsbilder zum Beispiel, auch im Garten sind Bilder von ihm zu sehen – an Baumstämmen.

Eine Galerie unter festem Dach

Während der Corona-Pandemie wurde ein Zeitfenstersystem eingeführt, 60 bis 70 Besucher pro Tag konnten in den Garten kommen. Er ist so groß, dass er seine Besucher und auch Geräusche „verschlucken" kann, selbst wenn noch andere Menschen herumwandern, hat man das Gefühl, ganz allein in dieser grünen Oase zu sein. Auch für Vögel und Insekten, darunter Libellen und Käfer, ist der Garten ein Paradies. Im Spätsommer, wenn sich die sattgrüne Entengrütze ausbreitet, werden die Teiche zur Leinwand, auf der die Schatten der Bäume und das Licht tanzen. Die Wasservögel schaffen beim Schwimmen ihre eigenen Kunstwerke.

Zur Trauerfeier für Hannah im August 2021 schrieb Vikki Leedham: „Hannahs Ausstellungen, die die Harmonie von Kunst und Natur zelebrierten, haben die britische Skulptur-Szene verändert – sie haben bewiesen, dass aufregende neue Materialien, eindrucksvolle zeitgenössische Skulpturen und Werke jeder Größe von einer üppigen natürlichen Landschaft gerahmt, verstärkt und aufgewertet werden."

2022 wurde ein Galerieraum mit einem festen Dach – unter dem Laubdach – eröffnet, damit auch kleinere Skulpturen ihren Platz haben. Hannas Name wird weiterleben, ihre Vision von fesselnder Kunst inmitten einer natürlichen Kulisse wird sich weiterhin in ihrem Garten manifestieren.

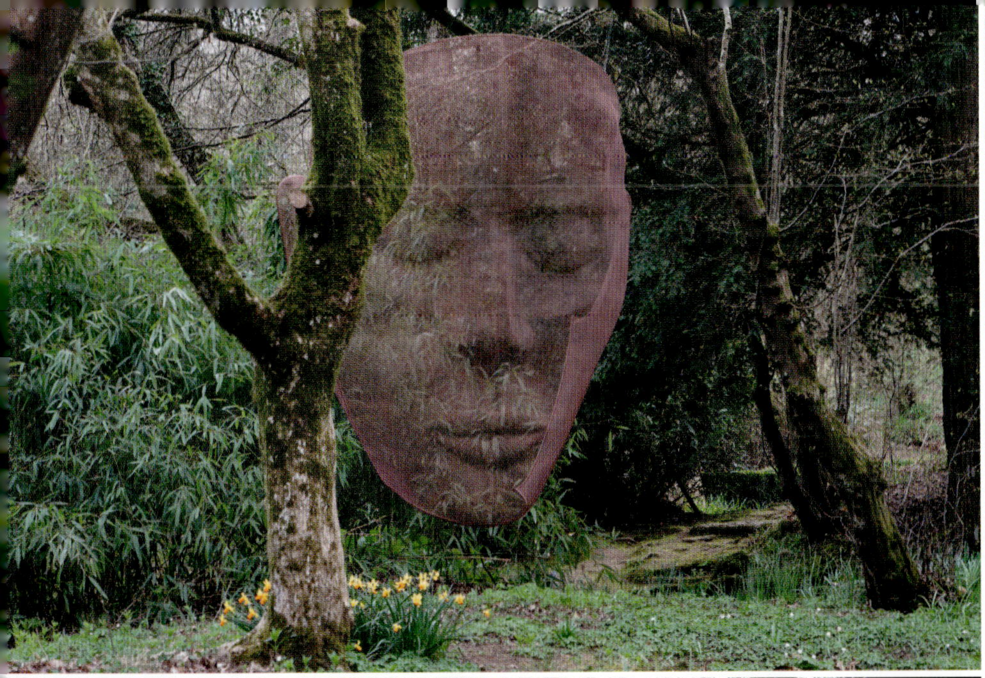

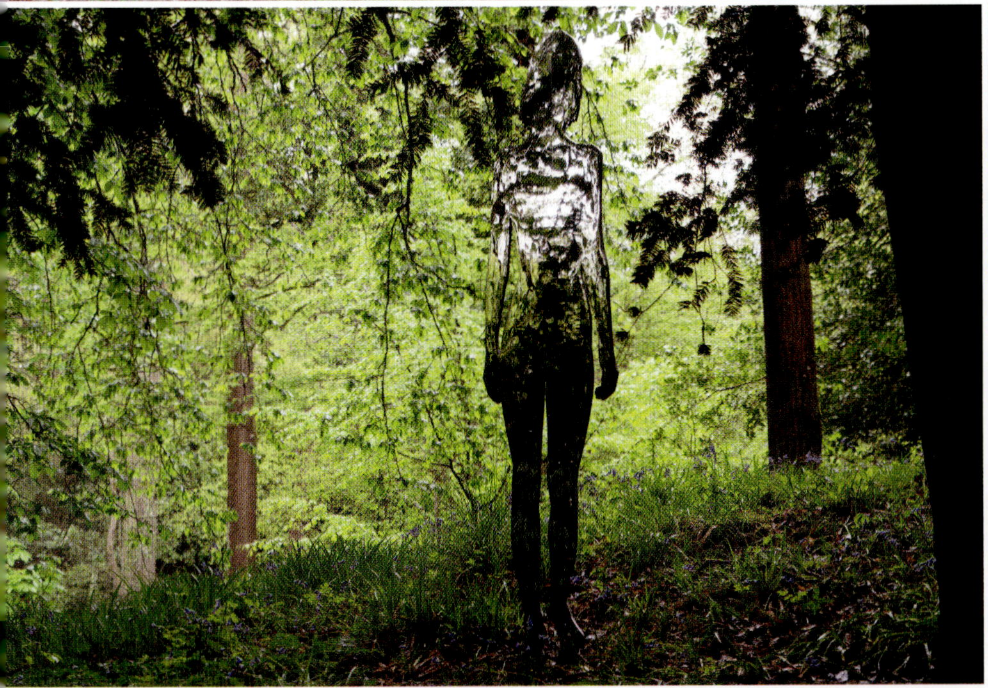

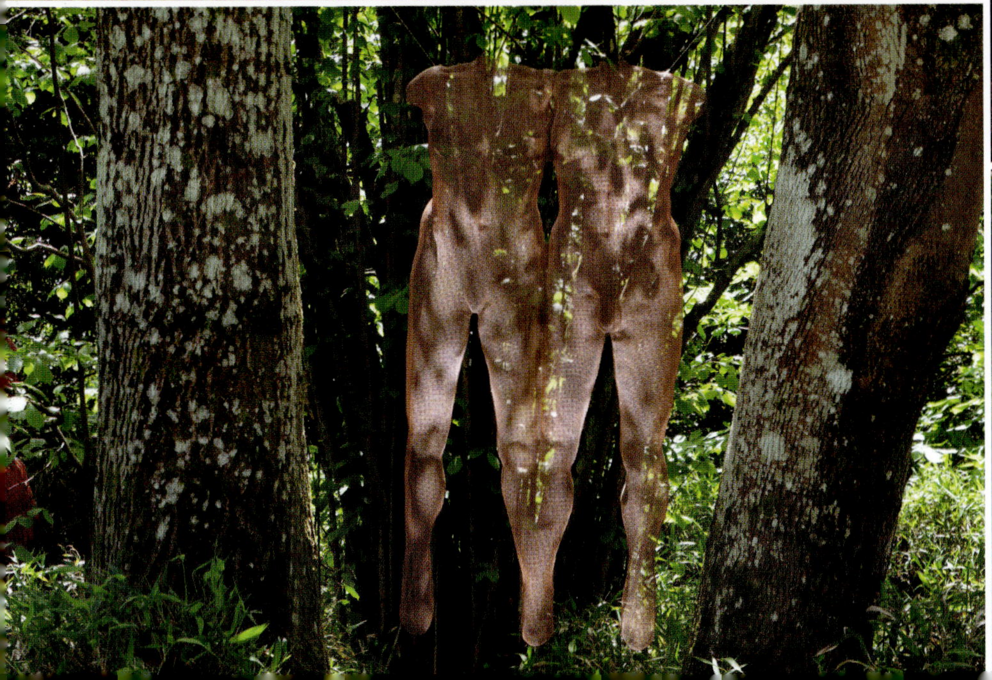

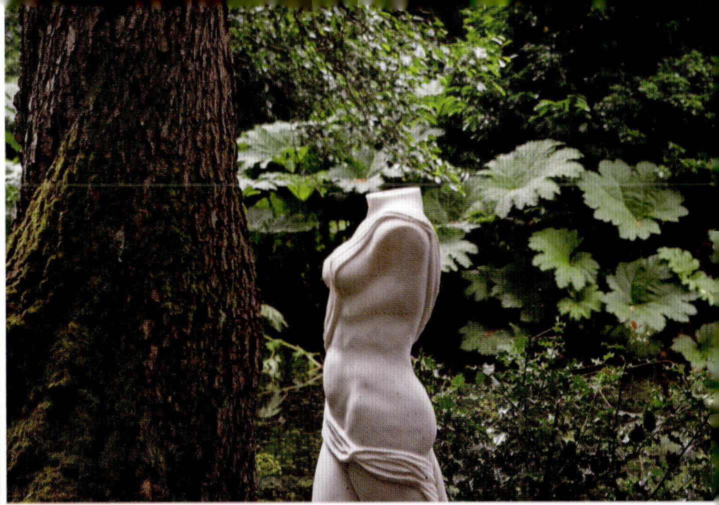

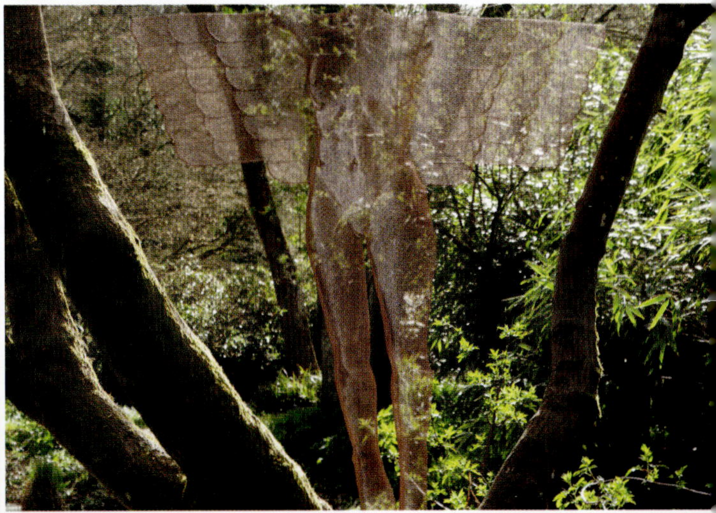

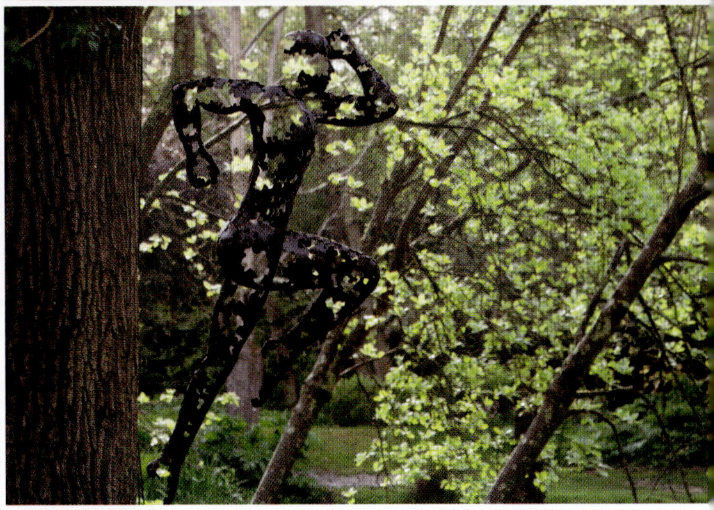

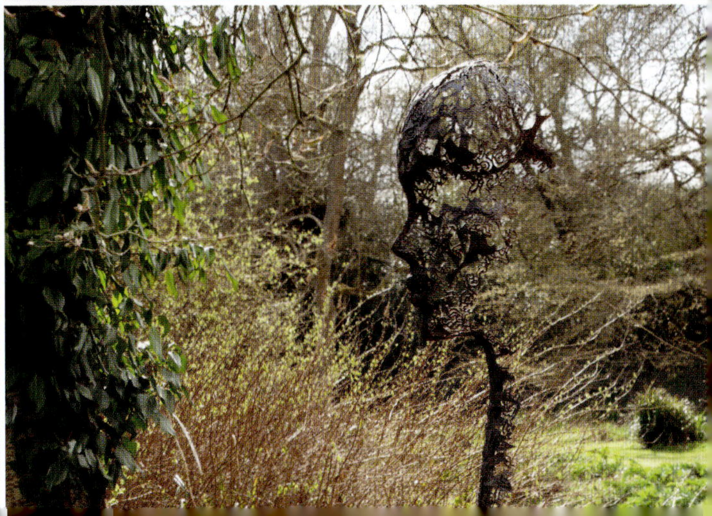

18

Town Place

Nahe Sheffield Park, East Sussex

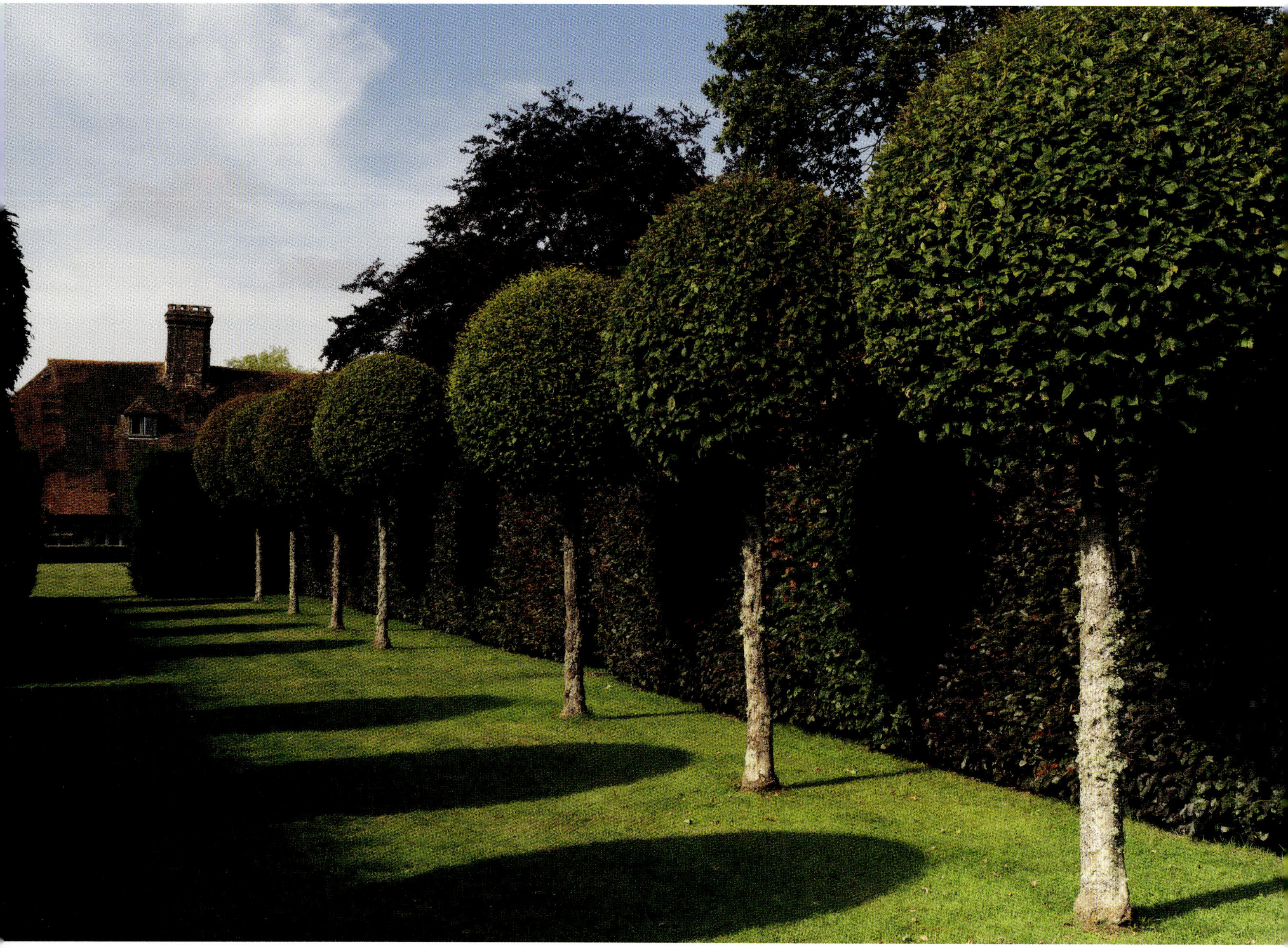

Das Projekt Town Place, die Verwandlung einer nichtssagenden Landschaft in eine faszinierende Sequenz von Pflanzeninstallationen – mal von Hecken umschlossen, mal offener –, in der Formalität und Präzision einen starken Kontrapunkt zu farbenfroher Opulenz bilden, beschäftigt Anthony und Maggie McGrath seit über 30 Jahren.

Die McGraths waren auf Haussuche, als sie im Oktober 1990 das 400 Jahre alte denkmalgeschützte Bauernhaus mit dunkler Holzfassade und 1,4 Hektar Garten entdeckten. Der Hof, der ursprünglich „Toune" hieß, lässt sich bis ins Jahr 1288 zurückverfolgen. „Wir haben nach einer weißen Leinwand gesucht, um einen englischen Bauerngarten zu schaffen. Eigentlich wollten wir ein modernes pflegeleichtes Haus, aber dieses alte Gebäude ist der perfekte Background für den Garten, den wir rundherum angelegt haben."

„Wenn es um die Planung geht, setzen sich die McGraths zusammen, recherchieren und diskutieren."

Maggie und Anthony waren da schon begeisterte Gärtner, ihre grünen Daumen hatten sie von ihren Müttern geerbt. Maggie entschloss sich außerdem, zwei Ausbildungskurse – Gartenbau- sowie Gartengestaltung –, bei der Royal Horticultural Society (RHS) zu absolvieren.

Die Verantwortungsbereiche haben sie in Town Place untereinander aufgeteilt, Anthony kümmert sich um die Bewässerung, das Gewächshaus, die Vermehrung der Pflanzen, den Kräuter- und den Gemüsegarten. Maggie pflegt die Rosen, komponiert die Rhythmen und Farben der Rabatten und schneidet Verwelktes aus – keine kleine Aufgabe in einem Garten wie diesem.

LINKS Der Hainbuchen-Gang mit seinen 16 kugelkronigen Bäumen vor Blutbuchenhecken liegt zwischen dem Potager und dem Englischen Rosengarten.
UNTEN An der Pergola im Senkgarten prangen die Ramblerrosen ‚American Pillar', ‚Albertine' und ‚Chaplin's Pink'.

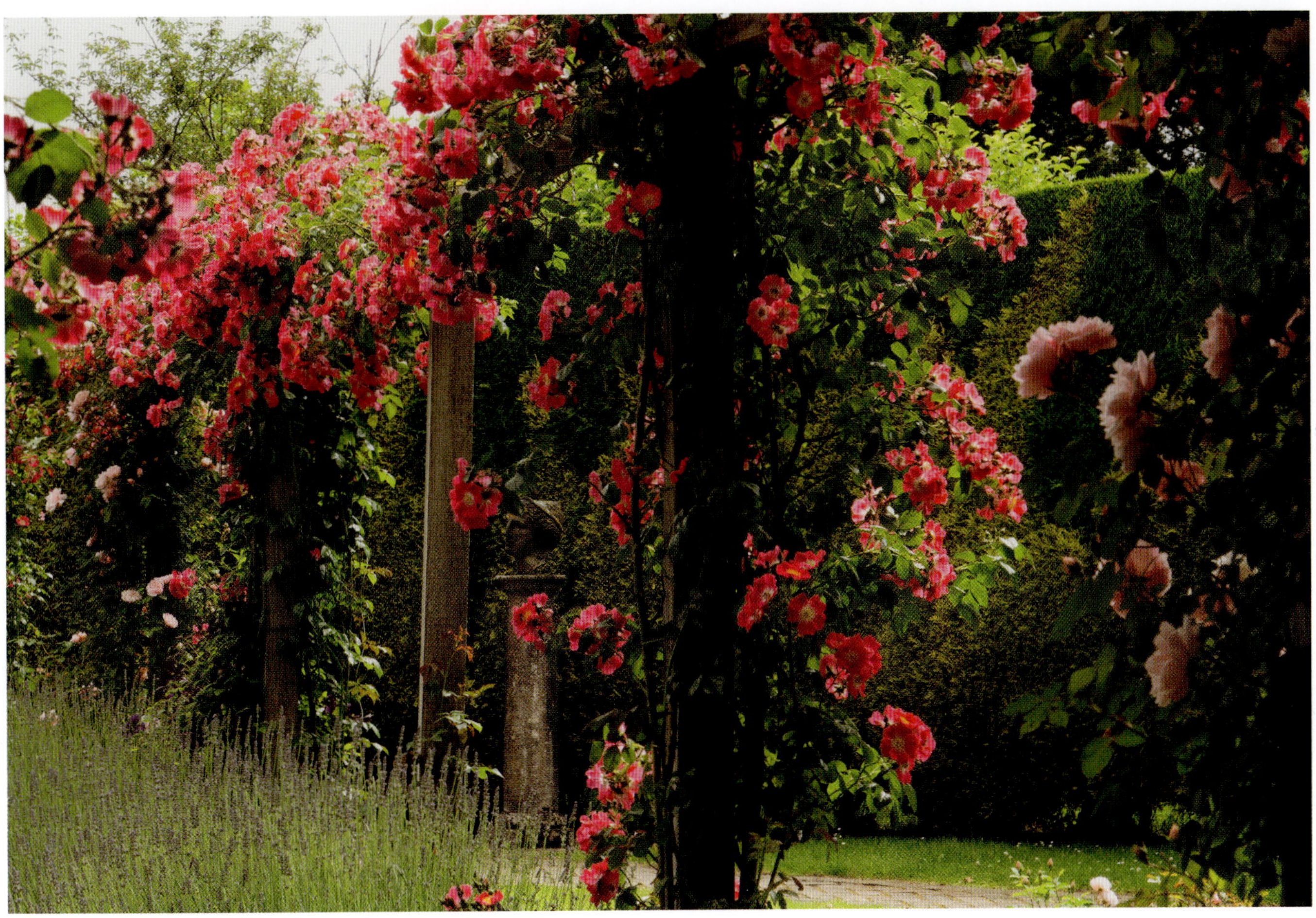

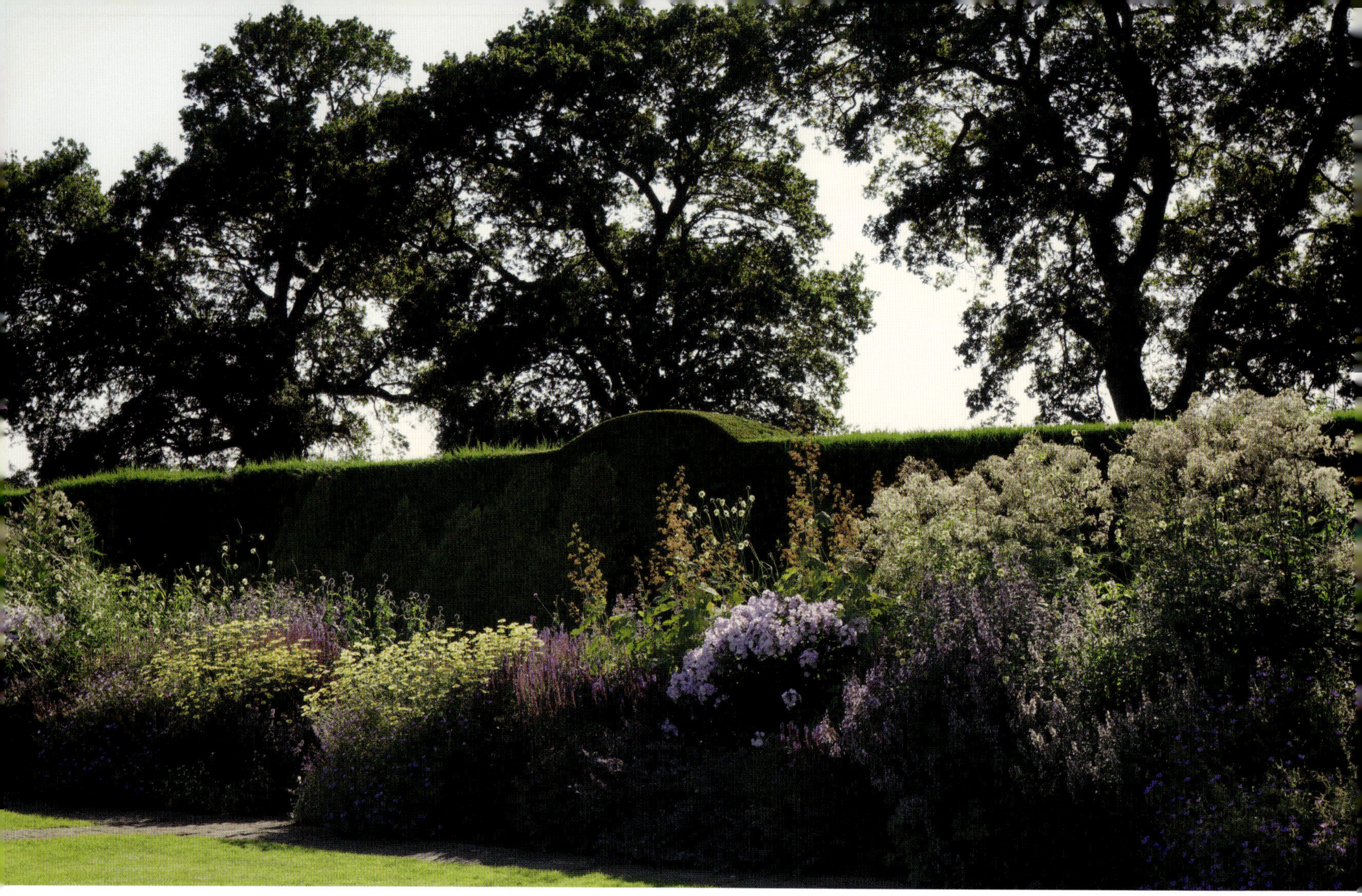

OBEN Lila ist eine der vorherrschenden Blütenfarben in der Langen Rabatte vor der „Tapisserie-Hecke“ aus *Thuja plicata* ‚Zebrina‘ und Leyland-Zypresse ‚Haggerston Grey‘.
RECHTS Die „Bank des Priors“: Ziergräser und mehrjährige Spätblüher, wie *Pennisetum orientale*, *Dahlia* ‚Karma Choc‘, Blauraute, Kandelaber-Ehrenpreis, gesprenkelt von Einjährigen, wie Kalifornischem Mohn ‚Mikado‘.
RECHTE SEITE In der Kurzen Rabatte rahmen Katzenminze *(Nepeta)* ‚Walker's Low‘ und *Salvia* x *superba* den Blick auf den Apfel-Bogen mit dem *Apfeldieb*, einer Plastik von Admir Sljivic.

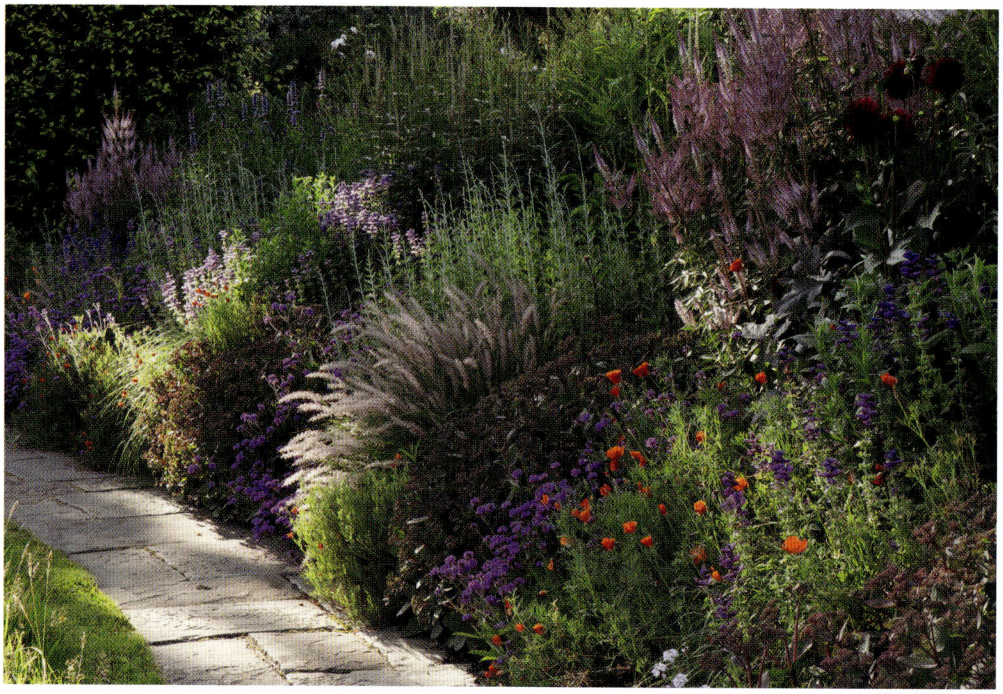

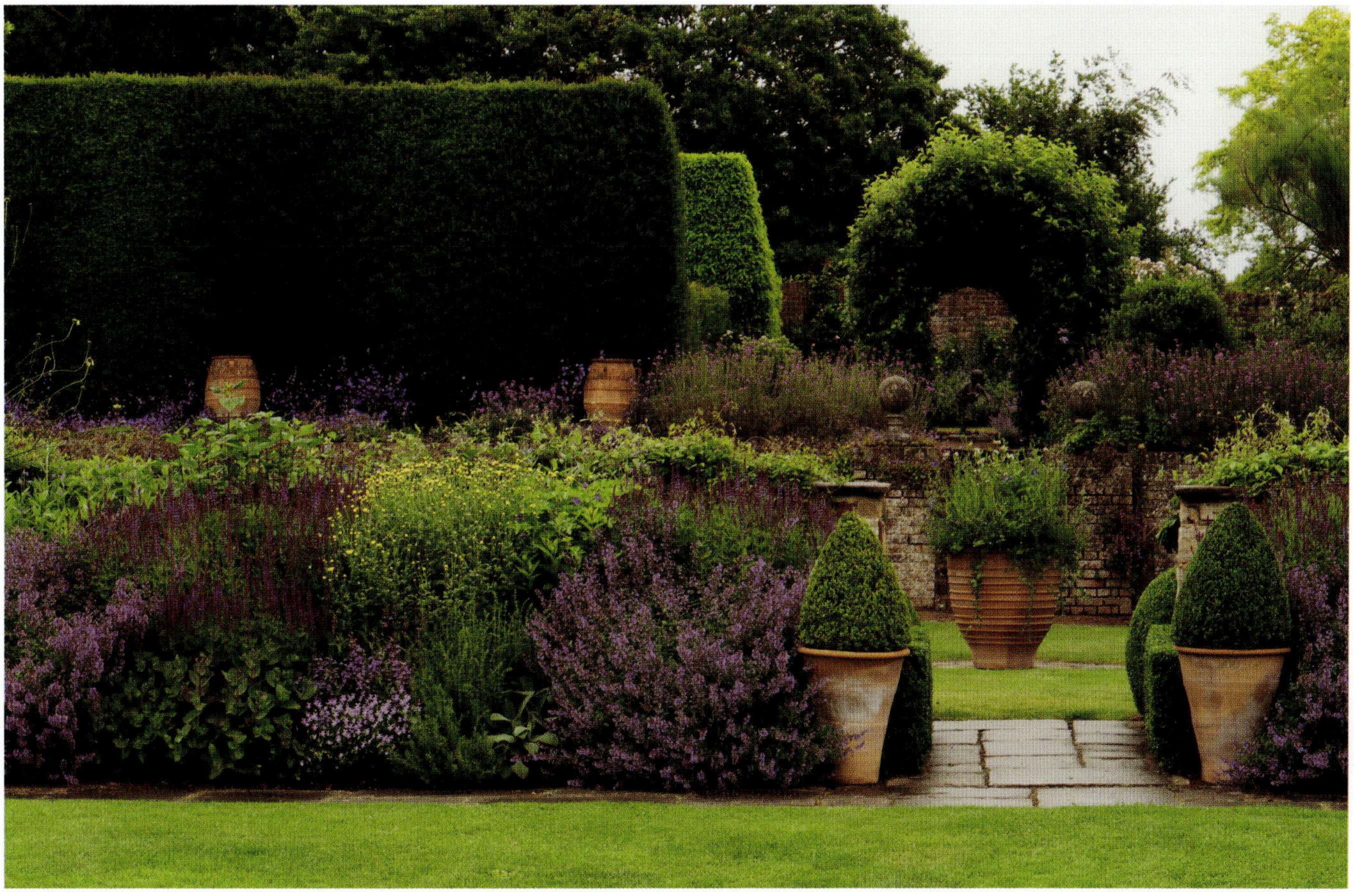

Die McGraths führen Jahr für Jahr Buch über alles, was sie pflanzen, was sie verändern, was gedeiht und was nicht. Den Garten macht diese Akkuratesse im Zusammenspiel mit den wallenden opulenten Anpflanzungen und einer besonderen Form des Geschichtenerzählens zu jeder Jahreszeit sehenswert.

Der Kräutergarten

Zunächst errichteten die McGraths Mauern und Zäune, um Rehe und Kaninchen fernzuhalten, und pflanzten strukturgebende Eiben-, Blut- und Hainbuchenhecken, die gleichzeitig als Windschutz dienen. Dann legten sie nach und nach die Gartenbereiche an, schufen Rabatten und Räume mit jeweils eigenem Charakter. Zu den früh gepflanzten nützlichen Kräutern nahe dem Haus kamen im Laufe der Zeit Blumen, und heute gedeiht hier Anthonys Ziersalbei-Sammlung.

Wegen ihrer Aufgabenteilung und der Größe des Gartens, kann es vorkommen, dass Anthony und Maggie unterstützt von Roy Black, Amelia Holmwood und Justyn Bell, ihrem Gärtnerteam, ackern und sich den ganzen Tag nicht zu Gesicht bekommen. Doch wenn es um die Planung geht, setzen sich die McGraths zusammen, recherchieren und diskutieren, nicht selten ist Kompromissbereitschaft gefragt.

Von Anthony gehen die Vorschläge für die neuen Projekte aus, die sie jedes Jahr angehen. Dabei lassen sich beide von berühmten Gärten wie etwa Sissinghurst oder Great Dixter und Gartenenthusiasten wie Harold Nicolson und Vita Sackville-West inspirieren.

Eines der ersten Projekte war der Hainbuchen-Gang: Zwischen zwei Blutbuchenhecken setzten sie 16 Hainbuchen, die nun mit säulengleichen Stämmen und Kugel-Kronen einen Ruhepol zwischen dem kunstvollen Gemüsegarten (Potager) und dem Englischen Rosengarten – 450 Rosen (von 65 Sorten) in Beeten und an Pergolen! – bilden. Im Winter zeichnet der Frost Muster auf das Gras und Laub des Hainbuchen-Gangs, im Sommer tanzen hier Licht und Schatten.

Der Potager soll lange gut aussehen, und die McGraths ernten nur wenige seiner farbenfrohen Früchte, solange der Garten noch für Besucher geöffnet ist. Duftwicken an Metallbögen und hohe Dahlien setzen die floralen Noten, Cardys und Zier-Spargel die weichen silbrig-grünen Laubakzente.

RECHTS (von links nach rechts) Maggie und Anthony McGrath, Roy Black, Justyn Bell und Amelia Holmwood.
RECHTE SEITE Anthony ist dafür zuständig, ausreichend Pflanzenmaterial für den Potager, den Englischen Rosengarten, die „Senke" (unten rechts) und andere Gartenareale zu vermehren; Maggie kombiniert es gekonnt und aufsehenerregend.

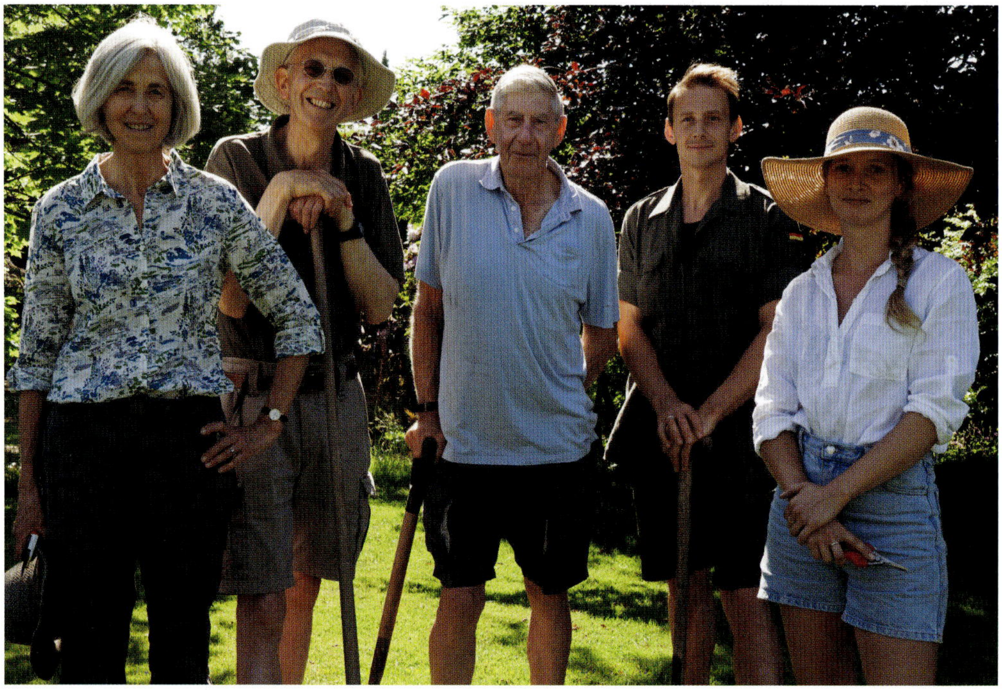

Stützen und freier Zugang

Zu den wenigen Gartenelementen, die Maggie und Anthony beim Einzug in Town Place vorfanden, gehörte eine lange Reihe goldgelbgrüner *Thuja plicata* ‚Zebrina' gemischt mit blaugrüner Leyland-Zypresse ‚Haggerston Grey'. Die ineinander gewachsenen Nadelpflanzen wurden akkurat zu einer aparten „Tapisserie-Hecke" gestutzt, die nun als Hintergrund für zwei prächtige aneinandergereihte Staudenrabatten dient. Maggie nutzt auf den insgesamt 45 Metern sich wiederholende Farbkombinationen – hauptsächlich Primelgelb, Lila, Mauve und Altrosa – sowie unterschiedliche Wuchshöhen und Formen, um über die gesamte Länge und Breite ein aufsehenerregendes Ergebnis zu erzielen. Die in Intervallen gesetzten Blockpflanzungen scheinen dem Betrachter zu sagen: „Verweile doch, ich bin so schön."

Damit die Lange Rabatte ihr gutes Aussehen bewahrt, muss Maggie rigoros und regelmäßig Verwelktes ausschneiden. Ebenfalls unverzichtbar sind Stützen und freier Zugang. Die Stützen und Halter für hohe oder wallende Pflanzen werden aus natürlichen Materialien gemacht und schon früh in die Erde gesteckt – später verdecken die üppig wachsenden Pflanzen sie. Zwischen Hecke und Rabatte liegt ein breiter Rasenstreifen, der es erlaubt, die Hecke wie auch den hinteren Beetteil zu pflegen, ohne sich zu verrenken.

Auf der anderen Seite der „Tapisserie-Hecke" geht es zum Obstgarten, in dem das Gras nur ab und an gemäht wird. Im Frühling sprießen hier fröhliche Osterglocken und andere Zwiebelblüher. Als Ausgleich für Sturmverluste kamen neue Bäume hinzu, darunter ein Judasbaum (*Cercis siliquastrum*), ein Tulpenbaum (*Liriodendron tulipifera*) und ein Weißbunter Pagoden-Hartriegel (*Cornus controversa* ‚Variegata').

Weil die McGraths Rosen so lieben, reichte ihnen der Englische Rosengarten nicht, im Senkgarten direkt am Haus – der bereits in den 1920er Jahren gebaut wurde – pflanzten sie noch einmal 150 Rosen (von 12 Sorten) zu Stauden in gedämpften Farben. An der Hauswand und an einer rahmenden Pergola blühen die alten Ramblerrosen ‚Albertine', ‚Chaplin's Pink' und ‚American Pillar'.

Skulpturen im Garten

Witz und Phantasie gehen im Garten Hand in Hand, so heißt ein Areal „Zirkus", weil ein Besucher in einem der Formschnittgehölze ein Clownsgesicht erkannte. Tatsächlich gleichen die Eiben Skulpturen von Henry Moore – den McGraths gefiel die Idee des Kunsthistorikers und Gartengestalters Roy Strong, Gehölze in Form bekannter Kunstwerke zu stutzen.

Auch echte Skulpturen sind zu sehen, hauptsächlich im Areal „Chequers", das mit duftenden Sträuchern und Stauden bepflanzt ist. Da lädt vor einer Reihe von *Rosa* ‚Excelsa' ein übergroßes Schachbrett mit Figuren zum Spiel ein.

Zwei Gruppen von Plastiken entwarf Anthony, sie wurden von Admir Sljivic ausgeführt und von Chilstone als Kaltguss-

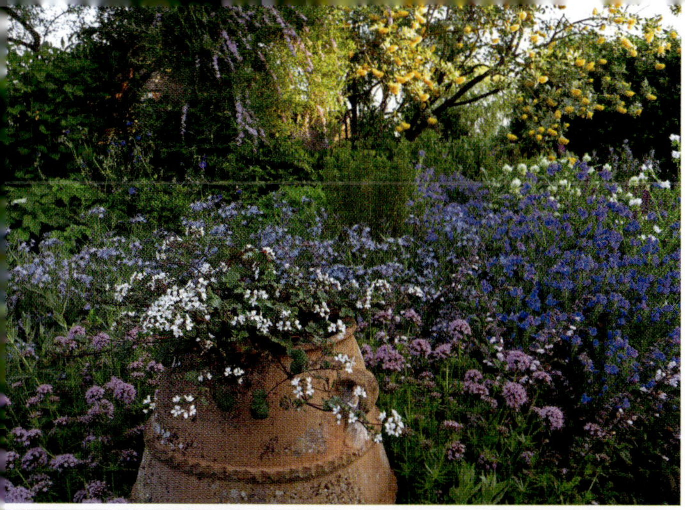
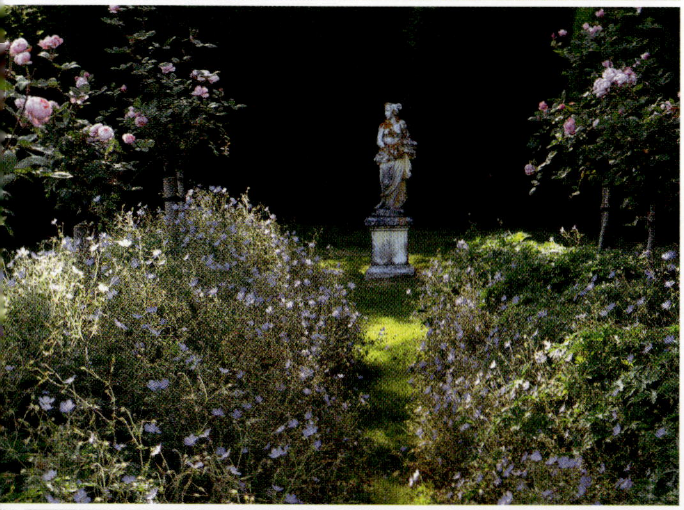
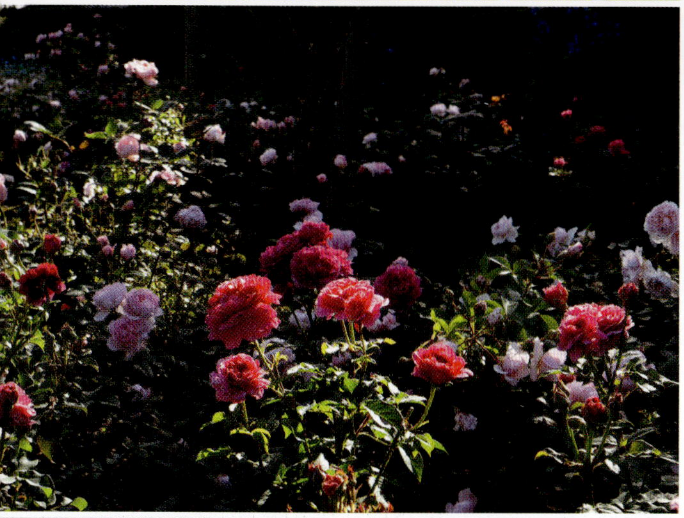
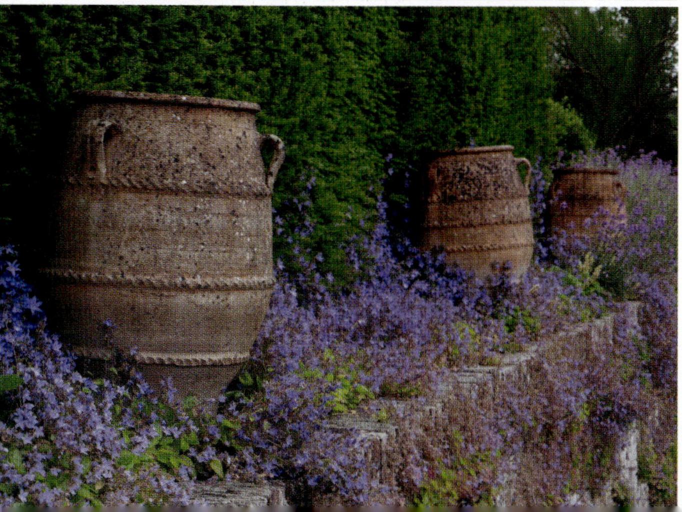
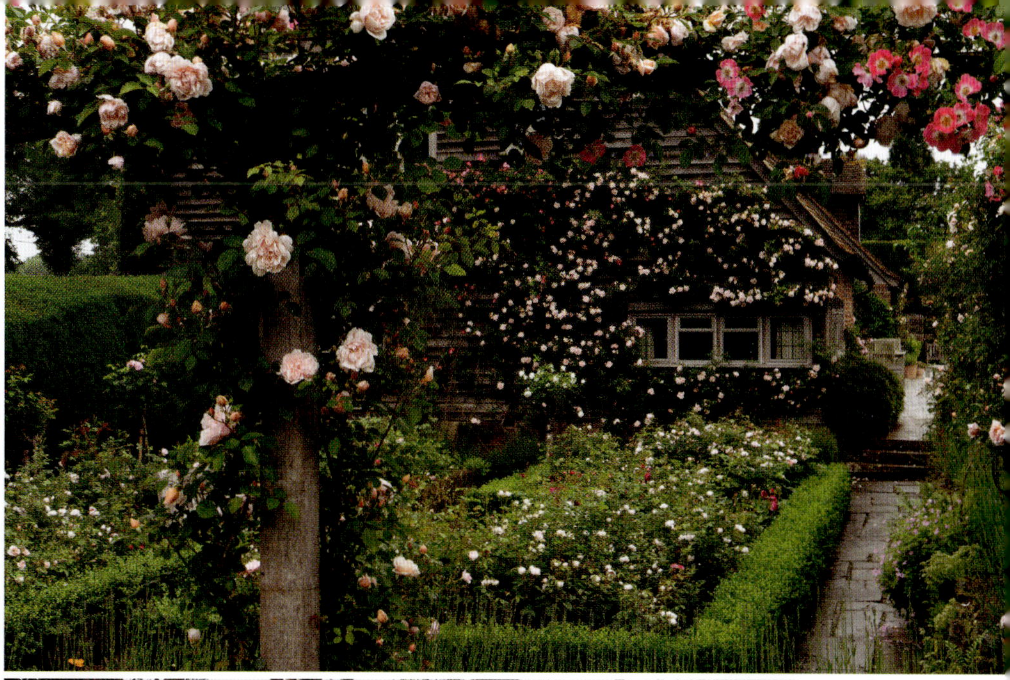
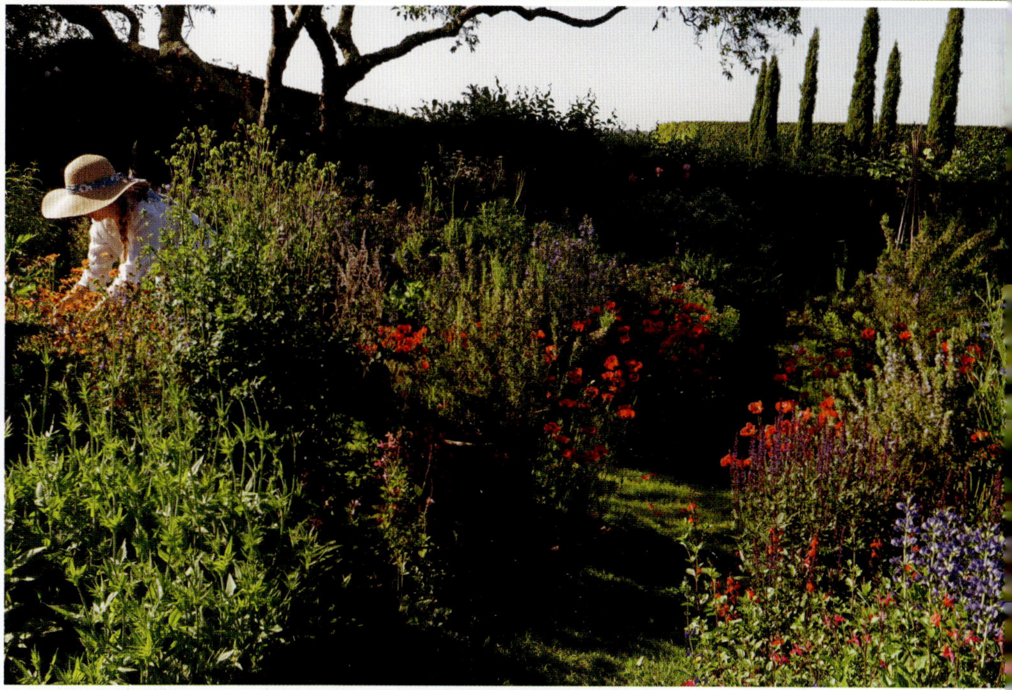
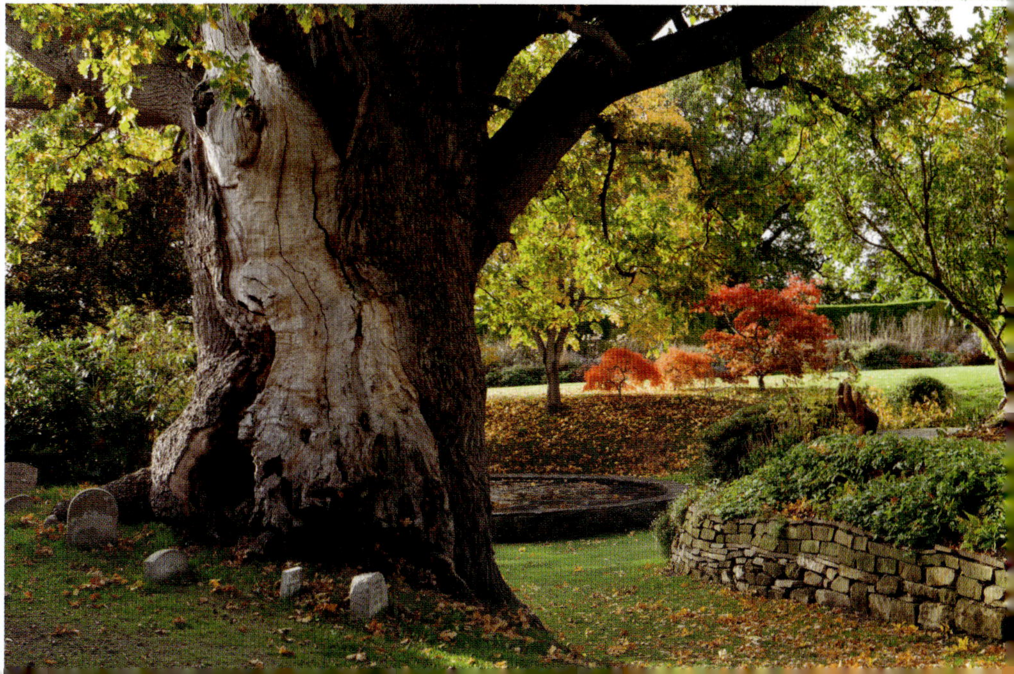

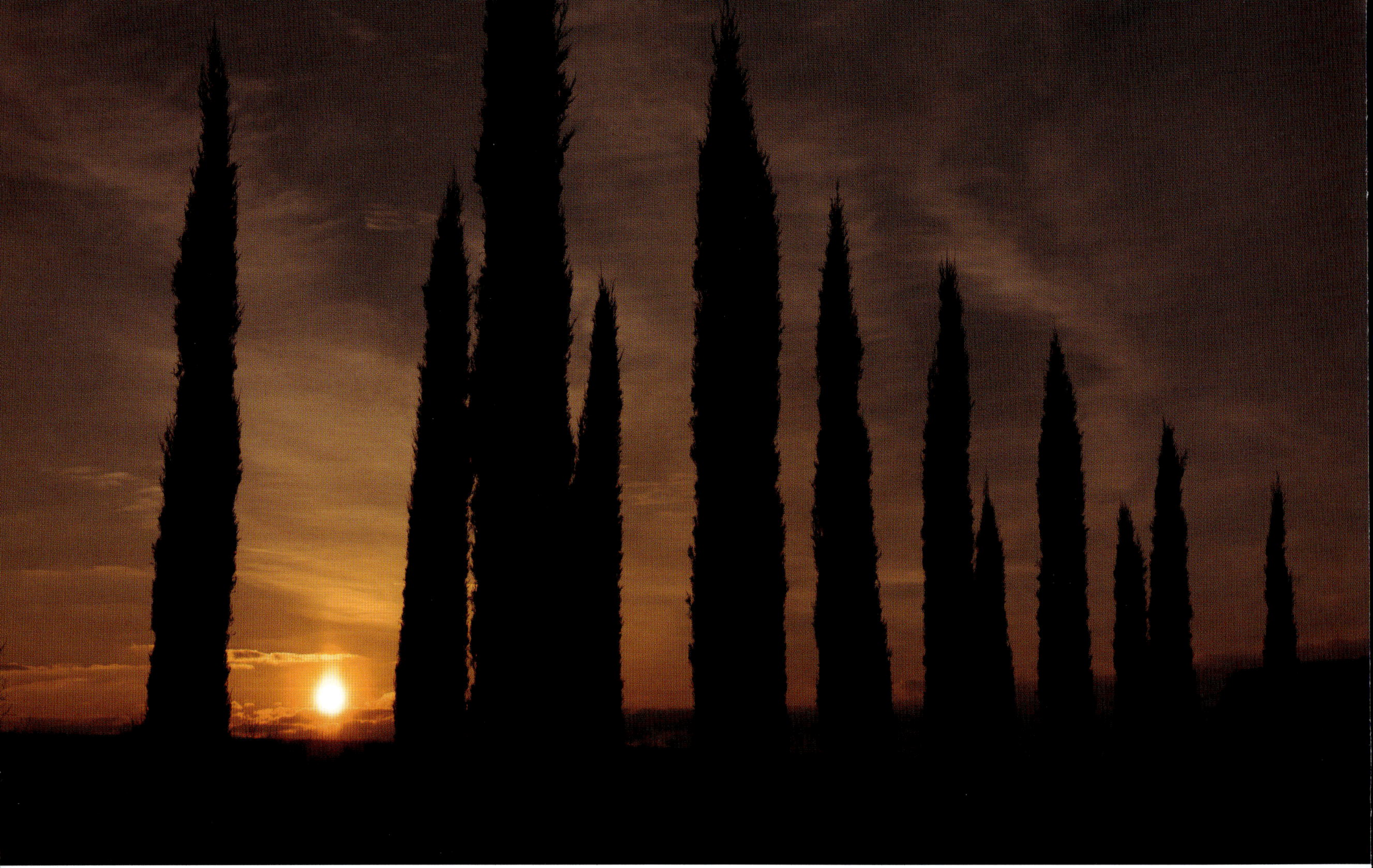

bronzen hergestellt. Die Figuren sind eine moderne Interpretation der sieben freien Künste. In einer Gruppe stehen Grammatik, Logik und Rhetorik zusammen, in der zweiten Musik, Geometrie kombiniert mit Arithmetik sowie Astronomie.

Die Neuen Territorien

Der Garten ist geprägt von dem Wissen, das Maggie bei der RHS erwarb, von Anthonys Meisterschaft im Pflanzenvermehren und seinen Ideen. Die kühnste nahm in einem Areal, das sie die „Neuen Territorien" nennen, Gestalt an. Hier brachte er seine Vorliebe für romanische Architektur ins Spiel, die man nicht unbedingt mit einem englischen Garten verbindet. Zu der atemberaubenden architektonischen Pflanzung hatte ihn ein Besuch im Garten des Manoir d'Eyrignac in der Dordogne angeregt, wo hohe Hainbuchenhecken in Alleen stehen. Anthony skizzierte eine verfallene Kirche, die er „Toune Priory" taufte – und die Diskussionen begannen.

„Wir haben die Umrisse markiert, tausend Hainbuchenruten gekauft und dann ging es los. Unsere Kirche hat Strebepfeiler, Fenster und auch einen verfallenen Kreuzgang", erzählt er. „Heute ist die Ruine auf Geländekarten eingezeichnet."

Auf die „Kirche" führt eine Allee von schmalen Raketen-Wacholdern, *Juniperus scopulorum* ‚Skyrocket', zu, die ihrem Namen alle Ehre machen und gen Himmel schießend eine erwartungsschwangere Atmosphäre erzeugen.

Von der Stille dieser grünen Kirchenruine lenkt kein Blumenschmuck ab, doch in einiger Entfernung wogt ein Beet mit Gräsern und spätblühenden Stauden, die „Bank des Priors".

2021 rückte dieses Highlight in den Mittelpunkt, als Maggies und Anthonys Tochter hier von einem Druiden feierlich getraut wurde. Es muss die stolzen Eltern noch stolzer gemacht haben, dass ihre Tochter in der von ihnen gepflanzten Kirche heiratete.

OBEN Ein von Raketen-Wacholder gesäumter Prozessionsweg führt zu Anthonys imaginärem „Toune Priory" aus Hainbuchen.
RECHTE SEITE, OBEN 2001 wurden eintausend Hainbuchenruten als Mauern der „romanischen Prioratsruine" gepflanzt.
RECHTE SEITE, UNTEN Die außen mit Strebepfeilern versehenen Heckenmauern sind inzwischen 4,2 Meter hoch.

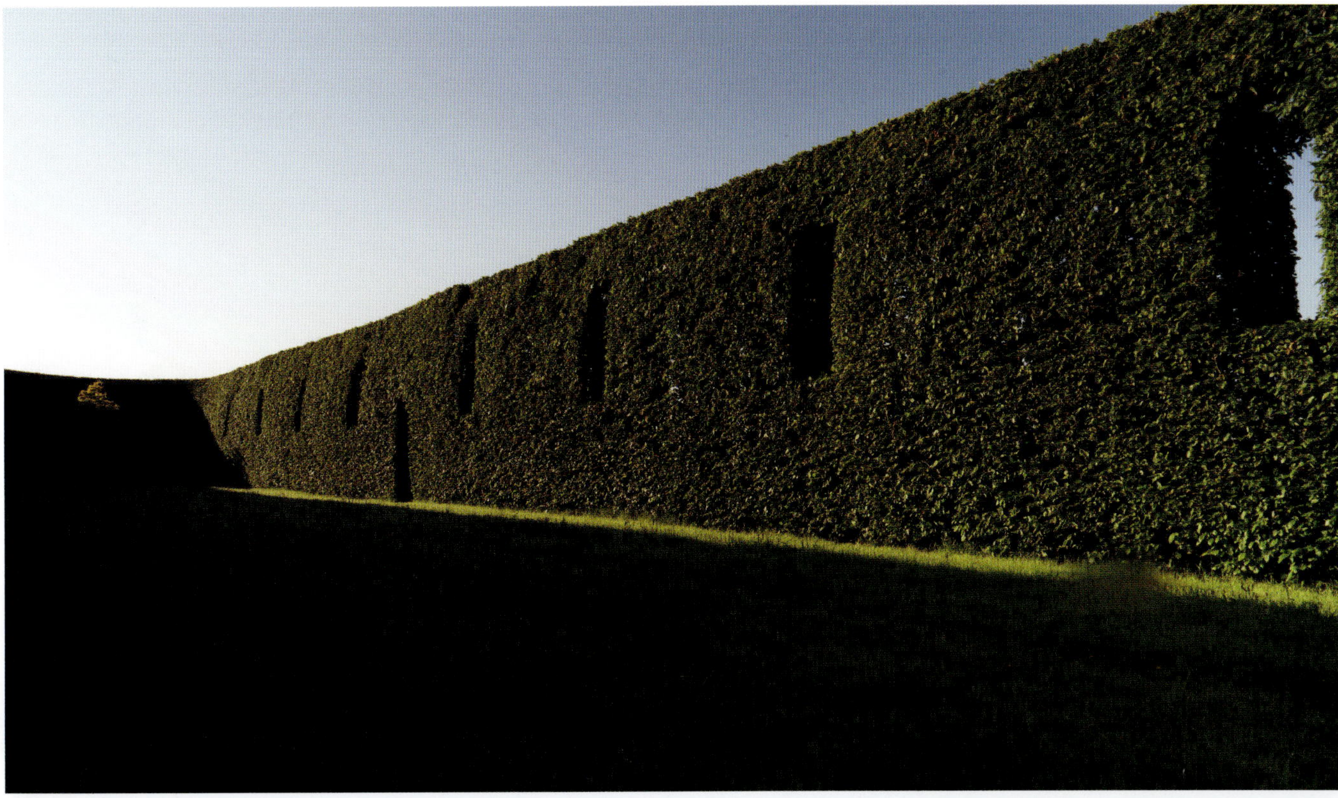

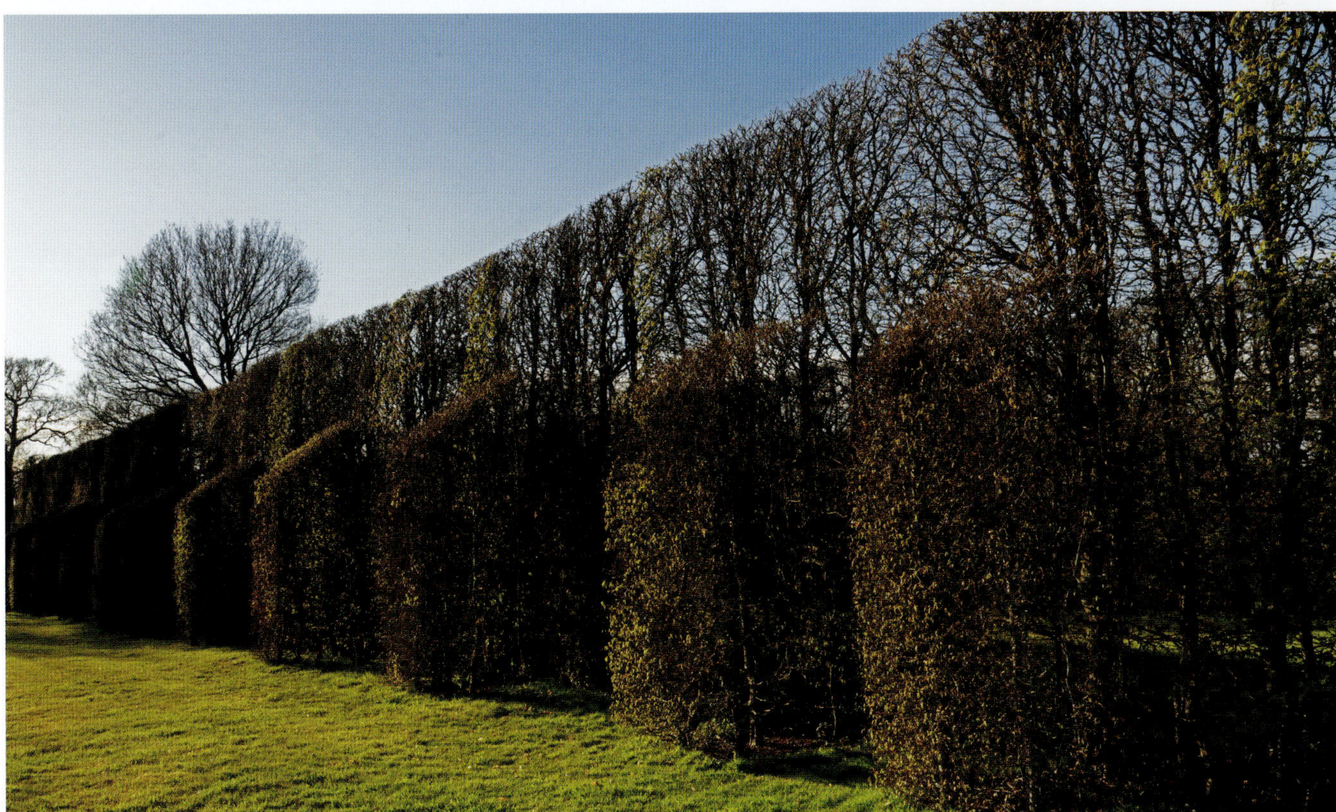

19

Vann

Godalming, Surrey

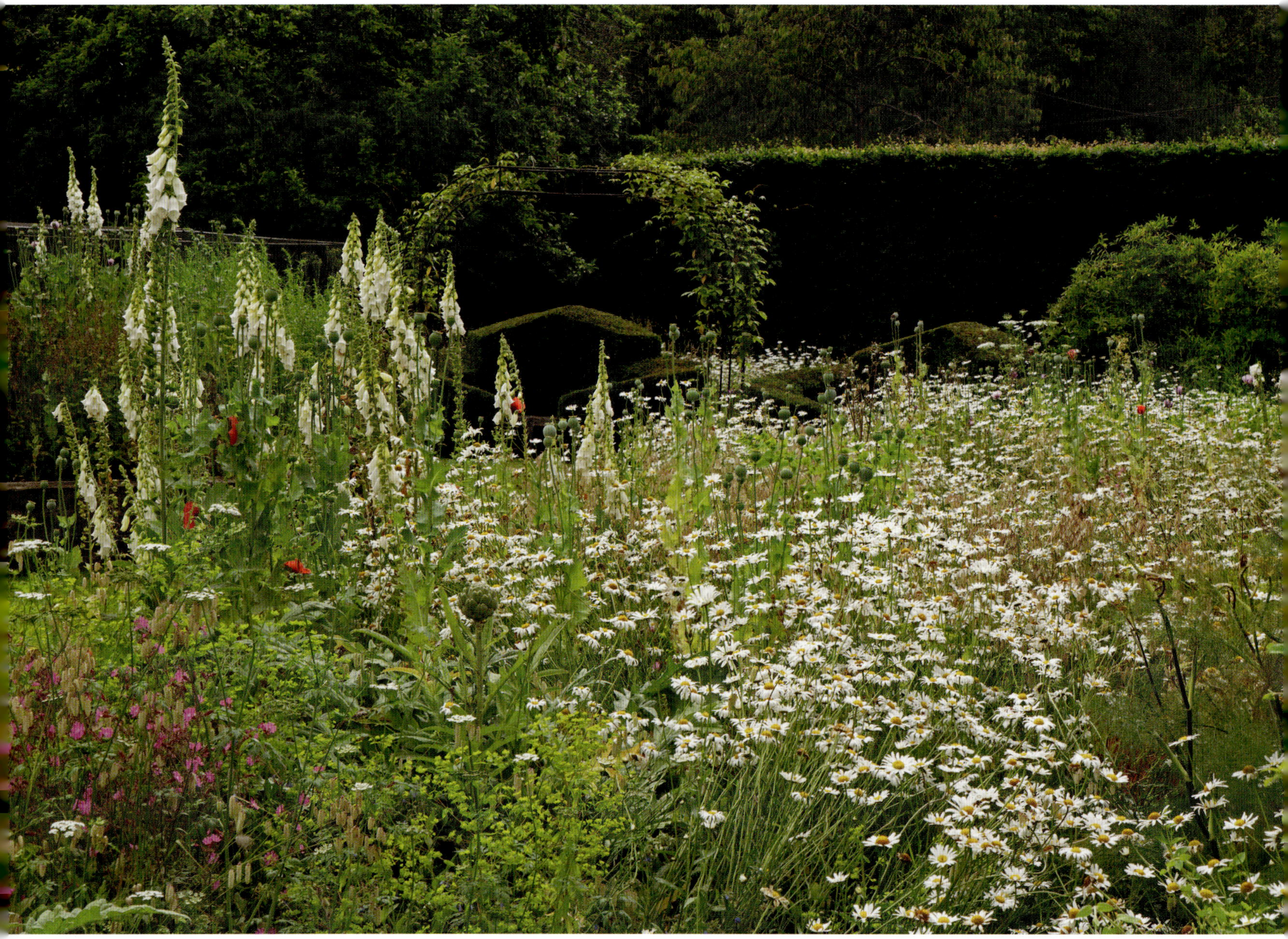

Inmitten der Laubwälder von Surrey scheint der Garten von Vann zwischen Wasser und Weiden dahinzutreiben und gemächlich seine vielen Fassetten und Schmuckstücke, darunter ein Wassergarten von Gertrude Jekyll, preiszugeben.

Der denkmalgeschützte Garten und das ebenfalls denkmalgeschützte Haus aus dem 16. Jahrhundert sind seit 112 Jahren im Besitz der Familie Caröe. Vier Generationen haben das ihre zum Stil und Charme von Vann beigetragen.

Auf den ersten Blick scheinen sich die Pflanzen und Anpflanzungen des 2 Hektar großen Gartens um das Haus zu schmiegen. Wilder Wein, Blauregen, *Rosa* ‚Madame Alfred Carrière', Clematis und andere Kletterpflanzen ranken an den Mauern bis auf die Dächer hinauf und verkleiden die Pergolen.

Wendet man sich aber von den herrlich gepflegten formalen Rasenflächen, Wegen und Beeten ab, erkennt man, dass noch diverse von Eiben oder Buchen umfasste Gartenräume zu entdecken sind. Formale Rabatten, gewitzter Formschnitt, wie die beiden Eiben-Katzen auf der Jagd nach der Eiben-Maus, Wasser und Wald gehören zu den schwelgerischen Teilen, die ein die Sinne stimulierendes Ganzes bilden.

Glyzinen-Pergola

Der Arts-and-Crafts-Kirchenarchitekt W. D. (William Douglas) Caröe pachtete das Anwesen 1907. Er führte umfangreiche Baumaßnahmen durch, die 1908 beendet waren. Dazu gehörte auch eine lange und breite Pergola, deren Pfeiler aus regionalem Bargate-Stein Eichenbalken tragen. Heute umhüllt eine weiße Glyzine diese Pergola, die mit Frühlingszwiebelblühern, Bärenklau, Lenzrosen, Lungenkräutern, Wiesenrauten und Farnen unterpflanzt ist.

1910 legte W. D. Caröe den Eiben-Gang und die mit Bargate-Stein ausgekleidete Wasserrinne am nordöstlichen Ende des Gartens an. Zwei Jahre später baten er und seine Frau Grace die gemeinsame Freundin Gertrude Jekyll (siehe Seite 88ff) um Entwürfe und Pflanzen für einen Wald-Wassergarten.

Martin (W. D.s Enkel) und Mary Caröe zogen 1969 nach Vann und machten sich gemeinsam daran, einen beschaulichen und romantisch legeren Garten zu schaffen. Als Martin 1999 starb, wurde Mary die alleinige Hüterin, oft arbeitete sie zwölf Stunden am Tag im Garten. Sie schuf auch den Hundertjahr-Garten, um 100 Jahre der Familie in Vann zu feiern. In seinen vier Ecken werden Eichenbänke von übergroßen „Sessellehnen" aus gestutzten Eiben gerahmt. Das „Pflaster" besteht aus Flaschenböden, eine Hommage an die Glasindustrie, die früher im Tal angesiedelt war, wie Martins Vater Alban Caröe mit Freunden 1931 bei archäologischen Ausgrabungen nachwies. Mary starb im April 2020 an Covid, nun sehen ihre Kinder Rebecca, Oliver, Ruth und Emily in Vann ein lebendiges Denkmal für ihre Eltern und bitten Besucher, darauf Rücksicht zu nehmen.

Emily hat die Aufgabe als Hüterin übernommen. „Früher habe ich das Haus heiß geliebt, es war meine Leidenschaft,

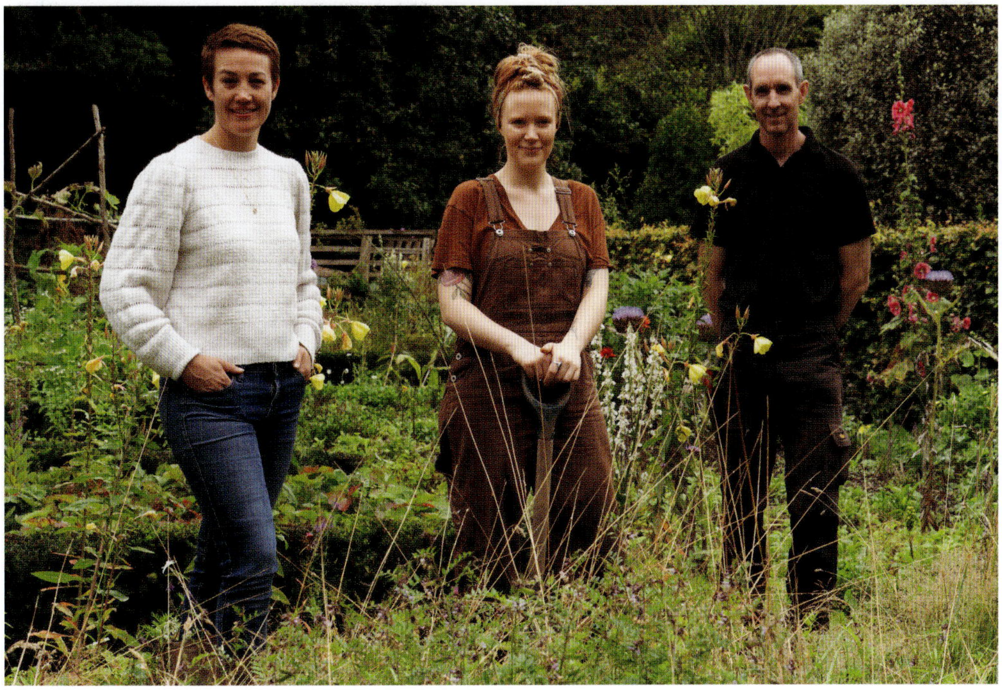

LINKE SEITE Der ehemalige Küchengarten schmückt sich heute mit dicht gedrängten weißen Fingerhüten und Margariten, Mohn(kapseln), Großem Zittergras *(Briza maxima)* und Artischocken.
LINKS Emily Caröe, Georgia Lingwood und Gordon Keddie.

mein Refugium, aber seitdem ich wieder hier lebe, gerate ich in den Sog des Gartens – ich verliebe mich jeden Tag ein bisschen mehr in ihn. Meine Mutter hat alles hier berührt, sei es beim Jäten oder Pflanzen, sie war Tag und Nacht hier, es ist ein magischer Ort."

Ein solches Vermächtnis anzutreten, mag für die vorangegangenen Generationen unkomplizierter gewesen sein, die Geschwister diskutieren noch, wie sie die ganz besondere Verbindung von Haus, Landschaft und Sammlungen mit der Familie Caröe sinnvoll und nachhaltig erhalten können.

Versuch und Irrtum

Mary und Martin sahen im Garten einen Ort für Experimente und Adaption, wo Versuche und Irrtümer zu Erfolgen führten, wo Wandel und Evolution willkommen waren. Martin ließ als eine der Ersten das Gras hoch wachsen und erlaubte Wildblumen, sich im Obstgarten auszubreiten und später auch im und um den Gemüsegarten, der unter der gierigen Zuneigung der Rehe litt. 2021 wurden im Gemüsegarten auch mehrjährige Gemüse wie Artischocken gepflanzt, die so schön anzusehen wie nützlich sind und zwischen selbstausgesamten Wolken von Großem Zittergras *(Briza maxima)*, Margeriten, Mohn und weißem Fingerhut überleben.

Zwei mauve-blaue Hochstammglyzinen und romantische Steinbänke kennzeichnen den Beginn der Wasserrinne zwischen den 1910 gepflanzten Eibenhecken. Ursprünglich war die Rinne von Stammrosen gesäumt, doch die Rehe knabberten zu gerne an ihren Knospen, und so entschlossen sich Mary und Martin für einen naturalistischen Saum aus Zwiebelblühern, niedrigen Sträuchern und Stauden, wie Wolfsmilch, Fingerhüten, Akeleien und Margeriten, der die Strenge der Hecken mildert.

Zwischen 2015 und 2017 schnitten der damalige Chefgärtner Gordon Keddie und das Gartenteam die Eibenhecken radikal zurück, um sie zu verjüngen. Sie haben sich gut erholt und inzwischen Alkoven bekommen, in die sich Stauden kuscheln.

Der Wald-Wassergarten

In der Rinne fließt etwa sieben Monate im Jahr ein Bächlein – in trockenen Sommern versiegt es –, das sich in einen rund 1000 Quadratmeter großen, von Farnen und Uferpflanzen gesäumten Teich ergießt. Dem Teich kam der schwere Orkan von 1987 zugute, der viele große Bäume fällte. Mary und Martin nutzten das Desaster als Chance und setzten an die nun lichteren Ufer neue farbenbringende Pflanzen, wie Iris, Hartriegel und Chinesische Brombeere *(Rubus tricolor)*.

Direkt unterhalb des Teichs schließt sich der Wald-Wassergarten an, den W. D. und Grace Caröe 1911–12 nach Gertrude Jekylls Entwurf und mit ihren Pflanzen schufen. Er ist ein kleines Wunder, denn wahrscheinlich ist er der einzige von Gertrude Jekyll entworfene Wassergarten, der überdauert hat.

Das Grundgerüst dieses Wassergartens in einem bewaldeten Tal sind die geschwungenen Wege und schmalen Brücken. Die mit Bargate-Stein ausgelegten Wege schlängeln sich am Bach entlang, zwischen den vier kleinen Teichen den Hang hinab und bilden dabei Achten. An den Wegen, Ufern und Hängen stehen noch viele Nachkommen der 1500 Pflanzen, die Gertrude Jekyll vor über 100 Jahren aufgelistet und mit den Plänen an die Caröes verkauft hatte.

Die Herkunft der Pflanzen konnte in den 1980er Jahren eindeutig geklärt werden, als man in der Bücherei von Godalming in einer verstaubten Schuhschachtel 32 von Gertrude Jekylls Kladden fand. Darin hatte sie notiert, welche Pflanzen an ihre Kunden gingen. Mary Caröe durfte das Notizbuch *Vann (No. 24)* mit nach Hause nehmen und die Liste mit ihrem Wald-Wassergarten-Bestand abgleichen.

Gertrude Jekylls Pflanzpalette

Folgt man im Sommer den Brücken und mäandernden Wegen, bietet sich einem das Bild von üppigem, fast alles überwucherndem Laub. Unmengen samtblättriger Frauenmäntel *(Alchemilla mollis)*, dicht gedrängte Fiederblättrige Schaublätter *(Rodgersia pinnata)*, Elfenblumen und Lungenkräuter winden sich als gemusterte Bänder durch die Wassergartenkulisse.

Zu den schatten- und feuchtigkeitsliebenden Pflanzen, die Gertrude Jekyll empfahl, gehören Moos-Steinbrech, Kugel-Primeln, Sommer-Knotenblumen, Funkien, Bronzeblatt, Sumpfdotterblumen, Gauklerblumen, Lenzrosen, Wurm-, Straußen- und Hirschzungenfarn. Auch Riesen-Bärenklau *(Heracleum mantegazzianum)* und Mammutblatt *(Gunnera manicata)* standen auf der Liste und gedeihen noch immer prächtig.

Unterhalb des Wassergartens wird die von Gertrude Jekyll vorgeschlagene Bepflanzung immer naturalistischer. Im Frühling tupfen verschiedene Sorten der Schachbrettblume den Boden des Wassergartens mauve und weiß. Etwas weiter, in „Großmutters Weißem Garten", werden vorlaute mauvefarbene Schachbrettblumen und rosa Fingerhüte in andere Gartenbereiche umgesiedelt. Die weißen Narzissen, die sich hier ausgewildert haben, dürfen natürlich bleiben.

Das Ensemble aus romantischer Pflanzenpalette, verwunschenem Wald-Wassergarten und formalen, akkurat getrimmten Rasen und Hecken macht Vann zu einem besonderen Erlebnis.

RECHTE SEITE Im Eiben-Gang (oben links) prunkt die Kombination von formaler und ungezwungener Bepflanzung auf, die sich durch den ganzen Garten zieht. Im Frühling bedecken Schachbrettblumen und Narzissen den Boden des Wald-Wassergartens. Im Sommer bilden üppige Blumenwiesen einen Kontrast zum wohl getrimmten Formschnitt.

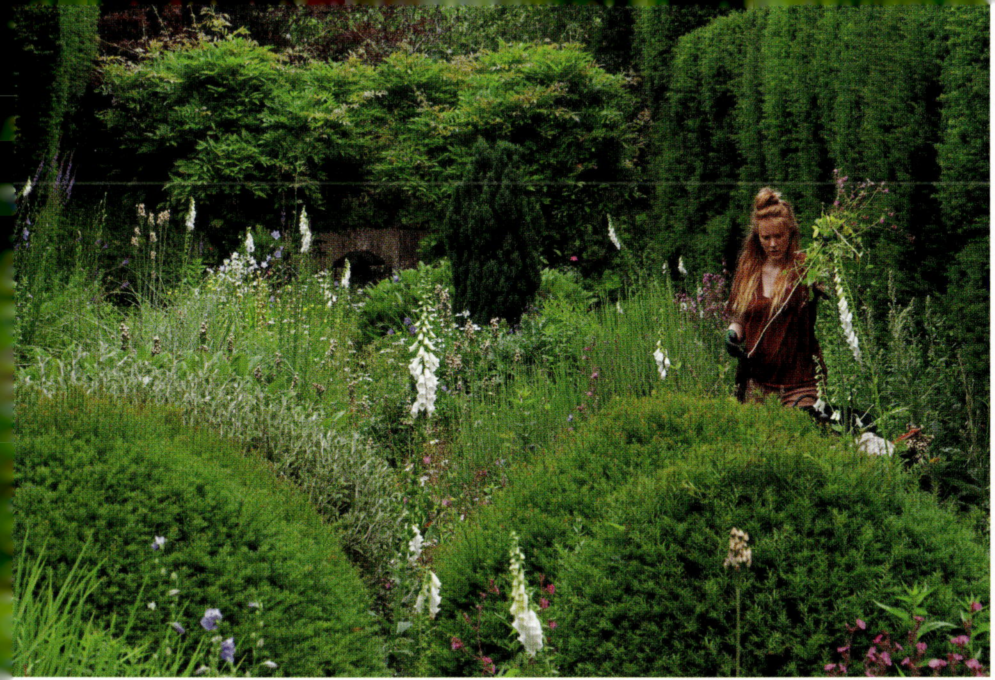
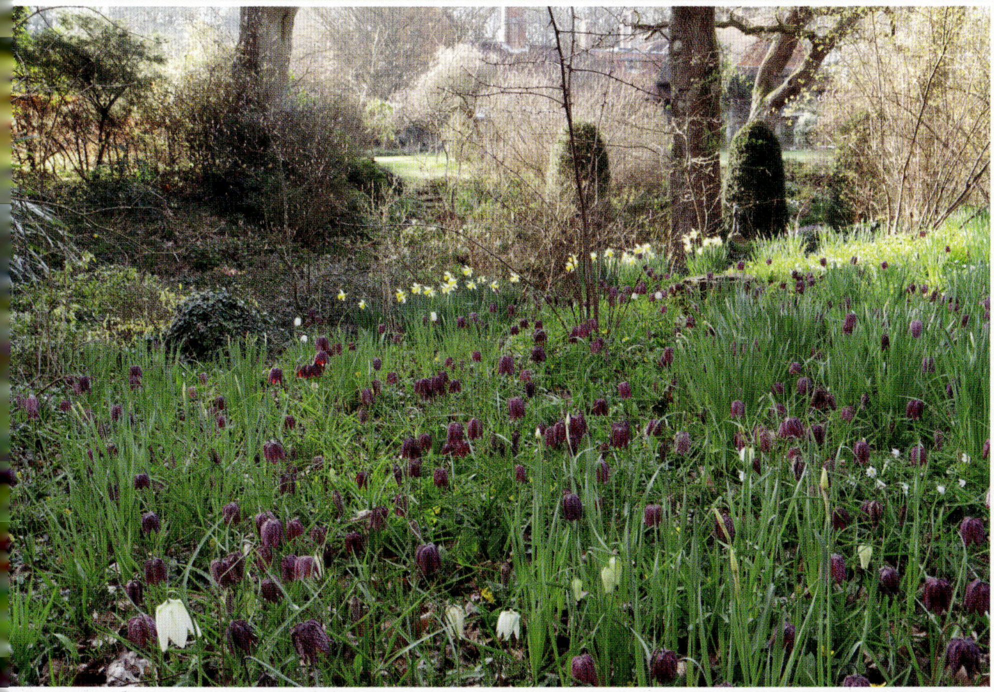
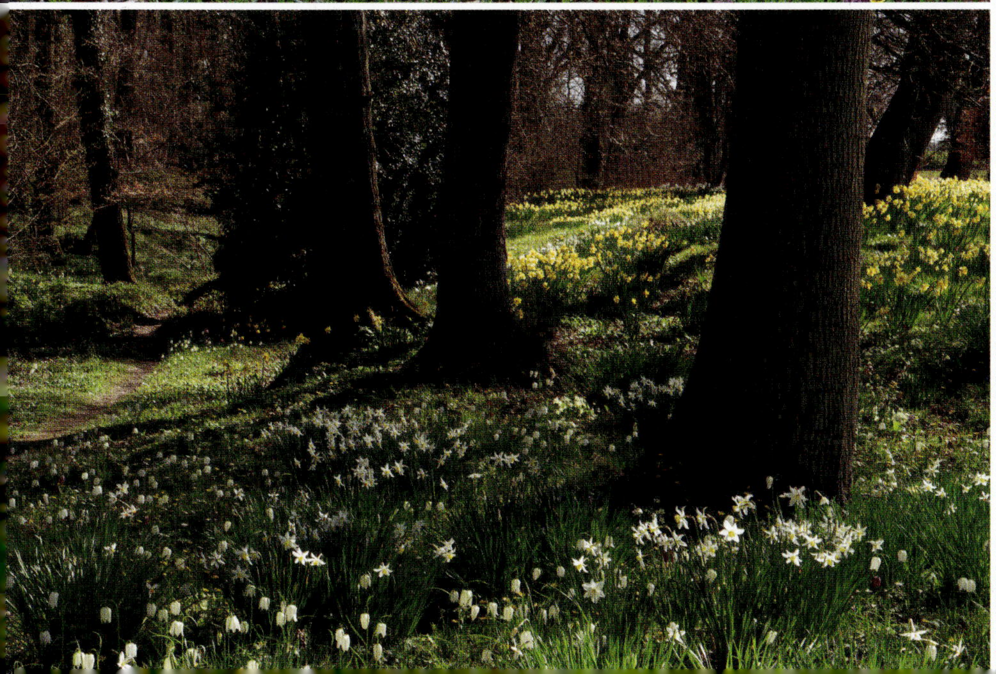
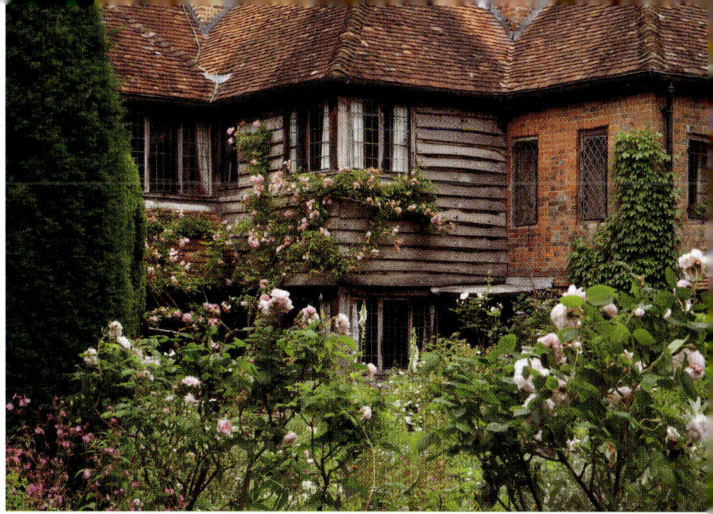
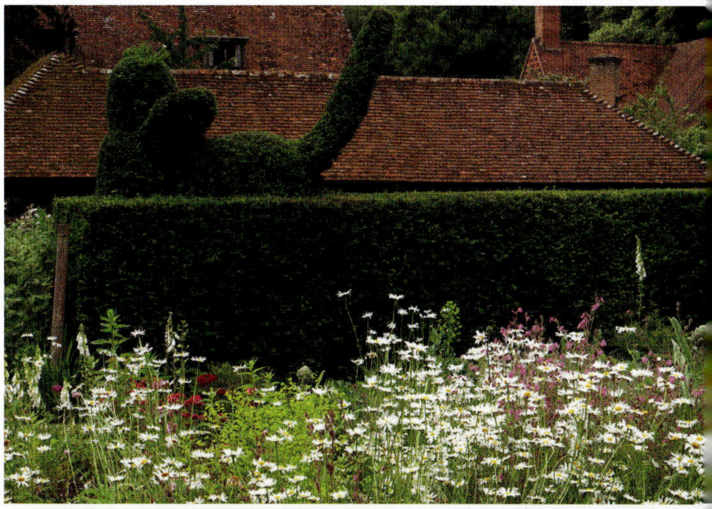
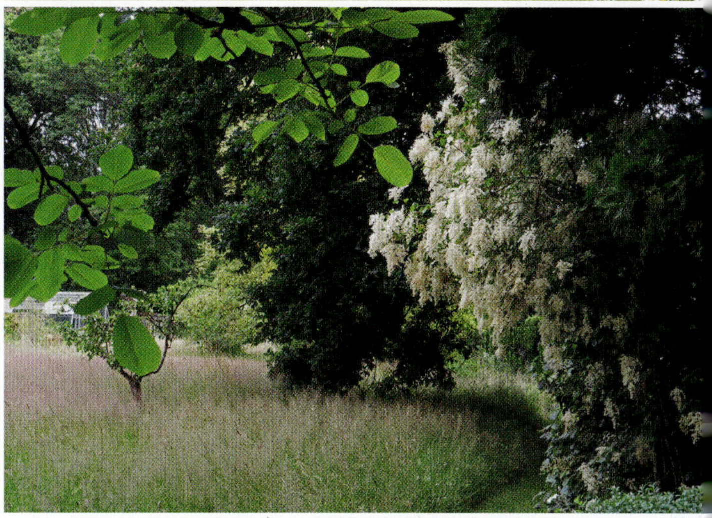
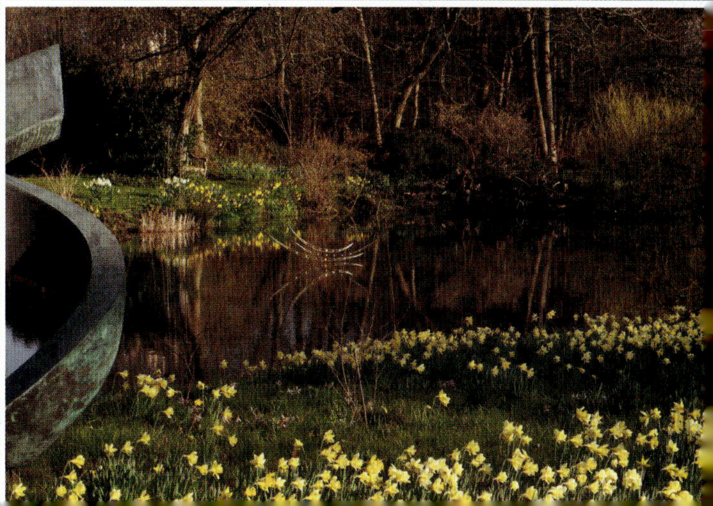

20

White House Farm

Sevenoaks, Kent

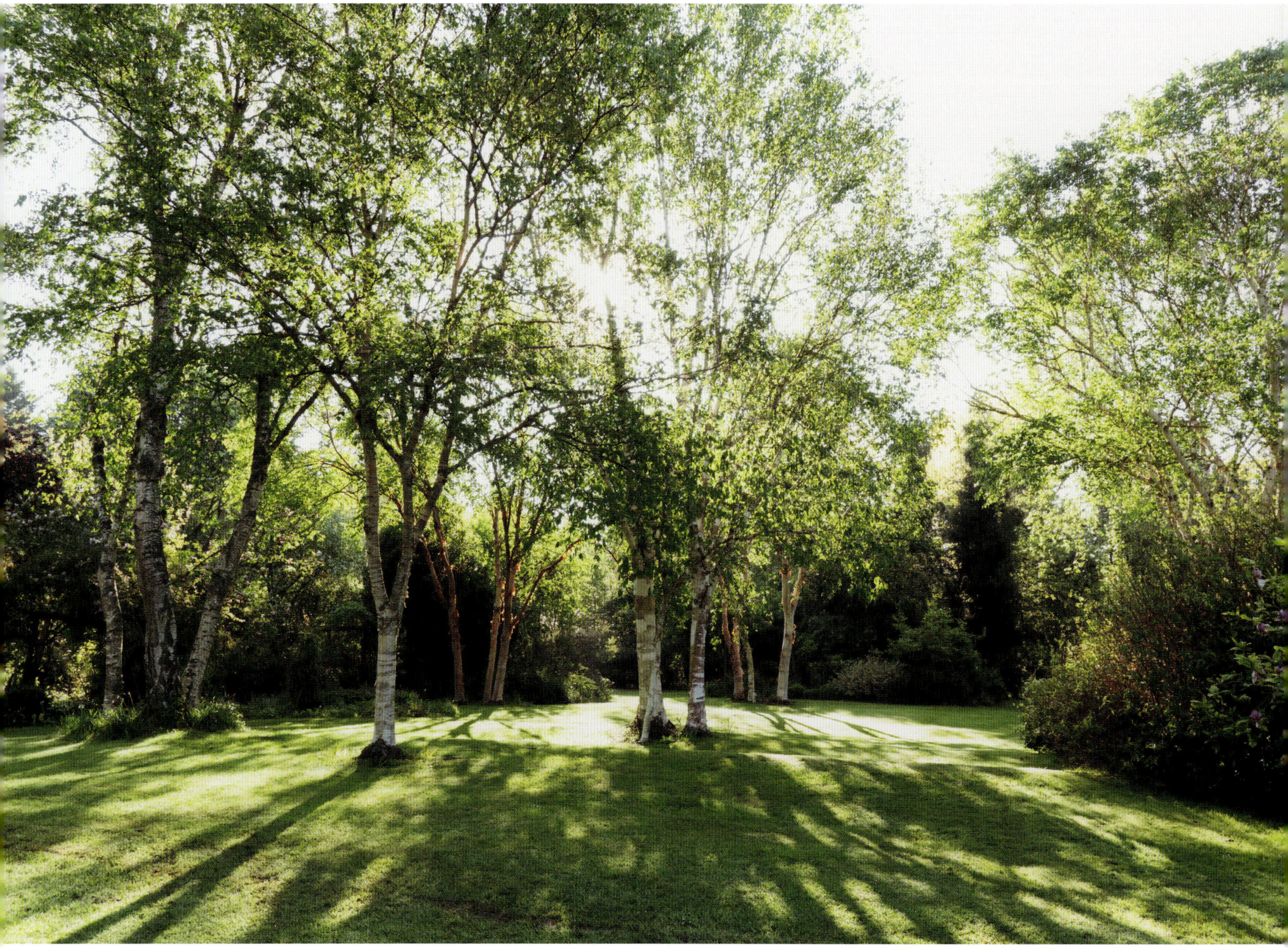

White House Farm, Gehölzgarten nebst Arboretum, ist das Werk eines Pflanzenkenners, seit den 1970er Jahren hegt und vergrößert der moderne Pflanzenjäger Maurice Foster es. Auf dem überschaubaren Areal (6 Hektar) vereinen sich ausgewachsene Baum- und Strauchgruppen mit jüngeren botanischen Schatzfunden und locken Experten wie Liebhaber an.

Was hier wächst, hat Maurice gesammelt, vermehrt, gepflanzt und gepflegt. Dazu zählen Cultivare (jeweils mehrere hundert seiner Lieblings-Magnolien, -Kamelien, -Rhododendren), jüngst eingeführte Arten und die neuesten Hybriden. Diese Anlage ist der Triumph eines Solo-Gärtners. Mit bestimmten Partnerpflanzungs-Methoden hat er erreicht, dass sein Garten das ganze Jahr über sehenswert ist und sich fast selbst erhält – ein enormes Potenzial von Gehölzen, das Maurice' Ansicht nach nicht gebührend gewürdigt wird.

„In einem Gehölzgarten dreht sich alles um die Bäume. Repräsentative Sammlungen von Eichen, Hainbuchen, Ahornen, Ebereschen, Birken, Magnolien und Nadelbäumen schützen einen Unterbau von blühenden Sträuchern sowie bodendeckende Zwiebelblüher und Stauden. Wenn man Bäume und Sträucher zeitgleich pflanzt, finden sie ihr eigenes Gleichgewicht – wie es in der Natur auch geschieht."

Saisonale Farbenpracht

Kamelien, Rhododendren und Hortensien rangeln um jeden Zentimeter Raum, sind sie einmal etabliert, macht ihre stabile Symbiose kaum Rückschnitt und Jäten nötig.

„Wir streben Farbe in jeder Jahreszeit an, wenn etwas verblasst, fällt etwas anderes ins Auge; die Formen und Texturen betonen sich das ganze Jahr über gegenseitig.

Unsere Pflanzmethode basiert auf dem Dickicht-System, wie mein alter Mentor Michael Haworth-Booth [ein ausgewiesener Hortensien-Experte] es nannte. Die Pflanzen stehen sehr dicht,

LINKE SEITE Im großen Rasen des Gartens stehen Birken aus allen Weltgegenden.
UNTEN Der Wald beherbergt die atemberaubende Sammlung von Maurice Fosters Hortensien-Neuzüchtungen.

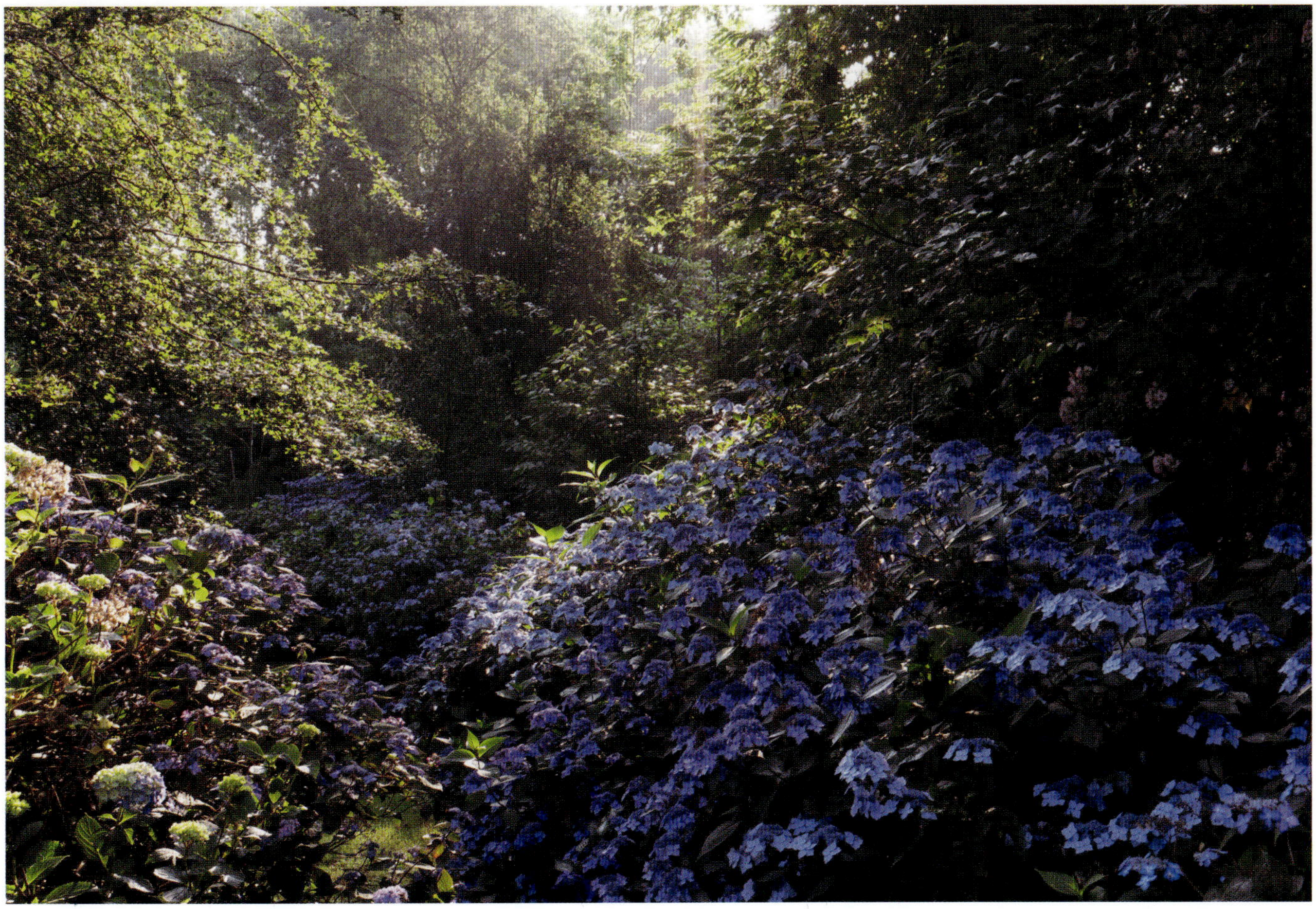

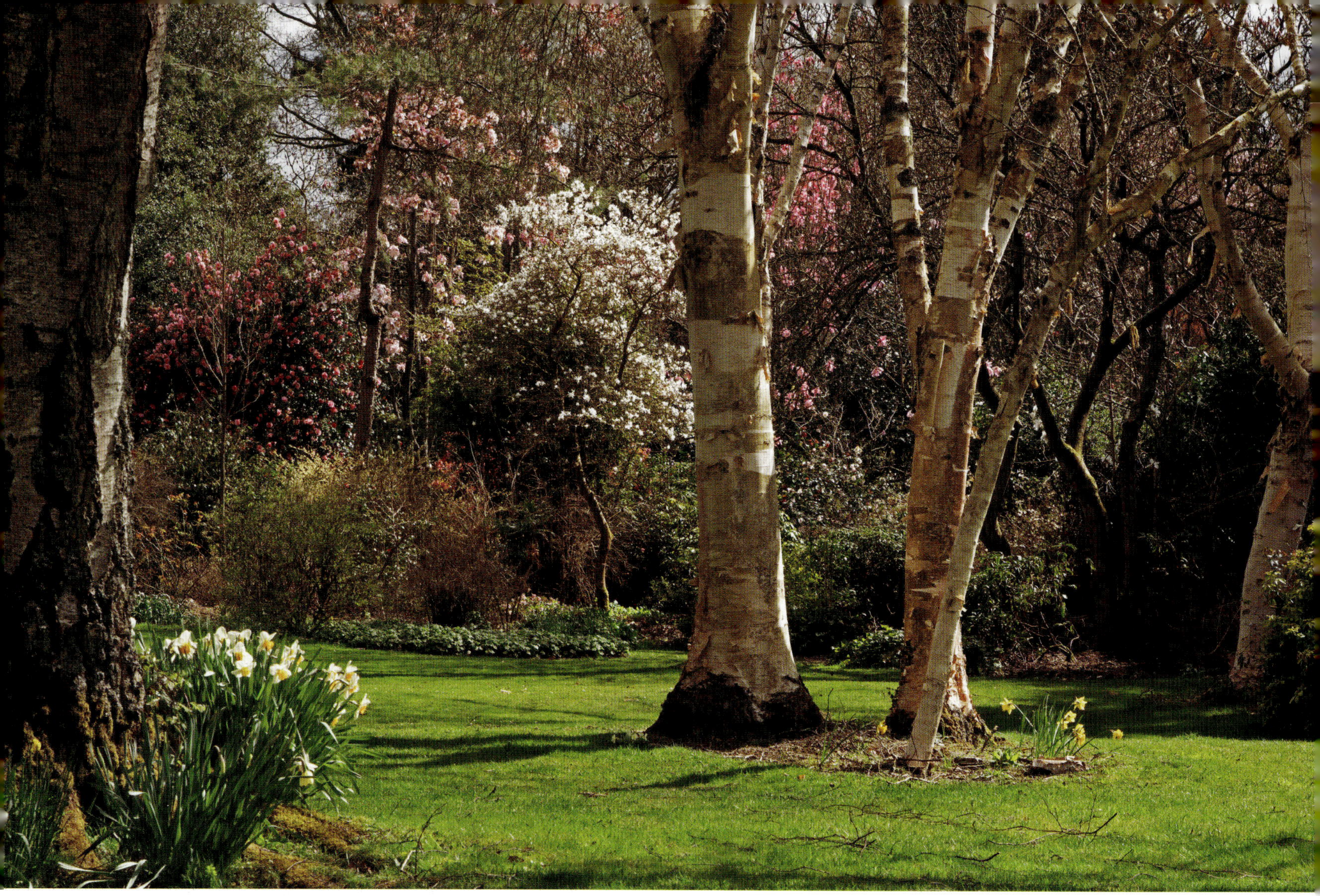

so stärkt eine die andere, ohne ihre Persönlichkeit aufzugeben. Außerdem ist es eine arbeitsparende Methode, Unkräuter haben kaum eine Chance und man muss nichts stützen."

Im Vorfrühling und Frühling können Besucher in Wälder aus weißen, rosa und gelben Magnolien eintauchen, in deren Schatten langblühende Rhododendren und Kamelien stehen. Im Spätfrühling durchwirken sich farbenfroh prunkende großblütige Strauchpfingstrosen, Deutzien, Pfeifensträucher und Clematis entlang eines Geflechts aus knorrigen Glyzinen; es rankt an einer Pergola aus Lärchenholz, die den Hauptweg durch den Garten beschattet. Im Hoch- und Spätsommer wird

OBEN Hinter den Birken blühen im Frühling Kamelien und Magnolien.
RECHTE SEITE, OBEN Eingebürgerte wilde Hasenglöckchen bieten zwischen Rhododendren ein herrliches Frühlingsschauspiel.
RECHTE SEITE, MITTE Eine der prächtigen ausgewachsenen Kamelien: *Camellia* ‚Donation'.
RECHTE SEITE, UNTEN *Hydrangea aspera* ‚Kouki' hat apartes dunkles Laub und ist einer von Maurices Lieblingen.

dieses Areal zum Hortensien-Garten, der auf die glühenden Farben des Herbstes einstimmt.

„Es sollte immer einen Blickfang geben, wenn man sich umschaut, in jeder Jahreszeit, selbst im Winter. Ich liebe Rinden und ich sehe in Bäumen ein Äquivalent für harte Gestaltungselemente. Im großen Rasen zum Beispiel stehen Birken-Gruppen, jede stammt aus einem anderen Teil der Welt. Im tiefstehenden Licht der Wintersonne kommen sie wunderschön zur Geltung, vor allem wenn die ersten Frühblüher aus der Erde sprießen."

Fünf Merkmale sind bei der Auswahl eines Baums für Maurice ausschlaggebend: Früchte, Laub, Blüten, Duft und Form – erfüllt der Baum keines, „lässt man eine Rose, Clematis oder Glyzine hineinranken, manchmal auch alle drei."

Wildgesammelte Rosen

Dies ist ein vertikaler Garten, man muss nach oben schauen. Dann sieht man schon mal Rosen und Glyzinen 18 Meter hoch in die Bäume klettern. Auf einer Länge von etwa 800 Metern

„Ich kann in meinem Garten stehen und in der Mitte der Welt sein." MAURICE FOSTER

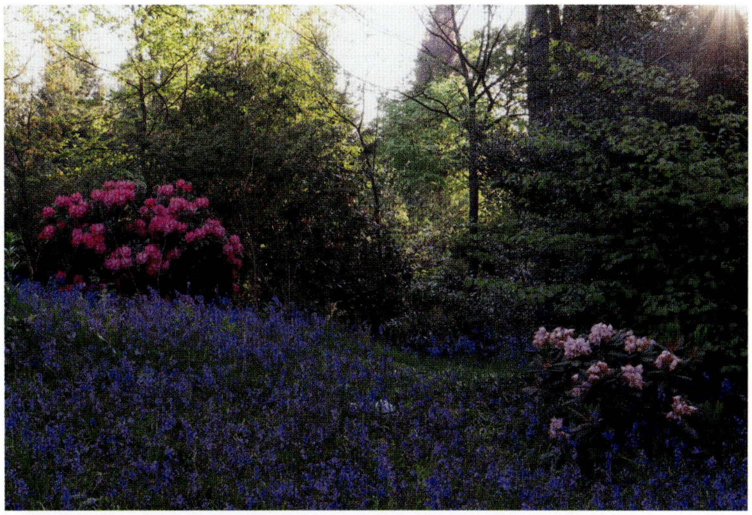

ranken wildgesammelte Rosen an Grenzbäumen des Arboretums. Zu Maurices Kletterrosen-Züchtungen gehört die nach seiner verstorbenen Frau benannte ‚Rosemary Foster', eine *R. filipes*-Hybride mit zartrosa, zu weiß verblassenden Blüten.

„Man muss sie die ersten zwei Jahre wässern, damit sie bei starker Konkurrenz gut durchwurzeln können, sind sie einmal etabliert, klettern sie auf unterschiedliche Höhen."

Pflanzenexpeditionen

Maurice und Rosemary begannen in den 1970er Jahren, 2 Hektar, die einen aufgelassenen Nussgarten, einen überwucherten alten Steinbruch und brachliegende Felder umfassten, in einen Garten zu verwandeln. In den 1990er Jahren nahm Maurice an mehreren Pflanzensammelexpeditionen teil, die ihn u. a. nach China, Bhutan, Pakistan, Japan, Australien, Neuseeland und in die Mongolei führten. 1995 platzte der Garten aus allen Nähten. Als ein benachbartes Erdbeerfeld und ein Apfelgarten zum Verkauf standen, griff er zu, um sich ein Arboretum zu schaffen. Hier pflanzte er nachgewiesene Wildbäume und -sträucher, die in den letzten 40 Jahren überall auf der Welt gesammelt wurden, und ergänzte sie um eigene Artenselektionen und Hybriden.

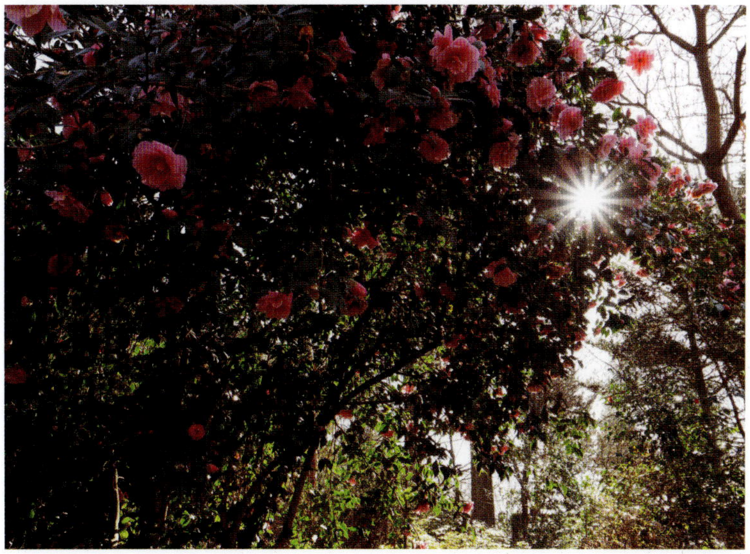

2010 kaufte er noch einen Waldstreifen hinzu, der seltenen schatten- und feuchtigkeitsliebenden Pflanzenarten vorbehalten ist. Durch das Wäldchen zieht sich ein 400 Meter langer Graben (hier wurde einmal Kieselsandstein abgebaut), der es erlaubt, Schneeglöckchen, Osterglocken, Elfenblumen, Prärielilien und weitere kleine oder bodendeckende Pflanzen aus nächster Nähe zu bewundern. Die ausgewachsenen Süßkastanien, Eichen, Weißdorne und Haseln, zu deren Füßen im Frühling hunderte weiße *Narcissus poeticus* zwischen Unmengen von blauen Hasenglöckchen blühen, bieten jungen Bäumchen und blühenden Sträuchern Schutz.

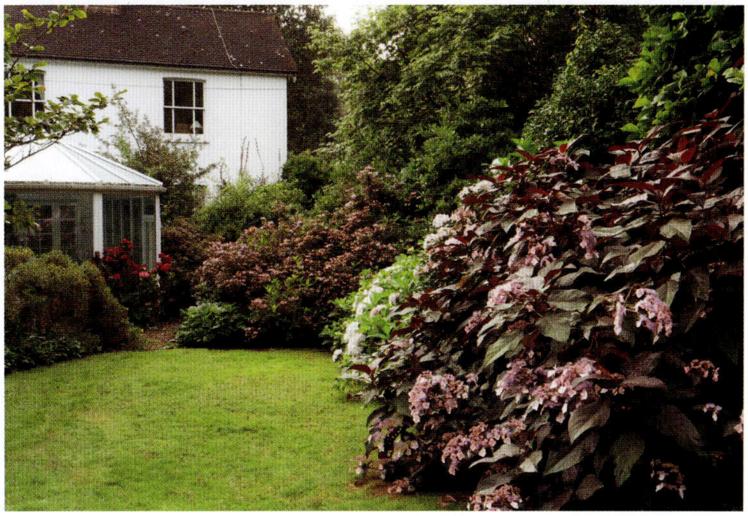

Intensive Farben

Durch den Wald führt ein Weg an wenigstens 100 Hybriden vorbei, die Maurice aus *Hydrangea serrata* (Tellerhortensien) und *H. macrophylla* (Gartenh.) gekreuzt hat. Seine Selektion soll die kompakte Form der japanischen *serrata*-Cultivare mit intensiveren Blütenfarben (dunkle Blau-, Lila- und Rottöne) und auch mal dunklerem Laub verbinden. Manche Pflanzen sind in ihrem Herbstkleid so schön wie in voller Blüte.

An einem weiteren Pfad wachsen seine vielen *H. aspera*-(Samth.)-Hybriden, bei Käufern besonders beliebt sind die

RECHTS Clare und Maurice Foster vor der winterharten Rhododendron-Hybride ‚Loder's White'.
RECHTE SEITE Garten und Arboretum der White House Farm sind eine Bibliothek der vielen Gehölze – Bäume, Sträucher, Kletterpflanzen –, darunter Magnolien, Kamelien, Rhododendren, Hortensien, Deutzien und Clematis, die Maurice Foster hegt und züchtet. Noch namenlos sind die Magnolie (unten links), die Clematis (oben rechts) und beide Hortensien.

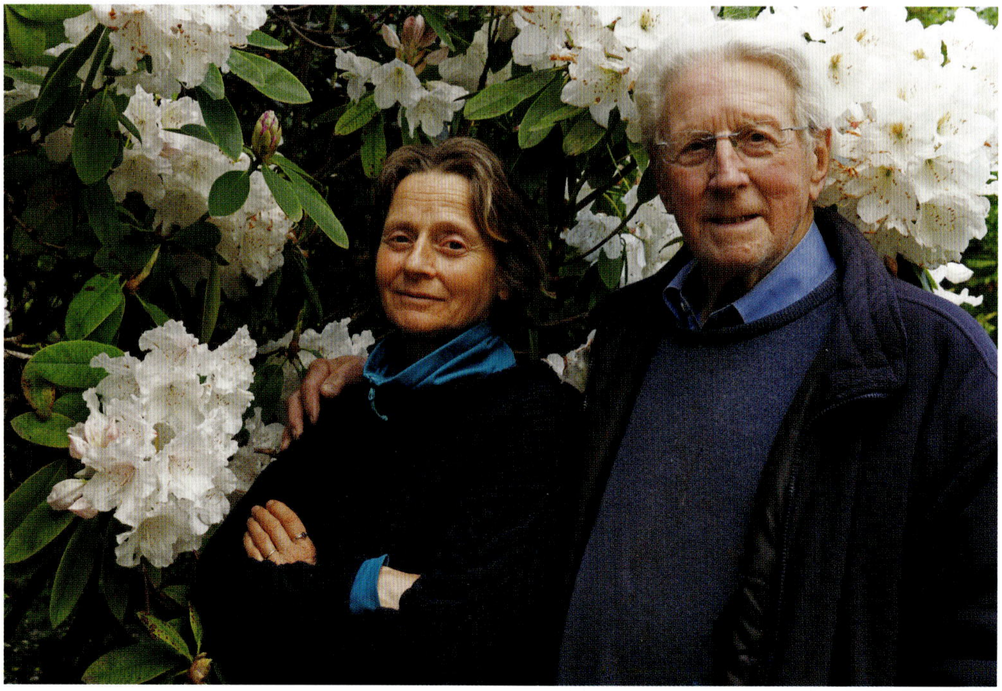

Formen mit dunkelviolettem Laub wie ‚Hot Chocolate' und ‚Rosemary Foster', die 2020 auf einer belgischen Fachmesse mit einer Goldmedaille ausgezeichnet wurde.

Maurices Leidenschaft für Pflanzen, das Gärtnern und die Natur ist mit 86 Jahren so groß wie mit sechs. In seiner Kindheit erkundete er die Landschaft von Northamptonshire und als er in den 1950er Jahren mit einem Stipendium nach Cambridge ging, entdeckte er dort den botanischen Garten und die College-Gärten. Sie öffneten ihm die Augen für die große Welt der Pflanzen samt ihrer spannenden botanischen Geschichte. Heute kann er von sich behaupten: „Ich kann in meinem Garten stehen und in der Mitte der Welt sein."

Nach dem Studium begann er in seiner Freizeit, Samen zu sammeln und im winzigen Garten eines Vorstadthauses alle möglichen Pflanzen zu ziehen und zu vermehren.

Mit 58 Jahren ging er in Pension, um sich mit Rosemary ganz und gar der White House Farm zu widmen – und zunehmend für die Royal Horticultural Society (RHS) tätig zu sein.

Er war Vorsitzender der Rhododendron, Kamelien und Magnolien Gruppe, Mitglied des RHS-Gehölz-Komitees, Preisrichter bei den großen RHS-Blumenschauen und einer der Verwalter des Baum-Registers für das Vereinigte Königreich und Irland. 2013 wurde ihm die „Victoria Medal of Honour" verliehen, die höchste Auszeichnung der RHS. Danach wurde er noch für seine herausragenden Verdienste um Magnolien (Jim Gardiner Cup) und Kamelien (David Trehane Cup) geehrt.

Unter den tausenden Exemplaren in der Datenbank der White House Farm sind auch 77 Rekordbäume (die größten einer Art im Land). Seit den 1980er Jahren hegt Maurice seltene Gehölze, die von Einzelpersonen und Institutionen wildgesammelt wurden, über Subskriptionen für Samen oder als Tauschobjekte hereinkamen. Er spricht vom „zweiten goldenen Zeitalter für Gehölze". Der Garten ist Teil eines inoffiziellen internationalen Netzwerks von Sammlungen, das seit Jahrzehnten neue Pflanzen sichtet, untereinander tauscht und in einer Zeit, in der immer mehr natürliche Habitate zerstört werden, erhält.

Damit seine staunenswerte Sammlung überdauern kann, ist Maurice' Tochter Clare bei ihm eingestiegen. Sie hilft ihm, die Pflanzen zu dokumentieren, und wirkte an der Gründung der „White House Farm Arboretum Foundation" mit.

„Wenn man gerade erst etwas über Gartenbau und Pflanzen lernt, wie ich es tue, dann ist dieser Garten nicht nur wunderschön, sondern auch eine Art Nachschlagewerk", sagt Clare. „Ich kann hier eine erstaunliche Anzahl – 200 oder mehr – bekannter Cultivare der Gattungen Magnolie, Kamelie, Rhododendron und Rose betrachten, und sie anschließend mit Exemplaren der wilden Art vergleichen, von der sie abstammen. Und ich kann die neuesten Züchtungen von Maurice und anderen sehen."

Clares Engagement wird der White House Farm zugutekommen. Es ist beruhigend, zu wissen, dass dieser ganz besondere Ort auch in Zukunft eine Hüterin hat.

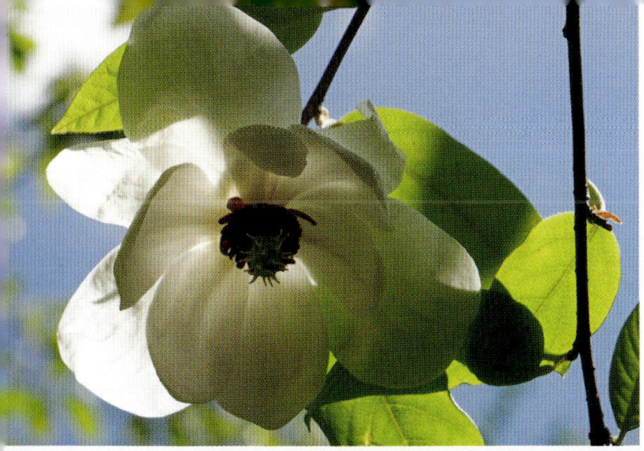
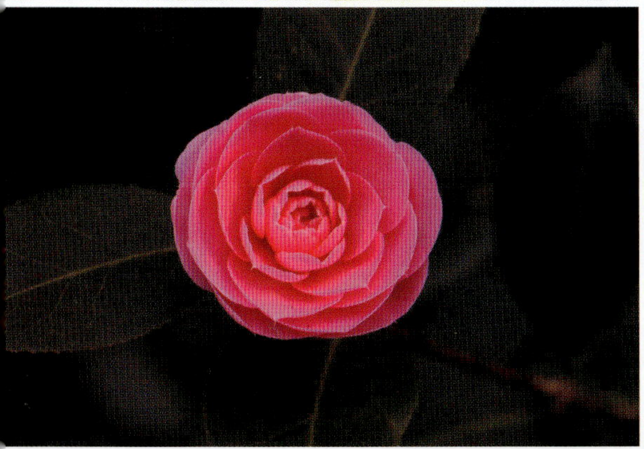
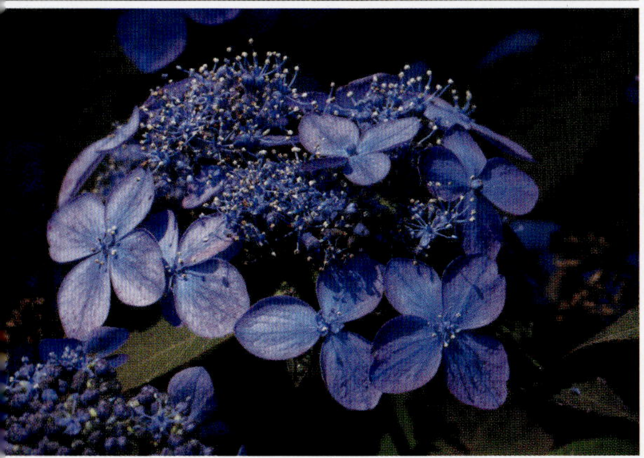
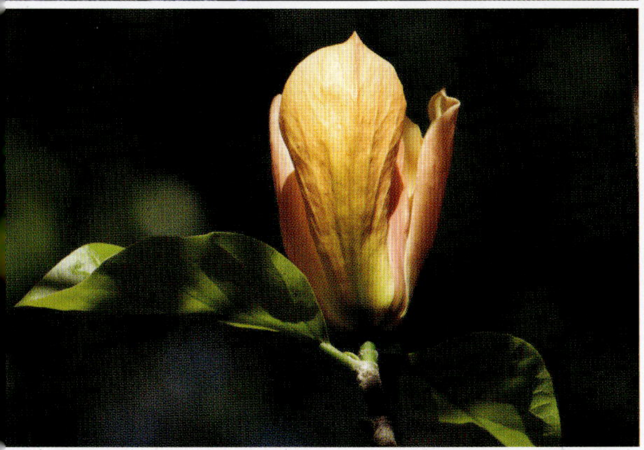
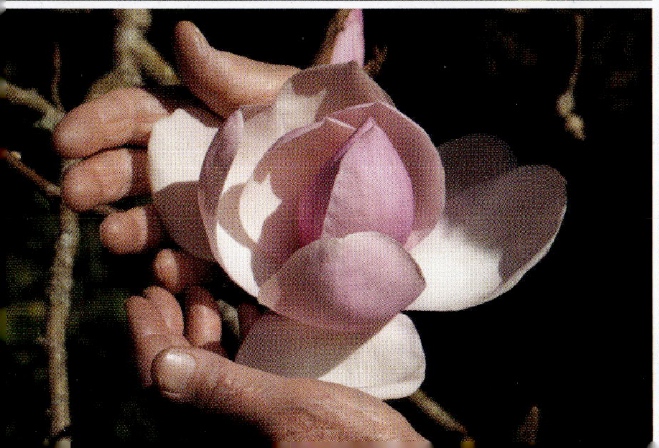
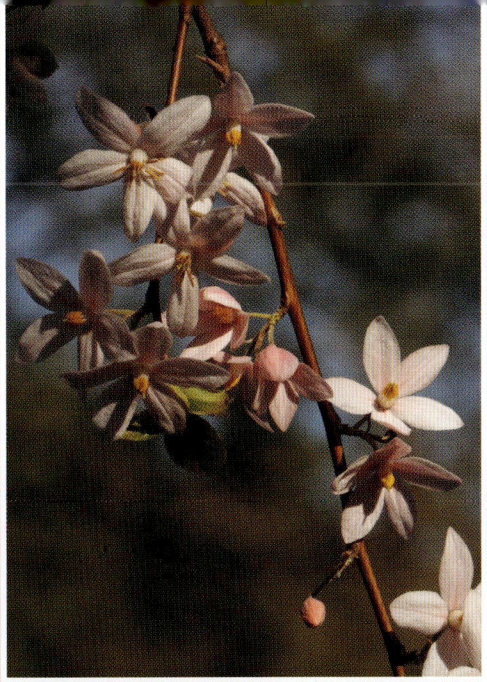
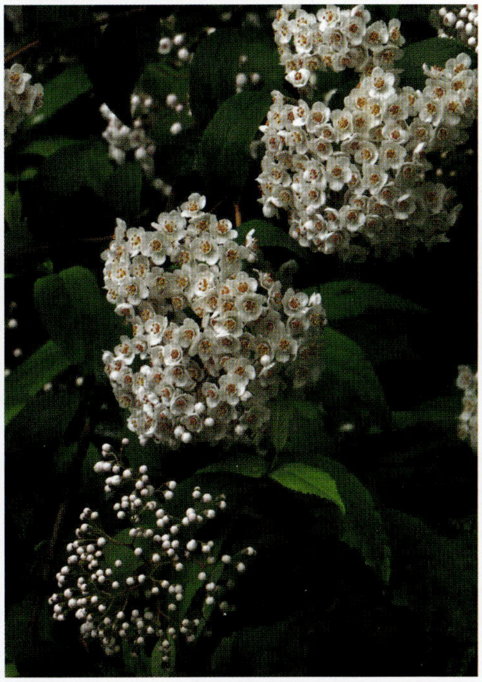
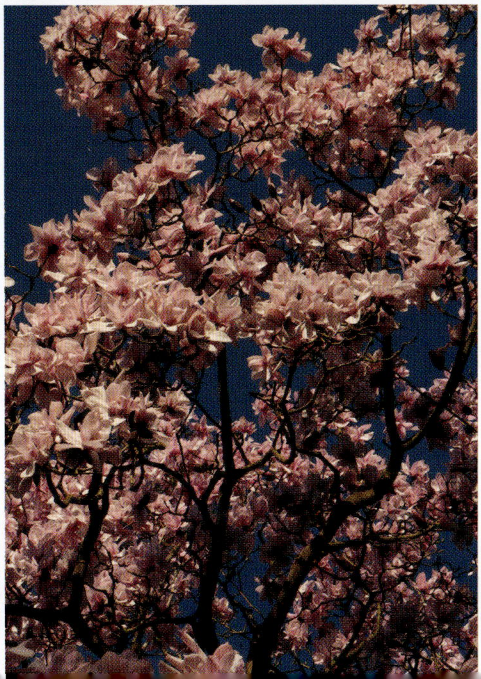
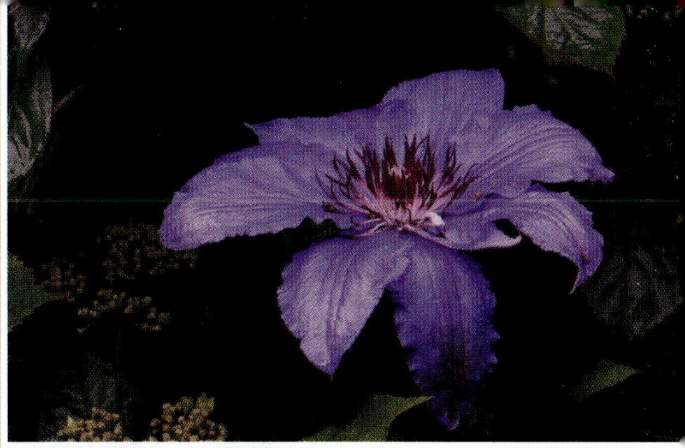
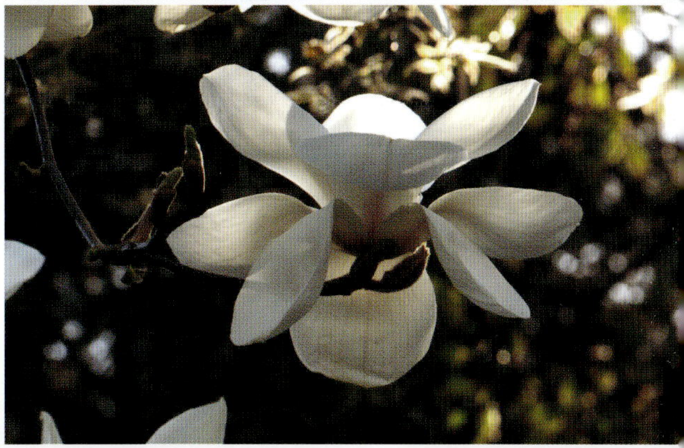
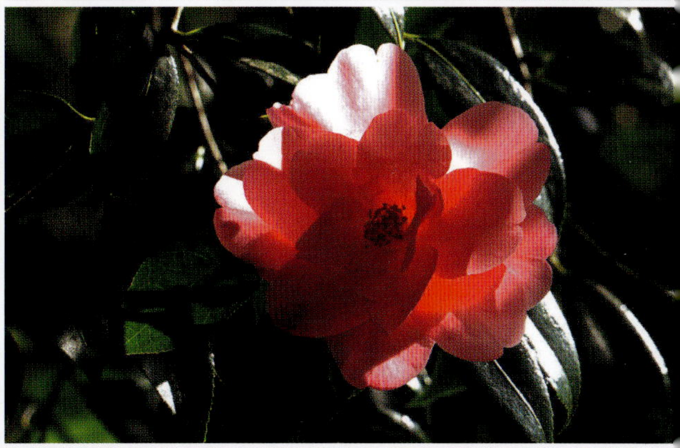
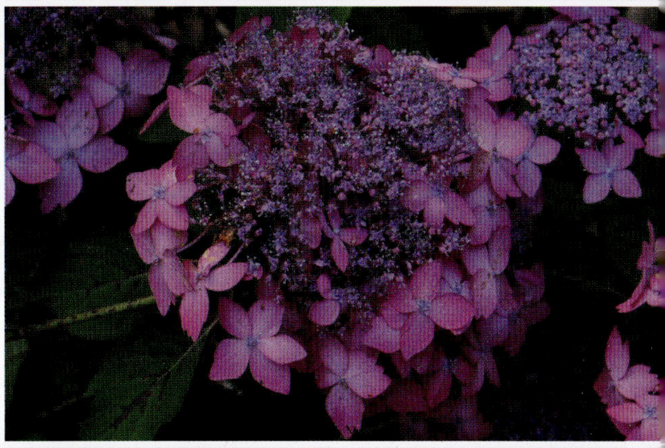
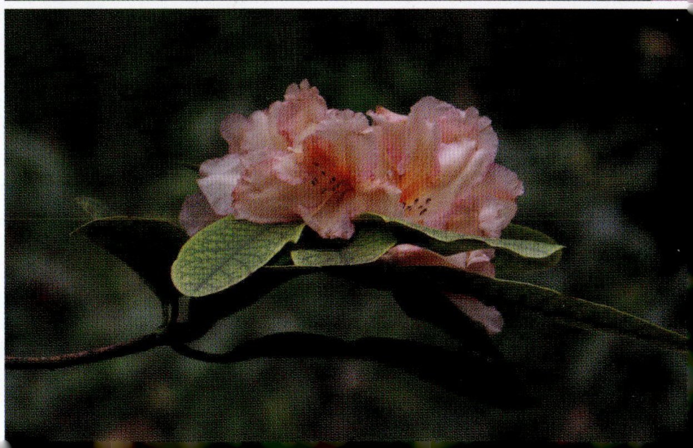

Adressen und Extratipps

In Surrey, Sussex und Kent gibt es viele herrliche Gärten, die vorgestellten 20 waren zum Zeitpunkt der Fertigstellung des Buchs tage- oder monateweise geöffnet. Einige weitere Adressen sind ebenfalls aufgeführt. Bitte informieren Sie sich über aktuelle Öffnungszeiten, Preise und Buchungen auf den Webseiten der Gärten (so vorhanden), oder auf den Webseiten des „National Garden Scheme" (NGS), (www.ngs.org.uk) und des National Trust (www.nationaltrust.org.uk).

Albert Street Nr. 87 (Seite 10ff)
Whitstable, Kent CT5 1HU
Whitstable Town Gardens
www.facebook.com/whitstableopengardens
Öffnet im Rahmen des NGS
(www.ngs.org.uk).

Arundel Castle (Seite 16ff)
Arundel, West Sussex BN18 9AB
Tel: +44 1903 882173
E-Mail: visits@arundelcastle.org
www.arundelcastle.org/gardens
Öffnungszeiten u. Preise auf der Webseite.

Balmoral Cottage (Seite 22ff)
The Green, Benenden,
Cranbrook, Kent TN17 4DL
Tel: +44 1580 240308
E-Mail: thepottingshedholidaylet@gmail.com
www.thepottingshedbenenden.co.uk
Öffnet im Rahmen des NGS
(www.ngs.org.uk).

Borde Hill Garden
Borde Hill Lane, Haywards Heath,
West Sussex RH16 1XP
Tel: +44 1444 450326
E-Mail: info@bordehill.co.uk
www.bordehill.co.uk
Öffnungszeiten u. Preise auf der Webseite;
s. a. www.ngs.org.uk.

Boyton Court (Seite 28ff)
Maidstone, Kent ME17 3BY
Tel: +44 7796 446209
E-Mail: samantha.adrian@yahoo.com
Geöffnet für kleine, private Gruppen.
Nur wenige Parkplätze.

Clinton Lodge Gardens (Seite 34ff)
Fletching, East Sussex TN22 3ST
Tel: +44 1825 722952
E-Mail: garden@clintonlodge.com
www.clintonlodgegardens.co.uk
Öffnungszeiten u. Preise auf der Webseite,
s. a. www.ngs.org.uk.

Denmans (Seite 42ff)
Denmans Lane, Fontwell,
West Sussex BN18 0SU
Tel: +44 1243 278950
E-Mail: office@denmans.org
www.denmans.org
Öffnungszeiten u. Preise auf der Webseite;
NGS-Öffnungstage auch: www.ngs.org.uk.

Doddington Place Gardens (Seite 48ff)
Sittingbourne, Kent ME9 0BB
Tel: +44 7949 746792
E-Mail: enquiries
@doddingtonplacegardens.co.uk
www.doddingtonplacegardens.co.uk
Öffnungszeiten u. Preise auf der Webseite;
NGS-Öffnungstage auch: www.ngs.org.uk.

Gravetye Manor (Seite 56ff)
Vowels Lane, West Hoathly, East
Grinstead, West Sussex RH19 4LJ
Tel: +44 1342 810567
E-Mail: info@gravetyemanor.co.uk
www.gravetyemanor.co.uk
April bis Oktober, Mo., Mi. und Fr., geführte Gartenbesichtigungen für Gruppen bis zu 20 Personen, die im Restaurant für ein Mittagessen reserviert haben. Buchung erforderlich. Für Hotelgäste frei.

**Great Dixter House,
Garten und Gärtnerei**
Northiam, Rye, East Sussex TN31 6PH
Tel: +44 1797 253107
E-Mail: info@greatdixter.co.uk
www.greatdixter.co.uk
Öffnungszeiten Garten und Gärtnerei
sowie Preise (Garten) auf der Webseite.

Hole Park
Benenden Road, Rolvenden, Cranbrook,
Kent TN17 4JA
Tel: +44 1580 241344
E-Mail: events@holepark.com
www.holepark.com
Öffnungszeiten u. Preise auf der Webseite.

Leonardslee Lakes and Gardens
Brighton Road, Lower Beeding, Horsham,
West Sussex RH13 6PP
E-Mail: info@leonardsleegardens.co.uk
www.leonardsleegardens.co.uk
Öffnungszeiten u. Preise auf der Webseite.

Long Barn (Seite 62ff)
Sevenoaks Weald, Kent TN14 6NH
E-Mail: lbgardenskent@gmail.com
www.longbarngardens.uk
Für Gruppen nach Voranmeldung geöffnet
(mindestens 8, maximal 50 Personen).

Malthouse Farm (Seite 70ff)
Streat Lane, Streat, Hassocks,
West Sussex BN6 8SA
Tel: +44 1273 890356
E-Mail: helen.k.keys@btinternet.com
An einigen Tagen im Rahmen des NGS (www.ngs.org.uk) geöffnet; für Gruppen (10–30 Personen) von Mai bis September nach Voranmeldung.

Marchants Hardy Plants (Seite 78ff)
2 Marchants Cottages, Mill Lane,
Laughton, East Sussex BN8 6AJ
Tel: +44 1323 811737
E-Mail: marchantshardyplants@gmail.com
www.marchantshardyplants.co.uk
Öffnungszeiten und Informationen zu Gruppenführungen & Preisen (mind. 15 Personen) auf der Webseite.

Moleshill House (Seite 84ff)
The Fairmile, Cobham, Surrey KT11 1BG
Tel: +44 1932 864532
E-Mail: pennysnellflowers@btinternet.com
www.pennysnellflowers.co.uk
Geöffnet im Rahmen des NGS (www.ngs.org.uk) sowie nach Voranmeldung.

Munstead Wood und das „Quadrangle“ (Seite 88ff)
Heath Lane, Busbridge, Godalming,
Surrey GU71UN
E-Mail: contact@munsteadwood.org.uk
www.munsteadwood.org.uk
Führungen nur nach Voranmeldung für Gruppen bis zu 15 Personen, Preise und Zeiten auf der Webseite.

Parham House and Gardens
Pulborough, West Sussex RH20 4HS
(RH20 4HR für Navi)
Tel: +44 1903 742021
E-Mail: enquiries@parhaminsussex.co.uk
www.parhaminsussex.co.uk
Öffnungszeiten u. Preise auf der Webseite.

Prospect Cottage
Dungeness Road, Dungeness, Haus und Garten des Filmemachers Derek Jarman (1942–1994), Buchung erforderlich, Informationen und Preise: www.creativefolkestone.org.uk/prospect-cottage/.

Ramster Hall (Seite 96ff)
Petworth Road, Chiddingfold,
Godalming, Surrey GU8 4SN
Tel: +44 1428 654167
E-Mail: office@ramsterhall.com
www.ramsterevents.com
Öffnungszeiten u. Preise auf der Webseite.

Restoration House (Seite 102ff)
17–19 Crow Lane, Rochester, Kent ME1 1RF
Tel: +44 1634 848520
E-Mail: robert.tucker@restorationhouse.co.uk
www.restorationhouse.co.uk
Öffnungszeiten u. Preise auf der Webseite (Stand 2022: Buchung erforderlich).

Sissinghurst Castle Garden
(National Trust)
Biddenden Road, near Cranbrook,
Kent TN17 2AB
Tel: +44 1580 710700
E-Mail: sissinghurst@nationaltrust.org.uk
www.nationaltrust.org.uk/sissinghurst-castle-garden
Öffnungszeiten u. Preise auf der Webseite.

Sussex Prairie Garden (Seite 108ff)
Morlands Farm, Wheatsheaf Road,
nahe Henfield, West Sussex BN5 9AT
Tel: +44 1273 495902
E-Mail: morlandsfarm@btinternet.com
www.sussexprairies.co.uk
Öffnungszeiten u. Preise auf der Webseite; s. a. NGS (www.ngs.org.uk).

The Hannah Peschar Sculpture Garden
(Seite 116ff)
Black & White Cottage, Standon Lane,
Ockley, Dorking, Surrey RH5 5QU
Tel: +44 1306 627269
E-Mail: hannahpesharsculpture@gmail.com
www.hannahpescharsculpture.com
Öffnungszeiten u. Preise auf der Webseite (Stand 2022: Ticketbuchung erforderlich).

Town Place Garden (Seite 122ff)
Ketches Lane, Freshfield, Sheffield Park,
West Sussex RH17 7NR
Tel: +44 1825 790221
E-Mail: mcgrathsussex@hotmail.com
www.townplacegarden.org.uk
Preise auf der Webseite, an einigen Tagen im Rahmen des NGS geöffnet (www.ngs.org.uk). Gruppen im Juni und Juli nach Voranmeldung.

Vann (Seite 130ff)
Vann Lane, Hambledon,
Godalming, Surrey GU8 4EF
Tel: +44 1428 683413
E-Mail: vann@caroe.com
www.vanngarden.co.uk
Öffnungszeiten u. Preise auf der Webseite; NGS-Öffnungstage: www.ngs.org.uk. Gruppen wenden sich bitte an Emily Caröe (caroe.emily@gmail.com).

White House Farm Garten und Arboretum (Seite 134ff)
High Cross Road, Ivy Hatch, Sevenoaks,
Kent TN15 0NN
Tel: +44 7595 461 806 (Clare Foster)
++ 44 1732 810634
E-Mail: whitehousefarmarb@gmail.com
www.whitehousefarmgardenandarboretum.com
Gruppenführungen (10–30 Personen) nach Voranmeldung.

Whitstable Joy Lane Gardens
19 Joy Lane, Whitstable, Kent CT5 4LT
www.facebook.com/whitstableopengardens
Im Rahmen des NGS geöffnet
(www.ngs.org.uk).

Kleine Privatgärten, die nur im Rahmen des NGS öffnen, verlangen keine Eintrittspreise, bitten aber um Spenden, die vom NGS an karitative Einrichtungen weitergeleitet werden.

Register

Kursiv gedruckte Seitenzahlen verweisen auf Bildunterschriften, **fett** gedruckte auf ein Gartenkapitel.

DANKSAGUNGEN

Den Gartenbesitzern und Gärtnern, die mir ihre Zeit und ihr Wissen, ungeachtet der widrigen Corona-Lage, so großherzig zur Verfügung gestellt haben, gebührt mein aufrichtiger Dank. Es war eine helle Freude, diese Gärten zu besuchen, auch all jene, die leider nicht in dieses Buch aufgenommen werden konnten, und die Geschichten der Pflanzen und der Menschen, die jeden Garten zu etwas Besonderem machen, zu ergründen.

Ein Riesendankeschön an Fergus Garrett – den meisterlichen Pflanzen- und Gartenkenner – für das Vorwort zu diesem Buch.

Rosie Atkins, Marian Boswall, Annie Guilfoyle, Paula McWaters, Debbie Roberts und Jo Thompson haben mir von außergewöhnlichen Gärten in Surrey, Sussex und Kent erzählt und mich ihren Besitzern und Gärtnern vorgestellt – Danke!

Herzlichen Dank an meine Kusine Naomi Clifford Klein, die den ersten Entwurf zu diesem Buch gelesen, mir viele kluge Ratschläge gegeben und die nötigen Kürzungen vorgenommen hat. Viele Freunde haben mich ermutigt und angespornt, genannt seien Gary Avis, Philippa Burrough, Susan Burton, Michelle Chapman, Angela Clarke, Simon Edge, Karen Gimson, Judith Glover, Tanya Hamilton, Tim Holder, Andrew Jones, Richard Roberts, Phee Smith, Christine Webber, Judy Wolff und (die nun verstorbene) Heather Pickard.

Die Zusammenarbeit mit Helen Griffin, die dieses Buch 2019 in Auftrag gab, bevor wir die Worte „Lockdown", „Pandemie" und „Impfung" ständig benutzten, ist immer eine Freude. Ihr Zuspruch in dieser unsicheren Zeit war unbezahlbar.

Clive Boursnell stellt mit großem Enthusiasmus und absoluter Hingabe sicher, dass seine Fotos die Pflanzen und Gärten von ihrer besten und einzigartigen Seite zeigen. Der visuelle Aspekt dieses Buchs war in seinen Händen, Augen und Linsen absolut sicher – ein Glück für mich und für die Gärten.

Fügen sich Text und Fotos in einem Layout zusammen, geschieht etwas Magisches mit einem Buch. Und so war es auch bei diesem. An diesem Punkt arbeiten Gestalterin, Lektorin, Fotograf und Autorin Hand in Hand. Clive und ich wandelten nicht mehr auf unseren parallelen Pfaden, alles kam zusammen und es wurde „unser" Buch. Dank an Helen Griffin, Michael Brunström und Anne Wilson für die wunderbare endgültige Gestalt.

Ich hoffe, dass Sie in diesem Buch schwelgen und die Gärten einmal besuchen werden … um unermessliche Schönheit zu entdecken.
Barbara Segall

Zwischen dem Herbst 2020 und November 2021 hatte ich eine großartige Zeit – ich durfte 40 Gärten im Südosten Englands besuchen. Leider konnten wir hier nur 20 Gärten aufnehmen. Doch selbst um „nur" 20 Besitzern und Gartenteams namentlich zu danken, reicht der Platz nicht.

Ich hatte das große Glück, von allen Gartenbesitzern und -teams mit derselben Herzlichkeit aufgenommen zu werden – selbst als ich einmal unverhofft zur Hochzeit einer Tochter, die im Garten gefeiert wurde, auftauchte, weil ich unbedingt ein Rosenspalier in voller Blüte fotografieren wollte. Ich und mein Campingbus durften im Garten übernachten, damit ich im letzten und ersten Licht des Tages arbeiten konnte.

Zur herzlichen Aufnahme gehörte auch so manche Abendmahlzeit mit meinen reizenden Gastgebern, die kurzerhand aus einem Essen zu zweit eines zu dritt machten.

Ich liebe das frühe Morgenlicht, und es war ein wahres Privileg, in diesen Gärten aufwachen zu dürfen. Jeder war auf seine Art einzigartig, und ich wurde für die fast 8000 Kilometer, kreuz und quer durch die drei Grafschaften, reich belohnt.

Ich möchte Helen Griffin danken, unserer Lektorin, unserem Leuchtturm, Anker und Lotsen, als im März 2020 alles den Bach herunterzugehen schien. Dank an Anne Wilson, die die schwere Aufgabe hatte, die Fotos ins Layout einzufügen, während der Fotograf auf- und ab hüpfte und schrie: „Dieses Foto ist ein Muss, und auf keinen Fall anschneiden!" Mein großer Dank an meine bessere Hälfte, die mich in drei von vier Sommern kaum zu Gesicht bekam. Drei Bücher in vier Jahren.

Doch zurück zu all den Gartenbesitzern, Chefgärtnern und -gärtnerinnen und ihren Teams, denen mein größter Dank gebührt. Hätten sie mir nicht ihre Gartentore geöffnet, gäbe es dieses Buch nicht.
Clive Boursnell, BEM

Die Originalausgabe erschien 2022 unter dem Titel
Secret Gardens of the South East. A Private Tour
bei Frances Lincoln, einem Imprint der Quarto Gruppe
The Old Brewery, 6 Blundell Street
London, N7 9BH,
United Kingdom
www.Quarto.com

Layout: Anne Wilson

Aus dem Englischen von Anke Albrecht

1. Auflage 2023

Satz: schoelldesign, München

Printed in China

ISBN 978-3-8369-2195-4
www.gerstenberg-verlag.de

MIX
Papier | Fördert gute Waldnutzung
FSC® C016973

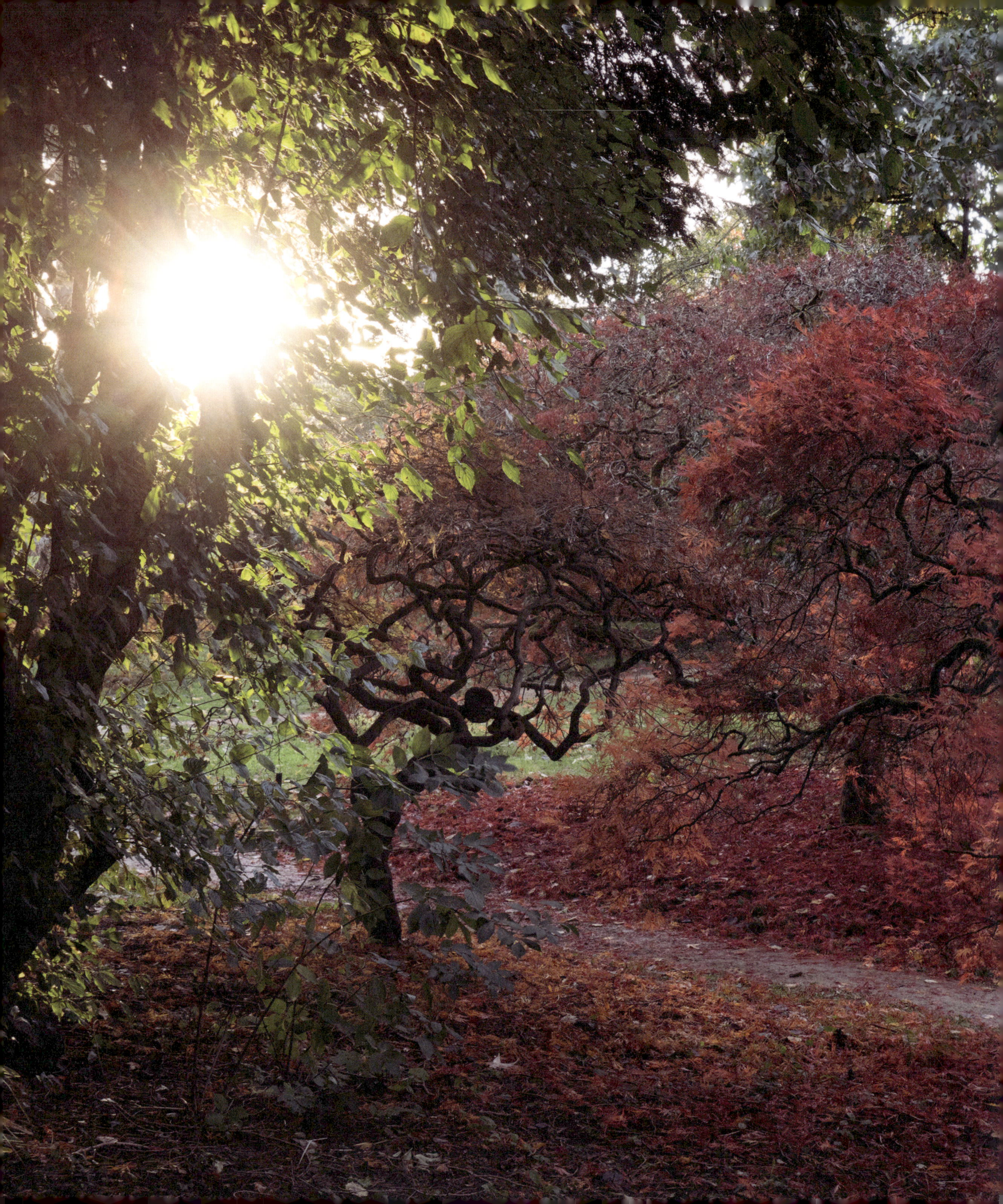